The Fifteen decisive battles of the world

从马拉松到滑铁卢
——改变世界历史的十五大战役

〔英〕爱德华·克雷西（Edward Creasy） 著
秦传安 译

中央编译出版社
Central Compilation & Translation Press

图书在版编目(CIP)数据

从马拉松到滑铁卢：改变世界历史的十五大战役／(英)克雷西；秦传安译．
—北京：中央编译出版社，2015.1
书名原文：The Fifteen Decisive Battles of the World
ISBN 978-7-5117-2437-3

I. ①从… II. ①克… ②秦… III. ①战争史－史料－世界 IV. ①E19
中国版本图书馆 CIP 数据核字 (2014) 第 301831 号

从马拉松到滑铁卢：改变世界历史的十五大战役

出 版 人：刘明清
出版统筹：董　巍
责任编辑：曲建文
责任印制：尹　珺
出版发行：中央编译出版社
地　　址：北京西城区车公庄大街乙5号鸿儒大厦B座(100044)
电　　话：(010) 52612345（总编室）　(010) 52612370（编辑室）
　　　　　(010) 52612316（发行部）　(010) 52612317（网络销售）
　　　　　(010) 52612346（馆配部）　(010) 66509618（读者服务部）
传　　真：(010) 66515838
经　　销：全国新华书店
印　　刷：北京中兴印刷有限公司
开　　本：880 毫米×1230 毫米　1/32
字　　数：305 千字
印　　张：14.25
版　　次：2015年1月第1版第1次印刷
定　　价：38.00元

网　　址：www.cctphome.com　　邮　箱：cctp@cctphome.com
新浪微博：@中央编译出版社　　　微　信：中央编译出版社 (ID: cctphome)
淘宝店铺：中央编译出版社直销店 (http://shop108367160.taobao.com)

本社常年法律顾问：北京市吴栾赵阎律师事务所律师　闫军　梁勤
凡有印装质量问题，本社负责调换。电话：010-66509618

题 记

我知道，那些认为历史只不过是一系列必然现象的人，肯定会指责我是个宿命论者。但在本书中，当我说到"可能性"的时候，我只不过是在说人性的可能性。当我说到"因果"的时候，我只不过是在说那些"普遍法则"。正是根据这些普遍法则，我们所理解的人类事务的次序关联得以调整；也正是在这些普遍法则中，我们才强烈认识到了最高立法者的智慧和力量，认识到了最高设计师那独具匠心的设计。

——爱德华·克雷西

目录

contents

马拉松战役	**001**
叙拉古战役	**045**
阿贝拉战役	**073**
梅陶罗战役	**107**
条顿堡森林战役	**148**
沙隆战役	**166**
图尔战役	**186**
黑斯廷斯战役	**201**
奥尔良战役	**236**
无敌舰队战役	**259**
布伦海姆战役	**287**

波尔塔瓦战役	316
萨拉托加战役	334
瓦尔米战役	368
滑铁卢战役	388
译后记	430
人名地名索引	434

● 公元前490年

马拉松战役

马拉松平原位于雅典东北的爱琴海边,面朝大海,群山环抱。公元前490年9月,所向披靡的波斯大军在此登陆,600艘战舰把月牙形的海湾围得水泄不通。岸边是波斯大军的营垒,山上驻扎着雅典的军队,将士们可以居高临下俯瞰整个平原。他们只有区区1万人,这已经是雅典人的全部家底。雅典军事委员会由10位将军组成,分别代表雅典10个最大的家族;另设军事执政官一名,每年在雅典贵族中选举产生。这天,本年度的军事执政官卡利马库斯召集军事委员会成员,请大家投票决定是否立刻同波斯人决战。投票的结果是5票赞成、5票反对,这意味着卡利马库斯的一票将决定雅典的命运。他神色凝重地走出大帐,站在山坡上,眺望着人喊马嘶的波斯大营,一时间心乱如麻……

从马拉松到滑铁卢——改变世界历史的十五大战役　*The Fifteen decisive battles of the world*

是什么样的巨大恐慌，
以欧洲人的双臂撼动了亚洲的王冠。

——维吉尔

这是2340年前的一个平常日子，由雅典将军所组成的军事委员会被召集到一座山坡上，从那儿可以俯瞰位于阿提卡①东海岸的马拉松平原。会议的直接主题，就是要决定是否向驻扎在山下海滨的一支敌军发起进攻。他们商讨的结果，不仅会决定两支军队的生死存亡，而且将影响整个人类文明的未来进程。

军事委员会由11名成员组成。其中有10位将军，是一年一度在雅典推举出来的，每位将军代表一个雅典的地方部族，他们被授予同等的军事权力，率领本族的勇士。另有一名军事执政官，与他们联合指挥这支集体武装。这位文职官员被称为"文官"，在战斗中，他拥有指挥大军右翼的权力，并参加所有的军事会议。本年度的军事执政官，是一位名叫卡利马库斯的雅典贵族，眼下他就以这一身份站在那儿倾听将军们的认真

---

① 阿提卡，希腊中东部一州，以雅典为行政中心。

讨论。他们面对的问题，的确非同小可，需要大费踌躇。虽然他们并不十分清楚，自己即将投下的这一票，对人类的前途将如何关乎至重；也不会想到，他们的后世子孙将如何饶有兴味地阅读关于他们争论的记录。但他们知道，面前这支侵略大军，来自一个强大的帝国，在近 50 年中，它已经摧毁并奴役了已知世界几乎所有的王国和公国。他们深知，自己的国家已经倾其所有组成了这支势单力薄的队伍，交付给他们指挥。他们也知道，面前的这支精锐之师，是被他们伟大的国王派来报仇雪恨的，他们要报复雅典，还有另一个傲慢而弱小的希腊族群，因为他们竟胆敢帮助国王的叛民，还焚毁了他的一个行省的首府。

如今，这支得胜之师已经完成了他们一半的报仇使命。埃雷特里亚①，这个在 9 年前那场勇敢进军萨迪斯②的战斗中与雅典并肩战斗的盟友，就在最近几天陷落了。雅典的将军们可以从高地上看清楚阿基里亚岛，波斯人就把他们的埃雷特里亚俘虏关押在那里，预备把他们带到小亚细亚去，在那里，俘虏们将恭听大流士国王③亲口宣布对他们命运的最终判决。除此之外，雅典的勇士们还知道，在他们面前的营地里，就有他们那位已经被放逐的暴君希庇亚斯④，他正千方百计想要借助外国

---

① 埃雷特里亚，希腊古城，约公元前 750 年成为希腊在西方意大利的第一个殖民地，前 490 年被波斯人摧毁。
② 萨迪斯，作为古吕底亚王国的首都，该城约公元前 546 年被波斯人占领，公元前 133 年归属罗马人，公元 17 年为地震所毁，后经重建。直到拜占庭时代晚期仍为安纳托利亚的大城市之一。
③ 大流士一世（约公元前 558～前 486），古波斯帝国国王，公元前 522～前 486 年在位。
④ 希庇亚斯（？～公元前 490），雅典僭主（在位时间：约公元前 527～前 510），在公元前 514 年其兄希帕尔科斯被刺身亡后，他因其残暴的统治而被斯巴达人流放（前 510 年）。

波斯浮雕中的大流士一世与他的国民

的弯刀恢复王位,重新以残暴的手段统治任何可能幸存的同胞(他们要么是在屠城之战中幸存了下来,要么是因为太不值得掳去做米底①人的奴隶而被留了下来)。

在军事委员会的某些人看来,雅典将军们所率领的部队,与他们将要遭遇的这支大军之间,其兵力之悬殊是显而易见的。那些与此次战役的年代相去不远的历史学家们所留下的记录,对交战双方的人数语焉不详。不过,还是有充分的数据,足以供我们对此作出一个总体估算。希腊的每个自由民都接受过从军训练,加之城邦之间连续不断的边界战争,以至于希腊成年人当中,没服过兵役的很少。但在雅典自由民的花名册上,服役人数从未超出过3万,而眼下,很可能还不到这个数字的2/3。此外,对于其中部分体质较弱的人,军队并没有给他们提供装备,他们也没有接受过正规步兵的作战训练。装备精良

---

① 米底,伊朗高原西北部的一个古国。公元前550年被居鲁士大帝征服,从此并入波斯帝国。

波斯人押送俘虏

的部队中,有一部分要留下来驻守雅典城,而且还要为属地内的各设防岗位配备人员。这样一来,当波斯人正在登陆的消息传来的时候,能够开赴马拉松前线并且装备齐备的兵力究竟有多少呢,我想,要作出高于1万人的估算,怕是难以令人信服的。①

除了一个城邦之外,其他城邦的希腊人都吝于向他们伸出援助之手。斯巴达倒是答应帮他们一把,但某种宗教方面的顾忌,使得斯巴达大军要拖延到了本月的月盈之时才能出发,而波斯人已经在本月初六就登陆了。在最危险的紧要关头,雅典得到了唯一的、而且是最意想不到的一个城邦的支援。

---

① 原注:生活在距这次战役年代较远的历史学家(如查士丁、普卢塔克),认为雅典军队的人数有1万人。如果没有其他证据的支持,他们的权威恐难得到太多的信任。但根据雅典自由民总人口数所作出的估算,明显能够支持这一点。关于这个数据,可参看伯克《雅典的公共财政》第1卷。一些侨民或许作为装甲步兵参加了马拉松战役,但那个年代,雅典的常住外侨人数不会太多。

在此之前的许多年里,维奥蒂亚①的蕞尔小邦普拉提亚一直饱受强邻底比斯城邦的欺压,曾寻求过雅典的保护,而雅典军队也曾挽救过她的独立,普拉提亚人对此一直感恩戴德。如今,当全希腊都在风传那些来自地球尽头的米底人要灭掉雅典的时候,勇敢的普拉提亚人倾兵而出,不请自来,要帮助雅典人保家卫国,与他们的恩人同舟共济。普拉提亚的全体兵员,总共也不过1000人。这支小小的纵队,从他们自己的城邦出发,沿着西塞隆山南麓,穿过雅典的领地,几乎就在战斗打响前的那一刻,与雅典大军会师了。这支援军在数量上也许微不足道,但对于雅典人来说,他们的勇敢精神必定有着百倍于此的价值,而它的出现,也必定极大地驱散了人们心头那种被人抛弃、孤立无助的郁闷之感,这种感觉,正是由于斯巴达援军的拖延,而在雅典的队伍中造成的。

在雅典,他们这个弱小而真诚的盟友所表现出的慷慨英勇,从未被人遗忘。除了参与某些政治活动的权利之外,雅典人将普拉提亚人视作自己的同胞。打那时起,在雅典那些庄严的祭祀仪式上,公众的祈祷将上天的祝福一视同仁地奉献给雅典人和普拉提亚人。②

---

① 维奥蒂亚,希腊中东部一古老地区,在阿提卡城和科林斯湾以北。公元前550年左右,这个地区的主权国家组成了维奥蒂亚同盟。
② 原注:格罗特先生评论道(《希腊史》卷四第484页):"普拉提亚人此次倾全邦之力,自愿向马拉松进发,是整个希腊历史上最令人感动的事件。"信哉斯言,普拉提亚的全力驰援,以及她和雅典之间甚至比死亡还坚固的友谊,成为古代史上最为感人的篇章之一。在伯罗奔尼撒战争中,普拉提亚人再次显示了对雅典人的忠诚,他们不顾一切风险,撇开对自身利益的所有考量,结果导致了普拉提亚的毁灭。在那些卷帙浩繁的历史典籍中,比普拉提亚战俘面对斯巴达刽子手时所说的那些对雅典耿耿忠诚的话更加高贵的段落,实在不多。(参见修昔底德《伯罗奔尼撒战争史》第3册卷2)

与来自普拉提亚的纵队会师之后,雅典的指挥官们应该掌控了约11000名全副武装、训练有素的步兵,或许还有大量轻装备非正规部队。因为,除了那些手持标枪、弯刀和盾牌走向战场的贫弱市民之外,每个重装备正规士兵都带有一个或多个奴隶在营地做伴,这些人武装得就像是一些下等自由民。[①] 此次战役中,雅典人没有一个骑兵或射手,在那个时期,这些作为战场上的军事手段还没有被引入到古代战争中。

与己方的兵少将寡形成鲜明对照,希腊指挥官们看到的是:沿着马拉松湾蜿蜒的海岸,延伸着一顶顶帐篷和不同国家的战船,他们全都在东方世界之王的号令下,汹汹而来。寻找运输工具及保障补给的困难,将构成一支波斯军队在数量上的唯一限制。没有任何理由可以得出查士丁那样夸大其词的评估,他认为,此次波斯人共有10万之众扬帆远征,他们在两位总督达提斯和阿尔塔费尼斯(萨迪斯总督之子、大流士的侄子)的率领下,从西里西亚海岸出发,向着埃维亚[②]和阿提卡海岸行进。不过,在对这个总数大打折扣之后,只要估算一下其水手和随军人员的数量,对于雅典的全国兵员来说,依然有着可怕的优势。况且,希腊将军们当时也并不觉得自己的队伍如何出类拔萃,也根本不会想到,自从马拉松战役之后,他们就激励着欧洲人与亚洲人作战(比如,在后来希腊和波斯之间的多次角逐中,在罗马军团遭遇形形色色的米特拉达梯和底格里人的时候,或者英国军队在印度战役那样的场合)。正相反,在马拉松战

---

① 原注:在11年之后的普拉提亚战役中,8000名参战的雅典步兵每人配有1名轻装上阵的奴隶。(参见希罗多德《历史》第8册第28、29章)
② 埃维亚,希腊第二大岛,在爱琴海中。

役打响的这一天之前,人们一直认为,米底人和波斯人是不可战胜的。他们和希腊人交手,可不止一回两回了,在小亚细亚、在塞浦路斯、在埃及,每回都把希腊人打得落花流水。早先的希腊作家,谈到米底人的名字所带来的恐惧,谈到波斯大军势不可挡的冲锋使战士们的勇气为之大挫的情形,其语气措辞之强烈,可谓登峰造极。因此,要和数量上有如此优势、军威又如此强大的敌人打一场恶仗,面对这样的前景,10位雅典将军,倒有5位打起了退堂鼓,这实在无足为怪。

他们在高地上所占据的位置倒是很有利,这给了以寡敌众的守军以巨大的优势。不过他们相信,向平原发动俯冲袭击的做法纯属愚夫之勇,那样只会葬身于亚洲人的马蹄之下,要不然就被乱箭所吞没,或者,被冈比西斯和居鲁士①的无敌老兵们剁成肉酱。再者说,全希腊最善征战的城邦斯巴达已经得到请求并答应援救雅典,虽然某些多利安人②在特定时期和季节所应举行的宗教仪式延缓了他们的出征。但不管怎么说,与其将自己暴露于那帮让人闻风丧胆的米底人的火力之下,不如静候斯巴达人的到来,以得到全希腊最精锐部队的帮助,这样做难道不明智么?

与上述理由同样似是而非的是,另外5位将军则赞成更快速、更大胆的军事行动。不过,对于雅典乃至整个世界来说,幸运的是,他们当中有一个人,不仅有出类拔萃的军事才干,

---

① 冈比西斯,波斯国王(公元前529~前522年在位),他将波斯人的统治扩张到尼罗河流域。居鲁士(约公元前600~前529),波斯帝国的缔造者,阿契美尼德王朝的首位国王。
② 多利安人,古希腊人的一支,居住在伯罗奔尼撒半岛克里特一带。

而且有积极进取的个性,这样的性格特征,以其所具有的行事风格和主见给那些在想法上更软弱的人留下了深刻的印象。

米太亚得是雅典一个名门望族的首领,在其世系中,米太亚得属于勇士阶层,这位马拉松英雄的血管里,流淌着阿喀琉斯的鲜血。他的一位直系祖先得到了色雷斯①小国切尔松尼斯的宗主权,所以这个家族同时成为雅典公民和切尔松尼斯君主,这事发生在雅典暴君庇西特拉图②统治时期。在米太亚得成为切尔松尼斯的君主之前,他的两位亲属(一位同名的叔叔和一位名叫斯特萨哥拉斯的哥哥)先后统治这个小国。米太亚得是在雅典他父亲西门的家中接受的教育③,西门因为在奥林匹克的战车比赛中夺冠而在全希腊声名大噪,当然也拥有了巨额的财富。庇西特拉图的几个儿子和他们的父亲一样,在雅典实行残暴的统治,正是他们策划了对西门的暗杀,不过他们对年轻的米太亚得倒是仁慈和蔼,宠爱有加。当斯特萨哥拉斯在切尔松尼斯去世的时候,他们把米太亚得派到了那里,成为这个蕞尔小国的领主。这是大约28年前的事了,而我们对米太亚得的事业生涯和性格特点

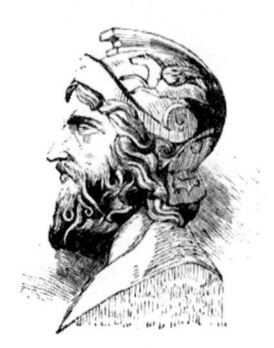

米太亚得(约公元前554～前489)

---

① 色雷斯,巴尔干半岛一个古老地区。
② 庇西特拉图,雅典暴君(公元前600～前527),以鼓励体育竞赛和对文学的贡献而闻名。
③ 原注:见希罗多德《历史》第6册第102节。

的最初认识,也正是从他到达切尔松尼斯的那一刻开始的。在他有案可稽的最初的行动中,我们发现了一些相关证据,是他成年以后的那种坚定果敢而又无所顾忌的性格的标志。他的兄长在这个小公国的权威,因为战争和叛乱而摇摇欲坠,米太亚得决心以更加稳固的方式统治这个国家。他一到那儿就闭门不出,仿佛因为兄长的过世而悲恸不已。切尔松尼斯的头头脑脑们听闻此事,便从四面八方聚集到一起,结伴来到米太亚得的府邸,参加吊唁。等到这些人一进入他的控制范围之内,他就把他们全给逮了起来。然后,他断然宣告自己在这个半岛上的绝对权威,着手雇佣一支 500 人的正规军,并通过和色雷斯的一个邻国国王的女儿结婚而进一步巩固了自己的权力。

当波斯人的势力扩张到达达尼尔海峡[①]及其周边地区时,米太亚得作为切尔松尼斯的君主,向大流士国王俯首称臣,成了波斯帝国众多附庸国的统治者之一,领着自己的人马,参加了波斯军队对锡西厄[②]的远征。米太亚得和别的小亚细亚希腊封臣一起,被波斯国王留下来负责架设横跨多瑙河的大桥,侵略大军过了河,冲进了那片如今已成为俄国领土的茫茫荒野,徒劳无功地追击现代哥萨克人的祖先。当得知大流士倒了大霉、身陷锡西厄荒漠的时候,米太亚得便向同僚们建议:拆毁大桥,把波斯国王和他的军队交给饥荒和锡西厄人的利箭去收拾。听罢米太亚得的慷慨陈词,这些亚洲—希腊城邦的统治者们退缩

---

① 达达尼尔海峡,古称赫勒斯滂,土耳其西北部沟通马尔马拉海与爱琴海的狭窄海峡。
② 锡西厄,古代欧洲东南部以黑海北岸为中心的一个地区。

了，他们不敢给波斯势力这样大胆而残忍的一击，大流士到底还是平安无事地回来了。在得知了米太亚得曾出过怎样的馊主意之后，大流士此后的报复也就特别对准了这个曾建议给他的帝国、他的人身以如此致命一击的家伙。不过，波斯军队眼下还要忙着攻城略地，这使得米太亚得此后继续在切尔松尼斯的位置上待了好些年。而他则充分利用了这个位置所给予自己的机会，通过征服利姆诺斯和伊姆布罗斯这两座岛屿①并把它们置于雅典的控制之下，从而赢得了雅典同胞的善意。对于这两座小岛，雅典人声称自古以来就属于他们，但在此之前，却从未能彻底征服过它们。

公元前494年，爱奥尼亚人的起义被彻底镇压下去之后，波斯人终于有空腾出他们的军队和战舰，向达达尼尔海峡西岸开拔，去收拾大王的仇敌。一支由腓尼基人的战舰所组成的强大编队被派往切尔松尼斯。米太亚得当然知道，抵抗是毫无希望的。于是，就在腓尼基人到达特内多斯②的时候，他装载了满满5船所能搜集到的金银财宝，起航前往雅典。腓尼基人在海上和他不期而遇，便沿着爱琴海北岸穷追不舍。他的一艘战船还真的给俘获了（他的长子米提奥恰斯正好在这艘船上）。不过米太亚得同另外4艘船一起，总算平安抵达了友好的伊姆布罗斯海岸。随后，他由此继续前往雅典，重新成为雅典联邦的一名自由民。

其时，雅典人刚刚放逐希庇亚斯不久，此人是庇西特拉图

---

① 这两个岛均为爱琴海中的岛屿。
② 特内多斯，爱琴海中的一座小岛。

之子，雅典最后一位暴君。雅典人因为重获自由平等而兴高采烈，克利斯梯尼①的宪法改革，极大地点燃了人们的共和热情。米太亚得在雅典也有仇人，这些人利用公众的普遍情绪，把他作为切尔松尼斯的暴君推上了审判席。这样的指控，并不必然意味着他对臣民有什么暴行或者罪愆（它所依据的法律是如此特殊），而是基于那个年代希腊人所怀有的某种恐惧。他们认为，每个人，一旦成为其同胞所不得不接受的主人，就会不负责任地统治他们。不用说，米太亚得从前也正是这样统治切尔松尼斯的。在审判过程中聚集到一起的雅典人，必定质询过这样一个问题：作为一个雅典市民，米太亚得是否因为成了切尔松尼斯的暴君而应该受到惩罚。他在征服利姆诺斯和伊姆布罗斯上为这个国家所作出的杰出贡献，为他提供了强有力的辩护。

地米斯托克利

人们拒绝宣告他有罪。米太亚得颇得民心，当人们得知波斯人即将入侵的消息之后，他们很明智地推举米太亚得为本年度的将军之一。

历史上另外两位声名卓著的人（虽然他们的成名是在米太亚得之后），也在马拉松的10位将军之列。一位是地米斯托克利②，未来雅典海军的缔造者和萨拉米斯战役的胜利

---

① 克利斯梯尼（约公元前6世纪），古雅典政治家，公元前508年，他推行的政治改革初步建立了雅典民主政体。
② 地米斯托克利（公元前528～前462），雅典海上霸权的缔造者。雅典人建立海军后，他领导新舰队在萨拉米斯战役中打败了波斯舰队。

者。另一位是阿里斯提得斯①，此人后来在普拉提亚战役中领导雅典军队，他的诚实和正直使他在自己的家乡深受爱戴。当波斯人终于被击退之后，这两位有功之臣被大多数希腊人视为自己的领导者和保护人。在马拉松的这次军事委员会的辩论中，地米斯托克利和阿里斯提得斯到底站在哪一边，已经无从查考。不过，从地米斯托克利的个性来看（他的大胆，他在每次危急时刻采取最为得当的临场措施时所表现出的直觉天才，历史学家认为他在这方面的素质比所有同时代人都要高出一筹），我们或许有充分的理由相信：他赞成采取迅速而果断的行动。②至于阿里斯提得斯的那一票到底投给了哪一方，推测起来恐怕要困难得多。他对斯巴达人情有独钟，这有可能使得他赞成静候斯巴达人到来。不过，他虽然处事谨慎，但并不怯懦，他既不像个军人，也不像个政治家。米太亚得的大胆建议或许在他这儿找到了一个乐意洗耳恭听的听众。

对于雅典人所应该遵循的路线，米太亚得没有丝毫犹疑，并认真地劝说他的将军弟兄们采纳自己的意见。事实上，他对波斯军队的组织构成了如指掌，这使他相信，雅典军队是有优势的（如果能很好把握的话）。他以一个伟大将领的军事眼光，洞察到了己方的兵力位置给了自己发动一场突袭的优势，同时，作为一个深谋远虑的政治家，他也感觉到了裹足不前的危险，那样，雅典人的事业将毁于一旦。

---

① 阿里斯提得斯（约公元前530～前468），雅典政治家和将军，是雅典帝国的"提洛同盟"（前478年）的一个中心人物。
② 原注：关于地米斯托克利的个性，可以参看修昔底德《伯罗奔尼撒战争史》第1册第138节，特别是最后的断语。

眼下,军事委员会上还有一位指挥官没有投票。此人便是军事执政官卡利马库斯。将军们投票的结果是5∶5,这样一来,卡利马库斯的意见将是决定性的。

世界上所有国家(很可能是全人类)的命运,将取决于这一票。米太亚得走到他的面前,以质朴而勇敢的言辞(我们可以在希罗多德的报告中如实地读到谈话的内容,希罗多德曾经与一些马拉松老兵交谈过),这位伟大的雅典人这样恳求他的同胞投票赞成决战:

"现在就看你的了,卡利马库斯。要么让雅典遭受奴役,要么通过捍卫她的自由而让你本人赢得不朽的名声,这样的名声就连哈莫狄奥斯和阿里斯托吉顿① 也不曾得到过。因为自从雅典立国以来,从来就不曾面临过此刻所面临的威胁。如果雅典人向这些米底人俯首称臣,他们也就会被交到希庇亚斯的手里,你当然清楚,这之后他们所不得不忍受的究竟是什么。但是,如果雅典在这场角逐中获胜,那么她就会成为全希腊首屈一指的城邦。你的这一票将决定我们是投身战斗,还是畏惧退缩。如果我们不促成眼下这场战斗,内部派系间的明争暗斗就会使整个雅典分崩离析,雅典城也就会被出卖给米底人。反之,如果我们赶在雅典未乱之前,奋力一战,我相信,只要诸神给我们以公平(并不需要偏袒),我们能够赢得这场战斗。"②

勇气倍增的军事执政官投下了他的一票,军事委员会决定

---

① 两人都是公元前6世纪的雅典人,曾合力杀死暴君希帕尔科斯。
② 原注:参见希罗多德《历史》第6册第209节。第116节使我确信:希罗多德曾亲自和一位名叫伊庇泽鲁斯的马拉松老兵交谈过。很自然,米太亚得讲话的内容因为同僚们的传颂而变得众所周知。

战斗。由于米太亚得的优势地位及其卓越的军事才能,他的将军兄弟们全都把自己的指挥权交给了他,心悦诚服地听从他的调遣。不过,由于担心这样会招人忌妒,并因此无法实现他这支小规模部队与各部分的联合行动,米太亚得还是一直等到正常轮到他担任首席指挥官的那一天,才率领各部抗击来敌。

这期间,亚洲的司令官们却按兵不动,乍一看似乎颇令人费解。不过,要知道那位希庇亚斯和他们待在一起,他们都在打着如意算盘,认为可以通过希庇亚斯在雅典人中的党羽,来一次兵不血刃的征服,这可是个天赐良机。在许多时候,战场的自然条件,可以作为双方将领战前策略的依据,交战期间两军的行动战术也是如此。

马拉松平原距雅典城约有 22 英里①,紧靠着位于阿提卡东北海岸的马拉松湾。这块平原几乎是半月形的,长约 6 英里。平原中心区域约两英里宽,群山和大海之间的距离非常开阔,但平原和二者之间的空间却很狭窄,山脉沿着海湾的两角向下延伸入海。一条小河从平原的中部向内陆延伸,一条深谷从上而下、由北向南进入平原。另外,在平原靠近陆地的一侧,环绕着崎岖不平的石灰岩山丘,那里遍布着蓊郁葱茏的松树、橄榄树和雪松,覆盖着枝繁叶茂的桃金娘、野草莓以及各种芬芳馥郁的低矮灌木,空气里芳香弥漫。平坦的地面如今因隆起的土丘而面目全非,土丘下面埋葬着在这场战斗中倒下的人。不过,当波斯人在此安营扎寨的时候,它还是一块完好无损的平原。其两端各有一片沼泽地,春夏两季是干涸的,此时对骑兵

---

① 1 英里 =1.609 344 公里。

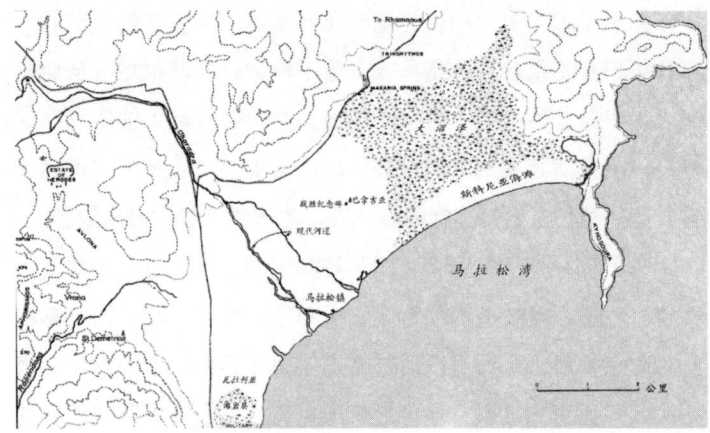

并不构成任何障碍,但一到秋天,丰沛的雨水将使这里成为泽国,骑兵也无法通行。而这场战役,正好发生在那一年的秋天。

在山上安营扎寨的希腊人,能看清楚下面平原上波斯人的一举一动,而他们则完全可以把自己掩蔽起来。米太亚得只要愿意,也有力量发动攻击(由于地形有利),当然他也可以根据自己的判断而按兵不动,除非达提斯冒险行动,向高地发动进攻。

如果我们摊开过去的世界地图,试着比较一下即将兵戎相见的这两个国家的领土资源,就会发现:波斯国王在物力上相对于雅典共和国有着巨大的优势,比之历史上所能提供的任何类似对比,都更加令人瞠目结舌。实事求是地说(仅仅略算一下面积吧),阿提卡,包括它的整个陆地面积,也不过区区700平方英里[①],即使是和许多中世纪的贵族封邑相比,或者和

---

① 1平方英里=2.58 998 811平方公里。

许多现代的小块殖民地相比,也小到了不足挂齿的程度。而雅典的对手,波斯帝国,则包括了现代土耳其的整个亚洲部分和大半欧洲部分、现代波斯王国以及格鲁吉亚、亚美尼亚、巴尔克、旁遮普、阿富汗、俾路支斯坦、埃及和的黎波里等多个现代国家。

一个生活在公元前5世纪初叶的欧洲人,看到如此巨大的力量积聚在一个亚洲统治者的权杖之下,恐怕不会像我们如今谈论现代东方君主的辽阔版图时那样漠然处之吧。因为(正如我们已经谈到过的),在马拉松战役之前,由于成功和假想的种族优越所带来的威望,优势完全属于亚洲人,而不是欧洲人。亚洲,是人类社会最初的活动场所,在世界上别的地区能找到居民痕迹的很久之前,他们就从最野蛮的蒙昧状态脱颖而出。我们能够感受到:一些强大而辉煌的帝国在亚洲大陆繁荣兴旺。他们穿过远古历史的晨曦,出现在我们面前,微茫而朦胧,却厚重而壮丽,就像晨曦中的莽莽群山。

然而,从欧洲大陆文明的发端之初,迄今为止,欧洲各国制度和命运的主要特征,就是层出不穷、永不停息的变革,而亚洲恰恰相反,因循守旧之风充斥着几乎所有东方帝国的历史,上自远古,下迄当今。他们的主要特征表现为:早期攻城略地的迅速;开疆拓土的广袤;以总督或帕夏① 治理行省的制度的建立;皇室亲王和后宫弱婴(他们继承立威沙场的勇武君主)规律性地迅速堕落;还有内乱和起义(这显示并加速了那种笨拙而缺乏组织的权力结构的衰落和崩溃)。而所有伟大亚洲帝国的政府,自古以来都绝对专制,这也是一个令人吃惊的

---

① 帕夏,旧时奥斯曼帝国和北非高级文武官员的称号。

波斯王宫的内部

事实。海尔恩[①]是对的,他把这一事实和另一个重要事实(因其对亚洲社会政治生活的影响而显得重要)联系了起来,他说:"在内陆亚洲所有重要国家中,每个家族的父权统治都被一夫多妻制给败坏了,存在此种习俗的地方,一种良好的政治结构几无可能。父亲一旦变成了家庭暴君,也就预备将他们要求其家眷和家庭经济的依赖者所必须奉献的那种奴颜婢膝,毫不走样地献给他们的君主。"我们还应当记住,国家宗教与所有法律之间密不可分的联系(这一直盛行于东方),以及一个强大的僧侣集团的持续存在,它在某种程度上控制着王座本身(虽

---

① 阿诺德·赫曼·路德维格·海尔恩(1760~1842),德国历史学家。

然并不稳定,且无章可循),牢牢掌控着所有的民事机构,要求对教育的最高控制权,规定文学艺术和科学研究所必须遵循的路线,限定人的智性范围(只有在此范围内提出质疑才是合法的)。

有了对上述普遍特征的正确认知,要在普遍意义上研究并正确评价东方诸国(波斯作为特例也是如此)的起源、发展及其行为准则,就是一件比较容易的工作了。我们因而也就更加能够欣赏希腊对东方武力的反击,同时也不难得出判断:如果波斯人成功地将欧洲置于他们的奴役之下(就像他们已经征服了的已知世界里那些最美丽的部分一样),那么,人类文明可能有怎样的结果?

从地理位置看,希腊人构成欧洲自由抵抗波斯野心的自然前锋,他们卓越地显示了其独特民族性格的突出特点,正是这样的民族性格,使得欧洲文明至今要比亚洲文明高出一筹。那些远古时期居住于地中海北岸及周边地区的民族,是欧洲大陆上最早从东方接受文学艺术启蒙和社会政治组织雏形的民族。这些民族当中,希腊人又是最早学会文明生活的准则与习惯的民族之一(通过与他们邻近的小亚细亚、腓尼基和埃及),对于自己所接受的一切,他们也立即烙下了一个崭新而全面的原创印记。因此,在其宗教中,他们从外国移民那里接受了所有神灵和多数仪式的名称,但他们抛弃了尼罗河、奥伦特斯河以及恒河那些令人讨厌的怪物——他们把其宗教信条都给民族化了,他们的诗人则创造了自己美丽的神话。在希腊,从来就不存在僧侣等级制度。因此,就其政治体制而言,虽然他们也曾长期生活在世袭国王的统治之下,但他们绝不容忍君主专制政

从马拉松到滑铁卢——改变世界历史的十五大战役　*The Fifteen decisive battles of the world*

体的永久建立。他们早期的国王都是一些拥护宪政的统治者，凭借界定明确的特权来统治国家。早在这次波斯人入侵很久之前，君主形态的政治体制就已经被几乎所有希腊城邦所抛弃，转而采用了共和制，从而出现了变化繁多的寡头政治和民主政治（这两种政治形态，或势均力敌，或此消彼长）。在文艺和科学方面，希腊智者并没有跟随别人走过的路亦步亦趋，他们也不承认任何限制性的规则。希腊人认为，他们的主题就应该大胆表现出来。一种标新立异的构思，在他们的脑海里所投下的，是趣味，而非犯罪。多才多艺、永不安宁、积极进取、富有自信，希腊人所表现出来的这些性格特点，与东方人所习惯的安详静穆、谦恭柔顺，形成了最为惊人的鲜明对照。而且，在所有希腊人当中，雅典人所显示出的这种民族性格，又最为强烈。正是这种活泼大胆的精神，加之对他们身处亚洲的希腊同胞命运的深刻同情，导致他们卷入了最近那场爱奥尼亚战争。而眼下，又掺杂进了对本邦公民中那个篡权家族的憎恨（一段时期以来，这个家族在雅典强行攫取并行使专制权力），这使得他们鼓起勇气，公然蔑视大流士国王的愤怒，拒绝遵命接回那位多年前就被他们赶走的暴君。

最近，一位英国人以其胆识和才干，利用新的证据、投入新的兴趣，进一步证实了那位驱兵马拉松的波斯君主的实力。人们很早以前就知道有一种用楔形文字镌刻的碑铭，它们就存在于邻近苏萨古城遗址的波斯波利斯城[①]的大理石碑以及从前

[①] 苏萨，伊朗西南部一座古城，是埃兰王国及普鲁士大帝统治下的波斯帝国的首都。波斯波利斯，伊朗西南部一座古城，是大流士一世时代波斯帝国的都城。

由早期波斯国王所统治的其他地方的岩石表面上。不过，千百年来，对于那些好奇而困惑的旁观者而言，它们只不过是一些不解之谜罢了，人们提到它们的时候，往往将其指称为人类狂妄自负的愚蠢例证。之所以要把对这种狂傲的赞美之词镌刻在坚硬的石头上，不过是因为石头比语言更持久，当然也比那些虚荣自负的镌刻者的记忆更长寿。早先，尼布尔、戈罗特芬德和拉森[①]等人曾对这些楔形文字作过一些推测，而服务于东印度公司的罗林森[②]少校，经过数年的艰苦努力，终于完成了这项辉煌业绩，全面揭示了这种失传已久的语言，包括它的字母表、它的文法，特别是，他已经破译并解释了位于米底西部边境的贝希斯敦[③]神石上的那些铭文。阿契美尼德王朝的这些记录，终于找到了它的解释者，大流士国王从那座神圣的大山上亲口向我们讲话，告诉我们他所征服的国家的名字，他所镇压过的反叛，他的胜利，他的虔诚，以及他的荣耀。[④]

国王们既然想以这种方式寻求后世子孙的歌颂赞美，自然也就不大可能提到他们偶然的失败，因为那样一来，就会使他们自己的成功记录黯然失色。我们发现，这些碑铭既没有说到大流士和阿尔塔费尼斯的覆亡，也没有提及大流士在亲征锡西厄期间所遭受的厄运，但这并不会使人怀疑希腊历史学家的叙

---

① 巴托尔德·乔治·尼布尔（1776 ~ 1831），德国历史学家，著有《罗马史》等书。乔治·弗雷德里希·戈罗特芬德（1775 ~ 1853），德国古文字学家。克里斯蒂安·拉森（1800 ~ 1876），德国东方学家。
② 亨利·克雷齐克·罗林森（1810 ~ 1895），英国东方学家。
③ 贝希斯敦，大流士一世所建记功石刻，位于伊朗西部克尔曼高地。镌刻有古波斯文、新埃兰文、巴比伦文3种楔形文字，还有一些浮雕作品。（见上图）
④ 原注：参见《皇家亚洲学会会刊》第10卷。

述。不过,这些波斯人借以扬名千古的、那些无可争辩的纪念碑,倒是支持乃至增强了我们在希罗多德的启发下所得出的看

波斯波利斯城遗址

法:这一巨大的势力,发端于居鲁士,壮大于冈比西斯,而大流士,则通过对印度和阿拉伯的征服,并且在他挥师欧洲,打算建立世界上首屈一指的君主政体(看来这很有可能)的时候,这一势力得到了进一步的扩张。

在大流士的时代,除了中国之外(在这个国家,人类 1/3 的人口世世代代一直生活在几乎与世隔绝的地方),所有我们已知的、生活在远古亚洲的伟大王国,都和波斯人融合在了一起。印度北方人、亚述人、叙利亚人、巴比伦人、迦勒底人、腓尼基人、巴勒斯坦人、亚美尼亚人、大夏人、吕底亚人、弗里吉亚人、帕提亚①人和米底人——所有这些人全都拜倒在"大王"的权杖之下。其中,米底人在荣誉上仅次于本土波斯人,因此人们提到这个帝国时,经常称"米底人",或者"米底和波斯人"。埃及和昔兰尼②是波斯的行省,小亚细

---

① 帕提亚,亚洲西南部的一个古国,位于今伊朗东北部,曾经被亚述、波斯、马其顿及叙利亚所统治。
② 昔兰尼,古希腊城市,建于公元前 630 年,因作为一个拥有许多著名医学和哲学学派的文化中心而闻名于世。

亚和爱琴海岛屿中的那些希腊殖民者，则是大流士的臣民，他们挣脱波斯人枷锁的努力，虽败尤勇，但也只不过是让枷锁铆固得更紧而已，而且还强化了这样一种普遍信念：在战场上和波斯人正面相对的时候，希腊人不堪一击。大流士的锡西厄战争，虽然就其直接目标而言，并不成功，然而却征服了色雷斯和马其顿。从印度河到珀涅乌斯河，全是他的。

镌刻在石头上的楔形文字

我们不难想象，在马拉松战役打响之前，一个属国如此众多的霸主，当他听说一个被称为"雅典"的、面朝落日的陌生国度，竟胆敢帮助他的爱奥尼亚叛民，劫掠焚烧了他的一个行省首府的时候，该是如何的愤怒。在萨迪斯被焚之前，大流士似乎还从未听说过雅典这么个地方，不过，他的小亚细亚总督们，倒是早就见识过那些雅典的流亡者，他们在本省的法庭上请求帮助他们对付自己的同胞。公元前510年，当希庇亚斯被逐出雅典、庇西特拉图王朝终于寿终正寝的时候，这位被放逐的暴君及其追随者们，在试图通过斯巴达人的干涉而谋求复位的计划无果而终之后，便灰溜溜地去了萨迪斯，那是阿尔塔费尼斯总督辖地的首府。在那里，希庇亚斯（这里不妨借用希罗多德那富有表现力的说法①）开始以各种方法煽风点火，在阿尔塔费尼斯面前极力诋毁雅典人，竭尽所能地劝诱这位总督将

---

① 原注：见希罗多德《历史》第5册第96章。

雅典置于自己的支配之下,就像大流士国王的那些附庸诸侯一样。当雅典人听说了希庇亚斯的所作所为之后,便派出外交使节到萨迪斯,抗议波斯人接受这个雅典流

贝希斯敦,大流士一世所建记功石刻,位于伊朗西部科尔曼高地。镌刻有古代波斯文、新埃兰文、巴比伦文3种楔形文字,还有一些浮雕作品。

亡者的挑拨离间。而阿尔塔费尼斯所给出的回答,却是以威胁的口吻命令他们:如果他们还想要得到安全的话,就接受希庇亚斯回国。雅典人打定主意,绝不以这样的价钱来购买安全。拒绝了总督大人的条件之后,他们认识到,这实际上就等于公开宣告要与波斯人为敌。就在这个节骨眼上,爱奥尼亚的希腊人恳求他们的欧洲兄弟施以援手,以使他们能够从波斯人的奴役下重新获得独立。雅典,还有埃维亚的埃雷特里亚城邦,挺身而出。20艘雅典战船,加上埃雷特里亚的5艘战船,越过了爱琴海。凭着向萨迪斯大胆而突然的进军,雅典人和他们的盟军成功地占领了那位傲慢总督的首府,正是这位总督,最近还以奴役或毁灭来威胁他们。然而波斯军队很快就重整旗鼓,希腊人被迫退却。他们遭到追击,在回希腊海岸的途中被打得落花流水,雅典于是就此罢手,没有进一步参加爱奥尼亚战争。但是,她已经加之于波斯势力的这种侮辱,很快就传遍了整个帝国。是可忍,孰不可忍,在希罗多德那简洁有力的叙述中,对那位伟大国王的愤怒,是这样描写的:

马拉松战役

当大流士国王听说萨迪斯城已经被雅典人和爱奥尼亚人占领并焚毁的时候，他对爱奥尼亚人并没有太在意，他太清楚他们是些什么人了，也知道这些人的起义很快就会被镇压下去。但他问起了雅典人：他们是谁，什么样子？听完人们的介绍，他命人取来弯弓，掂起它，在弓上放上了一支箭，让利箭飞向天空。他一边把箭射向空中，一边说："哦，至高无上的主啊！请准许我向雅典人报仇吧。"说完这些，他吩咐一位仆人，让他每天在自己用膳的时候在一旁提醒："陛下，请记住雅典人。"

对爱奥尼亚的全面征服，耗去了好些年的时间。当这一切大功告成的时候，大流士便命令他的得胜之师继续去惩罚雅典和埃雷特里亚，去征服欧洲人的希腊。为此而发往前线的第一批装备，因为船只失事而毁于一旦，那几乎相当于毁掉了一座阿陀斯山①，不过大流士的决心并没有因此而动摇。一支庞大的军队奉命在西里西亚集结，波斯帝国所有的近海城邦都接到了命令，向他们征调战舰，还有尺寸足够大的运输工具，以运送骑兵和步兵渡过爱琴海。在准备工作热火朝天地进行的同时，大流士派出的使者取道希腊各城邦，要求他们向波斯帝国俯首称臣。消息在每个小小的希腊城邦（有些城邦的领土甚至不会比怀特岛②更大）的集市上宣布：大流士国王，万众之王，从日出之地到日落之邦，要求将所有的陆地和水面都交付给他的使者，作为承认大流士为本邦首领和主人的一种象征。面对波

---

① 阿陀斯山，位于希腊东北部的一座山峰。
② 怀特岛，英国的一个小岛。

斯人的强大武力,加之最近它对倔强的爱奥尼亚人的严厉惩罚,人们吓坏了,希腊的多数大陆人和几乎所有岛民都屈服了,乖乖地俯首称臣。但在雅典和斯巴达,他们得到的回答却是愤怒的拒绝,这是对亚洲使臣们的凌辱和冒犯,使他们蒙受羞辱。

大流士对雅典的满腔怒火,这下子添加进了新的燃料,波斯人的准备工作自然也就更加热火朝天。公元前490年夏天,准备入侵的大军在西里西亚濒临大海的阿莱恩平原集结完毕。一支由600艘战舰和不计其数的运输船所组成的庞大舰队集中到了海岸边,准备装载各路骑兵、战马和步兵。达提斯与阿尔塔费尼斯在名义上联合指挥这次远征。不过从希腊作家们所讲到的情况来看,真正的最高权力很有可能只授予了达提斯一人。对于这位指挥官此前事业生涯的详细材料,我们一无所知,不过,有种种理由使我们相信,他的经历必定已经证明了他的才干和勇气,或许是因为他的米底人出身,才使得大流士没有把他单独放到最高统帅的位置上。他看来应该是在大流士登上王位之前、在反对波斯人的米底教士被推翻之后,第一位受到波斯国王信任的米底人。达提斯受命完成对希腊的征服,给他的指令中特别提到了埃雷特里亚和雅典。他必须拿下这两座城市,把它们的居民全给逮起来,然后带到大王的身边去做奴隶。

波斯帝国波斯波利斯古城遗址

达提斯的军队登上了正在等候他们的战船，沿着小亚细亚海岸一路前行，直到远离了萨摩斯岛①，这才掉头向西航行，穿过爱琴海，直捣希腊。一路上，他顺便拿下了几座小岛。10年前，纳克索斯岛②曾经成功顶住了波斯军队的围攻，不过这一回，他们完全给吓蒙了，不敢作任何抵抗，一溜烟逃到了山顶上。波斯大军一把火烧了他们的镇子，田地被夷为废墟。达提斯强迫那些希腊岛民们带着他们的船和人，加入自己的部队，朝着埃维亚海岸航行。卡利斯图的一个小镇试图抵抗，很快就被制服了。接下来，他开始进攻埃雷特里亚，雅典派来了4000人支援。但埃雷特里亚人中间出现了变节行为，雅典军队收到了本邦一位首领的及时警告，要他们撤回援军以保卫自己的国家，而不是继续留在那里，分担埃雷特里亚在劫难逃的厄运。埃雷特里亚这下只有靠自己了，他们击退了波斯人的攻城，前后坚持了6天，到了第7天，他们被自己的两位首领给出卖了，波斯人占领了城市。为了报复萨迪斯的被焚，城里的神殿被焚烧一空，居民们被作为战俘给绑了起来，关押在毗邻的阿基里亚小岛上，他们将待在那儿，直到达提斯把雅典人也抓来跟他们关在一起，然后再把他们带到上亚细亚去，听候大流士国王亲口宣布对他们命运的最终判决。

首战告捷，使命完成了一半，达提斯精神大振，命令大军重新登船，跨过埃维亚和大陆之间的那条窄小海峡，在位于马拉松湾的阿提卡海岸扎下了营盘。依照古代海军的惯例，他们

---

① 萨摩斯岛，爱琴海中的岛屿，现属希腊。
② 纳克索斯岛，爱琴海中的岛屿，希腊基克拉泽斯群岛中最大的一个。

把军舰排列在倾斜的海滩上,那些被征服的岛邦,在他的后面,负责军需供应。他在马拉松的位置,对他来说在各个方面都很有利。他安营扎寨的那个场地,平坦开阔,有利于骑兵的施展(如果雅典人胆敢和他们开战的话)。一直在他鞍前马后充当向导的希庇亚斯也指出,马拉松是最佳的登陆地点,其所依据的也正是这个理由。或许,希庇亚斯还回想起了47年前,也正是在这块平原上,他曾跟随父亲庇西特拉图,率领一支大军跨过海峡从埃雷特里亚进入马拉松,轻而易举地赢得了一场对雅典敌军的胜利,从而恢复了他们的专制权力。这个好兆头似乎颇令人鼓舞。地点相同,场景未改,不过,雅典人的勇气却今非昔比,希庇亚斯很快就会认识到,他将要付出多么大的代价。

然而,虽说雅典的"极端民主政治"在反对外国侵略者和本国暴君时,积极而真诚,但内部同样也存在派系斗争,就像在埃雷特里亚一样,他们当中有些人,很乐意以国家的毁灭为代价,来换取本团体对本国同胞的一次胜利。这些人和波斯营地的勾勾搭搭早已不是什么秘密,如果米太亚得不能下定决心并说服他的同僚们也下定决心,拼死一战,势必也会遭受埃雷特里亚那样的灭顶之灾。

当米太亚得排兵布阵准备战斗时,他在这一仗中所押上的,不仅仅是雅典而且也是全希腊的命运。因为,如果雅典失陷,那么别的希腊城邦,除了斯巴达,谁也不会有勇气再作抵抗。而即便是斯巴达,虽然他们或许会前赴后继直至剩下最后一个人,但也绝对抵挡不住波斯人的得胜之师和为数众多的希腊军队(这些人在被波斯人征服之后,很快就会在波斯总督的号令之下齐步前进)。

一旦征服了希腊,并把她收归帐下,使之成为未来军事行动的生力军,那么,在希腊以西,也就不会有任何力量对波斯人形成有效的抵抗。罗马当时尚处于最幼弱的时期,她强大的伊特鲁里亚①王朝,几位国王早被赶跑了;她襁褓中的共和国,还在内外交困中蹒跚学步(外有伊特鲁里亚人和沃尔西人②的进攻,内有贵族和平民之间的激烈冲突)。而伊特鲁里亚,把她的贵族和奴隶加在一起,也根本不是波斯人的对手。萨谟奈③还没有生发出她后来所显示出的那种力量。而希腊在南部意大利和西西里的殖民地,在其母国土崩瓦解之后,覆巢之下,焉有完卵。迦太基④虽说早在冈比西斯时代就逃离了波斯人的奴役(通过极不情愿地充当腓尼基人的水手而与本族同胞作对),然而这样的忍耐克制,终非长久之计,这个罗马帝国未来的竞争对手,也将会成为波斯势力的仆从,像腓尼基诸城一样温顺。我们再把目光转向西班牙吧,或者,干脆延伸得更远一些,让我们的目光掠过莽莽群山,穿过塞文山脉、比利牛斯山脉、阿尔卑斯山脉,直到那个将欧洲分为南欧、北欧的巴尔干半岛。在那个时期,除了蛮荒未化的芬兰人、凯尔特人、斯拉夫人和条顿人之外,我们什么也找不到。波斯如果在马拉松击败了雅典的话,大流士,这位奥尔穆兹德⑤所挑选的仆人,就会畅通无阻,所向披靡,统治所有的欧洲族群。幼弱的欧洲活力就会

---

① 伊特鲁里亚,意大利中西部古国,包括现在的托斯卡纳和翁布里亚的一部分。
② 沃尔西人,古代意大利的一个民族,公元前4世纪被罗马人征服。
③ 萨谟奈,意大利南部部落之一。公元前354年,萨谟奈人与罗马结盟后,先后3次卷入反抗罗马人的战争。
④ 迦太基,非洲北部古代城邦,位于今突尼斯湾沿岸。
⑤ 奥尔穆兹德,古代伊朗宗教所奉的至高之神,认为他创造了宇宙和宇宙秩序并维持宇宙秩序。

被踩在全面征服的铁蹄之下,世界的历史,就会像亚洲历史一样,纯粹成了一部这样的记录:专制王朝的盛衰、野蛮游牧民族的入侵,无数的精神膜拜和政治膜拜,臣服在王冠、冕旒和刀剑之下。

在这个生死时刻,波斯人与雅典人在力量对比上的优势是

雅典城

如此巨大,因此,战争的结果似乎纯粹是(或者事后认为是)鲁莽行动的侥幸成功,但是,把米太亚得以及在雅典军事委员会上投票赞成他的那些人的策略归于疯狂鲁莽是不公平的。正如前面讲到的,米太亚得在任切尔松尼斯领主的同时,还在波斯军队中服过役,通过亲身的观察,对于其力量的堂皇外表之下所潜藏的许多薄弱之处,他心知肚明。他知道,组成这支庞大军队的,也不再是来自波斯本土和库尔德斯坦的那些吃苦耐劳的牧羊人和山地人(他们曾经为居鲁士打过很多胜仗);相反,如今填满波斯官兵花名册的,多半是战败国那些一肚子不情愿

的小股部队,这些人上阵作战是由于强迫,而并非对主人的事业有多么热心。米太亚得以他的敏锐和勇气,意识到希腊人的坚固装甲和组织结构对于亚洲人的优势,虽然前者曾败于后者。最重要的是,他感觉到了手下将士们的热情,并且知道,这种热情是值得信任的。

他所领导的雅典人,在最近几场抵抗邻邦的战争中所表现出的新生勇气,足以证明"公民权利的自由与平等,是最能鼓舞勇气的东西。当他们生活在暴君的奴役之下时,作为战士,他们不会比任何一个邻邦更出色。一旦获得自由,他们就变得出类拔萃,因为每个人都觉得自己是在为一个自由联邦而战,为自己而战。而且,不管他们所承担的是什么工作,他们都会以极大的热情去做"①。和他们差不多同时代的历史学家,这样描述他们在暴君被驱逐之后精神上所发生的改变。而且米太亚得知道,在他领导的针对面前这支侵略大军(他们深恶痛绝的死对头希庇亚斯也在其中)的抵抗战斗中,即将投入作战的这些人绝非等闲之辈,他们非凡的英雄气概是可以依靠的。至于那些叛国者(无论其变节行为是什么),可能潜藏于那些出身更高、家境更富的雅典人当中(他对此很有把握),但他所指挥的普通士兵,都准备竭尽全力来实现自己的目标,这个目标既是他的,也是他们的。考虑到未来来自亚洲的攻击,他或许很希望:一次胜利将激励全希腊人联合起来,抵抗他们共同的敌人,也希望潜伏在波斯帝国内部的反抗和分裂的火种会迅速爆发,使它的活力一蹶不振,这样,就可以使希腊人的独立确保无虞。

---

① 原注:希罗多德《历史》第5册第87节。

　　公元前490年9月的一天下午，米太亚得怀着这样的希望、冒着巨大的风险，下达了准备战斗的命令。那片山峦高地，牵扯着许多地方情结，剪不断，理还乱。这些情结，可以极大地激励战士们的勇气，而指挥官们也很懂得如何在战前训话中利用这样的情结鼓舞士气。马拉松本身，就是一块因赫拉克勒斯①而变得神圣的地方。近处是玛卡莉亚泉，从前，玛卡莉亚为了人民的自由，就是在这里投水而死的。而那片他们即将在此展开厮杀的平原，正是他们的民族英雄忒修斯②建功立业的战场；而且，正如古老传说中所讲的那样，雅典人和赫拉克勒斯的后裔，也正是在那里击溃了侵略者欧律斯透斯③。对于那个时代的人来说，这些世代流传的故事，并不纯粹是云遮雾罩的神话或空穴来风的虚构，相反，这些都是绝对真实可信的事件：来自雅典各阶层的许多热烈祈祷，都投向了那些英勇的精灵，他们活在人间的时候，曾经在这块土地上奋力抗争，承受苦难。人们相信，这些英灵如今已经拥有了天神般的力量，正全神贯注地俯瞰着这个他们依然深爱着的故国家园，并且有能力为了它的利益而施以超凡的援手。

　　依据古老的民族习俗，各个部族的勇士被编列在一起，他们并肩作战，邻居挨着邻居，朋友挨着朋友，竞争精神和责任意识极大地激发了每个人的斗志。军政长官卡利马库斯率领大军右翼；普拉提亚人排在最左边；地米斯托克利和阿里斯提得斯指挥中路大军。队列仅由重装备持矛步兵所组成。因为在伊

---

① 赫拉克勒斯，主神宙斯与阿尔克墨涅之子，希腊罗马传说中最著名的英雄。
② 忒修斯，传说中雅典的英雄和国王，他杀死了半人半牛的怪物弥诺陶洛斯，统一了阿提卡。
③ 欧律斯透斯，迈锡尼国王，赫拉克勒斯就是被罚为他做12件大事。

菲克拉特斯时期之前，希腊人在短兵相接的阵地战中，还很少甚至完全不使用轻步兵，他们只在小规模冲突或追击溃军的时候才用上轻步兵。正规步兵的全套装备包括：长矛、盾牌、头盔、胸铠、护胫和短剑。由于有这样的全副武装，他们通常排成一个约8根长矛纵深的方阵，缓慢而稳固地向前挺进，投入搏杀。但是这一次，米太亚得的军事才干，使他打算背离这种老式战术。对他而言，延伸战线以便覆盖所有能够通行的场地，从而保护自己免遭波斯骑兵的侧翼包抄而腹背受敌，是绝对必要的。但这样的延伸却使战线变得薄弱。不过他并没有均衡地削弱整个战线的兵力，而是决定：一方面，削弱中央方阵，因为考虑到场地的自然条件，这里即使被撕开，也最有利于重新集结；另一方面则加强侧翼，以确保两端的优势。他相信自己的能力，也相信士兵们的纪律，因为这样的改进有利于赢得这场决定性的胜利。①

米太亚得按照这样的阵形（他或许还利用了场地差异，以使自己的准备工作尽可能隐蔽到最后的时刻），部署了他的11000名步兵，他们的长矛，将要决定欧亚争雄的这一生死时刻。人们被告知，那些用来祈求上天眷顾、征询其意见的祭品，显示了吉祥之兆。冲锋的号角已经吹响，战斗的颂歌在反复吟

---

① 原注：值得注意的是：还没有哪位希腊将军曾经背离过以持矛方阵的常规方式投入战斗的其他实例，直到100多年之后，在留克特拉和曼提尼亚战役中，伊巴密浓达才引入了这样的战术（亚历山大大帝、腓特烈大帝使这一战术名闻天下），那就是：以压倒性的集中兵力，置于敌方战线的某些要害之处，而留出（或者换用军事术语"撤防"）己方更薄弱的部分。译注：留克特拉，底比斯西南部的一个村庄，公元前371年，底比斯人曾在此地重创斯巴达人。曼提尼亚，希腊南部的一个古城，位于伯罗奔尼撒半岛东部，公元前362年，底比斯在这里打败了斯巴达。伊巴密浓达（约公元前420～前362），古希腊政治家，底比斯城邦的统帅。

唱，这支势单力薄的部队扑向了人多势众的来敌。同时，在马拉松沿岸那些山冈坡地上，也必定回荡着这样互相激励的颂词（这些颂词后来还回荡在萨拉米斯①的波涛之上，那是埃斯库罗斯②告诉我们的，这两次战役他都参加了）："啊，希腊的男儿们，为了你们祖国的自由而冲锋吧！为了你们妻儿的自由而冲锋吧！为了你们父辈的诸神圣殿，为了你们祖先的埋骨坟茔。一切，如今一切都押在了这生死一战之上。"

米太亚得并没有采用持矛方阵通常采用的缓慢步伐向前推进，而是让士兵们跑步冲锋。他们全都接受过角力场上的斗技训练，因而不用担心他们会因为精疲力竭而停住脚步。对他而言，尽可能快速地穿插过那块位于山脚和波斯前哨之间的约1英里宽的空阔平地，才是最重要的，这样，他就能够赶在波斯骑兵上马、列队、策动之前，赶在波斯射手将他们置于弓箭射程内之前，赶在敌军将领顺利部署他们的兵力之前，让他的部队投入近身厮杀。

希罗多德说："当波斯人看见雅典人俯冲而来，没有骑兵和弓箭手，人数也不多时，他们准认为这是一帮急于找死的疯子。"但不管怎么说，他们还是着手准备迎接这帮疯子，东方的首领们在时间和地点允许的情况下，尽可能迅速地将那些身穿各色军服的不同族裔士兵部署完毕。来自希尔卡尼亚和阿富汗的山地人，来自呼罗珊草原的剽悍骑兵，来自埃塞俄比亚的黑人弓箭手，来自印度河、阿姆河、幼发拉底河以及尼罗河畔的剑手，全都准备就绪，抗击大王之敌。但是，除了波斯本国

---

① 萨拉米斯海湾位于亚提加半岛西南部，公元前480年，希腊和波斯在此展开了著名的"萨拉米斯海战"。
② 埃斯库罗斯（公元前525～前456），希腊悲剧作家。

人之外,其他人都没有什么民族目标以激励他们,而且在一个庞大的群体当中,也没有统一的语言、信仰、种族特征或军事体系。尽管如此,他们当中还是有不少勇敢之士,在一位经验丰富的将领指挥之下;他们熟知取胜之道;他们对自己的步兵有着傲慢的自信,这支步兵有时间单独编队,严阵以待。当希腊人以平端长矛的坚定阵形、面对这支轻装备目标,列队而来的时候,东方人的短剑和弯刀就显得不堪一击了。亚洲人的前排在最初的冲击之下,必然已经七零八落。但他们依然没有退却,他们凭着个人勇气和人数优势而顽强拼搏,以弥补武器和战术上的劣势,抵挡欧洲人缺乏纵深的阵列。在战线的中间,是波斯本国人和萨卡人①在战斗,他们成功地撕开了雅典方阵较薄弱的环节。这些由阿里斯提得斯和地米斯托克利所率领的雅典部族,经过英勇的抵抗之后,被赶过了平原,在那条流向内陆的河谷边被波斯人追上了。那里的地面环境给了他们重整旗鼓、继续厮杀的机会。这期间,希腊人的两翼(米太亚得在那里集中了他的精锐兵力)已经击溃了亚洲人的抵抗,雅典人和普拉提亚人并没有追击溃敌,而是把军队完好地掌握在自己手里,并掉转方向将两翼的兵力整编到了一起。米太亚得率领他们立即杀向波斯人的中路。到此刻为止,波斯人在中路已经稳操胜券,但眼下却不得不退却,准备迎战这帮新来的、意想不到的攻击者,阿里斯提得斯和地米斯托克利率领重新组织起来的部队,再度投入战斗。希腊人倾全部兵力,开始与波斯人和萨卡人展开了近身搏杀。达提斯的老兵们为守住阵地而顽强抗争,没等到这场严酷的遭遇战见分晓,夜幕就降临了。

---

① 萨卡人,古波斯高原北部干草原的一支游牧民族。

而拿着柳编轻便盾牌的波斯人,却脱下了护身铠甲,毫不理会训练中关于要保护正前方的告诫,就这样和希腊步兵的正规动作相周旋。他们操着更短小也更乏力的武器,在极其不利的情况下,对抗雅典和普拉提亚的那些编队紧凑、装备精良的长矛手——他们全都接受过精良的训练:每一次必要的队形变换都协调一致,保持统一而稳固的阵形。在个人勇气和身体的灵活性上,波斯人一点也不比他们的对手差。他们的英勇气概,至今也没有被之前的失败记忆所吓倒,他们宁愿慷慨地轻掷自己的生命,也不愿让他们以无数次胜利赢得的美名损失分毫。就在他们身后的队列将一阵阵连续不断的箭雨越过战友们的头顶,倾泻而出的时候,最精锐的波斯人继续奋勇向前,有时单枪匹马,有时10个或12个组成敢死队,扑向希腊人挺出的长矛,想要强行将敌人的方阵撕开一个口子,以便使自己的弯刀和短剑能派上用场[1]。但希腊人意识到了他们的优势之所在,虽然长时间连续作战所带来的疲劳,强烈地提醒着他们在人数上的劣势,但屠城的可怕前景(这是他们和入侵者打交道的过程中领教过的),却使他们勇气倍增,更加勇猛地继续战斗。

终于,从前不可战胜的亚洲老爷们,开始掉头而逃,希腊人穷追不舍,把他们打得人仰马翻,一直追到了海边。在那里,侵略者们正匆匆忙忙地启动他们的战船,打算要登船逃走。雅典人带着成功的兴奋,猛冲向敌人的船队。"点火,点火!"他们一边呐喊着,一边着手去控制那些船只。但这会儿亚洲人

---

[1] 原注:可参看希罗多德《历史》第9册第62节,其中描述了波斯军队在对斯巴达和普拉提亚作战时所表现出的勇敢。我们没有关于马拉松之战的类似材料,不过我们知道,这是一场长时间的顽强较量(参见希罗多德《历史》第6册第113节),波斯人在马拉松的斗志,必定要比在普拉提亚时更高。

已经开始拼死抵抗,在进攻船队的过程中,希腊人不断损兵折将。英勇的军事执政官卡利马库斯、斯特西罗斯将军,还有其他一些希腊政要,都在这场战斗中倒下了。他们当中,最引人注目的是悲剧诗人埃斯库罗斯的哥哥塞内格鲁斯,他抓住了一艘战船的尾饰,结果一把利斧斩断了他的手。一共有 7 艘战船被俘获,波斯人则成功地救下了其余的战船。他们驶离了这灾难性的海岸,不过,即便是在这个节骨眼上,达提斯也依然表现出了卓越的军事才能。他返航至阿提卡的西海岸,心里盘算着,希望雅典城没有设防,那么他就可以借助城里希庇亚斯的某些党羽之手,一举拿下它。然而,米太亚得看穿了他的花招,打破了他的如意算盘。他留下其他的部族军队守护战利品和死伤者,自己则率领他的得胜之师,火速夜行,穿过乡村,返回了雅典城。当波斯舰队折向苏尼安海峡,在这天早晨航行至雅典湾的时候,达提斯看见雅典城头上,那支头天傍晚让自己的人望风而逃的军队正严阵以待。所有进一步征战欧洲的愿望,一下子全都化为泡影,这支受挫的舰队,悻悻地返回了阿提卡海岸。

战斗已经结束,就在战死者的尸体依然横陈战场的时候,先前曾答应增援的斯巴达人终于赶到了。2000 名斯巴达长矛手,在月圆之后立即启程,用了短短 3 天时间,以惊人的速度完成了从斯巴达至雅典之间的 150 英里行军。虽然来得太迟,没能

分享战斗的荣耀,但他们还是请求允许他们到战场上去,亲眼见一见那些米底人。他们继续前进,到了那儿,盯着侵略者的尸体看了一会儿,然后,对雅典人和他们所做事情颂扬了一番,就回了斯巴达。

雅典人欢呼胜利

波斯方面的死亡人数是 6400 人,雅典则只损失了区区 192 人。没有人提及波斯的受伤人数,不过,因为他们只投入了部分兵力参战,而大部队并未受损,所以这个数字应该不会很大。

如果我们还记得希腊长矛手的盔甲(以剑矛之类的武器为装备的军队,不可能对他们造成太大的杀伤,只要他们能保持稳固的队形),那么,对于两军在损失上的明显悬殊,也就无足为怪了。

雅典的战死者被就地埋葬在战场上。这有悖于通常的习俗,按照常规,每年所有为国战死者的尸骨,都要被安置在雅典城郊一处名叫塞拉梅库斯的公墓里。但人们觉得,给予马拉松烈士的死后哀荣应该更特殊一些,正如他们所建立的功勋要比所有其他雅典人都更加卓著。一个高高的山丘耸立在马拉松平原上,其下安放着在这场战斗中牺牲的雅典人的遗骸。场地上树立起了10根圆柱,每一根代表一个雅典部族,每个部族的纪念

希腊浮雕中的战斗场面

圆柱上,镌刻着那些已经在这场伟大的解放战斗中光荣牺牲的本族成员的名字。当古文化学者保萨尼阿斯读到这些名字的时候,距离它们最初镌刻上去的时间,已经过去了整整600年。①那些圆柱早已损毁,而土丘依然耸立,标志着那些古代的高贵英雄、"马拉松勇士"的长眠之地。

一处独立的坟茔埋葬着牺牲的普拉提亚人,另一处则埋葬着参加了这场战斗并牺牲了的轻装备奴隶,还有一块截然不同的墓碑,是纪念那位将军的,这场胜利主要应当归功于他的才干。米太亚得在他完成马拉松的功绩之后,并没有活得太长,不过,也已经长得足够让他经历一场令人扼腕的荣辱沉浮,使他的声望和好运付诸东流。

---

① 原注:保萨尼阿斯毫不怀疑地声称,那处战场由于某种超自然存在而经常在夜里闹鬼,还说听到过战斗的喧嚣和马匹的喷鼻在那里回荡。这种迷信比宗教信条的改变还要有生命力,附近的牧羊人至今相信,午夜的平原上有鬼兵在交战,他们说曾听到过战士的呐喊和战马的嘶鸣。参见格罗特和瑟尔沃的著作。译注:保萨尼阿斯,古希腊地理学家和历史学家,著有《希腊志》。

波斯人刚一离开爱琴海西岸,米太亚得立刻就向雅典市民大会提出动议,要求装备70艘战船,以及与此相匹配的兵力和军需物资。他没有讲自己打算进军的目标到底是哪儿,只是向人们许诺,如果他们愿意装备他所请求的这支武装,并授予他自由决定的权力,他将率领这支大军到一个富庶之地,那里黄金遍地,俯拾可得。那时候的希腊人都相信,确实存在黄金遍地的东方王国,这一信念的坚定程度,与17世纪欧洲人相信西方的黄金国比较起来,也不相上下。希腊人或许认为,这位最近的马拉松胜利者、大流士从前的手下干将,如今打算要带领他们,对波斯领地的某些富庶而毫无防备的财富之邦进行一次秘密远征。动议投票通过,部队整装待发,他们离开阿提卡向东航行。除了米太亚得,没人知道航行的目的地,直到希腊的帕罗斯岛[①]出现在眼前,他的真正目标才水落石出。

早些年,当米太亚得作为切尔松尼斯的领主和波斯人勾勾搭搭的时候,曾经与一位帕罗斯首领有过一场过节,此人损害了他的名誉,使他在波斯总督海达尼斯的府邸中受到过轻慢。从那时起,这场争执就一直让这位雅典首领怀恨在心,如今他进攻帕罗斯岛,就是要向那位宿敌报这一箭之仇。作为雅典统帅,他不能师出无名,因此他提出的借口是:帕罗斯曾经支援过大流士的军队一艘战船。帕罗斯人假装要就投降条款进行谈判,结果却利用这段时间加固了本城防御工事的薄弱环节,然后,他们向雅典人挑战。希罗多德说,到目前为止,关于此事的报道,所有希腊人都众口一词。不过多年之后,帕罗斯人也

---

① 帕罗斯岛,希腊爱琴海基克拉泽斯群岛岛屿。

讲述了一个并无根据的传说,说的是帕罗斯一座神殿中的一位神神道道的女祭司,曾向米太亚得许诺,要给他俘获帕罗斯岛的手段。遵照女祭司的吩咐,这位雅典将军孤身前往,强行进入了城门附近的一座神殿,而此行的目的无人知晓。传说还讲到,一种超自然的敬畏是如何紧紧攫住了他,在奔跑的途中,他摔倒了,摔断了腿。还讲到一位先知后来是如何阻止帕罗斯人,不让他们去惩罚那位渎神而叛国的女祭司,"因为米太亚得命中注定要得到一个糟糕的结局,她只不过充当了引领他走向不幸的工具"。这就是希罗多德从帕罗斯岛听来的故事。不过可以肯定的是,在这次铩羽而归的攻城之战期间,米太亚得的腿,是脱臼也好是摔断也罢,总之的确受了伤,病歪歪地跟随他那支垂头丧气、溃不成军的部队一起回了老家。

雅典人的愤怒,与当初米太亚得的许诺在他们心头燃起的希望和激动比较起来,亦正相当。雅典一个首要家族的头领桑西普斯,在最高法官的面前,控告他是欺骗人民的首犯。他所犯下的罪行无可争辩,雅典人据此通过了他们的判决。不过,想想利姆诺斯岛和马拉松,再看看面前这位平躺在卧榻上的落魄将军,于是,他的减刑辩护也就顺利通过了,最后的判决是:免他一死,改为50塔伦兹的罚款。这笔罚金是由他的儿子、也就是后来那位杰出的西门所交纳的。审判结束后不久,米太亚得因为伤势过重,郁郁而终。

在达到权力和荣耀的顶峰之后,米太亚得所得到的这样一个悲伤的结局,必定常常被某处景观(尤其是他所赢得的那场伟大战役的纪念碑)重新唤回到古希腊人的头脑中。那座纪念碑是一尊非同寻常的雕像(如今我们只能通过保萨尼阿斯精确

细致的描述来了解它),它由伯里克利^①时代的雅典人用巨大的大理石劈削而成。人们相信,这块大理石曾经是达提斯准备用来建造战胜纪念碑的,他满心认为波斯人胜券在握。菲迪亚斯^②用这块大理石凿出了一尊巨大的复仇女神像,这位女神的特殊职责,就是带着突如其来而又令人恐惧的厄运,去拜访那些繁荣兴旺的国家和个人。这尊雕像被放置在瑞穆内斯的女神殿里,那里距马拉松约有8英里,雅典城内也有为数众多的纪念碑,是纪念她所赢得的重大胜利的。菲迪亚斯的堂弟潘努斯,在彩绘走廊的墙壁上把战斗的场面绘成了壁画。数百年之后,米太亚得和卡利马库斯在雅典人头脑中的形象,大约就是壁画上的这个样子。画面显示,守护神也参加了这场战斗。背景上,可以看见波斯人的船队;近处,雅典人和普拉提亚人(从他们的皮革头盔可以辨认出来)正一路把亚洲人赶进沼泽和大海。战斗场面还被雕刻在雅典卫城的胜利神殿里,即使在今天,我们也许还能从那些岩壁上依稀辨识出波斯士兵手持银质盾牌的形象,他们的弯弓和箭囊,他们半月形的弯刀,他们松松垮垮的裤子,还有他们的弗里吉亚头巾。

  这些,以及别的一些马拉松纪念物,都是雅典的智性光辉处于全盛时期的产物——是菲迪亚斯和伯里克利时代的产物。这次胜利所具有的超凡价值,得到了人们(不仅仅是被那场战斗从希庇亚斯与米底人手中解放出来的那一代人)充满感激的承

---

① 伯里克利(约公元前495~前429),古代雅典政治家。他对雅典民主体制和雅典帝国在公元5世纪晚期的全面发展作出重大贡献。
② 菲迪亚斯,公元前5世纪雅典雕刻家,曾监管帕台农神庙的工作,成名作是雅典卫城的3座雅典娜纪念像和奥林匹亚宙斯神庙的巨大宙斯坐像。

认。雅典，经历了她繁荣兴盛的整个时期，经历了她腐朽衰亡的漫长年代，再经历了她衰败之后的许多个世纪，蓦然回望马拉松平原的那些日子，依然会将它视为本民族历史的辉煌篇章。

混合着民族自豪感和虔诚的感激，那些在马拉松战役中牺牲的雅典人的真实灵魂，被他们的同胞神化了。马拉松地区的

雅典卫城南坡上的狄俄尼索斯剧场

居民为他们举行虔诚的仪式，其他人则在雅典人的集会上，以最热情洋溢的誓词向他们表达庄严的祈求。"任何能够让他们对英勇行为的记忆保持鲜活的事情，都不会被忽略，正是这样的英勇行为，通过与那曾经征服过世界上大部分地区的势力相较量，从而让他们第一次认识到了自己所拥有的力量，由此而被唤醒的意识，最终决定了它的性格、它的位置，以及它的命运，这是它后来的伟大行动和雄心壮志的源头活水。"（瑟尔沃）

波斯人的傲慢自负，并不会因为一次战败（尽管是一次重创）而一蹶不振，也不会使她建立世界帝国的梦想烟消云散。

其后的10年,她重新开始尝试一项规模更大的对付欧洲的计划,同样也遭到了希腊更强大的反击,因而屡屡受挫。那些超过我们曾在马拉松见识过的更为庞大的武力,以及更为残酷的杀戮,使得希腊和波斯之间的冲突更加引人注目,这些冲突发生在阿忒米修、萨拉米斯、普拉提亚和欧律墨冬。不过,这些战役虽然激烈有力、场面宏大,但在重要性上却不能和马拉松战役等量齐观。它们并没有引发新的推动力,它们也并没有挽狂澜于既倒,扶大厦之将倾。它们仅仅是对已然存在的航向的再次确定,而这一航向,正是马拉松战役所开创的。马拉松那个决定性的日子,在两个民族的历史上,都是一个转折性的时刻。它彻底打破了波斯人不可战胜的符咒,这个符咒曾经麻痹了人们的头脑。它在雅典人中间创造出了一种精神,正是这种精神,让他们击退了薛西斯[①]的进犯,后来在那些可怕的复仇行动中,在对亚洲人的战斗中,自始至终引领着色诺芬[②]、阿格西劳斯[③]和亚历山大。它为人类保全了雅典的智力财富,保全了自由制度的发展壮大,保全了西方世界自由主义的启蒙,也保全了西方文明的伟大法则在此后若干年代里逐步上升的优势地位。

---

① 薛西斯,大流士一世之子,波斯国王(公元前486~前465年在位)。
② 色诺芬(约公元前431~前350以前),希腊将军、历史学家,著有《远征记》一书。
③ 阿格西劳斯(公元前444~前360),古希腊斯巴达国王。

●公元前413年

叙拉古战役

公元前415年初夏,雅典海军在比雷埃夫斯港誓师出征,雅典市民倾城而出。将士们举起手中的酒杯,将杯里的红葡萄酒洒向爱琴海蔚蓝色的波涛。他们此次扬帆远征的目的地,是一个名叫叙拉古的西西里城邦,这里三面环海,一面和西西里本岛相连,易守难攻。此时,正是伯罗奔尼撒战争的第17个年头,雅典和斯巴达之间的角逐并未见出分晓。雅典人打算孤注一掷,计划通过海外扩张,一举奠定其世界霸主的地位。面对强大的雅典海军,叙拉古人惊慌失措,绝望中召开的国民大会,所讨论的议题只有一个:投降条款。然而,一支援军的到来及时地阻止了这场投票……

　　罗马人并不知道（也不可能知道），他们后世子孙的强大，乃至整个西方世界的命运，与雅典舰队在叙拉古港的覆灭，有着怎样深刻的关联。如果雅典人在这场伟大远征中获胜，那么在接下来变故频仍的100年里，希腊的虎虎生气就会在西方找到他们的用武之地，就像曾经在东方一样。征服迦太基的，可能就会是希腊，而不是罗马；构成今天西班牙、法国和意大利等语言的主体元素的，可能就会是希腊语，而不是拉丁语；构成文明世界的法律基础的，可能就会是希腊法，而不是罗马法。

——阿诺德

　　在远古时代和中世纪，很少有哪座城市遭受过比叙拉古[①]曾经遭受过的围攻更加令人难忘。雅典人、迦太基人、罗马人、汪达尔人、拜占庭人、撒拉逊人和诺曼底人，轮番上阵，攻打叙拉古的城墙。她顶住了早期的攻击者，这样成功的抵抗，不仅对于当时那代人的命运，而且对于此后所有人类事件的走向，其意义都甚为深远。我们不妨引用阿诺德在谈到叙拉古对迦太

---

① 叙拉古，意大利西西里岛东岸古城。公元前8世纪由科林斯殖民者创建，公元前5世纪其国力达到巅峰，公元212年落入罗马人之手。

叙拉古战役形势图

基人的遏制时所使用的雄辩说法："叙拉古是一座由神意所垒起的防波堤,以保护仍很稚弱的罗马力量。"而她对雅典远征大军的成功击退,则具有更加广泛而恒久的意义。在缔造世界帝国的激烈角逐中(所有伟大古国都曾为这一目标而逐鹿沙场,但全都功败垂成),叙拉古战役是一次决定性的事件。

现存的叙拉古城是个小地方,或者说没什么军事实力,附近高地上的炮火几乎可以完全将它置于控制之下。但在古代战争中,它的位置,以及它对城墙的悉心维护,使得它在面对围困大军那些古老的进攻手段时,显得坚固无比。

在伯罗奔尼撒战争那个年代,这座古城的主体部分,是建筑在一个陆地丘上,这块陆地伸入西西里东岸的大海,位于两处海湾之间。北边的海湾被称为"塔普苏斯湾",南边的海湾正好形成叙拉古城的"大港"。一座小岛,或者叫半岛(因为它很快就成了半岛),位于这个陆地丘的东南端,向前延伸,几乎穿过了大港的港口。这座小岛,是来自科林斯湾的第一代希腊殖民者最初的殖民地,2500年前,他们在这里建成了叙拉古城(现代叙拉古城重又缩小到了这个最初的边界之内)。但是,在公元前5世纪,叙拉古城不断增长的财富和人口,使得他们把小岛旁边陆地丘尾部的城墙部分也囊括进来。这样,到了雅

典发动远征的那个时期,小岛朝向大海的那部分已经盖满了建筑物,两处海湾之间也筑起了防御工事。这些,构成了叙拉古城的主体部分。

因此,近陆一侧的城墙就横过了陆地丘。这个陆地丘从大海开始倾斜向上延伸(也就是说,向西西里内部延伸),到了旧防御工事的西边便迅速上升了 1～2 英里,而在宽度上却逐渐减小,最后止于一个狭长的山脊。在陆地丘和海伯拉山之间,绵延着深坑和崎岖不平的低地。山脊的两侧险峻而陡峭,从山顶直插其下的平地,一侧朝向西南,一侧面对西北。

在伯罗奔尼撒战争的时代,攻击设防城市的常规方式,就是围绕该城修建一道双层围墙,十分坚固,内可以阻止守军突围,外可以抵挡援军进攻。两层围墙之间盖有棚顶,正好用做兵营,围攻者就驻扎在里面,以逸待劳地等待被围者弹尽粮绝,或者发生叛变,最后不战而降。而且,那个时代的每个希腊城邦,就像中世纪的每个意大利共和国一样,贵族和民主主义者之间的内部冲突,也风起云涌,此起彼伏。每一支侵略大军的营地里,都挤满了愤懑不平的难民;而每一座被围的城市,其城墙之内又确实隐匿着大量心怀鬼胎的不满者,他们巴不得以一次国家灾难为代价,来换取一次派系斗争的胜利。饥荒和派系斗争,正是围攻者所依靠的盟友。那个时代的将军们都相信:一旦他们完成了封锁,这些可靠的同盟者就会马上采取行动。他们很少冒险去尝试对防守严密的营地发动袭击。因为,那些古老的军事机器,在狄奥尼修斯一世[①] 完成他的毁灭机械学而使之得到改进之前,要想对付砖瓦工们的手艺,也不免力不从心。

---

① 狄奥尼修斯一世(约公元前 430～前 367),叙拉古僭主(在位时间:公元前 405～前 367)。

毫无疑问,那些最勇猛无畏、最训练有素的持矛步兵们的性命,也必将空耗在对那些岿然不动的围墙的冲锋上。

像叙拉古这样一座临海而建的城市,除非敌人有一支优势舰队和一支优势陆军协同作战,否则是攻克不了的。而叙拉古,从她的面积、人口和海陆军资源来看,当她发现一个与自己类似的希腊城邦竟然有能力派出足够的军事力量威胁要俘获并征服自己的时候,那种认为叙拉古可以高枕无忧的想法,也并非不合常理。然而,公元前414年的春天,雅典海军却开始在叙拉古的海港和近海称王称霸,雅典陆军把叙拉古的军队打得落花流水,并把叙拉古人困在了城内。从北边的海湾到南边的海湾,一条封锁之墙迅速延伸,穿过两块带状平地和城外高耸的山脊(此山在当时被称作埃皮波莱)。倘若围墙完工,那将切断来自西西里岛内的所有援军,叙拉古人也就只好听由雅典将军们的宰割。幸好,围攻者的工作确实还没有完成。不过,随着围墙缺口的日益变窄,围城之内,所有表面上的安全希望也就愈加渺茫。

如今,雅典正在押上她的力量之花和积攒了70年的荣誉之果,为西方世界的霸权,作大胆一掷。正像后来的拿破仑,站在狮心山(Coeur de Lion)上,指着阿克城告诉随行人员:拿下那座城市将决定他的命运,也将改变世界的面貌。所以,雅典的将领们,想必也从埃皮波莱山顶上察看过了叙拉古,并且意识到:随着叙拉古的陷落,世间所有已知势力将全都臣服在他们的脚下。他们想必还意识到了,雅典,如果在这一仗中败下阵来,她的征服之路也必定戛然而止,并且将从一个共和帝国沦落为一个衰败而恭顺的社群。

在马拉松,我们已经见识过雅典为了自身的生存而与来自东方的入侵者拼死抗争。而在叙拉古,她却以另一个野心勃勃、盛气凌人的侵略者的面目出现。在雅典,就像在古往今来的其他共和制国家一样,曾经激励他们为捍卫民族独立而建立功勋的那种精神活力,很快就使他们学会了不惜以牺牲邻国为代价,实施大胆鲁莽、肆无忌惮的自我扩张计划。在波斯战争和伯罗奔尼撒战争之间的间歇期,雅典已经迅速成长为一个能征善战的强势国家,1000个附庸城邦的宗主,拥有地中海上有史以来最庞大、最精锐海军的海上霸主。由于雅典的领土在第二次波斯战争中被薛西斯和马多尼奥斯①所占领,迫使她的全部人口不得不都成了水手。这次斗争的辉煌成果,倒是证实了他们

希腊浮雕上的雅典生活场景

在海上为国效力的热情。爱琴海沿岸及岛屿上的各希腊城邦举行自发的投票,第一次把雅典置于联盟首领的位置上,这一联盟,是为了应对未来针对波斯的战争行动而形成的。但这一有名无实的盟主地位,很快就被她转变为实际而专横的控制权。她保护她们免遭海盗和波斯势力的侵犯(这一势力很快就堕入衰败),她要求她们以盲目的服从来回报自己。她主张随心所欲地对她们征税的特权,并强制她们服从,傲慢地拒绝对税收

---

① 马多尼奥斯(? ~公元前479),波斯将领,大流士一世的女婿。

开支作出解释。针对税额所提出的抗议,被视为捣乱行为进行了处置;而抗税不交,则被当作叛乱,迅速遭到惩罚。她允许并鼓励那些顺从的同盟者用金钱代替船和人效力沙场。这个至高无上的共和国一箭双雕:一方面通过持续稳定、报酬丰厚的舰队服役,训练了自己的市民;另一方面又使自己的同盟者因为无所事事而逐渐丧失他们的技能和纪律,从而越来越消极软弱地甘受她的支配。她们的城镇被普遍拆除,而皇城本身却得到了最悉心、最奢华的巩固:从她的附庸国搜刮来的税收,被用于加固、装饰她的港口、码头、军械库、剧场和神殿,一切都臻于极致,把她打扮得宏大壮美、富丽堂皇。时至今日,她的废墟依然能证明那个时代、那里的人民在智力上所达到的辉煌高度。正是这样的智慧,使得伯里克利那样的规划和菲迪亚斯那样的创作得以实现。

　　所有获得霸权地位的国家,都会自私地、压迫性地统治其他国家,古今同例,概莫能外。迦太基、罗马、威尼斯、热那亚、佛罗伦萨、比萨、荷兰以及法兰西共和国,全都对那些她们已经建立权威的行省和附属国实行高压统治。不过,她们当中还没有谁公开承认她们如此行事所依据的规则体系,不像雅典的共和主义者们,每当有人抗议他们强加给诸侯盟国的苛捐杂税的时候,他们表现得倒是很直率。他们承认,他们的帝国就是暴政;坦白声称,他们只相信武力和恐怖能维持她的统治。他们感兴趣的,是所谓"永恒的自然法则:弱肉强食"[①]。他们有时甚至声称(这倒并非全无事实),正是斯巴达对自己不公正的仇恨,迫使他们出于自卫而不公正地对待其他城邦。要想

---

① 原注:修昔底德《伯罗奔尼撒战争史》第1卷第77节。

全盛时期的希腊城市

安全，就必须强大；要想强大，就必须掠夺、压制邻邦。他们做梦也不会和附属国交换特权，或者分享公职，而是心怀戒备地垄断每一个关键职位，控制所有政治和司法权力；坚定果敢地将自己置于每一次风口浪尖之上；乐此不疲地忍受艰苦的训练和严酷的纪律（这些是他们在海上服役时所必需的）；心甘情愿地冒险尝试每一个雄心勃勃的计划；绝不忍受让困难或灾祸动摇他们对目标的坚定信念。他们的希望就是：为自己的国家获取无边的帝国特权，为3万市民（正是他们组成了这个至高无上的共和国）中的每个人获取谋生的手段，让他们全身心地投入军事占领，投入那些才华横溢的科学艺术创造（在这方面，雅典已经达到了智性光辉的全盛时期）。

她伟大的政治剧作家说，雅典帝国由1000个城邦组成。这样的戏剧语言倒也不必太当真，但在伯罗奔尼撒联盟进攻她的时候，雅典属国的数目，无疑非常巨大。爱琴海上的所有岛国(几个微不足道的小岛除外),以及所有希腊城邦(在那个年代,它们主要散落于小亚细亚、达达尼尔海峡和色雷斯沿岸)全都向雅典进贡,毫无保留地服从她的命令。爱琴海简直就是雅典的内陆湖。不过她的势力虽然强大,但在希腊以西的地区,她没有占有同等的支配地位。在西西里和南意大利那些繁荣富庶、人丁兴旺的希腊殖民地当中,也有她的殖民城邦和同盟国。但她在这一地区的同盟者,并没有什么组织体系,她的船队也没有从西部海洋给她带来什么进贡品。将帝国的势力范围延伸到整个西西里,是雅典那些野心勃勃的雄辩家和将军们特别热衷的一项计划。在她伟大的政治家伯里克利还活着的时候,他的指挥天才使他能够牢牢控制住自己的同胞,在家门口的强敌尚未被制服的时候,不允许他们拿雅典的命运去为那个渺茫的计划冒险。他告诫雅典人牢记这一座右铭,同时也告诫他们了解并善用自己的力量。然而等到伯里克利一死,他所培育的那种大胆精神,就越过了他所定下的有益限制。公元前431年,当雅典的死对头科林斯人成功地劝诱斯巴达向她发起进攻、并导致5/6的大陆希腊人结成同盟的时候(他们全都因为对雅典的极度忌妒和深仇大恨而情绪激昂),当在数量和装备上都远远超过曾经来犯的波斯人的庞大军队,源源不断地涌向雅典领地、并将其城墙夷为平地的时候,人们普遍认为,最多在两三年之内,雅典就会被迫接受侵略者的要求。然而,她坚固的防御工事(她被这些工事团团包围并连接到她的主要港口),给了她那个年代一个岛国位置所具备的几乎全部优势。伯里克利已经让她对自己的海上帝国充满了信任。那年头雅典人个个都是训练有素的水手。一个服役适龄成员不超过3万、领土范围与半个苏塞克斯①不相上下的城邦,的确也只能通过让其所有的年轻人都投身于舰队服役(再加上积极训练),来获得像雅典曾经拥有的这样一种海上控制权。为了给她所派出的数量庞大的战船配备人员,她还必须雇佣大量水手和操桨的奴隶,不过,船员都是雅典人,所有关键职位都被本邦市民所掌控。他们的大祭司,主要就是通过提醒他们这一点,提醒他们长期以

希腊浮雕上的雅典生活场景

来的航海实践及训练带给他们的必然优势,来激励他们抵抗斯巴达及其盟友的联合力量。他告诫他们,自从米底人入侵以来,雅典就一直积极投身于海上事务,现在该是收获果实的时候了。"她的确并没有使自己变得完美,但她高人一筹的训练,所得到的回报就是海上霸权——这是一项强大的控制权,因为这使她获得了对那片远比其波涛更为公平的陆地的控制,使她免遭无妄之灾,斯巴达或许可以拿这样的灾害去袭扰阿提卡,但绝不可能征服雅典。"②

雅典接受了敌人用以恫吓她的这场战争,而不是从她的至尊高位上乖乖下台。虽然可怕的瘟疫之灾不期而来,倒在瘟疫

---

① 苏塞克斯,盎格鲁—撒克逊英格兰王国之一。濒临英吉利海峡。
② 原注:修昔底德《伯罗奔尼撒战争史》第1卷第144节。

之下的雅典市民甚至比倒在多利安人长矛之下的还要多，但她坚持了下来，英勇地抗击来敌。如果势不可挡的伯罗奔尼撒大军用火和剑使她每一块谷物丰茂的田地、她的葡萄园、她的橄榄树林变得荒芜的话，她就会用自己的舰队对他们的濒海地区以牙还牙。如果抵抗，这就是唯一能展示其水手们的卓越技能和勇敢精神的抵抗。她的一些附庸盟国纷纷揭竿而起，但这些起义大都被严厉而迅速地镇压下去了。一位名叫布拉西达斯①的敌将的军事才干，的确给雅典在色雷斯的力量造成了无可补救的打击，不过那要等到战争的第10个年头。而随着布拉西达斯的阵亡，伯罗奔尼撒人似乎丧失了所有的战斗活力和判断力。到最后，双方都对这场战争感到厌倦了。公元前421年，交战双方订立了一个为期50年的休战期。这样一个协定，虽然遵守得并不好，而且在希腊的许多地区，敌意依然存在，但它保护了雅典领土免遭敌人的蹂躏，使得雅典能够从她的年度税收中积累起巨额财富。几年的时间就这样过去了，瘟疫和刀剑对雅典人口所造成的浩劫，也逐渐得以恢复。公元前415年，雅典城里弥漫着一种大胆而不安的精神气氛，人们渴望为那个遥远的计划找到用武之地，这个计划可以让他们自己扬名天下，也可以使国家得以扩张。他们把从前斯巴达的敌意所带来的恐慌纯粹看作是老妇人的无稽之谈。斯巴达使出她最恶劣的手段蹂躏他们的领土，而且她一直竭尽所能去这么做，这一事实，似乎成了雅典寻求海外扩张的一个强有力的理由。

如今的西方，是每个积极进取的雅典人的思想都曾对其产

---

① 布拉西达斯（？~公元前422），伯罗奔尼撒战争期间斯巴达最具军事天才的将领。公元前422年，在昂菲波利斯激战中阵亡。

生过指导作用的这么一个地区。战争一开始，雅典就对西西里抱有浓厚的兴趣，她的舰队也时不时地出现在其沿岸地区，参与那些西西里的希腊人普遍卷入其中的针锋相对的纷争中。对于一次直接冲突、一次雅典对叙拉古的公开进攻而言，有一些看上去还不错的战场。

如果叙拉古束手就擒，整个西西里（这正是人们所期望的）也就会被收入囊中。接下来的攻击目标，就该轮到迦太基和意大利了。随着伊比利亚雇佣兵的大量征用，然后就意味着她将吞掉她的宿敌伯罗奔尼撒。一旦叙拉古被她收入囊中，波斯人的君主政体也就处于绝望无助的状态，等着希腊人去入侵。已知世界所包含的全部力量似乎也无法阻止雅典力量的迅速增长。

李维（公元前64或前59～公元17）罗马历史学家，所著《罗马史》共142卷，其中11～20卷和46～142卷已佚。

罗马的一位本民族历史学家给我们留下了一篇专题论文（作为他那部伟大著作中的一个章节），论述的是：如果亚历山大大帝入侵了意大利，那么随后将会有怎样可能的结果？后世子孙普遍将这篇论文视为一个明证，它证明了李维的爱国精神要强于他的公正和敏锐。然而，且不管是对是错，这位罗马作家的思考方向，倒是全部集中在了对每一种极其渺茫的可能性的考量上。无论亚历山大的寿命有多长，东方都够他折腾的了。他的军事野心，他那些贸易扩张和国家兼并计划（他喜欢通过这样的计划展示他伟大的智力品格），都能找到用武之地。随着他的去世，亚历山大与他的将军们一道建立起来的帝国，必定也会分崩离析（就像拿破仑与他的元帅们一道建立起来的帝国在后来所必然发生的一样，即使他是在其权力巅峰上被人赶下台的）。同样，当雅典人来到西西里的时候，罗马也远比它在100年后的亚历山大时代要弱小得多。很少有人会怀疑：如果罗马和希腊之间的冲突没有被拖延到希腊江河日下、罗马战神如日中天的那个时代，而是在公元前5世纪末叶就遭到攻击的话，那么，她就会被雅典大军（在大量西班牙雇佣军的援助下、在西西里和非洲胜利的鼓舞下）从独立的西方力量当中抹去。

雅典人准备用来对付叙拉古的军事力量，从各方面讲，都和一个立志缔造世界帝国的国家是相称的，而且，它也确曾被人称为"迄今为止一个自由而文明的共和国所派出的最为壮观的队伍"①。雅典舰队包含134艘战船，以及为数众多的补给船。一支由武器精良的重装备步兵（这是雅典及其盟友所能提供的）所组成的强大武装，连同数量稍逊的投石手和弓箭手，被装运上船。这支部队的质量，甚至比数量更加出色。个人热情与国家热情争相效力，前者给了每艘战船最合适的人员，后者给了每支部队最精良的装备。私人财富和公共财富被热心地耗费在所有能让这次远征更壮观、更有效率的事情上。公元前415年的夏天，这支命中注定要毁灭的舰队，开始了它的西西里海岸之行。

在伯罗奔尼撒战争那个年代，叙拉古本身也是一个鲁莽而狂暴的民主国家，对西西里的希腊城邦横行霸道，试图在那座

---

① 原注：阿诺德《罗马史》。

小岛上获得雅典在地中海东部沿岸所拥有的同样的专制霸权。无论是在兵员上,还是在士气上,他们至少和雅典不相上下,但在陆、海军的训练方面,却远次之。当雅典入侵的可能性首次在叙拉古公开讨论的时候,当那些更明智的市民在为改进国防现状而不懈努力、并为迫在眉睫的危险而积极准备的时候,那些关于战争即将来临的谣传和对此要有所准备的建议,被叙拉古的民众将信将疑地接受了。修昔底德为我们保存下了叙拉古一位颇受欢迎的雄辩家的演说①,它的许多论题,只要将名称和细节略作改动,就可以极好地被我们今日的政党拿来反对我们扩军、嘲弄那种认为我们正处于法国远征军突袭的危险中的观点。这位叙拉古雄辩家告诉他的同胞,要轻蔑地驳斥那些假想的恐怖,那是他们当中一帮心怀叵测的家伙在蓄意煽动,为的是让权力和影响力落入他们自己之手。他告诉人们,雅典十分清楚自己的利益之所在,不会想到要不负责任地激起叙拉古人的敌意。他说:"即使敌人要来,他们距离其资源储备是如此之遥远,要对付像我们这样一支力量,其覆灭将是容易的,也是必然的。他们的舰队,要全部抵达我们这座小岛,要运送他们所必需的种类繁多的军需品,就要费尽九牛二虎之力。此外,要与像我们这样多的人口相较量,他们也不可能运送数量足够巨大的军队。他们也没有防御工事供他们发起军事行动,除了一批肮脏的帐篷,以及当时条件下所允许的诸如此类的手段,他们也必定找不到更好的基地以进行休整。事实上,我相

---

① 原注:修昔底德《伯罗奔尼撒战争史》第 6 卷第 36 节,阿诺德版。我从该书的一些页边摘要中几乎逐字转录了这篇原始讲话。

信他们甚至连登陆都无法实现。因此,请不要理睬那些完全由国内制造的谣言,并且坚信:即使敌人胆敢来犯,国家也会知道如何以某种与国家荣誉相称的方式进行自卫。"

这样的断言很对叙拉古议会的口味,他们的当代同行们,如今则在相当一部分英国公众当中找到了知音。不过,雅典的侵略大军到底还是来了,并在西西里顺利地实现了登陆。如果他们迅速进攻城市本身,而不是在这座小岛的其他部分实施漫无章法的军事行动而几乎浪费了整整1年时间的话,那么,叙拉古必定因为他们过于自信的疏忽大意而自食其果,臣服于雅典人的铁蹄之下。然而,在领导此次远征的3位雅典将军当中,只有两位算是能干的人,另一位则是个软弱无能的家伙。对于叙拉古人来说,幸运的是,3位当中最具天才的亚西比德①,很

亚西比德雕像

快就因为其同胞们的内讧和盲信,在一次投票中给免职了;而另一位称职的拉马卡斯,则在一场小规模冲突中过早地牺牲了;更加幸运的是,那位软弱无能、优柔寡断的尼西亚斯②却安然无恙,既没有被召回,也没有受伤,继续担任陆军和舰队的全权首脑。此人一会儿小心翼翼,一会儿又粗心大意,白白糟蹋了早期行动中出现的每一次成功机会。尽管如此,即使是在他老先生的指挥之下,雅典人也险些拿下了这座小城。他

---

① 亚西比德(约公元前450~前404),雅典政治家及军事统帅,他曾在雅典挑起尖锐的政治对立,从而导致雅典在伯罗奔尼撒战争中失败。
② 尼西亚斯(约公元前470~前413)雅典政治家、将军。他于公元前421年与斯巴达签署了伯罗奔尼撒战争的停战协议,叙拉古战役中被俘,并被杀死。

们击溃了叙拉古那些毛手毛脚的新兵,把他们困在了围墙之内,而且(正如前面提到过的),几乎完成了一条从北边海湾到南边海湾、穿越埃皮波莱山的连续不断的防御工事,如果它完工,投降协议也就必定随之而来。

亚西比德是一个毫无原则(此类原则是历史形成的)的天才型的绝佳样板,一位古代的博林布鲁克①。此人有着卓越的军事才能,同时拥有外交和演说的天赋。就在他被从西西里的指挥部里召回国内、打算在雅典法庭上对他进行审判的时候,他竟然在半道上溜之乎也,逃到斯巴达去了。在那里,他怀着一个变节者的全部私仇,竭力怂恿斯巴达人对雅典重开战火,请求他们即刻派兵驰援叙拉古。

当我们在修昔底德的书中读到他的高论的时候(那段时期,修昔底德本人就是雅典的流放者,很有可能也在斯巴达,并听到过亚西比德的演说),对于他精妙的叛国建议,我们恐怕一时拿不定主意:到底是该赞佩呢,还是该憎恶。一段巧妙的开场白之后(他想必感觉到了人们对他的猜疑,因此在这段开场白中,他试图消除这种猜疑,并且指出,斯巴达人的利益和他本人的利益,因为对雅典民主政治的共同仇恨,因而是如何的完全一致),接着,他继续说道:"请听我说,无论如何,关于那个需要你们给予严重关注的问题,就我个人所掌握的情况而言,我觉得可以、而且应该提交给你们讨论。我们雅典人带着征服计划驶向了西西里,首当其冲的是那里的希腊城邦,接下来便是整个意大利的希腊城邦。然后,我们计划试图夺取迦

---

① 博林布鲁克(1678~1751),英国政治家、历史学家。一生中有许多时间是在流放中度过的,写了一些很有影响的论著。

太基的领地，继而占领迦太基本土。①如果所有这些计划都成功了，我们也未尝会把自己局限在这些地区，我们打算用意大利所提供的取之不尽的木制船扩充我们的舰队，征调已被征服的希腊各城邦的全部军事武装，同时从伊比利亚及其他此类野蛮地区雇用大批陆军（这些人被认为能打造成最具潜力的士兵）。②接下来，当我们完成所有这些之后，我们打算集中兵力攻打伯罗奔尼撒。我们的舰队将从海上封锁你们，使你们的沿岸地区成为一片废墟；我们的陆军将从不同的地方登陆，攻击你们的城市。有些城市我们计划强攻，有一些，我们则打算以围困的方式拿下它们。③我们认为，打败你们将是一件十分容易的事。然后，我们将成为整个希腊族群的主人。至于费用问题，我们毫不担心：每一个被征服的国家，将会为我们提供足够的金钱和给养，作为他们被征服的代价，并且为征服其邻邦提供必要的手段。

"这就是眼下雅典人远征西西里的计划，你们已经从最熟悉内情的人的嘴里、从所有生还者的嘴里，听到了这些计划。另外一些雅典将军（他们也属于这支远征大军），将会竭尽全

---

① 原注：阿诺德在这一段的注释中，恰当地提醒读者：100 年后，阿加索克利斯领着一支远逊于当时雅典大军的希腊武装，差一点就征服了迦太基。
译注：阿加索克利斯（公元前 360～前 292），叙拉古僭主，公元前 317 年开始执政，公元前 304 年自立为西西里王。
② 原注：人们或许记得，西班牙步兵是迦太基陆军的主要来源。亚西比德及其他雅典首领无疑熟知迦太基人的作战系统，并打算采用它。有了这些非凡的力量（亚西比德就是用这些来讨好各国各阶层的人），加上他卓越的军事天才，亚西比德就会成为一支雇用大军的首领，就像后来的汉尼拔一样令人望而生畏。
③ 原注：亚西比德这里暗指斯巴达自身，它是一座未设防城市。他的斯巴达听众们听闻此言，想必是面面相觑，内心混合着惊恐和愤怒。

力执行这些计划。可以肯定,如果没有你们的迅速干涉,这些计划全部都会实现。尽管西西里的希腊人缺乏军事训练,但是如果能立即把他们联合到一场对雅典的组织化抵抗中,即使是在现在,他们也可以得救。至于叙拉古的孤身抵抗,他们已经举全民之力与雅典人打过一仗,并败下阵来;他们在海上无法和雅典人正面相对;指望他们顶住侵略者的攻势,是完全不可能的。如果这座城市落入雅典人之手,整个西西里就是他们的了,要不了多久意大利也一样。我所警告你们的来自那个地区的危险,不久就会降临到你们自己的头上。因此,你们必须在西西里为伯罗奔尼撒的安全而战。立即派出一些战船去那里吧。让那些既能完成海上作业,而一旦登陆又能充当正规步兵的人登上甲板吧。不过最重要的是,让一个你们自己的人、一个斯巴达人,去担当总指挥,给叙拉古的军队带去秩序,带去有效的训练。敦促那些眼下正裹足不前的人,挺身而出,援救叙拉古。在这个紧要关头,要想拯救那座城市,一位斯巴达将军的出现,将比整整一支大军作用更大。"[1] 这位变节者接着继续怂恿他们,有必要通过显示他们自己在抗击雅典的问题上是认真的,从而激励他们的西西里朋友。他告诫他们,不仅仅要再次进军阿提卡,而且还要在自己的国家着手修建一条永久性的防御工事:他把雅典人最害怕的所有事情的详细信息,以及自己的国家将如何可能在他们手上遭受最痛苦、最持久的迫害,全都向斯巴达人和盘托出。

斯巴达人决定按照他的建议采取行动,并任命吉利普斯为

---

[1] 原注:修昔底德《伯罗奔尼撒战争史》第6卷第90、91节。

西西里的指挥官。吉利普斯不仅具有一个斯巴达人的爱国勇气和军事才能，而且还具备与他伟大的同胞布拉西达斯不相上下的政治睿智。不过，他的优点却因为卑劣而肮脏的恶行而大打折扣。他的事例，是历史显示其严格公正的案例之一，在这样的历史正义中，很少甚或不曾将名声给予一个虽然成功但却腐败的军人。但是对于西西里的目标来说（他正是因为这个目标而被人们所需要），斯巴达还真的找不出一个比他更能干的人。他的国家既没给他人，也没给他钱，只是给了他斯巴达的权威。斯巴达这个名字的影响力，以及吉利普斯的个人天才，很快就从科林斯人和其他伯罗奔尼撒人的热情中反映了出来，他们热心地为援救西西里而着手装备一支舰队，供他驱遣。4艘战船刚一准备就绪，他就匆匆忙忙地带领它们驶向意大利南岸。在那里，他收到了关于叙拉古形势的坏消息，这些消息是如此糟糕，以至于他不得不放弃保全那座城市的所有希望。尽管如此，他还是决定留在海岸边，尽其所能地保护意大利的城邦免受雅典人的攻击。

的确，眼看着尼西亚斯的包围圈几乎就要完成，叙拉古的形势似乎变得彻底绝望。情况是如此糟糕，叙拉古不得不召集了一次公民会议，商讨他们应该提出的投降条件。就在此时，人们看见一艘战船冲进大港，全速驶向叙拉古城。它尽力避开海港中雅典舰队的泊位，径直向叙拉古这边驶来，这种情形表明：来者是朋友。雅典的巡逻舰，由于胜券在握而粗心大意，并没

斯巴达将领铜像

有试图去阻截这艘船。它靠上了海滩,一位科林斯船长离船登岸,被热情地领向叙拉古公民大会,刚好及时地阻止了为投降而进行的决定性的投票。

老天保佑叙拉古,那艘战船的指挥官贡基卢斯,被一支小规模雅典舰队所阻,没能跟随吉利普斯去南意大利,他被迫从希腊直接驰援叙拉古。

货真价实的援军就在眼前,还有更多许诺的援军随后就到,这使得叙拉古低落委靡的士气一下子重新振作了起来。他们感觉到自己并没有被抛弃在孤立无援的境地等待毁灭,一位斯巴达人即将来指挥他们的消息,巩固了他们继续抵抗的决心。吉利普斯这会儿就在叙拉古城附近。他已经在洛克里^①得知:在最初所收到的报告中,叙拉古的形势被片面夸大了。吉利普斯在西西里的北岸登了陆,并在那里着手从希腊各城邦征募一支陆军,而他从伯罗奔尼撒带来的正规军,则构成这支陆军的核心力量。正是斯巴达这个名字所具有的这样一种影响力^②,也正是吉利普斯个人所具备的这样一种才能和活动能力,使得他招募了一支由大约2000名装备精良的步兵所组成的部队,另有一支数量更大的非正规军。尼西亚斯(好像有点昏头昏脑)既没有试图去阻止吉利普斯的活动,而当吉利普斯率领他的小股部队向叙拉古进发的时候,他也没有让雅典指挥官去竭力阻截他。叙拉古人开到城外,列队相迎。就在雅典人一门心思要完

---

① 洛克里,希腊人约于公元前680年在意大利靴形地带的"足尖"部分东侧建筑的一座古城。
② 原注:一位斯巴达将领在其他希腊部队中的存在,其作用就好比一位英国将领在印度本土部队中的存在一样。

成他们朝向大港南侧的防御工事的时候,吉利普斯却通过占据埃皮波莱山尾端的高地,而顺利地完成了阵地的转移。他穿过尼西亚斯的包围圈那些未及完工的区段,进入了这座围城,并把自己的军队和叙拉古的军队联合了起来。几次交手,都取得了不同程度的胜利。这之后,吉利普斯就占了尼西亚斯的上风,将雅典人赶出了埃皮波莱山,把他们包围在靠近大港的低地中一处极其不利的位置。

如今,全希腊的注意力都集中到了叙拉古,雅典的每一个仇敌都认识到,眼下出现的这个机会是何等重要,这是一个阻止其野心(或许还能给她的势力以致命打击)的机会。来自科林斯湾、底比斯及其他城邦的大量援军,一下子全来到了叙拉古。而那位受挫而沮丧的雅典将军,则诚挚地恳求同胞们将他召回,他将这次围攻的前景描绘得毫无希望。

但是,雅典的座右铭是:任何计划一旦着手进行,只要还拥有为实现它而进行努力的任何手段(不管希望如何渺茫),就绝不让困难和灾祸把自己击退。于是,雅典人以一种不屈不挠的执拗,立刻作出决定:非但不从叙拉古前线召回此前派出的首批军队,反而要派出第二支部队。尽管身边的仇敌们如今再一次重启战端,通过占领她的领地内的一个永久性要塞,致使她的全体市民陷入了危难之中,并让她面临一场艰苦卓绝的围攻,以此来迫使她就范。但她依然是海上霸主,她派出了另一支由 70 艘战船所组成的舰队,以及另一支陆军(这似乎耗尽了她的军事人口的最后储备),以便在万一无法战胜叙拉古的情况下,雅典大军的荣耀也能得到保护,免遭溃退之辱的玷污。雅典精神的确就是这样一种精神:宁为玉碎,不为瓦全。

在第二支远征军的最前面，雅典人明智地把他们最优秀的将军狄摩西尼①放在了这个位置上，他是漫长的伯罗奔尼撒战争所造就的最杰出的指挥官之一。假如最初让他来担任西西里战役的指挥官的话，恐怕早就将叙拉古制服了。

狄摩西尼将军的名声，由于他那位光彩更为夺目的伟大同胞、雄辩家狄摩西尼而变得暗淡了。每当提及狄摩西尼这个名字的时候，人们想到的往往只是后者。军人总找不到为他写传记的人。然而，在雅典共和国长长的伟人名单上，很少有谁比这位伯罗奔尼撒战争第一阶段中勇敢的海、陆军领导者（虽然最后失败了）值得人们给予更高的尊敬。在埃托里亚，他的首场战斗中，狄摩西尼多少表现出了一个年轻人的鲁莽，但也得到了一次教训。这场教训在他此后的整个事业生涯中，一直使他受益匪浅，而且也没有使他天生的活力（无论是在进取精神上，还是在执行能力上）损失分毫。在伯罗奔尼撒战争的第7年，他出色地完成了从一支强大敌军的手里营救诺帕克托斯的光荣任务。后来，出于阿卡纳尼亚共和国的请求，他又自告奋勇担当起其所有军事力量统帅的职责，身先士卒，赢得了雅典对希腊敌军的显著优势。他最为声名卓著的战绩，就是对皮洛斯和麦西尼亚②海岸的占领，击退了斯巴达，成功地保卫了这一地区，以及后来对斯巴达在斯伐卡特利亚岛上的军队的俘获。

---

① 狄摩西尼，雅典名将，在伯罗奔尼撒战争中功勋卓著，公元前413年在叙拉古战役中被俘，并被处死。后面提到的另一位狄摩西尼（公元前384～前322），是古希腊的著名演说家，因为其激励雅典市民起来反抗马其顿国王腓力二世的系列演讲而名声大噪。
② 皮洛斯，希腊港口城市，濒临伯罗奔尼撒半岛西南部纳瓦里诺湾。麦西尼亚，古希腊一地区，位于伯罗奔尼撒半岛西南部。

这几仗是整个伯罗奔尼撒战争期间给予斯巴达的最为严厉的重创，也是使得斯巴达终于低声下气地与雅典媾和的主要原因。狄摩西尼在国内党派政治战争中的默默无闻，和他在对国外敌人的军事战争中的声名显赫，同样值得尊敬。我们还没有读到过他搞阴谋诡计的记录，无论是在贵族这一边，还是在民主派这一边。他既不给尼西亚斯卖命，也不为克里昂①效力。他的个人性格，就是尽力避免那些曾弄脏过亚西比德的污点。在所有这些关键场合，这位喜剧作家的沉默，是他明哲保身的明证。他同样也具有道德勇气，虽然并不总是与他寻求为国尽责的身体勇气相结合。他不在乎可能招致的任何憎恶，也不受制于指挥部里的同事们的忌妒。那些名垂史册的人，对于降临到他们身上的灾难，很少有人比狄摩西尼更能赢得我们的同情，或者，更能让他的子孙后代铭记。公元前413年的春天，狄摩西尼，亚西斯提尼的儿子，率领第二支远征西西里的大军，离开了比雷埃夫斯港②。

希腊浮雕上的雅典士兵

---

① 克里昂（？~公元前422），雅典政治家，商业阶级的第一个著名代表人物。在公元前429年伯里克利去世之后，他成为雅典民主派领袖。伯罗奔尼撒战争中，他是主战派的主要代表。
② 比雷埃夫斯，希腊城市，为雅典港口。

他来得正是时候,因为吉利普斯已经鼓舞起了叙拉古人的斗志,在科林斯辅助舰队的海军将领阿里斯顿的运筹帷幄之下,准备分别从海上、陆地进攻尼西亚斯统率的雅典人。叙拉古人及其盟友已经给了尼西亚斯的舰队以第一次重创,这是雅典海军在面对数量上处于劣势的敌军时所从未有过的事。吉利普斯正准备乘胜追击,扩大战果,从海陆两方面对雅典人发动新的攻势。狄摩西尼的到来彻底改变了事情的走向,使侵略大军重新占了上风。带着73艘性能出众、装备精良的战船,带着5000名来自雅典及其盟国的精锐正规步兵,在船上,还有为数众多的弓箭手、标枪手和投石手,狄摩西尼在欢呼和军乐声中划船绕行大港,仿佛是要挑衅叙拉古人及其盟友。他的到来,的确一改雅典人的惊慌失措,重新燃起他们新的希望。雅典的资源似乎取之不尽、用之不竭,这些遏制住了她的绝望。此时,远在叙拉古的雅典人已经得知:他们的国家已经陷入了穷途末路,其领土已被斯巴达大军所占领,但是,在这里,他们看到的是:为了完成对外邦的征服,她派出了(似乎是在浪费力量)第二支远征大军,它一点也不比尼西亚斯所率领的、在西西里

希腊浮雕中的战斗场面

海岸登陆的第一支大军逊色。

狄摩西尼以一位伟大将领的直觉，立刻就认识到了：占领埃皮波莱山是拿下叙拉古城的关键之所在。他决定：趁着自己的军队毫发未损的时候，趁着他的到来在围城之内所引起的惊恐尚未消退的时候，作一次迅速而有力的尝试：重新夺回那块阵地。叙拉古人及其盟友已经完成了一条沿着埃皮波莱山修筑的外围工事，这条工事从叙拉古城墙开始，横向切断了围攻墙的防线，这道围攻墙是尼西亚斯先前已经着手修建的，后来又被吉利普斯从这里赶了出去。如果狄摩西尼能够成功地袭取这道外围工事，并把雅典军队重新驻扎在埃皮波莱高地上，他就完全有希望接着修筑那道围攻墙，并最终成为叙拉古的征服者。因为：一旦围攻者的作战阵线得以完成，吉利普斯驻守在那里的部队，其庞大的数量就只会有利于耗尽他们的补给储备，从而加速他们的垮台。

那天白天，雅典人在所有场地环境都不利的情况下，向叙拉古人的外围工事发动了一场很容易被击退的进攻。或许，这样做更多的是为了迷惑被困之敌，使他们分不清主要行动的性质，而并非对一场大张旗鼓的袭击抱有什么成功的期望。果然，当夜幕降临，狄摩西尼将他的人马编为几支纵队，每个士兵携带5天的供给，负责扎营的工兵和技师，则带着他们的家什以及修筑工事的全套便携式器械，跟在大部队的后面。这样，一旦获得任何场地优势，部队就能获胜。打点好了行装，一切准备就绪，狄摩西尼于是领着他的人马，沿着埃皮波莱山南侧步行前进，直奔小岛的内部，直至来到形成高地西向末端的狭长山脊的正下方，才停住脚步。接下来，他让先头部队绕到右侧，沿着绝壁正面的小路盘旋而上,成功地突袭了叙拉古人的前哨,并把他的主力部队全部安置在了埃皮波莱山至关重要的制高点上。从这里出发,雅典人急切地向前推进,下到面向叙拉古城的斜坡上,一路上击溃了几支驻扎在沿途的叙拉古小股部队,并对叙拉古外围工事那些毫无防备的环节发动猛烈攻击。刚开始一切都很顺利。守军放弃了外围工事,雅典的工兵们着手将它拆除。徒劳无功的吉利普斯调来了新的部队,以遏阻雅典人的进攻,但很快就被打得七零八落,被赶了回去。雅典人继续快速向前逼近,心中充满了必胜的信心。

但是,在叙拉古及其盟军的普遍惊恐当中,有一队步兵却站稳了脚跟。这是维奥蒂亚盟军的一个步兵旅,他们驻守在城墙之外、埃皮波莱斜坡之下的低地里。维奥蒂亚的这支步兵旅沉着稳定地排成了战斗阵列,没有因为周围的战斗进程而惊慌失措,而是奋力向前,抵抗正在推进的雅典人。这是此次战役

叙拉古海战

决定性的时刻。雅典的先头部队则因为先前的几场胜仗而乱了阵脚,面对一支井然有序、勇敢顽强的部队所发起的这场意想不到的冲锋,他们不得不退却。这支被赶了回来的前锋,与依然在继续推进的大部队狭路相逢,他们互相倾轧,乱作一团。形势一旦逆转,叙拉古人便从惊慌失措的极端走向了勇敢复仇的极端,他们集中所有兵力,猛烈攻击正手忙脚乱地向后撤退的雅典人。雅典的指挥官们努力重建他们的战斗阵列,结果白费力气。在战斗的喧嚣和喊叫声中,在一场混乱得难分彼此的夜战中,尤其是有数千名战士被一起困在一个狭窄而崎岖的区域之内腾挪周旋,这种情形下,必要的策动几无可能。然而有许多小分队依然在拼命战斗,但无论何处,月光照出他们,看上去都像是敌人。①他们战得难解难分,既缺乏一致的行动,也没有上下级关系。毫不奇怪,在这场致命的混乱当中,雅典军队彼此之间互相厮杀了起来。叙拉古人及其盟军让他们的队列保持紧凑,向乱作一团的侵略者步步紧逼。最后,伴随着大量的杀戮,他们将雅典人赶过了那道绝壁。就在不到一个小时之前,他们还满怀着希望、抱定必胜的信心,从那里攀爬过来。

此次溃败,是叙拉古围攻战中决定性的一仗。这之后,雅典人只有招架之功,努力避免遭到叙拉古人的报复,他们或许想要以侵略者的全军覆没来发泄心中的愤怒。然而,没有比这更彻底、更可怕的报复了。一连串的海战接踵而来,海战中,雅典战船要么被彻底摧毁,要么被俘获。在伤亡惨重的交战中

---

① 原注:修昔底德《伯罗奔尼撒战争史》第7卷第44节。此处可比较塔西佗对内战中维斯帕西安和维特利乌斯之间的夜战的描写:"命运之神不偏袒任何一方,直到后半夜,月亮升起,照出两军人马,影影绰绰。"—塔西佗《历史》第3卷第23节。译注:塔西佗(公元56~120),古罗马元老院议员、历史学家。

幸免于难的水手和士兵,试图强行向岛内撤退,结果徒劳无功,全部束手就擒。尼西亚斯和狄摩西尼被残忍处死,他们的人,要么在叙拉古的地牢里悲惨地死去,要么被卖为奴,而买主,正是他们曾耀武扬威地跨海征服过的那些人。

　　如今,雅典对西方独立国家的所有威胁永远结束了。的确,她依然拿出了空前的英勇气概,继续与那些联合起来的敌人以及揭竿而起的盟邦作不懈的斗争。在她最终向敌人投降之前,许多年战乱频仍的岁月匆匆而逝。然而,在后来的角逐中,没有哪一次胜利,能够恢复她在西西里溃败之前所获得的荣耀,恢复她在事业、资源和海上技能方面的卓越地位。在那些和她竞争的希腊城邦当中(是她自己的轻率鲁莽帮助他们打垮了自己),也没有谁有能力重组她的帝国,或者重新开始她的征服计划。在此后200年里,西欧的版图成了罗马和迦太基的逐鹿之地。这些冲突,其所呈现出的残酷程度,甚至还有军事上的勇气和天才,都远远超过雅典在她各个时期所经历过的,无论是她的崛起时期、她的全盛时期,还是她的衰落时期。

● 公元前 331 年

阿贝拉战役

伊苏斯战役之后的两年中,亚历山大大帝率领马其顿大军继续横扫地中海沿岸和埃及。公元前331年,所向披靡的马其顿大军从叙利亚出发,穿越荒无人烟的茫茫沙漠,在没有遇到任何抵抗的情况下,渡过了幼发拉底河与底格里斯河,直扑波斯帝国的心脏地带。波斯国王大流士三世早已厉兵秣马、严阵以待。两军相遇在平坦开阔的高加米拉平原。10月1日清晨,天刚拂晓,晨曦照着疲惫不堪的波斯哨兵,他们能够听见马其顿人集合的号角声,能够看见亚历山大的军队从营地的帐篷里走出来,然后在平原上编列成著名的马其顿方阵。一场血腥的厮杀即将展开……

亚洲怀着惊讶和敬畏,凝视着一位英雄马不停蹄的前进步伐。他的征服席卷世界,其范围之辽阔、速度之迅猛,不亚于亚洲本土那些野蛮的国王们,也不逊于锡西厄人或迦勒底人。但是,马其顿领袖的前进步伐,却远不像亚洲战争那样的短暂如旋风。他们的计划之周密,并不逊于行动之迅速。希腊的势力一步一个脚印,希腊的语言和文化被一路栽种,从爱琴海岸到印度河畔,从里海和希尔卡尼亚大平原到尼罗河大瀑布。在他们坚持不懈的作用下,竟然存活了将近千年。

——阿诺德

历史上有一些杰出之士,其个人品格数百年来颇遭物议,晚近才得以洗刷。他们的名字,足以开列一份稍显冗长但不无教益的名单。事实上,现代人的研究热情及学术旨趣(据说二者常常只是否定和破坏),已经恢复了他们的光彩(几乎是重塑一新),或者摒除了某些不实之词。其热心的程度,远甚于当初的攻击责难。有许多关于光辉业绩的天才叙述,其中的事实近年来成功地得到了证实。那些胸襟狭小之辈用以苛责古代心胸宏阔之士的怀疑嘲讽,其浅薄之处,也已经在许多例证的面前暴露无遗。被杰出之士和强势国家所采纳或推荐的法律、政治及行动方略,已经被更深入的研究所检验,被更全面的判断所考量。如此详细考察的结果,对这些个人和国家表示赞成的,至少和不赞成的一样多。针对这些措施和个人的许多老生常谈的诽谤,也因此哑口无言,我们或许可以希望,他们将永远闭嘴。

谈到希罗多德的诚实,伯里克利、狄摩西尼和格拉古兄弟①纯洁的爱国精神,克利斯梯尼和作为宪政改革家的李锡尼②的智慧,如今或许会被视为已经厘清的事实,新近的作家已经将这些事实与不公正的猜疑、责难清楚地区分开了。并且,我们不难看到:那种使得当下及近代德、法、英等国最好的历史学家显得与众不同的辩护倾向,已经在他们的研究精神中显现出来,他们正是以这种精神对待那些生活在我们称之为"中世纪"的那段时期、且长期遭到嘲弄或者忽略的思想英雄和行动英雄。

阿贝拉③战役胜利者的名字,就引来过这样一些责难。因为,虽然亚历山大的征服,其速度之迅猛、范围之广袤,古往今来就始终激发着人们的赞佩和惊愕。但是,他在商业、文化以及众多国家的全面联合与统一等方面的计划中所显现出来的伟大才能,一直以来(直至最近)在相当程度上受到了人们不

---

① 格拉古兄弟,古罗马政治家,兄提比留(公元前162~前133)、弟盖乌斯(约公元前153~前121),曾在罗马推行以土地问题为中心的改革活动。
② 李锡尼(?~325),东罗马帝国皇帝。
③ 阿贝拉,今伊拉克的北部城市埃尔比勒。阿贝拉战役也并非独享虚名,史称"高加米拉战役"的,也不在少数。

够尊敬的对待。这种长期而持续的轻视,由来已久。古代修辞学家——说话含糊不清的那一类人,一个专事撒谎和诽谤的学派,正像尼布尔曾公正地称呼他们的那样——就曾经从他们为陈词滥调而准备的库存题目中,挑选出亚历山大的品格和功绩大做文章。每个时代(直到最近的时期),都有他们的徒子徒孙,他们全都希望就盲目的野心、过度的骄傲以及当自由意志与自由力量结盟时所产生的可怕疯狂等话题"指出道德教训或装饰流言蜚语"①。他们一直将这位所谓的"马其顿疯子"宣扬为一个最显著的范例。毫无疑问,这些作家当中,有许多人都是带着深信不疑的态度、带着绝不追根刨底的菩萨心肠,采纳了这样的传统观念和假想:在给亚历山大抹黑的过程中,他们实在是在做积善积德的大好事。同样毫无疑问的是,他的攻击者当中(像其他一些伟人的攻击者一样),有许多人主要是被"最强烈的憎恶,一个二等头脑对一等头脑的憎恶"②、被天才人物常常要遭受的那种忌妒所激发起来的。

阿利安③撰写他的《远征记》的时候,哈德良④还是罗马帝国的皇帝,而那种雄辩和教条主义精神正处于其巅峰时期。不过阿利安毕竟是阿利安,他不像学院派那些梦想联翩的老学究,他是一个有实际才能并且得到过证明的政治家和军人。对于自己所听到的人们对那位驰骋东方的伟大征服者的恶意诽谤,他给予了有力的谴责。他诚实地写道:

---

① 语出塞缪尔·约翰逊。
② 原注:语出德·斯达尔。
③ 阿利安(公元96~180),希腊历史学家,其最负盛名的作品是描述亚历山大大帝武功的《远征记》。
④ 哈德良(公元76~138),罗马皇帝,曾下令建造著名的哈德良长城。

让那訾言亚历山大邪恶的人，不要单单检查出亚历山大传记中的那些确实邪恶的段落，而是让他搜集并回顾亚历山大的所有言行，首先让他全面考量一下：他自己是怎样的人，有怎样的言行举止，以及他自己的事业如何；然后，再让他掂量掂量：亚历山大是怎样的人，他有怎样的言行举止，以及，他在伟大杰出上达到了一个怎样的高度。让他想想：亚历山大是一位国王，是欧亚大陆无可争议的霸主；他的名字享誉全球的每一个角落。让那说亚历山大邪恶的人把这些全都记在心里，然后让他反省一下自己的低微、他自己的境遇与事业的卑琐，以及他在做这些事情的时候所犯下的错误，像它们一样琐碎渺小、微不足道。然后让他反躬自问：他是否有资格对像亚历山大这样的人进行非难和辱骂。我相信，在他的时代，没有哪个国家，没有哪个城市，也没有哪个人，不曾对亚历山大的名字耳熟能详。因此我认为：像这样一个不平凡的人，乃是带着特殊的天意而降生到这个世界上的。①

沃尔特·罗利②爵士是英国最杰出的军人、作家之一，虽然他没能公正评价亚历山大的全部优点，但对这位"伟大的厄马西亚③征服者"在世界上所扮演的角色是如何伟大，他也表达了自己的见解，这段话颇值得引用一下：

---

① 原注：阿利安《远征记》第7卷。
② 沃尔特·罗利（1554～1618），英国探险家和作家，女王伊丽莎白一世的宠臣。詹姆斯一世时被判为谋反罪，终被处死。
③ 厄马西亚，马其顿早期的名称。

一个人拥有如此过人的精神勇气，使他能够从事并实现了对最伟大的国家和联邦的改造，对王国和帝国的征服，带领少数人对抗在肉体力量上和他们不相上下的多数人，设法把追随者的可怕激情转化为崇高的行为，把敌人的勇敢转化为怯懦。这种精神勇气，在世界上各个时代、各个地区激起了一次又一次的树立和倒下、创建和摧毁，并把所有事物、个人和国家带向同一种必然的结局。全世界的这种无穷的精神勇气（它正在穿透、移动和支配着万事万物）已经成为一种宿命。这位国王所做的事情的确是非凡的，而且几乎不曾有别的人承担过——尽管他的父亲曾决定要进犯小亚细亚，但他却只满足于得到那里的部分地区，这就和别人没什么不同了，而且他也不曾发现印度河，像他儿子所做的那样。

有一位比阿利安和罗利地位更高的权威人士，如今或许会被那些希望了解亚历山大作为一位将军的真正价值、希望知道那些老生常谈的见解离真实到底有多远的人所提及（那种老生常谈的见解认为：他的成功，纯粹是幸运的鲁莽和盲目的好斗的结果）。拿破仑把亚历山大推举为7位最伟大的将军之一，他的高尚行为的历史已经传递到了我们手中，通过对他的军事活动的研究，我们学会了战争的法则。这位现时代最伟大的征服者，对那位旧世界的伟大征服者的军事生涯所发表的评论，简直和真实的历史一样生动鲜明。

公元前334年，亚历山大带领一支大约4万人的大军（其中有1/8是骑兵），越过了达达尼尔海峡。他夺取了格拉尼卡斯河①的通道，对方是一支由门农所指挥的军队。门农是个希腊人，在亚洲的海岸为大流士②效力，他花去了公元前333年整一年的时间，在小亚细亚建立自己的权威。给他做后盾的是一些希腊殖民者，这些人散居在黑海的边境地区、地中海沿岸、士麦那、以弗所、塔尔苏斯、米利都等地③。波斯的国王们把他们的行省和城镇委托给别人，依据他们自己特别的法律进行统治。他们的帝国是一个由同盟城邦所组成的联盟，不过并没有组成一个国家，这使得对它的征服变得更容易。因为亚历山大只是希望得到君主的王座，所以他很容易实现这种改变，只要他尊重人们的风俗、习惯和法律，他们就自身的情形来看，就感觉不到变化。

公元前332年，亚历山大和领着6万大军的大流士不期而遇，他们已经拿下了塔尔苏斯附近的一处阵地，那里位于西里西亚省的伊苏斯④的河岸边。亚历山大把他打败了，进入了叙利亚，拿下了大马士革（这里藏有波斯大王的所有财富），然后，摆开阵势围攻推罗⑤城。这座华丽宏伟的世界商业之都，耽搁了他9个月的时间。经过两个月的围攻之后，他拿下了加沙。7天之内穿越了大沙漠，进

---

① 格拉尼卡斯河，今科贾巴什河，流入马尔马拉海。
② 这里指的是波斯国王大流士三世（公元前336～前330年在位）。
③ 士麦那，即伊兹密尔，土耳其西部港口城市。以弗所，位于小亚细亚今土耳其西部的希腊古城。塔尔苏斯，土耳其南部城市，位于塔尔苏斯河畔。米利都，古希腊城市，现属土耳其。
④ 伊苏斯，今为土耳其南部的一个平原。
⑤ 推罗，古代腓尼基一座港口城市，位于今黎巴嫩南部。

入培琉喜阿姆和孟斐斯①,并修建了亚历山大城②。用了不到两年时间,打了两场战役,再加上四五场围攻,之后,黑海沿岸从斐西斯③到拜占庭,地中海沿岸远至亚历山大城,整个小亚细亚、叙利亚和埃及,全都臣服于他的武力之下。

公元前331年,他再次穿越大沙漠,扎营推罗城,重穿叙利亚,进入大马士革,横渡幼发拉底河与底格里斯河,并在阿贝拉的旷野里击败了大流士。此时,他所率领的是一支比他先前在伊苏斯城所指挥的还要强大的军队,巴比伦向他敞开了大门。前330年,他洗劫了苏萨城,拿下了波斯波利斯和帕萨尔加德(居鲁士的陵墓即位于此)。前329年,他直奔北方,进入埃克巴坦那④,并把他的征服延伸到里海沿岸,惩罚了那个刺杀大流士的胆小鬼贝苏斯⑤,杀入锡西厄,制服了锡西厄人。前328年,他夺取了奥克苏斯河⑥航道,接纳了来自马其顿的16000名新兵,迫使邻近的人民屈服。前327年,他渡过印度河,在一场激战中击败了波罗斯⑦,擒获了他,并把他当作一位国王对待。他本打算渡过恒河,但他的军队拒绝了。前326年,他带领800艘战船,沿着印度河顺流而下。刚驶进大海,他便派奈何尔科斯⑧率领一支舰队沿着印度洋和波斯

---

① 培琉喜阿姆,埃及古城,位于尼罗河最东的入海口处。孟斐斯,埃及古城,位于开罗以南。
② 亚历山大城,位于尼罗河西海湾。公元前332年由亚历山大大帝建立。
③ 斐西斯,高加索山脉南麓黑海之滨的一座古城,今属格鲁吉亚。
④ 埃克巴坦那,伊朗境内古城,现代城市哈马丹即建于埃克巴坦那遗址之上。
⑤ 贝苏斯(?~公元前329),波斯贵族。公元前330年,他杀死了大流士三世,并自立为波斯国王。
⑥ 奥克苏斯河,即今阿姆河,中亚最长的河流之一。
⑦ 波罗斯,古印度国王。
⑧ 奈何尔科斯,马其顿亚历山大大帝麾下的军官。

湾的海岸航行，直抵幼发拉底河的入海口。前325年，他用了60天时间，穿越格德罗西亚^①大沙漠，进入克拉曼尼亚，返回了帕萨尔加德、波斯波利斯和苏萨城，娶大流士的女儿斯塔蒂拉^②为妻。前324年，他再一次向南进军，经过埃克巴坦那，最后在巴比伦终结了他的事业生涯。^③

亚历山大的征服，其不朽的价值，不应该以他的生命和他的帝国的持续时间为依据来进行评估，甚至也不能以他的将军们在他死后从其势力范围的碎片上所建立起来的众多王国的持续时间为依据。在世界上他曾经横扫过的每一个地区，亚历山大都建立了希腊的殖民地，修建了城市，在其人口构成中，希腊人的成分很快拥有了优势。在他的继任者中间，塞琉古王朝和托勒密王朝^④，也曾效法他的伟大统帅，将文明、商业交往以及文艺与科学研究等方面的计划，不断融合进他们的军事扩张事业以及所有的民事管理体系当中。正是希腊精神的这种优势，正是他所引入的优雅教养具有如此惊人的包容性和同质性，使得在亚历山大渡过达达尼尔海峡之后的30年里，希腊的语言、文学和艺术，通过希腊—马其顿大军的强制推行和大力促进，在从达达尼尔沿岸到印度海域的每一个国家里，都占有了支配

---

① 格德罗西亚大沙漠，位于巴基斯坦南部俾路支斯坦境内。
② 斯塔蒂拉（公元前340～前320），大流士三世之女，在伊苏斯战役中与母亲及家人一起被马其顿大军俘获，公元前324年与亚历山大大帝结婚。
③ 原注：参见蒙托隆伯爵《拿破仑回忆录》。
④ 塞琉古王国（公元前312～前64），塞琉古一世在亚历山大大帝死后建立的希腊王国。领土西至欧洲色雷斯、东至印度边境的广大地区。托勒密王朝，由马其顿国王统治的埃及王朝。托勒密一世原是亚历山大的将军，继亚历山大之后成为埃及的统治者。

性的地位。就连阴郁沉闷的埃及,也承认希腊智性所达到的高度无人能及。伯里克利和柏拉图的语言,成了那些居住在金字塔和狮身人面像的神秘国土上的圣哲贤人和政治家们的语言。希腊语言的这一胜利是如此彻底,以至于使得那么多古老语言都销声匿迹:古埃及语、叙利亚语、亚美尼亚语、波斯语,甚或包括爱琴海、埃克塞特斯河、印度河与尼罗河之间的众多民族、部落的本土语言,它们只是作为地区方言而幸存了下来。这每一种语言或许依然作为这一地区的村言俚语在使用着,但每个人都不加掩饰地练习说希腊语。希腊语既是普遍的地区语言,也是一切文学和科学的专用语言。既是为了商人和旅行者,也是为了朝臣、政府官员和学者,它成了居住于旧世界大部分地区形形色色的人类种族之间相互交往的语言。在小亚细亚、叙利亚和埃及的每一个角落,由此而被赋予的希腊品格,一直保持到了伊斯兰教的征服时期。其对于人类的巨大价值,在伊斯兰教至高至圣的观点中,也常常被指出。而那些已经注意到由马其顿对东方的征服所导致的希腊语言文化在遍及小亚细亚、叙利亚和埃及的广泛传播对基督教早期的成长发展有过怎样帮助的人,对上帝之手的劳作,也满怀感激地给予了认可。

在上亚细亚,在幼发拉底河的那一边,希腊优势的直接而实质的影响则更短命一些。然而,在希腊王国在那些地区的存续期间(特别是大夏①王国,即现代的布哈拉),对于那些国家及其周边地区的居民,通过鼓励他们接触希腊精神,从而对

---

① 大夏,古代国名。在兴都库什山与阿姆河之间,即今阿富汗、乌兹别克斯坦、塔吉克斯坦一部分。

他们的智力趋向和品味产生了非常重要的影响。印度的科学和哲学，安息王国后期的文学，其中有大量成分，要么直接来源于希腊的影响，要么（主要是）被它所改良。因此，阿拉伯的知识和科学，其得之于原创和天才者，也就远远少于对希腊哲学和希腊知识的复制繁殖（以一种变化了的形态）。这些，乃是从撒拉逊人的征服者以及他们占领的各个行省那里得来的，而这些行省，早在穆罕默德的武装信徒们在东方开始他们的事业生涯的差不多1000年之前，就已经被亚历山大征服了。众所周知，在中世纪，西欧主要是从阿拉伯老师那里萃取了它的哲学、它的艺术以及它的科学。因此，我们看到，古希腊的智力影响（被亚历山大的胜利倾注到了东方世界，而后又通过撒拉逊人的势力扩张被带了回来，作用于中世纪的欧洲），是如何通过这一虽然曲折但却强大的通道，通过那些在经历日耳曼民族的

附庸国向大流士进贡

入侵之后依然幸存于意大利、高卢、不列颠和西班牙的古典文明遗迹的更明显的影响，对现代文明的基本要素发挥着它的作用。

这些因素使得马其顿人在东方的胜利一直被人们永不熄灭的兴趣所笼罩，然而，像这样纯粹由"低级野心和国王们的傲

慢"① 所带来的最浮华、最血腥的胜利,或许能耀眼一时,但绝不可能留诸后世。不管居鲁士所创建的古波斯帝国是否可能存活得更长一点,即便大流士在阿贝拉获胜,也完全可能再次陷入你争我夺之中。古代的那种最高主权,就像现在的土耳其,总是为衰亡和分裂的每一个缘由而苦恼不堪。那些总督,就像现代的帕夏们一样,总是频繁地造中央权力的反,特别是埃及,几乎一直处于反对其名义君主的叛乱状态之中。不再有任何有效的中央控制,也没有任何实现统一的内部法则,以彻底合并帝国的庞大面积,把它黏合在一起。很显然,波斯迟早要垮台,如果不是因为亚历山大对亚洲的入侵,它极有可能倒在某个别的东方势力之下,正像从前的米底和巴比伦倒在她自己面前一样,也像后来的帕提亚人一样,将自己的霸权地位拱手让给重新立威东方的波斯,臣服于安息王朝的权杖之下。一场仅仅导致权力更替的革命,对人类而言,毫无意义,而且徒劳无益。

亚历山大在阿贝拉的胜利,不仅颠覆了一个东方王朝,而且替它安排了欧洲的统治者。它以西方活力和欧洲文明的印记,打破了东方世界的一成不变。

阿贝拉,这座把自己的名字奉献给了这场决定性战役的城市,其坐落的位置,距离实际的战斗现场至少有 20 英里以上。一个当时名叫高加米拉的小村正好位于两军相会之地的附近,但它却把命名这场战役的殊荣转让给了它那位名字更好听点的邻居。高加米拉位于底格里斯河与库尔德斯坦群山之间一块宽阔的平原上。几个起伏不平的沙丘,点缀着这条沙质路面。不

---

① 语出英国诗人亚历山大·蒲柏(1688 ~ 1744)。

过那块场地基本上是平坦的,非常适合骑兵的展开,也有利于两军中规模更大的那一支充分发挥其数量优势。波斯国王(在登上王位之前,他作为一名士兵的勇敢以及作为一名将军的才能都得到了证明)已经精明地为自己的军队与侵略者之间的这第三场、也是决定性的一场遭遇战选择好了这块风水宝地。他的部队先前所遭受的失败,不管有多么惨重,也并不能看作是无法补救。格拉尼卡斯已经被他的将军们冒冒失失地夺过来了,而且互相之间也并没有协调。虽然大流士亲自在伊苏斯坐镇指挥的时候吃了败仗,但那次失败,可以归咎于场地的自然环境极其不利。那个地方,因于群山、大河和海洋之间,为数甚众的波斯人在那里手忙脚乱,妨碍了大流士士兵之勇和将领之才的发挥,如此一来,他们的人多势众就变成了弱点。而在这里,在库尔德斯坦宽阔的平原上,有足够大的活动范围,让数量庞大的军队编列他们的战斗阵形,让骑兵编队从容地回旋、战斗、收缩或展开,随心所欲地调遣、冲锋。假如亚历山大和他那支兵少将寡的小部队胆敢投身这片生机勃勃的战争之海,那么,

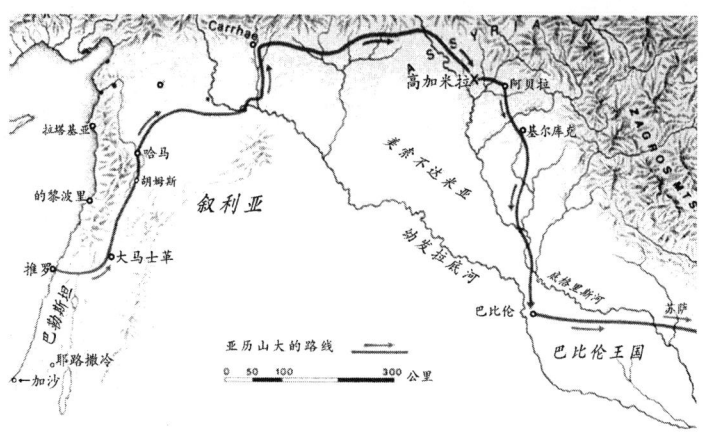

他们的覆灭似乎是不可避免的。

尽管如此,大流士还是感觉到了这场即将来临的遭遇战的严重性,对自己是这样,对他的对手也是如此。他可不希望重蹈覆辙,接受第三次覆灭的结果。那样的话,美索不达米亚和上亚细亚的大城市,波斯帝国的中枢行省,就必定会任由胜利者宰割。大流士也很了解亚洲人的性格特点,这足以让他明白如何将这种性格特点转化为成功的威望,以及命运的明显改观。他感觉到,那顶王冠,如今要么稳固地放回自己的额头上,要么,就要被无可挽回地转移到他的欧洲征服者的头上。因此,在伊苏斯战役结束之后留给他的那段漫长间歇期内,在亚历山大正忙于征服叙利亚和埃及的时候,大流士正专心致志地忙于从他庞大的帝国挑选他的精兵强将,训练他那些杂七杂八的队伍以统一的纪律和体系协同作战。

那时候和现在一样,阿富汗、布哈拉、希瓦①那些吃苦耐劳的山地人,在尚武精神和忍耐力方面,与普通的亚洲人不可同日而语。大流士从这些地区征募了大量精锐步兵,现代库尔德人和土库曼人的家乡则为他提供了骑兵编队(像他们现在所做的一样),他们为适应一生中连续不断的活动和战斗而被训练得身强体壮、骑术精湛、勇敢大胆。留心一下我们新近的敌人—印度锡克教徒—的祖先,也许是一件颇为有趣的事,他们担当着大流士抵抗马其顿人的同盟者。在阿利安那里,他们被说成是居住在大夏附近的印度人。他们被归入总督辖区的部队,他们的骑兵,是整个波斯军队中最令人生畏的力量之一。

---

① 希瓦,乌兹别克斯坦花剌子模州城市。

除了这些精锐部队之外，来自那些依然臣服于大王的众多行省的小股部队也加入了进来。可以肯定的是，从埃及返回的亚历山大，在他进攻波斯帝国的中枢行省之前，必定会沿着叙利亚海岸向北行进。因为，如果从巴勒斯坦低地出发，直接向东行进，则要穿越当时根本无法通行（现在也一样）的叙利亚大沙漠。而当亚历山大从叙利亚出发向东进军，越过幼发拉底河，抵达辽阔的美索不达米亚平原的时候，帝国的富庶之都巴比伦、苏萨和波斯波利斯，就会位于他们的南方，如果他穿过美索不达米亚向下进攻这些城市，大流士就很有希望领着他庞大的骑兵部队，尾随马其顿人的身后，不断袭扰他们（甚至都用不着冒险恶战），并最终打垮他们。我们或许记得，300 年后，一支由克拉苏①率领的罗马大军正是在这些平原地区被东方的弓箭手和骑兵给消灭了；而且这些打败罗马军团的帕提亚人，他们的祖先也有数千人在大流士国王的麾下服役。相反，如果亚历山大推迟向巴比伦进军，一开始就试图与波斯大军打一场遭遇战，那么，位于这一纬度的底格里斯河两岸的乡村，对于像大流士所指挥的这样一支军队来说，则非常有利，并且背靠米底北部的崇山峻岭。他本人早些年在那里做过总督，他作为一名军人和将领的名声也是在那里获得的，他完全有理由期待在那里找到对自己忠诚的人，在万不得已而退却的时候能找到庇护之所。

大流士的死对头领着一支大军，开始横渡幼发拉底河，奔他而来。阿利安声称，这支大军由 4 万步兵和 7000 骑兵所组成，

---

① 克拉苏（公元前 115~前 53），罗马政治家，进犯帕提亚的时候在战场上被杀死。

这个数据源自马其顿将军们的日志。在研究亚历山大的军事活动方面，我们有着得天独厚的优势，这种优势来自亚历山大两位地区将领的资料。他们在亚历山大的所有计划中扮演了重要的角色。阿里斯托布鲁斯和托勒密（他后来成了埃及国王）保存了他们所目击过的军事事件的正式日志。当阿利安撰写《远征记》的时候，他得到了这些日志。阿利安力求诚实的高尚品格使得我们深信：他在使用这些材料时是公正的。两位马其顿人的叙述偶有出入，阿利安对此所作的注释，也证明了他在使用这些材料时是审慎的。他经常引用两位权威的原话，他的历史记录因此获得了一种独特的魅力，这在古往今来的军事记叙中，并不多见。他所记录的那些趣闻轶事和绘声绘色的表述，我们完全可以相信那是真的，而并非一个修辞学家的生编硬造，像库尔提乌斯①那样。在阅读阿利安的著作的时候，我们事实上是在阅读阿里斯托布鲁斯将军和托勒密将军对马其顿人的军事活动的记述，就好像阅读约米尼②将军或者富瓦③将军对法国人的军事活动的记述一样。

如果我们考虑到亚历山大此前所遭受的损失，以及他自从离开欧洲以来所得到的增援，我们就会发现，阿利安对其兵力的估算看来是合理的。的确，对于今天的英国人来说，如果他熟知我们的将军们在珀拉西、阿塞、米安尼以及其他一些印度战役中派往对付数量庞大的亚洲人的兵力是如何少得可怜，那

---

① 库尔提乌斯，古罗马元老院议员、历史学家，著有《亚历山大史》。
② 安东尼·约米尼（1779～1869），法国军事家，著有《战争艺术提要》。
③ 马克西米利恩·富瓦（1775～1825），法国作家和政治家，在滑铁卢战役后退役，后在波旁王朝复辟时期当选为众议院议员。

么，我们从马其顿人对波斯人所赢得的胜利中所了解到的那种兵员数量上的不对等，也就没什么可大惊小怪的了。亚历山大这次所带领的军队，全部由身经百战的老兵所组成，他们无论在装备上，还是在训练上，都出类拔萃，全都狂热地献身于他们的统帅，对统帅的才能和胜算，全都信心十足。

举世闻名的马其顿方阵，构成其步兵的主要力量。这支武装力量，由亚历山大的父亲腓力二世①创建并使之组织化。腓力二世在登上王位的时候需要一支人数众多、编队迅速的部队，他通过加长常规希腊方阵的长矛、增加其编队纵深，从而使武装集群的战术手段能够在其现有的装备条件下发挥出最佳的效用。他把方阵编为16排纵深，让他们紧握"萨里沙"（他们这样称呼马其顿长矛）。这种长矛的长度是24英尺②，当它准备战斗而前倾的时候，可以伸到士兵的正前方18英尺。这样一来，两排之间允许有大约2英尺的空间，每个前排士兵的身后，有5排准备挺进的长矛。方阵士兵装备着正规希腊步兵全套的防护盔甲，因而方阵看上去就是一个笨重而僵硬的整体，这样，只要其序列能保持紧凑，就有把握击败任何对手。像这样一个战斗组织，其缺点也很明显。几年之后，当马其顿人与罗马军团相对抗的时候，这个缺点得到了证明。不过显而易见的是，到了亚历山大手上，在库诺斯克法莱斯③，在彼得那④，方阵不再是沉重笨拙的团队。他的人全是经验丰富的老兵，他们动作

---

① 即马其顿国王腓力二世（公元前382～前336），亚历山大大帝的父亲。
② 1英尺=0.3048米。
③ 库诺斯克法莱斯，希腊语，意为"狗头山"，为希腊塞萨利的一座山脉。
④ 彼得那，马其顿城市，公元前168年，罗马军队在这里消灭了马其顿军队。

准确、变化坚定。像他父亲的那种方阵,那些新兵或许还有拼命挣扎的可能,而在其继任者操纵的方阵里则肯定寸步难行,尤其是当他们所掩护的部队不再是一支常规武装,而是一支民兵队伍的时候,则更是如此。

亚历山大率领的方阵总共有18000人,他们被分成6个旅,每旅3000人。旅再分成团和连,这些人都接受过精心的训练:回旋、转身、占领阵地、在紧急情况下进行必要的收缩。亚历山大还在团与团之间的间隔区间内安排了装备方式各不相同的方阵兵和骑兵,这样,在场地的自然条件妨碍了紧凑编队形成的时候,可以防止他们的阵列被穿透,他们的连队被侧翼包抄;而且,当有利于方阵靠拢的时机出现的时候,当它的任何一支旅打算冲锋的时候,当它有必要准备接纳骑兵加入的时候,它又可以撤回。

除了方阵以外,亚历山大还有一支数量可观的步兵部队,他们被称为"护盾手",他们的装备不像方阵兵或者普通的希腊正规步兵那样笨重。不过,他们是为近身搏杀

腓力二世和他的马其顿方阵

和短兵相接而装备的,因而远比希腊战争中的非正规步兵的装备要高级得多。他们由大约6000名身强力壮的士兵所组成。

除了这些以外,亚历山大还有几队希腊正规步兵,以及弓箭手、投石手和标枪手,战斗的时候,他们也使用腰刀和圆盾。这些主要是由伊利里亚①和色雷斯的高地人所提供的。他的骑兵主力,由两支精心挑选的胸甲骑兵团所组成,一支是马其顿人,一支是塞萨利人,二者各有约15000人。他们全都装备着长矛和重剑,马和人都披挂着全套的铠甲。其他的正规骑兵团,装备则更轻便些。还有几支轻骑兵,全都是因为亚历山大对埃及和叙利亚的征服,才使他们有机会雄赳赳地骑上战马。

8月底,亚历山大在底比斯渡过了幼发拉底河。由马扎依②所率领的一小股波斯骑兵望风而逃。亚历山大太谨慎了,他没有向下穿越美索不达米亚沙漠,而是继续向东,打算渡过底格里斯河。然后,如果没有发现大流士并开始战斗的话,他就打算顺着底格

尼尼微,亚述帝国古城,位于底格里斯河沿岸,曾为亚述帝国的首都

里斯河左岸、沿着一块多山地区的边缘,转而南下,在那里,他的人所遭受的闷热、口渴之苦就会少一些,而且,那里的供应也更丰富些。

---

① 伊利里亚,巴尔干半岛的西北部一地区,约从公元前10世纪起,印欧民族的一支伊利里亚人就居住在这里。
② 马扎依(公元前385～前328),波斯贵族,大流士三世的主要将领。

大流士本想诱使亚历山大穿越美索不达米亚，向他的首都进军，然而他发现对手并没有上钩。于是，他决定继续待在他在底格里斯河左岸为自己选定的战场上。在那里，如果敌人遭遇了一场溃败或者一场阻截，那么，有幼发拉底与底格里斯这样两条大河横亘在他们身后，侵略者的覆亡也就在劫难逃。波斯国王将自己在力量上的每一优势都发挥到极致。为方便卷镰战车的活动，他命人小心地平整出了一大片场地；他把自己的军需品存储在坚固的阿贝拉城内，那里就在他身后约20英里处。后世的修辞学家们，喜欢把大流士三世描述为像薛西斯二世一样喜欢卖弄和愚蠢。但是，在对他在这最后一战中所表现出的将才进行一番公正的考查之后，我们就会看到：他有资格赢得与他伟大的前任、希斯塔斯普的高贵儿子[①]一样的美名。

得知大流士领着一支大军正在底格里斯河左岸严阵以待，亚历山大便加速前进，在没有任何抵抗的情况下渡过了底格里斯河。起初，他没能获得关于敌人确切位置的任何可靠情报。让大军进行短暂的休整之后，亚历山大沿着底格里斯河左岸向下行进，一共走了4天。一位道德家或许要驻足凝思这样一个事实：在这次行军中，亚历山大想必在伟大的尼尼微遗址内走过了几英里，那是人类早期征服者的城市。然而，不管是亚历山大本人，还是他的追随者，都不知道那些巨大的土墩曾经是什么。它们已经成了荒草萋萋的遗址上一堆堆无名之物。而某位英国同胞凭着他的智能将尼尼微古城从数百年漫长的遗忘中

---

① 希斯塔斯普，大流士一世的父亲。

拯救出来,也不过是最近几年的事。①

在亚历山大向南行进的第四天,接到前哨的报告,说是有一队敌骑兵进入了视线。亚历山大立即编好战斗队形,指挥他们稳步向前推进。他策马向前,来到骑兵编队的阵前,冲向面前的波斯骑兵。这纯粹是一支侦查部队,他们立刻停止了前进,落荒而逃。不过马其顿人还是抓到了几个俘虏,从他们那里,亚历山大得知大流士就驻扎在离他们几英里远的地方,而且知道了他所遭遇的这支大军的实力。得到这一消息后,亚

马其顿的轻步兵、方阵兵和骑兵

历山大止住脚步,让他的人马休整4天,这样,他们就能精神饱满、斗志昂扬地投入战斗。他还加固了营地,存储好了所有的军需品,安顿好了所有的伤病员,打算用他锐不可当的生力军向敌人进击。此次休整之后,亚历山大继续挥师前进,此时天色依然漆黑一团,他打算趁黑接近敌人,然后在拂晓时向他们发起进攻。大约在两军营地之间的半道上,地面有些起伏不

---

① 原注:参见莱亚德《尼尼微》和沃克斯《尼尼微与波斯波利斯》。译注:奥斯汀·亨利·莱亚德(1817~1894),英国考古学家和外交家,曾在1869~1877年间参与过尼尼微古城遗址的挖掘。威廉·桑迪·赖特·沃克斯(1818~1885),英国学者,曾长期供职于大英博物馆。

平,从双方各自的视野看,这里都好像隐藏着对方的军队。当亚历山大登上坡地的最高峰时,借着熹微的晨光,他看见面前的波斯军队正列阵以待。他多半还注意到了,前方的场地上有一些工程作业的痕迹。但他并不知道,这些痕迹是波斯人为卷镰战车的自由施展而平整地面时所留下的。亚历山大怀疑,那是一些隐蔽的陷阱,是专门为阻碍骑兵的接近而精心准备的。他迅即召集了一次作战会议,一些军官主张立即进攻,不惜冒一切风险。不过帕尔梅尼奥①更谨慎的主张占了上风,最后决定:在对战场进行更细致的勘查之前,不再进一步向前推进。

亚历山大让他的部队在那些高地上停了下来,自己则带了一些轻步兵和骑兵,那一天的白天他都用来侦测敌情,观察战场的自然条件,他即将要在那里展开厮杀。大流士明智地克制住了自己,没有从自己的位置向马其顿人所占据的高地发起进攻,两支大军都待在原地,相安无事,直到夜幕降临。

亚历山大回到司令部后,便把他的将军和高级军官们召集到了一起,告诉他们:自己非常清楚在座的这

亚历山大大帝铜像

---

① 帕尔梅尼奥(公元前 400~前 330),马其顿将军,被认为是腓力二世和亚历山大大帝手下最优秀的将领之一。

些人的热情,根本用不着劝诫勉励,他只是恳请他们,要竭尽全力激励、教导他们所指挥的每一个人,要他们在次日的战斗中全力以赴。要提醒他们的人,如今,他们不是要为一个行省而战斗(就像他们此前所进行的战斗),而是要用自己手里的刀剑去决定整个亚洲的统治权。每一个指挥官都应该让他们的下级铭记这一点,他们应该以此鞭策他们的人。他们有着与生俱来的勇气,不需要用长篇大论来激发他们的热情。但应该提醒他们:在行动中,稳定性至为重要。队列中的沉默必须保持,只要这种沉默是适当的,但一旦冲锋的时刻来临,呐喊和欢呼必须充满使敌人胆寒的恐怖。军官们在接受和传达命令时,必须提高警惕。每个人在行动的时候,都应该仿佛感觉到:战斗的整个结果就取决于他一个人的英勇行为。

将军们下达完这样简短的指示之后,亚历山大命令军队吃晚饭,然后休息一夜。

夜幕笼罩了马其顿人的帐篷。这时,亚历山大那位久经沙场的老将帕尔梅尼奥来找他,建议他应该对波斯人发动一次夜袭。据说亚历山大的回答是:他不屑于这样的胜利,亚历山大必须公开、公正地赢得胜利。阿利安公允地评论亚历山大的决定既勇敢又明智。且不说混乱和不确定性(这与夜战密不可分),就算这样赢得了胜利,其价值也必定会大打折扣。即使在夜晚的环境下获胜了,也会给敌人的失败提供种种借口,从而鼓励他卷土重来。对于亚历山大来说,必须做到的是:不仅要打败大流士,而且要赢得这样一种胜利—它将不给对手留下为自己的失败进行辩护的任何借口,也不给他留下东山再起的任何希望。

事实上，波斯人已经预料到会遭遇一场夜袭，并为此做好了准备。正是大流士所怀有的这种忧惧，使得他连夜把自己的部队编排成战斗队列，让他们通宵达旦保持备战状态。这样做的结果便是：当早晨来临的时候，他们一个个疲惫不堪、垂头丧气，而他们的对手则生机盎然、精力充沛。

交战之后，由大流士亲自草拟的书面作战命令落入了马其顿人之手，而阿里斯托布鲁斯则把它抄录到了自己的日志里。我们因此异乎寻常地拥有了（通过阿利安）关于波斯军队的构成和排列的可靠材料。最左边的是大夏人、达安人和阿拉科西亚人的骑兵，紧挨着他们，大流士部署了波斯自己的部队，既有骑兵，也有步兵。然后是苏萨人，紧挨着他们的是卡丘西亚人。这些军队组成了左翼。大流士自己的位置在中央。中路由印度人、卡里亚人、马迪亚弓箭手以及因为用金苹果做长矛的球形手柄而闻名于世的波斯分队所组成。这里还驻扎着波斯贵族的卫兵。除此之外，中路还有尤克西亚人和巴比伦人的军队，以及来自红海的士兵，形成纵深序列。被大流士招募来为自己服役的希腊雇佣军（这些人被认为独一无二地适合抵挡马其顿方阵的冲锋），则被部署在王室战车的两侧。右翼有科罗西里亚人、美索不达米亚人、米底人、帕提亚人、萨卡人、塔普里亚人、希尔卡尼亚人、阿尔巴尼亚人和萨克辛那人。在左翼战线的前面，安排了锡西厄人骑兵，领着1000名大夏骑兵，以及100辆卷镰战车。战象和50辆卷镰战车，排列在中路的前面。另外50辆卷镰战车，领着亚美尼亚和卡帕多西亚的骑兵，被部署在右翼的前面。

大流士国王的大部队就是以这样的编队熬过了那个夜晚，

对于他们当中数以千计的人来说，这是他们有生之年的最后一个夜晚。公元前331年10月1日①清晨，天色渐渐亮了起来，晨曦照着疲惫不堪的波斯哨兵，他们能够听见马其顿人集合的号角声，能够看见亚历山大国王的军队从他们在高地上的帐篷那里下来，然后在平原上编成战斗队列。

在亚历山大这边，他不仅需要过人的勇气，而且还需要深谋远虑的才能。很少有几处战场见证过比这位马其顿国王所展示的更加完美的指挥才能。那里没有可以保护其侧翼的天然屏障，不仅两翼肯定会由于波斯的庞大阵线而覆灭，而且，在他向波斯中路推进的时候，还有遭到环路包抄和腹背受敌的潜在危险。因此，他编组了一条第二阵列，或者叫后备阵列。在必要的时候，这一阵列可以回旋转身，或者分兵两翼，视敌军的移动而定。就这样，全军准备就绪，随时可以投入一片空阔的洼地，马其顿人以两队阵列向敌军推进，亚历山大本人率领右翼，著名的马其顿方阵构成其中路，而帕尔梅尼奥则指挥左翼。

这就是亚历山大兵力部署的大致状态。不过我们已从阿利安那里得到了各旅、团的具体位置的详细资料。正如我们所知道的，这些资料取材于两位马其顿将军的日志。研究一下这些材料，读一读参加这场最伟大战役的将领们的名字和位置，是一件饶有兴味的事。

8支皇家骑兵卫队构成了亚历山大的右翼阵线。他们的首领分别是：克莱特（他的团队被安排在最右边，一个特别危险

---

① 原注：参阅克林顿《古希腊年表》。这场战役是在一次月蚀的11天之后打响的，这给了我们推定其准确日期的手段。译注：亨利·费恩斯·克林顿（1781～1852），英国古代文化学者和年代学者。

的位置)、格劳希亚斯、阿里斯顿、索帕里斯、赫拉克利德斯、德米特里亚、墨勒阿革洛斯和赫格洛库斯。整个右翼的指挥官是费洛塔斯。接下来是持盾步兵,他们的司令官是尼加诺。然后就是方阵,分成6个旅:右边紧挨着护盾手的是克努斯旅;和他们并肩而立的是佩尔狄卡斯旅;接下来是

大流士的家眷在亚历山大面前

墨勒阿革洛斯旅、波利珀羌旅;最后是阿米尼亚斯旅,不过这支部队现在由西米亚斯指挥,因为阿米尼亚被派回马其顿招募新兵去了。然后,就是由克拉特罗斯指挥的左翼步兵。挨着他们的是各盟国的骑兵团,埃利古斯是他们的司令官。接下来是梅萨利亚人的骑兵,由菲利普指挥,他还掌控着极左翼的所有兵力。整个左翼被交付给帕尔梅尼奥指挥。他本人则亲临法萨里亚的骑兵部队,那是塞萨利所有骑兵队伍中最强大、最精锐的一支。

第二阵列的中路,由一队方阵步兵镇守,编成几个连队,这些人就是为了这个目的而从他们各自的方阵旅中挑选来的。军官们指挥着这支队伍,把他们排列得能够在敌军成功包抄身后的情况下随时转身。在二线步兵预备队的右翼和皇家骑兵卫队的后面,亚历山大部署了阿克瑞亚人的一半轻装步兵,他们由阿塔罗斯率领,和他们在一起的还有布里森率领的马其顿弓

箭手部队,以及由克林德率领的步兵团。他还在大军的这部分部署了门尼达斯的步兵团,以及阿勒特斯和阿里斯顿的轻骑兵。门尼达斯则奉命监视敌军是不是试图攻击大军的侧翼,如果他们这样做,就赶在他们完全转身之前向他们发起冲锋,攻击敌人的侧翼。一支与此相似的军队被安排在二线的左翼,为的是相同的目的。西特拉斯的色雷斯骑兵被部署在这里,还有克拉努斯所率领的希腊盟军的骑兵团、阿迦同率领的奥德里西亚非正规骑兵队。二线的最左端,由安德罗马彻斯所率领的骑兵把守。一部分色雷斯人被留下来守护营地。在右翼和中路的前面,散布着许多轻装步兵、标枪手和弓箭手,目的是为了挡住战车的冲锋。①

亚历山大以他习惯的方式,在大军右翼、骑兵阵前就位,他的铠甲熠熠生辉,身边围绕着一群精选出来的军官,这使得他格外引人注目。所有战斗编队排列完成,他的将军们得到了全面的指示,以便确定在每一种可能发生的紧急情况下分别可以如何行动。至此,亚历山大便率领他的大军,开始向敌人逼近。

把自己的生命毫无保留地暴露于战斗之中,是亚历山大始终如一的习惯,这样的个人勇气,直追他的伟大祖先阿喀琉斯。或许,在征服波斯的大胆计划中,这只是亚历山大的一种策略,为的是通过自己英勇无畏的榜样力量,极大限度地提升全军的士气。并且,在他后来的军事活动中,可能正是这种对兴奋刺

---

① 原注:值得把亚历山大的战术策略与克莱贝尔在赫利奥波利斯战役中的排兵布阵作一个比较(当时他率领1万名欧洲人在一片宽阔的平原上与8万亚洲人相遇)。译注:让·巴蒂斯特·克莱贝尔(1753~1800),法国将军,是拿破仑的重要将领。

激的热爱,对"战斗所带来的狂喜"①的热爱,使得他的这一习惯一发而不可收,就像缪拉②一样。不过,他从不让这种战士的激情使自己丧失作为将军的冷静。尤其是在阿贝拉,他显示出了自己能够按照他所喜爱的荷马格言办事。

波斯国王对卷镰战车的作用,寄予了巨大的信心。这种战车,是专为对付马其顿方阵而设计的。骑兵的猛烈冲锋紧随其后,希望能遇上被战车冲击得七零八落的长矛兵阵列,从而一举摧毁亚历山大军事力量中这一最强大的部分。因此,在波斯中路的前面,有大流士亲自坐镇,他们料定方阵会从这里发动进攻。这里的场地已经被小心地铲平,这样可以让战车以席卷之势全速向方阵发起冲锋。当马其顿大军逼近了波斯人的时候,亚历山大发现:他整个阵列的前线,其宽度勉强等于波斯中路的前线,这样一来,他的右翼就被敌人的整个左翼所包围,而敌人的整个右翼又正好包围了他的左翼。他的战术策略是:攻击敌军的某一点并取得决定性的优势,只要可能,就放弃在战线的其余部分与敌人纠缠。因此,他让行军队列侧转向右,以便能够让他的右翼在尽可能有利的条件下与敌人交锋,虽然这一策略在某些方面可能会危及左翼的安全。

这一斜向移动的结果,就是使得方阵和他自己这一翼超出了场地的边界,而这块场地,正是波斯人为战车的行动而精心准备的。大流士担心坐失良机,不能按计划一举挫败马其顿军队最重要的部分,于是,便命令部署在最左端的锡西厄人和大夏人的骑兵,围住亚历山大的右翼,发起冲锋,以阻止他们进

---

① 语出拜伦《拿破仑颂》第四节。
② 乔阿契姆·缪拉(1767~1815),杰出的骑兵统帅,拿破仑麾下著名的元帅之一,那不勒斯国王。

一步侧向前进。面对这些攻击者，亚历山大从他的第二阵线派出了门尼达斯的骑兵。事实证明，要迎击来敌，这些骑兵实在太少了。此时，亚历山大又命令阿里斯顿领着他的轻骑兵、克林德领着他的步兵，从第二阵线去增援门尼达斯。这下子，锡西厄人和大夏人开始顶不住了，不过大流士又从他的主阵线里派出了大批大夏骑兵前往增援，一场顽强的骑兵战就这样开始了。大夏人和锡西厄人数量庞大，而且装备也要优于门尼达斯和阿里斯顿所指挥的骑兵。一开始，马其顿人这边损失惨重。但是，欧洲骑兵依然顶住了亚洲人的冲锋。到最后，通过他们更严格的纪律训练，通过他们互相支援的编队行动，而不是像乌合之众那样混战，马其顿人终于把对手打得七零八落，并把他们赶出了那块场地。①

大流士立刻指挥卷镰战车冲向亚历山大的骑兵卫队和方阵，这些令人生畏的家伙就这样嘎吱嘎吱地滚过平原，冲向马其顿人的战阵。如果我们还记得不列颠人的战车在恺撒的罗马军团中所制造出的那种恐慌，我们就不会轻易嘲笑这种古代战争武器总是无补于事。战车的目的，就是在其所冲向的阵列中

---

① 原注：对此，我们可以在拿破仑关于法国人和马穆鲁克（译注：中世纪埃及的一个军事集团层的成员）之间的骑兵战的说明中找到最精辟的解释："两个马穆鲁克能够对付3个法国人，因为他们装备更好，骑术更好，训练也更好。他们有4支手枪、1支喇叭枪、1支卡宾枪、1个带脸罩的头盔以及1套铠甲；他们有几匹马，几个步行随从。然而，100名胸甲骑兵却不用害怕100名马穆鲁克，300名胸甲骑兵可以打败同等数量的马穆鲁克，1000名胸甲骑兵可以让1500百名马穆鲁克抱头鼠窜，战术、阵列以及队形变换的影响是如此巨大。勒克莱尔和拉萨尔将他们的人排成几行，出现在马穆鲁克的面前。当阿拉伯人正要击溃第一排的时候，第二排人就从左右两翼上前支援，马穆鲁克于是停止进攻并转身，以应付这新的战线，而这一瞬间总是被用来冲击他们，他们则无一例外地被打垮。"——蒙托隆伯爵《拿破仑的囚禁史》第4卷。

制造不稳定因素,而骑兵编队紧随其后,以便从这样的混乱中得到好处。不过这一回,亚历山大早有准备,为对付他们特意部署了轻步兵,亚洲人的战车因为这些轻步兵而无功而返。他们用投掷物击伤马和驭手,紧挨着战车一路狂奔,这样以便切断车路或者拽住马缰,打乱他们既定的冲锋,很少有战车安然无恙地通过那条长矛手们为他们开放的区间而到达方阵,它们被轻而易举地从背后给俘获了。

一大群亚洲骑兵如今第二次聚集到了亚历山大的右翼,团团围住,为的是从他的这一翼取得突破。就在这个节骨眼上,当波斯骑兵编队因为这一队形变化而使自己的两翼暴露无遗的时候,阿勒特斯领着他的骑兵从亚历山大的第二阵线猛冲了过来。亚历山大因此得以从第二阵线调来兵力,迎战敌人的所有侧翼进攻,并阻挡了他们。他让自己的骑兵卫队和右翼前线的其余人马保持战斗活力,准备利用最初的时机,发起决定性的攻击。机会很快就来了。部署在波斯右翼紧挨着中路的一大队骑兵离开了他们的岗位,策马去帮助正陷身于骑兵战的同伴们,他们依然在亚历山大的右翼与来自马其顿第二阵线的小分队厮杀得难解难分。这使得波斯人的阵列出现了一个巨大的空隙。亚历山大立即带领他的卫队猛冲进这一空间,强行向他的左侧逼近。很快,他就开始在波斯中路的左侧风卷残云。此时,持盾步兵也冲进了乱作一团的亚洲人当中。方阵兵的 5 个旅,则以他们的"萨里沙"长矛那势不可挡的威力,击溃了大流士的希腊雇佣军,撕开波斯中路,捅出了一条通道。

在这场战斗的前一阶段,大流士还是显示出了他的技巧和能量,到眼下,他通过嗓门和榜样鼓励他的人稳住阵脚已经有一段时间了。但是,亚历山大的骑兵们的标枪、方阵兵们的长矛,如今正闪着寒光一步一步向他逼近。他所乘坐的战车的驭手，被一支向他这边投过来的标枪给放倒了。终于，大流士的勇气辜负了他。他走下自己的战车，骑上一匹快马，从平原上绝尘而去，也不管战场上其他局部的战况如何。那些地方，战事因为他的原因而更加势如破竹，而他的在场，则可能对赢得某场局部胜利更有帮助。

亚历山大在右翼和中路的行动，使得其左翼完全暴露于敌人的巨大优势兵力之下。帕尔梅尼奥尽可能地置身于战事之外，然而指挥波斯右翼的马扎依却向他逼了过来，严严实实把他围住了，并利用自己的兵力优势反复向他发起猛烈的冲锋，死死地压住了他。眼见得帕尔梅尼奥这一翼陷入困境，指挥着6支方阵旅、紧挨着左翼的西米亚斯，没有随同别的旅一起向波斯中路发起大冲锋，而是留了下来，从帕尔梅尼奥的右侧掩护他

亚历山大发现大流士三世的尸体

们。如果不这样的话,他们就会被彻底包围,并被切断与亚历山大大军其余部队的联系。而这样做,西米亚斯就不得不让马其顿左翼的中路敞开一个大口子。一支庞大的印度和波斯骑兵纵队,从波斯右翼中路疾驰而至,穿过了这块空隙,并从右翼洞穿了马其顿的二线部队。接下来,印度和波斯骑兵并没有转身扑向帕尔梅尼奥,或者扑向亚历山大得胜之翼的后路,而是策马直奔马其顿的大本营,击溃了在此留守的色雷斯人,并开始劫掠。这种情况很快就被马其顿二线方阵部队给制止了,他们看见敌军骑兵从身边疾驰而过的时候,便掉转头,返身扑向大营,杀死了许多正在劫掠的印度人和波斯人,迫使余下的人策马而逃。正在这个节骨眼上,亚历山大得到了帕尔梅尼奥受困的消息,并且知道他在马扎依的猛烈攻势之下无力支撑得更

亚历山大俘获大流士的家眷(织毯)

久,便召回了正在追击大流士的部队。亚历山大领着他的骑兵卫队,策马奔向正在厮杀的左翼,但在半道上遭遇了正从马其顿营地后撤的波斯和印度骑兵。

这些人如今看到,他们保全自己的唯一机会就是切断马其顿人的通道,于是,他们凭着自己庞大的骑兵纵队,拼命地向马其顿人发起冲锋。这是一次短兵相接的近身搏杀,两军相持不下,60名皇家骑兵护卫倒下了,3位紧靠在亚历山大身边战斗的将军受了伤。终于,马其顿人的纪律和勇气又一次占了上风,大批的波斯和印度骑兵被砍倒了,少数人也只刚刚能够突出重围,夺路而逃。解决了这一群顽强的敌人,亚历山大将自己的骑兵卫队重新编队,带领他们奔向帕尔梅尼奥。但是到了这时候,帕尔梅尼奥也已经大获全胜。或许,大流士开溜的消息已经传到了马扎依这儿,从而使波斯右翼的士气为之大挫;而帕尔梅尼奥率领的马其顿部队,也必定被友军胜利的消息所鼓舞。他的塞萨利骑兵,尤以其勇敢顽强、不屈不挠的良好行为而著称于世。等到亚历山大策马赶到帕尔梅尼奥的阵前的时候,整个波斯大军已经全部从战场上逃得不见踪影。

对于亚历山大来说,活捉大流士有着至关重要的意义,于是他立刻催促大军乘胜追击。莱卡斯河横亘在战场和阿贝拉城之间,溃逃大军径直取道于此。通过这条河的时候,波斯人损失的兵将,甚至比交战中倒在马其顿人剑矛之下的还要多[①]。狭窄的桥很快就被堵得水泄不通,数以千计的逃兵蜂拥而上,大批的波斯人落入桥下的湍流,葬身滔滔江水,他们或者是自

---

① 原注:关于这场战役的损失,我故意略而不谈。我们在阿利安的现存手稿中所找到的数据,有明显的抄写错误,而库尔提乌斯又毫无权威可言。

己跳下去的，或者是被别人挤下去的。大流士已经过了河，毫不犹豫地策马从阿贝拉城穿城而过。亚历山大于第二天到达这座城市，毫不客气地将大流士的金银财宝和物资储备据为己有。大流士跑得太快了，这对他自己而言真是不幸。因为他的巴克特里总督贝苏斯的背叛，他只不过是在逃向死亡。

几天之后，亚历山大进入巴比伦，进入这座其时尚存于世的"世俗帝国中最古老的都城"，成了它公认的主人。但在他短暂而辉煌的事业生涯中，还有一些军事活动要去完成。中亚也必将要领教马其顿方阵的进军。他也必将完成英格兰后来所没有完成的对阿富汗的征服。他的军事天才，他的英勇气概，必将扬名希达斯皮斯河两岸和基连沃哈①的旷野。他还必将先于英格兰女王将旁遮普并入欧洲君主的版图。但是，他的事业生涯已经到了转折关头，他的伟大使命已经完成。当亚历山大在阿贝拉赢得他的巅峰胜利的时候，这个曾经以征服威胁过地球上所有国家的古老波斯帝国，已经无可挽回地被碾得粉碎。

---

① 希达斯皮斯河，克什米尔地区的一条河流，即今杰赫勒姆河。基连沃哈为希达斯皮斯河畔的一个村庄。

● 公元前 207 年

梅陶罗战役

　　为争夺地中海的霸权，罗马与迦太基之间展开了一系列旷日持久的战争，史称"布匿战争"。公元前207年，第二次布匿战争进行到了第10个年头，罗马已经到了崩溃的边缘。这年春天，迦太基主将汉尼拔的弟弟哈斯德鲁拔在西班牙摆脱了西庇阿的围困，率领大军转道高卢，越过了阿尔卑斯山，出现在波河平原上。当罗马人得知这个消息时，不免面面相觑，他们知道，决定罗马命运的时刻终于来到了。此时，汉尼拔在意大利南部举步维艰，战争陷入僵局，哈斯德鲁拔的到来，正是解开这个死结的关键。一旦汉尼拔兄弟形成南北夹击之势，罗马彻底灭亡的命运也就在劫难逃。所幸此时汉尼拔尚不知哈斯德鲁拔已经如此神速地从北面进入了意大利。罗马命悬一线……

啊罗马,你欠负尼罗家族的恩情有多少,
被鲜血染红的梅陶罗河知道,
成了刀下之鬼的哈斯德鲁拔也知道;
当恐怖的非洲铁蹄将意大利横扫,
如大火吞噬松林,狂风卷起西西里的波涛,
胜利女神第一次以她优雅的微笑,
驱散天边的乌云,挽狂澜于既倒,
使那个光辉的日子永享胜利的荣耀。

——贺拉斯

大约在里米尼到安科纳①之间的半道上,一条小河从这里注入亚得里亚海,它所流经的那些意大利地区,不久前那儿的人们还试图在几个世纪漫长的奴役和羞辱之后,重新振兴意大利的民族精神和自由制度的活力,结果白费力气。这条河流至今依然被称作"梅陶罗",这个名字,常常唤起人们对古罗马坚定勇气的记忆,想起2063年前那场染红这条河流的血腥杀戮。当时,由联合执政官李维乌斯和尼罗所率领的大军,就是在这条河的两岸附近,打垮了汉尼拔的弟弟所率领的五花八门的部

---

① 里米尼,意大利北部城市,位于亚得里亚海沿岸。安科纳,意大利中部城市,位于亚得里亚海沿岸。

队,这些人来自比利牛斯山脉、隆河、阿尔卑斯山以及波河等地区,他们要去支援汉尼拔,而当时,这位伟大的迦太基人,正在为消灭日益增长的罗马共和国的力量、让迦太基的势力傲视群雄而苦斗。

一位罗马历史学家,把这场斗争称为历史上曾经展开过的所有斗争中最令人难忘的一次①,他这样说丝毫不带夸张的情绪。在这场斗争中,所发生的事件,所涌现的英雄,不要说是在古代,就算在现代历史上,也找不到堪与其比肩者。罗马与汉尼拔之间持续不懈的角逐,英格兰与拿破仑之间旷日持久的争斗,二者之间的相似之处,倒是没有逃过近代史学家的法眼。阿诺德说:"这两次角逐,都见证了卓绝群伦的个人天才和一个伟大国家的资源、制度之间的竞争,而且两次都是后者赢得了胜利。汉尼拔抗衡罗马17年,拿破仑角力英格兰16年,前者以扎马②作结,后者以滑铁卢收场。"③然而,说到这两场战争的相似之处,有一点几乎没有被充分地阐述过。那就是,最终击溃那位迦太基伟人的罗马将军,和最后给予法兰西皇帝致命倾覆

西庇阿像

---

① 原注:李维《罗马史》第21卷第1节。
② 扎马,公元前202年,在第二次布匿战争的最后一战中,罗马军队在此彻底击溃了汉尼拔及他的军队。
③ 原注:参见阿诺德《罗马史》第3卷。

的英格兰将军，这二者之间，也有着惊人的相似之处。西庇阿①和威灵顿，两个人都位居显要多年，却远离战争的主要舞台。两个人的主要军事生涯，都发生在同一个国家。正是在西班牙，西庇阿（和威灵顿一样）在和敌军主将正面交锋之前，曾连续不断地遭遇了几乎所有的次要敌手，并被他们打得落花流水。西庇阿和威灵顿也都是在同胞们因为一连串的失败而动摇的时候，重建了他们拿起武器的信心。他们每个人也都是通过给敌人的精兵强将以一次干净彻底、势不可挡的击溃，从而一举结束了一场旷日持久、危机四伏的战争。

就对其军事声望和勋业的限制而言，二者倒也有所不同。西庇阿（和威灵顿一样）在他的同胞当中成了贵族政党的一位重要领袖，这就使自己容易受到政治对手中那些极端分子漫无边际的辱骂。当一群乌合之众在英国首都的大街上攻击出席滑铁卢周年纪念活动的威灵顿公爵的时候（这是他最后任期的早些时候的事），英格兰因为此次暴行所蒙受的耻辱，甚至要更甚于罗马。当年，罗马也曾经因为那些政治煽动家加诸西庇阿头上的无端指控而蒙羞，但这些指控在审判当天就被他骄傲地驳回了，他只是提醒那些聚在一起的人们：这天正是扎马战役的周年纪念日。幸好，一种更明智、更健康的精神如今已在英国社会的各阶层中普及多年。我们将免却由于一直坚持这种民族的忘恩负义而带来的耻辱。西庇阿为逃离罗马的恶意骚乱而

---

① 西庇阿（公元前236～前184或前183），罗马将领，公元前205年当选罗马执政官。扎马战役中，他是罗马的统帅。他的长子的养子也叫西庇阿，也是著名的罗马将领，对第三次布匿战争的结束起了很大的作用，人称小西庇阿。

自愿流亡,最后死于流亡途中。如今所有不同阶层、有不同政见的英国人,在对我们的当代西庇阿的深情赞佩上长期保持一致。就连在那些立法和行政问题上和公爵大人有着广泛分歧的人,每当他们满怀感激地想起环绕在他头上的光环时,也就忘了这颗老顽固脑袋中那些他们所认为的政治错误。

迦太基的势力,在扎马被西庇阿踩入了尘土,但是早在另一块战场上,它就已经被无可挽回地摧毁了。那场战斗,无论是西庇阿还是汉尼拔,都没有上阵指挥。那一次,梅陶罗河见证了哈斯德鲁拔①的溃败和死亡,见证了迦太基计划的破灭,陷入孤立的迦太基希望

迦太基古城

凭着这一计划,组织一场决定性的胜仗——他们的计划是:立即抽调精锐之师,由哈米尔卡②的两个儿子带领,分别从意大利南部和北部包围罗马③。此一役,乃是这场逐鹿之争的一个决定性的转折点。这场竞争,不仅仅是发生在罗马和迦太基之间,也是发生在世界上两个伟大家族之间,它使得意大利成了他们

---

① 哈斯德鲁拔(?~公元前207),迦太基将军,汉尼拔的弟弟,哈米尔卡尔·巴尔卡的次子。
② 哈米尔卡,迦太基著名将领,外号"雷霆",他的三个儿子汉尼拔、哈斯德鲁拔和马戈因而被史家称为"雷霆之子"。
③ 原注:参见阿诺德《罗马史》第3卷。

为拔得头筹而反复角力的竞技场。

法国历史学家米什莱① 著有一部《罗马史》，老实说，如果该作者的概括力与准确性能够媲美其创意与才华的话，那么这部书的价值将不可估量。书中，他颇为雄辩地评论道：

> 对布匿战争②的缅怀，已经存留于人们的记忆之中，它是如此普遍、如此鲜活，这并非毫无道理。它不仅仅是决定两个城市或帝国之命运的角逐，也是一场关乎两个人类种族之结局的竞赛，不管最后争得世界霸权的国际大家庭，是印度—日耳曼人，还是闪米特人。请记住，前者不但包括印度人和波斯人，还包括希腊人、罗马人和日耳曼人；而后者，则由犹太人、阿拉伯人、腓尼基人和迦太基人所组成。一方拥有英雄主义、艺术和制度的天赋才能，而另一方拥有工业、贸易和航海的生命活力。两个针锋相对的人类种族，到处都在接触，到处都在做对。在波斯和迦勒底的远古历史上，英雄们永远总是以他们的勤勉刻苦和背信弃义忙于和邻邦战斗。在地中海沿岸的每一个地区，这样的争斗，在希腊人和腓尼基人之间再次展开。在腓尼基人所有的工厂，以及其在西方的所有殖民地，希腊人都取而代之。亚历山大在进攻推罗城时所干下的勾当，远甚于撒曼以色和尼布甲尼撒的所作所为。他并不满足于

---

① 儒勒·米什莱（1798～1874），法国历史学家，以其不朽巨著《法国史》闻名于世。
② 布匿战争，指的是罗马和迦太基之间为争夺地中海西部统治权而展开的一系列旷日持久的战争。前后共爆发过3次大的战争，第一次布匿战争发生在公元前264～公元前241年；第二次：前218～前201年；第三次：前149～前146年。布匿战争结果，罗马争得西部地中海的霸权。

摧毁她，他在乎的是要让她永远不能复活：因为他建造了亚历山大城作为她的替代，他永久性地改变了世界贸易的轨迹。迦太基幸存了下来（伟大的迦太基城，和她强大的帝国），其强大的势力远非从前的腓尼基可比。罗马消灭了它。接下来发生的事，历史上还找不到类似的例子：一种完整的文明毁于一旦，瞬间化为乌有，就像一颗流星。汉诺①的《航海记》，几枚硬币，普劳图斯②的几节诗行，瞧，这就是迦太基世界的全部遗存。

在两个种族之间的战火被重新点燃之前，许多个世纪无可奈何地杳然而逝。而阿拉伯人（他们是闪米特世界的强大后卫），却从他们的茫茫荒漠中汹涌而出。两个种族之间的角逐，变成了两种宗教之间的冲突。幸运的是，骁勇的撒拉逊骑士们在东方遭遇了君士坦丁堡坚不可摧的城墙；而在西方，又碰上了查理·马特③的勇士气魄和熙德④的利剑。十字军东征是对阿拉伯人入侵的自然报复，并构成人类两个主要家族之间的激烈斗争的最后一个时期。

要想通过古典作家的暗示所提供的隐约一瞥来获得关于罗马的伟大对手的民族性格和公共制度的完整概念，殊非易事。但我们可以察觉到，迦太基在军事资源上与对手相比，其劣势有多么大；并且，要想成为一个强大帝国的缔造者，要想把那

---

① 汉诺，第二次布匿战争期间迦太基贵族亲罗马派的首领。汉尼拔被击败之后，汉诺参加同罗马人议和。
② 普劳图斯（约公元前 254～前 184），罗马喜剧作家，其作品对莎士比亚和莫里哀有一定的影响。
③ 查理·马特（约 688～741），法兰克王国东部奥斯特亚的宫相，曾重新统一法兰克王国。
④ 熙德（约 1043～1099），卡斯蒂利亚军事领袖和民族英雄。

些已经形成和正在形成中央集权的国家、把那些居住在地中海沿岸及周边地区的古族小国并入帝国的统一版图，迦太基远没有罗马合适。

想当初，在北非海岸众多由腓尼基人所建立的殖民地当中，迦太基既不是最古老的，也不是最强大的。然而，她有利的位置、她优越的制度（此种详情虽然我们所知甚少，但我们知道她曾博得过亚里士多德的赞佩），及其市民的商业和政治活力给了她优势地位，足以支配希波、尤蒂卡、莱普提斯①和那些地区别的一些腓尼基姐妹城邦。她最终诱使这些城邦甘居附属国的地位，这和雅典那些附属盟邦从前在雅典皇城所拥有的地位颇为类似。当推罗、西顿②以及腓尼基自己的一些城邦，纷纷从独立共和国沦为这个伟大亚洲君主国的附庸诸侯，并且轮流臣服于一位巴比伦、波斯和马其顿主人的时候，他们的势力、他们的贸易，便迅速衰落。他们先前所保持的海运和贸易优势，被迦太基所取代。迦太基人并不想和地中海东北部或者与其连通的三处内陆海沿岸地区的希腊人一争高低。不过，他们和腓尼基人一直保持着积极的交流，并通过他们与更远的中亚相沟通。在推罗城衰落、沦陷以后，他们就独自航行于大西洋水域。他们获得了所有世界贸易的垄断地位，这些贸易一直延伸到了直布罗陀海峡的那一边。我们通过现存的汉诺《航海记》（希腊译文）的描述得知，他们的一位海军将领，曾沿着非洲西海岸一直航行到了塞拉利昂。在弗斯图斯·阿维努斯③的拉丁文

---

① 三地均为非洲北部古城。
② 西顿，腓尼基古城，位于今黎巴嫩西南部的地中海沿岸。
③ 阿维努斯，公元4世纪罗马贵族和诗人。

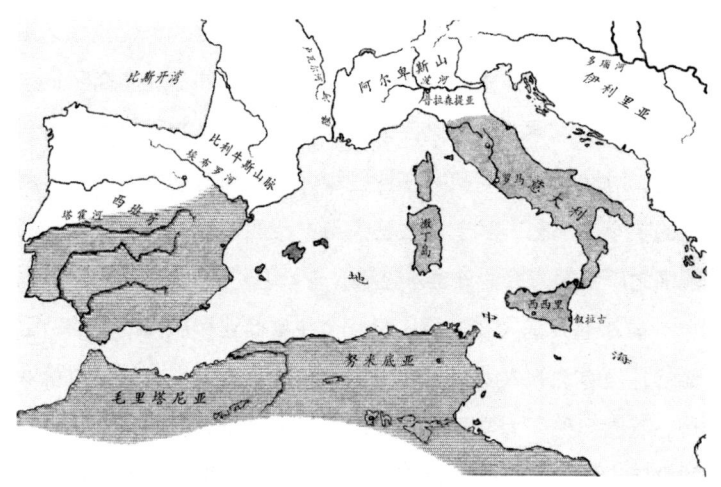

公元前207年的迦太基和罗马

诗歌中,频繁地提到过另一位著名的迦太基海军将领希米尔科的航海记录,他曾经到欧洲的西北海岸探险。希米尔科在提到英伦诸岛的时候,将它们称为希伯尼岛和阿比奥尼岛。可以确切肯定的是,迦太基人为了得到锡,曾频繁出入康沃尔①沿岸地区(就像腓尼基人从前一样)。有许多理由使我们相信,他们曾经为了获得琥珀而航行到了波罗的海沿岸。如果我们还记得那个年代人们尚不知罗盘为何物的话,那么我们就会承认:迦太基水手的勇气和技能、迦太基商人的冒险精神,足以媲美现代航海史上的任何成就。

在沿非洲海岸进行大西洋航行的过程中,迦太基人追寻的目标有两个,一是贸易,一是殖民地。从摩洛哥到塞内加尔的沿岸地区,迦太基人所建立的为数众多的殖民地,供养了一个

---

① 康沃尔,英格兰西南部的一个地区,位于深入大西洋的半岛上。

伟大的商业之都持续增加的人口中的那些贫困成员,强化了迦太基对非洲沿岸部落的影响力。除了舰队之外,那些商队也给她带来了与本地非洲人之间的贸易,这些贸易数额巨大、盈利可观。对比现代文明国家在这些地区所能创造的贸易交往其范围的狭小,那么,对于迦太基人与中西亚部落之间的贸易,其范围之广我们怎么估计也不过份。

虽然迦太基人在本质上是一个注重商业和航海的民族,但他们并没有忽视农业。正相反,他们的整个领土被耕种得就像一座花园。他们为之付出了技能和辛劳,得到的回报就是土壤的肥沃丰饶。每一个入侵者,从阿加索克利斯到小西庇阿,面对这富饶的田园牧场,无不赞叹不已:精心地灌溉,丰饶的收获,茂盛的葡萄园,栽满无花果和橄榄树的种植园,繁荣兴旺的乡村,人口稠密的城镇,迦太基富人的豪华别墅。他们的行军,所到之处都是这样的景象,只要是在迦太基人的地盘上。

迦太基人把爱琴海和本都①让给了希腊人,但他们绝不愿意把意大利西部地中海沿岸的贸易和主权拱手奉送给对手。数百年来,迦太基人一直努力使自己成为意大利和西班牙之间那些岛屿的主人。他们得到了巴利阿里群岛②,这里的主要港口马洪港,至今还在使用那位迦太基海军将领的名字。他们成功地攻陷了撒丁岛的绝大部分,但从未能将西西里收入囊中。他们屡次三番地进犯西西里岛,差一点就占领了它。但叙拉古人在革隆、狄奥尼修斯、提莫莱昂和阿加索克利斯的率领下顽强

---

① 本都,古安纳托利亚东北部与黑海毗邻的地方。公元前4世纪末亚历山大征服此地区后建立本都王国。公元前63~前62年并入罗马帝国。
② 巴利阿里群岛,地中海西部群岛,位于西班牙东海岸。

抵抗，保住了西西里，使它避免成为迦太基人的囊中之物。虽然西西里的许多城市依然处在迦太基人的统治之下，直到罗马人把它据为己有，才最终解决了西西里的归属问题。

有了这么多成功的因素，有了几乎浩瀚无边的财富，有了贸易和海上活动，有了富饶的领土，有了几近固若金汤的都城，有了确保社会福祉绵亘数百年的宪政体制，有了精英辈出的贵族政府，然而，在与罗马争夺权力的较量中，迦太基还是显著而悲惨地失败了。其直接原因之一，看来应该是她的国民们不够坚定。正是这种不坚定，使得他们以求和的方式结束了第一次布匿战争。当时，他们实在再也无法忍受战争状态所带来的困苦和负担，虽然他们的对手所遭受的苦难远比他们更为惨烈。另一个原因就是，其领导人之间的内部斗争，这使得汉尼拔在第二次布匿战争中得不到适当的增援和支撑。不过，要证明迦太基为何不敌罗马，也还有更多一般原因。这些原因包括：对她所管辖的这个国家的大量居民而言，她的位置相对不利；还有就是她在战争中总是习惯于信赖那些唯利是图的雇佣军。

关于生活在迦太基城内及其周边地区的不同种族，我们最清楚的信息来自狄奥多罗斯·西古琉斯。①这位历史学家列举了4类不同的种族：首先，他提到了居住于迦太基城内的腓尼基人；其次，他讲到了利比亚—腓尼基人，他告诉我们，这些人居住于许多海上城邦，通过与腓尼基人联姻而建立了联系，这也是他们为什么有这么一个复合名称的原因；再次，他谈到了利比

---

① 原注：参见《历史文库》第2卷，韦塞林编辑。译注：狄奥多罗斯，公元前1世纪生活于西西里的希腊历史学家，所著《历史文库》40卷，现存15卷。

亚人,这是城周围数量最大也最古老的一部分,由于不堪压迫而恨死了迦太基人;最后的一个种族,他称之为努米底亚①人,是边境地区的游牧部落。

根据这一记述,有一点很清楚,那就是:利比亚人是一个臣服阶级,他们不享有公民权利或政治权利。因此,在历史记载中,我们找不出一个利比亚人担任行政公职或军事指挥官的实例。那些利比亚—腓尼基混血儿,有时候似乎被作为殖民地居民而派遣出去。不过从狄奥多罗斯关于他们居住地的说法来看,这可能只是一种推测,因为他们并不享有迦太基公民的权利。唯一的例外,是这个种族的某个人曾被委以重任,但也没有扩大到国内政府。这个实例,就是在叙拉古陷落以后,被汉尼拔派往西西里的指挥官。波利比奥斯②把此人称作"利比亚人米提努斯",但在李维更完整的报导中,我们发现此人其实是个利比亚—腓尼基人③,而且明明白白地提到了:当岛上的迦太基指挥官得知这位混血儿将指挥他们作战时是如何义愤填膺。

说到迦太基大军的人员构成,值得注意的是,他们虽然渴望扩张帝国的版图,虽然有些领袖人物成了发号施令的高级将领,但作为一个人类族群,迦太基人自己一点也不好战。只要还能花钱买到雇佣兵为他们卖命,他们就不会有兴致去从事枯燥乏味的训练,他们也不愿意浪费宝贵的时间,这是服兵役所

---

① 努米底亚,罗马共和国和帝国时代非洲撒哈拉沙漠以北部分地区的名称,大致在今天的阿尔及利亚。
② 原注:波利比奥斯《罗马史》第9卷第22节。译注:波利比奥斯(约公元前200~约前118),古希腊历史学家,著有《罗马史》40卷,现仅存5卷。
③ 原注:李维《罗马史》第25卷第40节。

必然要蒙受的损失。

正如米什莱所言:"一个勤勉的商人,一个迦太基人,其生命实在太宝贵了,不值得拿去冒险。只要有可能,从西班牙或者高卢找一些野蛮人替他卖命是很划算的事。他们算得出各民族的一条人命价值几何,甚至能精确到一个德拉克马。①希腊人比坎帕尼亚②人值钱,而坎帕尼亚人又比高卢人和西班牙人值钱。一旦正确地开出了这份血酬价格表,迦太基人就把战争当作一宗投机买卖来启动。他们设法把征服变成满怀希望的找矿活动,或者是开拓新的出口市场。一场冒险,如果他们能拿得出5万雇佣军的开销,到了下一次,他们就能拿出更多。倘若回报还算不错,也就不存在要为曾经慷慨投入的本金感到惋惜。钱越多,人就越多,一切都顺理成章。"③

古往今来,那些由外国雇佣兵所组成的大军,虽说令敌人胆寒,但对于他们的东家来说,也一样可怕。我们所知道的,就有这么一回(在第一次布匿战争和第二次布匿战争之间),当时,迦太基被外国雇佣军的一次哗变带到了毁灭的边缘。同样性质的兵变,想必时有发生。或许,这就是迦太基在雅典人远征叙拉古的时候何以比较软弱的原因之一,那会儿,她完全不像进攻革隆,以及对付狄奥尼修斯时那么生龙活虎。即便是仅就这些军队的作战效率而言,我们也会立刻觉察到这样一帮雇佣兵的劣势,他们凑合到一起,并没有任何血缘、策略或目标上的联结纽带。而说到罗马军团,在布匿战争时期,他们全

---

① 德拉克马,古希腊银币,也是现代希腊的基本货币单位。
② 坎帕尼亚,意大利南部地区。早期由希腊殖民者和埃特鲁斯坎人定居。
③ 原注:米什莱《罗马史》第2卷。

部是从吃苦耐劳的农业人口中征募的青年,按照严格的纪律进行训练,能征善战,受到最坚定的爱国精神的鼓舞激励。不过这样反而衬显出汉尼拔卓绝群伦的个人天才,他能够把这样一群乌合之众编组成一支紧凑的组织化部队,以坚韧的纪律和对领袖的忠诚鼓舞他们的士气。因此,不管他倒霉也好,走运也罢,他们对他都一样忠诚。多少年戎马倥偬,荣辱沉浮,始终不曾有过惊慌失措的溃退,让他所率领的这支队伍蒙羞。在他的营地里,从未听说过有哗变,甚至连哗变的企图都不曾有过。到最后(意大利战争结束15年之后),这帮人全都追随他们的老首长去了扎马,"没有恐惧,也不抱希望"。① 在那里,在那片灾难性的原野上,他的老卫兵,坚定地站在他的身边,直到西庇阿的努米底亚盟军上来包抄了他们的侧翼。在最后的时刻,他们被包围、被击溃,这群久历沙场的老兵,以自己的鲜血印证了他们对将军的忠诚。

汉尼拔的天才,假如可以比作《荷马史诗》中那位怀着对特洛伊人的憎恨破浪而出、重整垂头丧气的希腊人并带领他们抗击来敌的神的话,那么,赫克托耳在面对更多为国效力的人类对手时所表现出的镇定自若,也就并非不可以用来形容那位罗马贵族所表现出的坚定宽宏。如果说汉尼拔完全遮住了迦太基的光芒,那么,正相反,不管是费比乌斯、马塞卢斯,还是克劳迪亚斯·尼罗,甚至西庇阿本人,如果与罗马的勇气、智慧和力量相比较,简直

---

① 原注:富瓦将军曾说:"我们进军滑铁卢就像当年希腊人进军温泉关,所有人没有恐惧,而大多数人则不抱希望。"

什么都不是。元老院远比扎马的征服者更应该赢得荣誉。当瓦罗损兵折将、一败涂地之后,元老院投票决定感谢它的政治对头,"因为他没有对国家绝望",元老院甚至不屑于用恳求、斥责、威胁,或者任何方式使人们注意到那11个拒绝按照惯例提供兵员的殖民地。这一点,我们应该更用心地记住,因为我们总是更倾向于赞美个人的伟大,远甚于赞美民族的伟大。正如没有哪一个罗马人会忍受把自己与汉尼拔相比较,我们也更倾向于对这场争逐中的事件保持低调,更倾向于认为胜利乃是对最不值得尊敬的战士的奖赏。正相反,"神意"的智慧,绝不会比罗马与迦太基之间的竞争结果更显著。为了人类的利益,很显然,他应该被征服,因为他的胜利必将终止世界的进步。对于伟大的人民而言,只有形成伟大的民族,才能持久地发挥作用。没有哪一个人,即使是汉尼拔本人,能够在一代人

汉尼拔大军横渡隆河

的身上完成这样一项工作。而在一个民族热情仅仅是被一位伟人的精神所暂时点燃的地方,其光亮也会随着它的传递者一起消失。当伟人死去的时候,这个民族也就像一具已死的躯体,那不可思议的神奇力量曾经暂时地给这躯体赋予了一种不自然的生命。当魔力终止,这躯体也就和从前一样,冰冷而僵硬。为扎马之战而扼腕叹息的人,将会继续保持他的思考,直到30年后的某个时期,到那时,按照自然规律,汉尼拔想必已经死了;并且,他还会考虑,如何让那个迦太基的孤立的腓尼基城邦适合于去接收和巩固希腊的文明,或者按照它的法律和制度,把每一个种族和语言的野蛮人整合到一个组织化的帝国中,并准备让他们(当帝国被瓦解的时候)成为欧洲基督教国家的自由成员。①

公元前207年春天,在西班牙巧妙地甩掉了罗马人之后,在经过一次判断准确、损失不大的行军之后,哈斯德鲁拔穿越了高卢内陆和阿尔卑斯山口,出现在如今的伦巴第②北部的乡村地区。在队伍的前面,一部分是他带来的西班牙人,一部分是半道上征募的高卢人和利古里亚③人。此时,汉尼拔带着他尚未被征服的、看上去似乎也不可征服的大军,已经在意大利征战了11年。一路上,他恶狠狠地践行着敌视罗马的誓言,那是在他还是个孩子的时候,遵照父亲哈米尔卡的命令所立下的

---

① 原注:阿诺德《罗马史》第3卷。
② 伦巴第,意大利北部一地区。
③ 利古里亚,意大利西北部一地区,濒临利古里亚海。

誓言。哈米尔卡，正如他曾经自夸的那样，训练出了3个儿子：汉尼拔、哈斯德鲁拔和马戈，就好像3匹幼狮，时刻准备捕食罗马人。汉尼拔后来的军事行动并不怎么著名，不像入侵意大利的最初几年所赢得的那些伟大胜利。罗马人坚定果敢的凌厉锐气，

汉尼拔（公元前247～前182）

愈挫愈勇，益险益坚，在"可怕的非洲人"迅猛而连续的残酷打击之下（在特拉比亚，在特拉西曼，在坎尼），他们既没有屈服，也没有绝望。罗马的人口因为一次又一次的战场杀戮而逐渐减少。汉尼拔的骑兵席卷了他们的玉米地、牧场和葡萄园，由这些严重破坏所带来的穷困和现实匮乏，使得生还者活得疲惫不堪。罗马的许多盟友纷纷倒戈相向。从马其顿到高卢，新的外部战争的乌云威胁着罗马。但罗马没有后退。市民中无论贫富，都争相报效国家。富人们拿出他们的店铺，所有人都拿出他们的生命，交给国家支配。虽然汉尼拔还没能被赶出意大利，虽然每一年还要给她带来苦难和牺牲，但罗马相信：她的不屈不挠不会徒劳无功。假如她被连续不断地削弱，汉尼拔也会是这样。而且很显然，汉尼拔大军那孤立无援的资源，并不能从罗马的损毁中得到增加。单独一只猎鹿犬，并不能放倒他猛烈攻击的猎物。而罗马也并非只站在那儿狂嗥，而是在拼命击退对手，用角抵他。但不管怎样，他依然在盯着她，找机会拼力一跃。她已经筋疲力尽，每个毛孔都在流血。如果哈米尔卡家族的另一匹猎犬及时赶到，在这场决死之战中帮他兄弟一

把,那么,她逃生的希望看来就十分渺茫。

哈斯德鲁拔指挥他的迦太基大军进入西班牙已经有些日子了,命运虽说变幻莫测,但通常是时运不济。在西班牙,他并不拥有号令三军的绝对权威,早先他的父兄都曾行使过这样的权力。迦太基的内讧(这主要是与他的家族之间的仇隙),成功地束缚、侵扰了他的权力。另外一些将领被时不时地派到西班牙,他们的错误和处置不当,导致了哈斯德鲁拔所遭遇的那些厄运。这一点,被希腊历史学家波利比奥斯明明白白地证明了,此人是小西庇阿的密友,他那些关于第二次布匿战争的信息得自最可靠的权威。关于西班牙的罗马指挥官与哈斯德鲁拔之间的军事行动,李维有过连篇累牍的叙述,不过这些材料很容易让人觉察到,其由于虚构和夸张所带来的变形是如此之大,以至于几乎不值得关注。

有一点很清楚,在公元前208年,哈斯德鲁拔至少在策略上要胜过西庇阿一筹。当时,西庇阿在西班牙指挥罗马大军,

罗马广场

他的目标就是阻止哈斯德鲁拔越过比利牛斯山脉进军意大利。西庇阿预料哈斯德鲁拔会抄近路，沿着地中海沿岸行进。因此，他小心翼翼地加强了比利牛斯山东部关隘的防守。然而，哈斯德鲁拔从比利牛斯山脉的西端穿过了那片莽莽群山。然后，带着一支数量可观的西班牙步兵、一小股非洲骑兵、一些战象和大量的金银财宝，哈斯德鲁拔出发了。他没有直奔地中海海岸，而是取道东北，向着高卢中部进发。他在阿维尔尼（也就是今天的奥弗涅）的领地里停下来过冬。他或者通过安抚，或者通过收买，赢得了这一地区整个范围内高卢人的善意对待。就这样，他不仅在他们当中找到了温暖的过冬场所，还有大量的人员加入他的队伍，等到春天临近，这些人都跟随他一起开拔，去侵略意大利。

哈斯德鲁拔就这样从西南方向进入了高卢，同时避开了它的南部海域，从而使得罗马人对自己准确的行动路线一无所知。罗马人所知道的一切就是：哈斯德鲁拔由于西庇阿试图把他留在西班牙的努力而被困住了。这样，哈斯德鲁拔就带着他的人马、战象和金钱，穿过了比利牛斯山脉，而且还从高卢人当中征募了一支生力军。他有把握这个春天会把自己带入意大利，然后，当两支迦太基大军在两位"雷霆之子"的率领下，分别从南北方向会合在罗马的七座山冈周围的时候，真正的战争风暴就来临了。

在这个紧急时刻，罗马认真而焦虑地在自己人当中寻找适合迎接即将来临的战事、应对危局的领导人。

元老院推荐了候选人作为他们的执政官之一：凯乌斯·克劳迪亚斯·尼罗，一位贵族，属于克劳狄大家族中的一员。战争开始以来的这些年，尼罗一直在军中服役，既在意大利抗击汉尼拔，也在西班牙抵抗哈斯德鲁拔。奇怪的是，从我们所掌握的历史材料看，除了梅陶罗河大战，没有他任何功绩的记录，无论这之前，还是这之后。这颇能证明元老院头头儿们的远见卓识，他们认可了尼罗的能量和勇气，这正是在眼前这个危难时刻所需要的。而人民的爱国精神同样值得信赖，他们听从了元老院的建议，选择了一位没有显赫功勋的将军。

要找到第二位执政官，是一桩更加困难的事情。法律规定，必须有一位执政官是平民。由于战事频仍，平民显贵变得十分稀少。元老院的议员们焦急地商讨尼罗的同僚到底该符合怎样的条件才可以向即将召开的公民会议提名，此时，他们满腹悲伤地回想起了马塞卢斯、格拉古以及别的一些早已不在人世的平民将军。

一位沉默寡言、郁郁寡欢的老人神情漠然地坐在元老们中间，他就是马库斯·李维乌斯。战争开始前的那一年，他就担任过执政官，而且还赢得过一次对伊利里亚人的胜利。任期结束后，他因涉嫌侵吞公款以及在士兵中分配战利品不公而受到指控。判决对他很不公平，这种冤屈感、这种耻辱感，因此印在了他的心里，不断在李维乌斯的胸中激发起怨恨。因此，审判后8年以来他一直隐居在自己的乡村宅邸里，不参与任何国家事务。最近，监察官强迫他来到罗马，恢复了他在元老院的席位。在元老院，他总是阴沉抑郁地独自坐在一角，投票的时候只投弃权票。终于，针对他的一位近亲的一项不公平指控，使他打破了沉默。他义正词严、慷慨激昂地抨击元老院，人们的注意力一下子被吸引到了他的身上，并使元老院议员们意识到：在那副貌不惊人的外表之下潜伏着一个强大的灵魂。如今，正当他们在争辩一个出身平民家族的显贵，到底怎样才适合临危受命、荣膺执政官的时候，他们当中的一些长者把目光投向马库斯·李维乌斯。他们想起了在罗马街头庆祝的最后一次胜利，当时这位表情冷酷的老人就坐在他的凯旋马车里；他们还想起了他所举行的最后一次盛大的感恩献祭，为的是庆祝大军的胜利，正是这支大军，把鲜血洒在了卡皮托利尼①的朱庇特神殿前。自从汉尼拔进入意大利以来，再也没有过这样的胜利②。李维乌斯的伊利里亚之战是最后一次享有如此殊荣。或许，如今注定要让他去重新恢复长期中断的连续胜利。元老院议员们决定任命李维乌斯为尼罗的联合执政官，人民也乐意选择他。唯一的反对来自他本人。他讥讽元老们自相矛盾，把这样的光荣给予一个曾经被他们宣判有罪的人。他说："如果我是无辜的，那么你们为何将这样的污点加诸我的身上？如果我有罪，那何以见得我的第二个任期比第一个任期更适合于我？"其他元老们都反驳他，提出伟大的卡米卢斯做例子，从前，卡米卢斯以类似的指控被定罪后，他不但继续为国效力，而且还拯救了国家。到最后，李维乌斯也不再反对。凯乌斯·克劳迪亚斯·尼罗和马库斯·李维乌斯被推举为罗马执政官。

　　长期以来，两位执政官之间一直存在不和，战斗打响之前，元老院的议员们努力促成两人的和解。然而这一回，李维乌斯再一次固执地违背了他的议员伙伴们的意愿，而且坚持了很长

---

① 卡皮托利尼，古罗马七座山峰中最高的一座。朱庇特神殿即位于此。
② 原注：马塞卢斯只是在征服叙拉古时接受过一次这样的凯旋欢呼。

一段时间。他说,让他和尼罗之间继续彼此憎恨,对国家来说,是一桩再好不过的事情。当意识到有位死对头一直在以同僚的身份盯着自己的时候,每个人就会更加尽职尽责。到最后,议员们的恳求总算起了作用,李维乌斯同意摒弃前嫌,与尼罗同心协力,准备迎接即将到来的恶战。

冬日的冰雪刚一消融,哈斯德鲁拔就指挥着他的人马从奥弗涅向阿尔卑斯山进发。他没有遇上他的哥哥曾经在高山部落那里所遭遇过的那些麻烦。当初,汉尼拔的大军是第一支横穿这一地区的正规部队。正如野兽攻击旅行者一样,当地土人本能地奋起抵抗,想当然地认为这是在保卫他们的家园,他们满以为自己的家园正是迦太基人野心的目标。不过,这场战斗所赢得的名声,已经穿透了阿尔卑斯山隘口,让意大利闻风丧胆11年。如今,那些山地人很清楚,阿尔卑斯山以南那个强大的城邦将要遭到正从他们当中穿行而过的这支大军的攻击。哈斯德鲁拔从这里经过时,他们非但不作抵抗,而且有许多人,或者是出于对冒险精神和对战利品的热爱,或者是被高额佣金所吸引,竟纷纷投到他的旗下。因此,当他朝意大利进发的时候,他所率领的大军比任何联盟军都要强大。据说,汉尼拔当年修建的一些最重要的防御工事,被哈斯德鲁拔发现的时候,依然完好无损,这在很大程度上加快了他前进的速度。因此,他从阿尔卑斯山进入意大利的速度,比先前预计的要快得多。利古里亚人部落里的许多勇士,也加入了他们的队伍。接着,他们渡过了波河,沿着波河南岸向下直扑普拉森提亚城。他希望把这座城市夺过来,作为他未来的军事基地。普拉森提亚拼死抵抗,就像11年前抵抗汉尼拔一样。面对坚固的城墙,哈斯德鲁拔为一场徒劳无功的围城战耗去了不少时间。

当哈斯德鲁拔正在逼近的消息宣布的时候（这是长期以来人们所害怕的消息），用以保卫意大利的6支大军被征调来了。其中包括由7万名罗马人所组成的15个罗马军团，还有一支数量相当的意大利盟军，这些人马再加上卫戍部队全都部署好了。3万以上的罗马人正在西西里、撒丁岛和西班牙服役。罗马的全部服役适龄公民总数不会超过13万。战前所进行的一次人口普查显示，服役适龄公民总数是27万，11年间，减少过半。这些数字有力地说明，罗马已经衰弱到了极限，以及她在这场创痛殊深的灾难中付出了何等巨大的代价。不仅仅是人员，还有金钱和军需储备，都消耗到了极限。如果那一年的军队重蹈特拉西曼和坎尼屠杀的覆辙，被扫荡殆尽，那么，所有人都会认为：罗马将不复存在。即使这一仗胜了，如果对双方来说都是一次非决定性胜利的话，那么，罗马的崩溃看来也在劫难逃。在南意大利，汉尼拔力挫罗马盟军，要么切断了他们与罗马之间的联系，要么通过劫掠使他们陷入弹尽粮绝的困境。如果哈斯德鲁拔能够在北部意大利如法炮制，如果伊特鲁里亚、翁布里亚和北拉丁姆发生叛乱或者被摧毁，罗马必定陷于绝对的饥饿之中。因为，无论是在敌人的阵地内，还是在荒芜的领土上，都生长不出玉米来供养罗马的人口。至于金钱（有这个可以从国外购买粮食），当然也不会有。刻不容缓的胜利，是一个生与死的问题。6支大军中有3支被派往北方，第一支大军奉命去吓唬那些牢骚满腹的伊特鲁里亚人。第二支北上的大军，被推向了前线，他们在监察官波尔契乌斯的率领下，去迎战哈斯德鲁拔的先头部队，并阻止他们前进。而第三支是北上部队的

主力,将被置于执政官李维乌斯的直接控制之下,李维乌斯是整个北部意大利的总指挥,他们将以更慢的速度推进,以为后援。同样,另外3支大军将在另一位执政官克劳迪亚斯·尼罗的率领下,向南开拔。

冥冥之中,命运决定了李维乌斯将与哈斯德鲁拔狭路相逢,而尼罗将与汉尼拔正面相对。"当一切都被安排得符合他们自己的最佳设想时,两位执政官挥师出城,各奔前程。此刻,罗马的市民则别有一番滋味在心头,完全不同于当年L.埃米利乌斯·保罗斯和C.泰伦提乌斯·瓦罗征战汉尼拔的时候。他们不再敢对将军们指手画脚,也不再祝愿他们速战速决,早日凯旋。而是忧心忡忡地站在那儿,唯恐所有的勤勉、智慧和勇气全都被证明远远不够。既然过去几年里他们的某位将军并没有被杀,既然显而易见的是:如果眼下这两位将军被打败或者被逼入绝境,两位迦太基人就会毫不犹豫地联合起来,迅速解决另一方,那么,两个人都会从如此强大的敌人手里光荣脱身凯旋。比起被人翘首企盼来,似乎应该是一桩更大的幸事吧。自坎尼战役以来,极端的困境反而使罗马抬起了头,虽然汉尼拔在意大利孤军奋战(来自迦太基的帮助很少)也是如此。但如今哈米尔卡另一个儿子也到了,而且,从他眼下的远征行动来看,似乎是一个比汉尼拔还要自负的家伙。因为,在那趟穿过蛮族国家、跨越高山大河(那里一直被认为是

罗马军团的重装步兵

无法通行的)的漫长而危险的行军中,汉尼拔的军队损失了一大半。而这位哈斯德鲁拔,在同一个地方,反而增加了他的兵员,一路上把被他发现的人们不断聚集到自己身边。从阿尔卑斯山下来,他的队伍就像是一只滚动的雪球,比他最早从西班牙启程来到比利牛斯山脉的时候要庞大得多。考虑到诸如此类的因素,罗马市民们在恭送他们的执政官们出城的时候,心中便不由得堆满了忧惧,仿佛一支哀哀戚戚的送葬队列。想想马塞卢斯和克里斯宾努斯,一年前也是这样被他们送出城的,却一个也没见活着回来,那还是一场并不十分凶险的战斗。特别是老费比乌斯,还向李维乌斯提出习惯性的忠告:除非十分了解敌情,否则不要轻易交手。然而这位执政官却刚愎自用地回答他:他将在到达的第一天就发动进攻,因为他已经考虑很久了,要么就通过胜利恢复自己的荣誉,要么就眼睁睁看着有负于己的罗马市民被打得落花流水,好好地为自己出一口闷气,虽说这样的报复有欠厚道。"①

这段时期,汉尼拔带着他的已成强弩之末的老兵们,进驻了意大利的最南端。敌友双方都不曾预料到,哈斯德鲁拔竟然这么早地过了阿尔卑斯山。即便汉尼拔得知了他的弟弟已经在意大利,并且到了普拉森提亚,但在自己着手采取行动之前,他也不得不停下来,等待进一步的消息。因为他无法断定:伊特鲁里亚那些对罗马心怀不满的帮派会不会对他弟弟开门相迎,也不知道他的弟弟会不会沿亚得里亚海岸向下行进。汉尼拔带着他的人马出了布鲁提乌姆的冬营地,向北进发,一直来

---

① 原注:参见沃尔特·罗利。

到卡努西翁。尼罗把他的司令部设在了维努西亚，带着一支包含4万名步兵和2500名骑兵的大部队，是通过几支军团合并而成的，那些人马原本打算交由南线别的将军们指挥。另有2万罗马精兵驻扎在汉尼拔以南的塔兰图姆，这部分力量可以保护尼罗的大部队免遭汉尼拔的攻击，而且，如果汉尼拔贸然北上而留下这支强敌在身后，从而使其军备库和盟军容易受到意大利友邦的攻击（这种攻击在最近的两三场战斗中已经成了他的基本战术），也将是一个严重的问题。此外，尼罗的军队如此强大，汉尼拔不可能集中足够的兵力对他发动攻击而不削弱自己的防守力量，而那样将不得不放弃（至少是暂时）他已经控制的南方各省。在得到他弟弟行动的确切信息之前，这样做将是一种无谓的牺牲。因为在他进攻首都周围的其他罗马军队之前，尼罗可以撤退。而且通过以前的经历，汉尼拔也知道，让他的部队仅仅朝着罗马城墙进攻，对战争的结局并不会有什么影响。最好的策略，就是诱使尼罗尾随自己，然后才可以找到智胜这位罗马执政官的机会，在他行进的过程中攻其不备。汉尼拔或许正是抱着这样的希望，移师卢卡尼亚，然后退入阿普里斯，再挥师南下，重新进入布鲁提乌姆，并在那一地区征募新兵以壮大力量。尼罗果然紧追不放，但并没有给他取得优势、发动攻击的任何机会。看来有一些局部性的遭遇战还是发生了，但尼罗没能阻止汉尼拔和他的布鲁提乌姆新兵会师，而汉尼拔也并没能得到机会奇袭并击垮尼罗。汉尼拔回到了他先前设在卡努西翁的司令部，在那里按兵不动，等待他弟弟进一步的消息。尼罗也回到了他先前的驻地,静观其变。①

这段时间,哈斯德鲁拔已经发动了对普拉森提亚的围攻,并向亚得里亚海边的阿里米尼挺进,并把面前的罗马人赶到了波辛那城下。此时,执政官李维乌斯也还没来得及把他的第二批和第三批军队联合起来,给入侵者迎头痛击。在哈斯德鲁拔面前,罗马人依然是望风而逃,逃过了阿里米尼,逃过了梅陶罗河,一直到位于梅陶罗河东南方向塞纳小镇才停了下来。哈斯德鲁拔并非没有留意到要和他的哥哥协调行动。他派了几名信使去汉尼拔那里,向他报告自己的行军路线,以及自己的计划:两军在南翁布里亚会师,然后掉头直取罗马。这几名信使平安无事地横穿了大半个意大利,然而,当他们就要接近此次使命的目的地的时候,却被一支罗马小分队给生擒活捉了。哈斯德鲁拔在信中详细陈述了自己的整个作战计划,糟糕的是如今这封信并没有送到他哥哥的手里,而是摆在了罗马南路大军指挥官的案头上。尼罗立即认识到了这个历史时刻的重要性。

---

① 原注:李维引述一些编年史家的话说,尼罗多次打败了汉尼拔,杀死、俘获了他近1万人。所有这些谬误,不证自明。如果尼罗果真总能这样打败汉尼拔,那么罗马人也就不会像所有的作家所描述的那样,陷入对汉尼拔的恐惧之中。我们的确读到过波利比奥斯的明确证词:李维关于马塞卢斯、尼罗及其他将军在意大利打败汉尼拔的陈述,想必全都是罗马人的心的产物。波利比奥斯声称:在扎马战役之前,汉尼拔从未被打败过(《罗马史》第15卷第16章)。而在另外的段落中(上书,第9卷第3章),他还提及了在这场战争的早些年,汉尼拔给予罗马人的挫败,使得他们不再敢在公平的战场上与汉尼拔的大军正面相对,以至于这场战争到如今还在苦苦支撑。他公正地对此作出了解释,提到汉尼拔取得的所有胜利,都是凭借骑兵的优势。当汉尼拔向他们逼近时,罗马人要么坚守在防御阵线之内,要么就靠近山的侧翼,面对汉尼拔的骑兵无力施展。只要稍稍扫视一下意大利的地形,我们就会发现:一支大军在不必冒险远离高地的情况下,就可以横穿这个国家的绝大部分地区。

如今，哈米尔卡的两个儿子彼此之间的距离在200英里之内，罗马要想得到拯救，这兄弟二人无论如何也不能活着见面。尼罗立即发布命令，挑选出7000名精锐之师（其中有1000名骑兵），整装待命，准备对汉尼拔的一处营垒发动一次秘密远征。

夜幕刚一降临，尼罗就按照他的大胆计划，行色匆匆地出发了。但是很快，他就离开了向南通往卢卡尼亚的大路，掉头向北，以极快的速度直奔皮塞纳姆①。这天下午，他已经派信使去了罗马，把哈斯德鲁拔的信交到元老院的面前。因为有一条这样的法律：禁止执政官擅自越过分配给他的战区边界开战或者行军。但在这千钧一发的时刻，尼罗不可能等到元老院的批准才开始执行他的计划，派往罗马的信使，只不过是通报元老院：他已经在前往与李维乌斯会合的路上了。他建议元老院，派出两支军团，编成罗马卫戍部队，前往那尼亚，这样可以扼守弗拉米尼亚的大路，防止万一哈斯德鲁拔在罗马大军对他发动进攻之前奔袭罗马。他们打算以弗拉米尼亚城所征募的全部兵员，再加上一支从卡普阿抽调来的预备军团，代替两支罗马军团开赴前线。这些就是他向元老院通报的内容。他还派出骑兵通知沿途的地方官员准备食物和饮水，放置在道路两旁供大军使用，并准备好马车，以运输困乏的士兵。这样一些准备工作，目的就是为了加快他的行军速度。行进了一小段路程之后，他才简要地向士兵们通报了此次远征真实的目的地。他告诉他们，从来没有哪次计谋比这一次看上去更加冒险，而事实上更加稳妥。他说，他正在把他们带向一次确定无疑的胜利，因为他的

---

① 皮塞纳姆，古罗马城镇，著名的罗马将领和政治家庞培的出生地。

同事所率领的大军已经足以和敌军相抗衡，因此他们手里的利剑，将决定性地把天平倾斜过来。一位新的执政官领着一支新的大军已经到来，哪怕这纯粹是个谣言，当它在战场上传开的时候（他将十分小心，在他们露面之前，不能走漏风声），也足以让这场战斗的胜负成为定局。他们满怀必胜的信

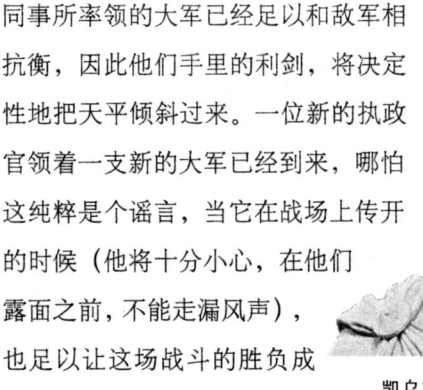

凯乌斯·克劳迪亚斯·尼罗

心，坚信能给予敌人以最终的决定性打击。他们早先在行军途中所受到的热情接待，被尼罗视为好运的明证、胜利的先兆。他们一路上的确是被同胞们的祝愿、祈祷和赞美所包围。各式各样的粮食、饮料和点心，被强行塞进他们的手里。对于每个劳军的农夫来说，要是尼罗的士兵能从他们手里接过一点什么的话，都会被他们视为莫大的荣耀。士兵们深受鼓舞。他们日夜兼程，饿了，就在队列里匆匆吃点东西，困了就轮流到马车上休息。那些马车都是热心的老百姓提供的，一直跟在队伍的后边。

这期间，尼罗的远征在罗马城引起了巨大的激动和恐慌。所有人都觉得这个计划完全是冒险，但又都不愿意将这样的恶名加之于它。很明显，尼罗的行为将要根据事情的结果、按照最不公平的标准来判断，正如那位罗马历史学家所说的。人们不难推断，尼罗的举动给他留下来的部队带来了危险的局面，他们没有一位将军，没有一个力量核心，而和他们紧挨着的是那位令人闻风丧胆的汉尼拔。他们在推测，汉尼拔要花多长时

间才能追上尼罗本人和他的远征军,并打他们一个措手不及。他们谈论起这场战争从前所遭受的彻底失败,谈论起两位执政官在过去一年里的江河日下。所有这些不幸,还是在只有一位迦太基将军和一支迦太基大军要对付的时候发生的,而如今却要在两处战场上与迦太基人同时对阵。他们要面对两支迦太基大军,几乎有两个汉尼拔在意大利,哈斯德鲁拔与汉尼拔乃是同一位父亲所生,被培养得对罗马充满同样的敌意,同样有与罗马军团作战的丰富经验,而且,如果认为他穿越阿尔卑斯山的速度和他所获得的成功算得上是一个公平测试的话,我们甚至可以认为他是一个比他哥哥更为优秀的将军。由于对各种传言的解释所带来的恐惧,使得他们在各方面都夸大了敌军的力量,而对自己的力量百般挑剔,毫无自信。

对于罗马而言,幸运的是,当她成为一个恐惧忧虑的猎物时,她的执政官的胆量却非常大,他正在加速向塞纳进军,他的同事和监察官波提乌斯就驻扎在那里,而哈斯德鲁拔则驻扎在其北面约半英里的地方。尼罗已经派出信使,向他的同僚通报自己的计划,以及他正在逼近的消息。在李维乌斯的建议下,他把进入营地的时间定在夜间。根据此前的安排,尼罗的人依照各自的军衔等级,分别被他们的战友们静悄悄地迎进了自己的帐篷。通过这些手段,罗马人的营地因此并没扩大,而哈斯德鲁拔也就觉察不到敌人的兵力已经得到了增加。这一次增加的兵力相当可观,因为尼罗的人马在行军途中不断吸收了新的志愿者加入,这些人成群结队地踊跃而来,尼罗从他们当中挑选了一些最有潜质的人,尤其是那些有过作战经验的老兵。在他到达的第二天早晨,他们召开了一次作战会议,会上有人建议:尼罗的部队在经过这样的强行军之后,必定已经人困马乏,应该给一定的时间让他们休整一下,以恢复战斗力。但尼罗强烈反对任何延误战机的做法。他说:"给时间让我的人在这里休整,就等于给时间让汉尼拔进攻我留在阿普利亚营地的那些人,也就是给时间让汉尼拔和哈斯德鲁拔觉察到我们的行军,给时间让他们从容不迫地在阿尔卑斯山脉南边的高卢会师。我们必须赶在南北两支敌军对我们的移动还全然不知的时候,立即投入战斗。我们必须摧毁哈斯德鲁拔,然后赶在汉尼拔恍然大悟之前,杀回阿普利亚。"①尼罗的建议获得了通过。他们决定立即战斗,没等执政官和监察官离开李维乌斯的大帐,红色的信号旗就升起来了(这是准备立即战斗的信号)。罗马人在营地外迅速部署好了战斗队列。

哈斯德鲁拔一直急着找李维乌斯和波尔契乌斯开战,虽然自己也并没有十足的把握。而现在,听说罗马人主动挑战,他也很快把自己的人马部署好了,朝向罗马大军推进。既没有密探或叛逃者向他报告尼罗的到达,也没有收到任何将有更多敌人要对付的直接信息。不过,当他策马向前,探查罗马人战阵的时候,他感觉到敌人的兵力虽然似乎增加了,但他们当中有些人的盔甲异乎寻常的黯淡无光、污迹斑驳。他还注意到一些骑兵的战马看上去蓬头垢面、无精打采,仿佛刚刚经过连续的强行军。同样,虽然由于李维乌斯的防范,罗马人的营地在规模上并没有扩大,但是,这天早上罗马军团的号角声仍然没有逃过这位迦太基将军灵敏的耳朵:它似乎比往常更加频繁,仿

---

① 原注:参见李维《罗马史》第27卷第45节。

佛是在同时指挥另外一些高级指挥官的人马。哈斯德鲁拔通过此前在西班牙的战斗，已经熟悉了罗马人的作战号角和信号。根据所有这些听到、看到的情况，哈斯德鲁拔确信：两位罗马执政官都在他的面前。至于南方对阵的两支大军之间到底发生了什么，哈斯德鲁拔疑虑重重，一时难以判断，或许，他希望汉尼拔此时也正在向这里逼近。考虑到这些，哈斯德鲁拔决定：避免与面前这支联合起来的罗马大军打遭遇战，尽量撤退到英萨布里亚的高卢地区，在那里，他将待在友善的乡村地区，并努力恢复和汉尼拔的联络。因此，哈斯德鲁拔领着他的人马退回了营地，只要罗马人不冒险进攻他的战壕，他也不打算在他们的眼皮底下开始撤退。整个白天就这样相安无事地过去了。

夜幕刚一降临，哈斯德鲁拔就领着他的人马悄无声息地出了营地，向北转移到了梅陶罗河，他希望赶在自己的撤退被敌人发觉之前，让这条河成为自己与罗马大军之间的天然屏障。然而，哈斯德鲁拔的向导出卖了他，在故意把他们领到远离河的浅滩部分之后，向导们趁着夜色逃之夭夭，把哈斯德鲁拔和他的部队留在陡峭的河岸边，走投无路，乱作一团，徒劳无功地寻找可以安全渡河的地点。等到他们终于停下来的时候，天已经亮了。哈斯德鲁拔发现他的大队人马疲惫而烦躁，已经完全丧失了纪律和秩序。一些高卢人喝得烂醉如泥，绝望地躺在他们的营地里。罗马骑兵很快就追过来了，他们身后的不远处，紧跟着罗马军团，都已经做好了立即投入战斗的准备。对于哈斯德鲁拔来说，要想在罗马人的眼皮底下继续撤退，看来是没有希望了。立即战斗的前景，或许可以重新唤起他的乱糟糟的大军的责任感，复活他们的纪律天性。因此，哈斯德鲁拔命令他的人立即准备战斗，并在场地条件允许的情况下将战斗阵列部署到了最好的状态。

海尔恩曾生动描述过一支迦太基部队的一般外观："它由来自地球上的最偏远地区、彼此反差最大的一些人类种族组合而成，半裸的高卢游牧部落紧挨着身裹白袍的伊比利亚人，野蛮的利古里亚人紧挨着远道而来的纳萨蒙人和食莲人，迦太基人和非洲腓尼基人组成了中路；不计其数的努米底亚骑兵（从所有沙漠部落征募来的，熙熙攘攘地骑在无鞍战马上），构成了大军的两翼；前锋则由巴利阿里群岛的投石手所组成；整个大军的前面是一排大象，连同控制它们的埃塞俄比亚人，仿佛组成了一道移动的堡垒。"这就是为迦太基而血战沙场的大军通常的组合成分和排列方式。不过，哈斯德鲁拔所指挥的部队，并不完全是按照这样的方式组成或者这样配置。他看来尤其缺乏骑兵，他所拥有的非洲部队也不多，虽然有些社会地位很高的迦太基人跟着他。他那些久经沙场的西班牙步兵，装备着头盔、盾牌以及近身搏杀用的短剑，这是他整个大军中最精锐的部分。这些再加上少量的非洲人，被他部署在右翼，由他亲自指挥。在中路，他安排了利古里亚步兵；而左翼则部署着高卢人，装备着长矛、大砍刀和盾牌。在前方，以及他这一翼，地面崎岖不平。这样的环境使得他抱有这样的希望：在他率领西班牙老兵狠狠教训罗马左翼之前，罗马人的右翼不能接近这些不堪一击的野蛮人所驻守的阵地。是他绝地逢生的唯一机会，而且他也似乎把每件事情都做到了一个优秀将领所能做到的最好程度，以确保这一机会不会丧失。他把大象排在了中路和右翼的前面，给每位驭象手配备了一根锋利的长钉和一把木槌，吩咐他们：如果有难以驾驭的大象胆敢回头奔向自己的队列，就立刻把长钉锤进那头牲畜的头和脊椎的连接处，宰了它。哈斯德鲁拔总共有10头大象。关于他的步兵总数，我们并没有值得信赖的可靠资料。不过有一点很清楚：罗马联合大军在数量上要远远超过他。

　　罗马军团的战术策略，此时尚未达到马略①所达到的完美高度②。这种完美我们可以在吉本③的《罗马帝国兴衰史》的第1章中读到。通过这部伟大的作品，我们拥有了罗马军团在共和国晚期和帝国早期的情况记述，只有那些努力尝试过类似描写的人才会对这样的记述给予充分的赞赏。我们还在波利比奥斯的《罗马史》第6卷和第17卷中读到过关于他那个时代（距离梅陶罗战役相去不是太远）罗马人的军事体系的讨论。但是这个题目一直被困难所包围：并非来自对记录的理解，而是来自材料的缺乏说服力。吉本的书的第1章中，作为对罗马大军在其完美时期的一般描述，并且注意到：整个罗马军团在奥古斯都④时代所接受的训练和盔甲，在200年前还只是部分地被引入。在第二次布匿战争中，每个罗马军团，其主力都由两支分

奥古斯都像

---

① 马略（公元前157~前86），罗马将军和政治家，7次被选为执政官。
② 原注：最突出的大概是在他的连任期内，即公元前104~前101年间，他训练大军抵抗辛布里人和条顿人的时候。
③ 爱德华·吉本（1737~1794），英国历史学家，著有《罗马帝国衰亡史》。
④ 奥古斯都（公元前63~公元14），罗马帝国第一位皇帝，恺撒的养子。他于公元前31年打败了安东尼及克娄巴特拉，得到了整个帝国的统治权。

队组成,分别称作"哈斯达提"(Hastati)和"普林西比斯"(Principes),每支分队有 1200 人。这两类军团士兵都穿着胸甲或铠甲、黄铜胫甲和黄铜头盔,插着高高的、笔直的翎冠,或者猩红,或者黑色。持一块椭圆形盾牌,而作为进攻武器的则有:两支标枪,一支轻便,一支厚重,都带有一根约 4 英尺长的枪柄和长度相当的铁头;短剑佩在右腿上,作为短兵相接的武器,与西班牙人使用的相仿。有了这样的装备,哈斯达提组成军团的前锋,普林西比斯紧随其后。每支分队排列成 10 队纵深,纵队之间保持 3 英尺的空间,横排之间也是如此,这样可以使每个军团士兵都有足够的空间使用他们的标枪、短剑和盾牌。后排的人并不直接站在前排人的身后,而是纵列之间相互交错,就好像是排列在跳棋盘上一样,人们称之为"梅花阵"。尼布尔认为,这样的排列使得掷向敌阵的标枪能够连续不断地保持相当一段时间。他说:"当第 1 排人掷出标枪后,他们大概后退一步就可以进入身后那排人中间,第 2 排人向前两步就到了前排人原先的位置。由于梅花形的排列,这样的一次移动不会浪费片刻时间。就这样一排接一排地向前,直到拔剑相向的那一刻。而且,只要标枪的储备并不一定限制在每个士兵带上阵的那两支,那么当局面有利时,那些已经在前排投掷过标枪的人,还可以重复这样的阵形变化。"

"同样的阵形变化必定也发生在使用短剑的战斗中。在这种情况下,如果交战双方都采用同样策略的话,就绝不会陷入一场混战,正相反,它将成为一系列的单兵搏杀。"他补充说,他曾就此话题请教过一个经验丰富的军人,并给出了自己的看法,"上述阵形变化绝非纸上谈兵,在黑色火药的震耳喧嚣尚

不存在的年代,这对于一支训练有素的军队来说,甚至不会有任何困难。"

军团的第三支分队有600人,充当预备队。它总是由经验丰富的老兵组成,他们被称作"特里阿瑞"(Triarii)。他们的武器,除了每个人所携带的一支长矛以外,其他的则与哈斯达提和普林西比斯的武器相同。军团的其余部分由轻装步兵组成,充当散兵。在这一时期,每个军团的骑兵约有300人。意大利各城邦的盟军,则隶属于罗马军团,似乎也拥有同样的武器装备,但他们的骑兵所占的比例则要大得多。

这就是罗马一方投入梅陶罗战役的兵种。尼罗指挥右翼,李维乌斯在左翼,监察官波尔契乌斯坐镇中路。"罗马人和迦太基人,双方都非常清楚,这一天的运气是多么生死攸关,对于败北的一方来说生还的希望是多么渺茫。这里,罗马人的胜算似乎更大一点,因为他们即将与之交手的那些人,一直急于逃跑。基于这一推断,执政官李维乌斯勇气十足地向西班牙人和非洲人发起了冲锋,他如此强烈地坚信:被对手战胜的可能性看来微乎其微。非洲人和西班牙人都是一些刚勇的士兵,对罗马人的战斗方式了如指掌。利古里亚人也是一个吃苦耐劳的民族,从不习惯于退却;他们也很少需要退却,或者说如今他们有能力去战斗,因此他们被部署在中路。李维乌斯和波尔契乌斯这回算是遇上了强敌。对双方来说都是一场血腥杀戮,几乎没有谁占到上风。撇开别的困难不说,单是那些大象,就制造了极大的麻烦,它们冲垮了第一排士兵,致使整个阵形大乱。而克劳迪亚斯·尼罗正面对一座陡峭的山坡,徒劳地挣扎向前,这使得他们根本无法向对面的高卢人发动进攻,敌人安然无恙。

这使得哈斯德鲁拔信心倍增,看见自己的左翼平安无事,哈斯德鲁拔便从其他的方位朝罗马人的左翼发动了更大胆、更猛烈的攻击。"①

但到最后,尼罗发现哈斯德鲁拔撤回了他的左翼,而自己却无法克服己方的场地困难,于是决定拿出他的军事天才,出奇制胜。他让自己的一支劲旅绕到其余罗马大军的身后,猛攻西班牙人和非洲人的侧翼。这次进攻成功了,就像它的发起一样出乎意料。西班牙人和利古里亚人慌乱地退却,互相踩踏,被拥有数量优势的敌人所吞没,他们勇敢地战斗到了最后一刻,全部阵亡。那些高卢人,几乎没有参加这天的战斗,此时已经被团团围住,几乎没有任何抵抗地被杀戮殆尽。哈斯德鲁拔,在做了一位将军所能做的一切之后,眼看着胜利已经无可挽回地离他而去,他不屑于在勇士们都战死之后独自偷生,不屑于以俘虏的身份去满足罗马人的残忍和骄傲。于是,他策马向前,冲入敌阵,宝剑在手,面对死神。不愧是哈米尔卡的儿子,不愧是汉泥拔的兄弟。

尼罗的计划大功告成。他返回了,和来的时候一样迅速,在南方他再一次与依然按兵不动的敌军正面相对,到这时,他们对他的急行军甚至还一无所知。在一种有损罗马民族品格的残忍本性的驱使之下,尼罗命令将哈斯德鲁拔的人头扔进了他哥哥的营地。自从汉尼拔最后一次凝视这张脸以来,已经过去11年了。那时,哈米尔卡的儿子们已经制定了对罗马的作战计划,这项计划他们曾经是那样接近大功告成。年复一年,汉尼

---

① 原注:参见沃尔特·罗利爵士《世界史》。

拔一直在意大利艰苦作战,满心希望总有一天要为哈斯德鲁拔的到来而欢呼喝彩,当年是汉尼拔让他留在西班牙的。希望再次看见他兄弟饱含友爱和自豪的眼神,投向胜利会师的两支不可战胜的大军。如今,他看见的是死寂的眼睛,听见的是伟大的迦太基人的沉重呻吟,想到自己的国家将在劫难逃,一时间不觉悲从中来。

　　罗马几乎是举国若狂。战斗结果尚未发布时,民族存亡命悬一线,人们焦急地等待。一时间,人们对安全意识、对荣誉和胜利光环的反应,突然如此强烈。自从罗马知道了两军已经彼此严阵以对的那一刻起,人们便不停地聚集到广场,元老院议员们一直坚持坐在议会大厅里。时不时地,有可怕的谣言在人群中蔓延,一会儿说罗马赢了,一会儿又说汉尼拔胜了。等到更真实的消息传到罗马的那一天,人民却已经身心俱疲,压根儿就没有留意。神殿里挤满了哆哆嗦嗦的女人,她们似乎已经厌倦了祈祷老天爷保护她们不要受到凶残的高卢人和野蛮的非洲人的蹂躏。不久,好消息以更明确的形式呈现在人们面前。据说,两名那尼亚骑兵从东方策马而来,进入了罗马人设在翁布里亚的观测营地,带来了已经把敌人斩尽杀绝的确切消息。这个消息实在好过了头,以至于不像是真的。人们不断竭力证明这是不可能的,或者自作聪明地驳难这个消息的证据,以此折磨身边的人,折磨自己。然而没过多久,驻翁布里亚的指挥官阿西迪努斯送来了一封信,宣布那尼亚骑兵已经到了他的营地,带来了前方的消息。这封信首先送交给了元老院,然后送交给了国民大会。人们的兴奋激动越来越强烈。这封信被一遍又一遍地在人群中大声朗读。它证实了先前的传言。不过即便如此,也还不足以缓解穿透每个罗马人胸口的狂热忧虑。这封信也可能是伪造的,那尼亚骑兵也可能是叛徒,或者是冒名顶替者。"我们必须见到来自作战部队的军官,或者得到两位执政官本人发来的急件,然后才能相信。"这就是公众的普遍情绪,虽然某种更乐观的天性已经让他们提前享受到了胜利的喜悦。最后得到的消息,说的是真正参战的军官已经近在咫尺。

罗马人与迦太基人鏖战

片刻之间，全城人都去迎接他们，人人都强烈渴望成为第一个亲眼目睹、亲耳聆听有力证据的人，以证明这次胜利千真万确。汹涌的人群塞满了从罗马通往米尔维亚桥之间的大路。3位指挥官，波利奥、瓦苏斯和梅特卢斯，骑着马来了，穿过人山人海，缓缓而行。他们一边前进一边告诉身边此起彼伏的殷切询问者：罗马赢了。

"我们打垮了汉尼拔和他的大军，我们的军团安然无恙，我们的执政官毫发未损。"每一个幸运的听众爆发出阵阵欢呼，然后退下来，将自己的喜悦传递给其他人，自己又成了新的中心，身边围着一群焦急、渴望刨根问底的人。当军官们步履艰难地到达元老院的时候，人群依然将元老院围得水泄不通，议员们在人们的簇拥下艰难地进入大厅，军官们拿出了李维乌斯和尼罗的急件，并大声朗读。从元老院大厅出来，军官们继续来到公众集会上，再次宣读了前方来信。然后，资历最高的军官维图瑞欧斯用自己的话向人们详细讲述了战斗的经过。正当他向人们发表演说的时候，人群欢声雷动，响彻云霄。到这时，大规模的人群才逐渐散去，一些人匆匆赶到神殿，在虔诚的祈祷中，为他们内心中过度的兴奋寻找一个宣泄的出口。另一些人则回到各自的家中，让妻儿分享这些好消息所带来的喜悦，他所爱的人，如今至少不会有惨遭凌辱和残杀的危险了，这样的前景，让他欣慰。元老院颁布命令，为了神赐给罗马的这次伟大解放，将开展为期3天的感恩祈祷。这期间，各处神殿里自始至终挤满了欢呼雀跃的祈祷者，挈儿携女的主妇们穿着她们华丽的盛装，以她们欢快的面容和声音，向不朽的神祇献上了她们感激的颂歌，仿佛对邪恶的所有恐惧都消失得无影无踪，战争已经结束。

随着信心的恢复,人们在商业贸易方面的积极性也跟着复活了。令人麻木的沉重负荷,从每个人的心头卸下了。人们重新做起了买卖,自由地构想他们的计划,就像迦太基人进入意大利之前所做的那样。确实,汉尼拔还在这个国家,但所有人都觉得,他的力量已经被彻底摧毁,战争狂热的危机时期已经成过去。梅陶罗河,不仅决定了罗马和迦太基之间斗争的结果,而且也确保了罗马在此后200余年间几乎不变的征服地位。汉尼拔,以他几乎超人般的非凡才能,事实上继续保持着对南意大利的控制达数年之久,但是罗马城及其盟邦,已经不再处于他的军事威胁之下。而且,这个古代世界伟大的军事共和国,再也没有遇到过其他堪与匹敌的竞争对手。拜伦曾经把尼罗的行军称为"无与伦比",在其结果的重要性上,也是如此。仅仅作为一次军事业绩来看,它依然是无与伦比的,除了马尔伯勒在布伦海姆战役中从佛兰德向尼罗河的大胆进军,或许还有查理大公1796年的侧翼进军,通过这次进军,他击溃了儒尔当所率领的法国人,然后又把莫罗赶过了黑森林,横渡莱茵河,暂时使德国免遭法国的入侵。

从马拉松到滑铁卢——改变世界历史的十五大战役　*The Fifteen decisive battles of the world*

●公元9年

条顿堡森林战役

公元9年,奥古斯都成为罗马帝国第一位皇帝已经38年了,在他的统治下,帝国进入鼎盛时期,天下太平,河清海晏。虽说经常也有远方已被征服的蛮族揭竿而起,但罗马的将军们总是能够轻而易举地荡平。不久前潘诺尼亚省发生叛乱,奥古斯都从日耳曼召回养子台比留,领兵前去镇压,而让刚卸任的叙利亚总督瓦鲁斯顶了台比留的空缺。瓦鲁斯是一位典型的罗马贵族,满腹经纶,博闻强识,喜欢高谈阔论和处理法律纠纷,于领兵打仗似乎不是十分在行。好在日耳曼似乎已经被前任收拾得服服帖帖,应该不会有太大的麻烦。然而,天有不测风云,忽然传来一个北方部落造反的消息,瓦鲁斯只好硬着头皮,带兵上阵,心想毕竟有得力的日耳曼首领可以依赖,殊不知最危险的敌人就在身边……

条顿堡森林战役

这场战役确定这样一个事实：没有被海洋之岸止住脚步的罗马帝国，却被莱茵河岸阻挡住了前进的步伐。

——弗罗卢斯

在文字的世界里，对这位真正出类拔萃的法国人而言，他作为大臣的倒霉背运，绝不会有损于他的丰功伟绩。我们心存感激地以最深刻、最雄辩的观点，来评价欧洲文明中德意志因素的价值，评价人类对那些勇敢战士感恩的程度，他们是罗马帝国从未征服过的对手，最终却成了征服者。

自从基佐①教授在巴黎的现代史教席上讲授他的《欧洲文明史》课程以来，23年变故频仍的多事之秋过去了。这些年里，认真调查研究的治学精神已经生根发芽，现有制度的早期发展已经变得越来越积极而普遍，基佐教授的作品所受之无愧的名声已经得到成比例的递增。这些作品中，对现代文明世界赖以构成的政治、社会组织的综合分析，令人惊叹，它们必将引领无数人怀着更加浓厚的兴趣，追踪过去时代那些历史性的伟大转折时刻，正是在这样的时刻，我们当下的典型特征被决定了。

说到这些伟大的转折时刻之一——公元9年，德意志人为

---

① 弗朗索瓦·基佐（1787～1874），法国历史学家，主要著作有《欧洲文明史》等。

了本民族的独立而拿起武器，抗击罗马人的入侵，对我们一定有着特殊的吸引力，因为它构成了我们本民族历史的一个组成部分。假如阿米尼乌斯高卧陇亩，或者功败垂成，那我们的日耳曼祖先将会在他们最初的生息之地被人奴役，或者被人消灭，这片岛屿也就绝不会取名"英格兰"，而"我们，这伟大的英格兰民族，她的人种和语言如今正走遍全球，从它的一端到另一端"[①]也将不会在现实中存在。

的确，阿诺德或许扯得太远了，早在撒克逊人到来之前，不列颠人就在这块土地上生息繁衍，在种族上，他们与罗马人完全风马牛不相及。"从民族的立场上讲，恺撒的侵略历史对我们的影响，不会比生活于我们森林里的野兽的自然历史对我们的影响更大。"看来有充分的证据足以证明，是那些罗马化了的凯尔特人（我们的日耳曼祖先在这里发现了他们），从本质上影响了我们的民族性格。但我们民族的主流，曾经是（而且一直是）日耳曼。单单是我们的语言，就可以证明这一点。比起卡拉塔库斯来[②]，阿米尼乌斯[③]更是我们的一位货真价实的民族英雄。这个勇敢的德意志人所拯救的，正是我们远古时期的父母之邦，1800年前，他与罗马军团浴血厮杀的地点，正是利珀河与埃姆斯河[④]之间的沼泽峡谷。

当阿米尼乌斯打算鼓动他的同胞全面起义、反抗罗马的时

---

① 原注：阿诺德《现代史演讲》。
② 卡拉塔库斯，不列颠特里诺文特部族国王，公元43～50年间，带头抵抗罗马人对英格兰的入侵，但最后在威尔士边境被击败。
③ 阿米尼乌斯（约公元前18～公元19），日耳曼部族首领，条顿堡战役中日耳曼的主将。
④ 利珀河，莱茵河右岸支流。埃姆斯河，德国西北部河流，注入北海。

候,即使对英雄的灵魂来说,面对德意志的前景,想必也会感到黑暗,感到沮丧。这个国家有一半已经被罗马驻军占领,而且,更糟糕的是,许多德意志人似乎已经听天由命,默认了他们的奴役状态。一部分勇敢的人(他们的爱国精神是可以信赖的),却又装备糟糕、缺乏训练;而敌军,却是由一些装备精良、训练有素的老兵所组成的,以惯于打胜仗而闻名,并且由那些有勇有谋的将领所指挥。他们追求目标时的不屈不挠,使得人们相信:他们不可战胜。不可能寄希望于外国人的同情和帮助,因为,"充斥着旧世界的自治力量,早在罗马崛起之前就接二连三地化为乌有。地球上似乎只剩下一些无用的中立国"(兰克①)。

阿米尼乌斯

这位德意志酋长很清楚敌人的巨大威力。阿米尼乌斯并不是仅凭动物本能征战沙场的一介武夫,对于敌手的力量也并非一无所知。他熟悉罗马的语言和文化,曾经还被接纳为罗马公民,并晋升到了骑士阶层的高级职位。给他们希望征服的国家中那些出身望族的年轻人授勋赐爵,正是罗马人的狡猾策略。在一帮年轻的德意志酋长当中,阿米尼乌斯和他的兄弟(他们都是切鲁西部落高贵家族的首领)被选中了,作为执行这一阴险计划的目标。在消除他兄弟的民族性格方面,罗马人的优雅高贵大获成功:他兄弟取了个罗马名字,叫弗拉维乌斯,并且在罗马人发动的所有反对自己祖国的战争中,都始终追随罗马

---

① 利奥波德·冯·兰克(1795~1886),德国历史学家,是强调认真研究第一手材料的先驱。

人鞍前马后。阿米尼乌斯则依然保持着他的本色,没有被荣誉和财富所收买,没有被精致和奢华所腐蚀。他立志要从对罗马的仇恨中获得更高的头衔,要比罗马人一直用来拉拢他的那顶头衔更高,他果然也做到了。正是通过罗马最伟大的历史学家的记录,他的名字才带着"无可争辩的德意志解放者"[1]的骄傲,流传到了我们今天。

维钦托利像

这位年轻的首领,在精心筹划那让他名垂千古的英勇行为的同时,脑海里想必也经常回想起许多伟大人物的厄运,自己正打算重新开始的这一艰巨任务(阻挡住一路凯歌的罗马战车那滚滚向前的车轮),曾经将这些伟大人物碾得粉身碎骨。在汉尼拔和米特拉达梯遭受灭顶之灾的地方,他能有希望成功么?在那块努曼提亚曾经繁荣兴旺的荒凉遗址上,对无济于事的匹夫之勇,书写着怎样的警示?在更靠近故国的地方,在更晚近的时期,也不乏这样的前车之鉴。高卢人为抵抗恺撒苦苦挣扎了8年,结果白费力气;英勇无畏的维钦托利,唤醒了他所有的同胞揭竿而起,甚至在阿莱西亚把恺撒本人逼入了绝境,但他最终也屈服了,在恺撒的胜利狂欢中成了阶下之囚,不久之后在罗马的一间地牢里被残忍杀害。[2]

的确,罗马已经不再是那个横扫世界达数代之久的伟大军

---

[1] 原注:塔西佗《编年史》第2卷第88节。
[2] 阿莱西亚是高卢中东部一地区,公元前52年9月,恺撒将维钦托利率领的高卢起义军围困于此,这就是著名的阿莱西亚战役,结果高卢人失败,高卢从此成为罗马帝国的一个行省。

事共和国。她的政治制度已经改变了,而且,经过一个世纪的革命和内战之后,她已经把自己置于一位孤家寡人的专制统治之下。但是,罗马军队的纪律依然毫发未损,其战斗精神似乎也没有衰退。罗马帝国最初的几场战争,就已经因为几次征服而引人注目,这些征服比起罗马共和国在相应时期所取得的胜利,具有同样重要的价值。如果你认为奥古斯都的外交政策是和平主义的,那将大错特错,尽管这一观点显然得到了许多大权威的首肯。他倒是的确向他的继任者推荐过这一政策,他之所以这样做,要么是出于怯懦,要么是出于忌妒,担心他们的名声会使自己黯然失色。而他本人,在被阿米尼乌斯打得一蹶不振之前,其所遵循的路线却大相径庭。除了西班牙的几战之外,在一连串的侵略战争中,从阿尔卑斯山到多瑙河,他的将军们已经使罗马的边界得到了极大的扩展;并让许多重要大国俯首称臣,这些国家如今构成了多

奥古斯都

瑙河以南的奥地利全境,以及瑞士东部、符腾堡南部、巴伐利亚、沃特莱恩和蒂罗尔。罗马军的前进,从南边威逼着德意志人,而罗马皇家军团从西面发起的袭击则更加令人胆寒。从高卢省源源而来的罗马大军,已经在莱茵河两岸建造了一条堡垒之链,并且,通过一连串的大胜仗,将他们的鹰爪一直伸到了易北河,如今看来,这条河已经添加到了台伯河①的臣属河流的名单中

---

① 台伯河,意大利第二长河,向南流经罗马,并在奥斯蒂亚市附近注入地中海。

了,尼罗河、莱茵河、隆河、多瑙河、塔霍河、塞纳河,等等等等,全都向台伯河俯首称臣。罗马舰队也正从高卢的各海港出发,沿德意志海岸,进入内陆河,与罗马帝国的陆军协同作战;似乎是要在这些野蛮的日耳曼部落面前,炫耀他们的绝对优势。整个领土被全面侵略,罗马人拿出他们的看家本领,建立了一条条坚固的堡垒链。强大的占领军依然马不停蹄,随时准备奔向任何有可能点燃战火的地方。

然而,罗马权力结构的庞大和良好的组织化,只出现在边境和外省,其内核却是腐朽堕落。在罗马与外敌之间的持续对抗中,更有甚者,在连续不断的焦土内战中,意大利的自由中产阶级几乎消失殆尽,在他们占据的位置之上,是一个由财富所支撑的寡头统治集团,之下,是一大群穷困潦倒的市井百姓在蠢蠢欲动。从每一个被占国家偶然掳掠来的奴隶,以及大量非洲人、撒丁岛人、亚洲人、伊利里亚人,以及诸如此类,构成了意大利半岛人口的主体部分。最荒淫放荡的行为,在所有社会阶层中都非常普遍。在人们的观念意识中,个人自治已经大大降低,整个民族都甘愿服从奥古斯都的绝对权威。吹牛拍马成了元老院的主要功能,艺术方面的天才技巧和高深造诣,被专门用于苦心经营那些巧言令色的虚假颂词,献给国王和他的宠臣。看到这一切,德意志首领想必是义愤填膺,而看到自己同胞的简陋财富,感受则完全相反:他们的英勇无畏,他们的恪守诺言,他们精神上的坚毅独立,他们对国家自由制度的热爱,他们对所有污秽和卑鄙的憎恶。最重要的是,他必定想到了那种使德意志家庭备受推崇的家庭美德,想到了对女性品格的尊重,想到了用以回报这种尊重的纯洁友爱。想到这样一个种族将要向那些品质恶劣的意大利人俯首称臣,他内心的灵魂必定在燃烧。

尽管如此,但要说服德意志人在一场突如其来的战争中,尽弃前嫌,联合抗敌;要在采取行动的那一刻到来之前,不让罗马人知道自己的计划;然后,在没有一座设防城镇、没有军需储备、没有训练的情况下,教会他揭竿而起的同胞去击溃那些经验丰富的军队,攻占那些防守坚固的堡垒,这似乎是一个太过冒险的计划,倘若不是有一种甚至比爱国精神还要强大的激情在驱策着他,阿米尼乌斯怕是多半也要望而却步。

在上层德意志人当中,最乐意向侵略者俯首称臣、甘当罗马人忠实走狗的,是一位名叫塞格斯特的首领。他女儿图斯内尔达,则在德意志的贵族少女中出类拔萃。阿米尼乌斯曾试图向她求婚,但塞格斯特禁止他接近图斯内尔达,并竭力阻止他与女儿之间的所有交流,他或许觉察到了这位年轻首领对罗马的不满。然而,图斯内尔达对情人的英雄情怀,比对父亲的趋炎附势,有着更多的共鸣。一次私奔打破了塞格斯特的防范,使得他阻止这场婚姻的希望化为泡影。气急败坏的塞格斯特向罗马执政官控告阿米尼乌斯,说他拐走了自己的女儿,还正在密谋造反。阿米尼乌斯受到这样的攻击,再加上担心外国压迫者会抢走自己的新娘,阿米尼乌斯不再犹豫,竭尽全力要把至今对罗马统治忍气吞声的同胞们组织起来,发动一场大规模的全面起义。

统治者内部最近发生的一次改变,直接加重了罗马的压迫,使得本地居民更普遍地渴望拿起武器,这事实上为起义的最终胜利帮了大忙。罗马最近从德意志召回了台比留[①]（后来的罗马皇帝），把他派到了潘诺尼亚[②]，去镇压那里爆发的反罗马起义。因此，德意志的爱国者们，才免受这位最走运的家伙的严厉监管，免于和一位经验丰富的军事天才逐鹿沙场，此人对这个国家的民族特性和自然环境都了如指掌，征服这个国家的，主要也是这个人。奥古斯都把刚卸任回国的原叙利亚总督昆蒂利乌斯·瓦鲁斯[③]派到了德意志，接替台比留的位置。瓦鲁斯是罗马上流阶级一位真正的代表，他对文学艺术有一种整体的趣味，对智力满足有着敏锐的感受，对本国法律体系的

台比留

原则和习惯了如指掌，他在修辞学家的学校里接受过严格的训练，喜欢参与或观赏讲坛上热烈雄辩的斗智斗勇，这在罗马各地普遍风行。然而，这种古老的罗马精神，对人类的感情和苦难却漠不关心，这使得他一点也不人性化。对厚颜无耻的贪婪和野心，对惯常而粗野的放荡，他也没有起到丝毫的阻遏作用。瓦鲁斯已经习惯于统治叙利亚那些颓废堕落、品质恶劣的土著居民，在一个数百年来不为人知的国家，一个男人勇敢、女人贞洁的国家，他自认为，在德意志民族这些品格高尚的儿子和

---

① 台比留（公元前42～公元37），古代罗马第二代皇帝（公元14～37年），是一位多疑的暴君。
② 潘诺尼亚，古罗马帝国行省，包括现匈牙利西部和南斯拉夫北部的部分地区。
③ 瓦鲁斯（？～公元9），条顿堡森林战役的罗马主将。出生于罗马贵族家庭，他的父亲是谋杀恺撒的元凶之一。

心地纯洁的女儿们中间,他同样可以不受惩罚地满足自己放肆而贪婪的激情。当一支大军的统帅树立了这种残暴的榜样的时候,他的军官们就会忠诚地效仿,甚至有过之而无不及。如今,罗马人已经习惯沉湎于对神殿圣洁的冒犯,对荣誉和谦逊的凌辱,这些,使得我们那些更为勇敢的日耳曼祖先再也不能忍受,他们怒不可遏地揭竿而起。

阿米尼乌斯对国家的沉沦感到义愤填膺,在其他德意志首领当中,他发现许多人和自己有同样的感受。把这些首领纠集起来向压迫者发动一次攻击并不困难,也不担心民众会不愿意响应首领们的号召揭竿而起。但是,如果公开向罗马宣战,并与瓦鲁斯的大军硬碰硬地短兵相接,则无异于以卵击石,肯定会被碾得粉身碎骨。瓦鲁斯的手里,有3支罗马军团,每一支不会少于14000名罗马步兵。他还有八九百罗马骑兵,以及各盟国派来的,或者从那些没有获得罗马公民权的行省征募来的骑兵和步兵,数量上至少与此相当。

这一军事力量的强大,不仅表现在数量上,而且还表现在质量上。无论瓦鲁斯作为一名军事统帅有多么混账,但阿米尼乌斯很清楚,罗马军队的组织和指挥有多么出色,罗马军团对每一次策动、每一份职责的熟悉有多么精确娴熟,这正是瞬息万变的战场上所需要的。因此,战术策略必不可少,而且,在发动袭击的有利时机到来之前,必须严守秘密,不能让瓦鲁斯有所觉察。

为了这个目的,几位德意志同谋便频繁拜访瓦鲁斯的司令部,在那里,这位罗马大将狂妄自大地认为,统治这样一个俯首帖耳的行省,完全可以高枕无忧。在那里,他主持开庭,把德意志人召集来解决他们所有的争端,看着一大排罗马的拥护者在总督大人的庭前唇枪舌剑，瓦鲁斯好不得意，这满足了他的虚荣心、他的修辞趣味和他的贪婪，他不放过任何可以勒索诉讼费和收受贿赂的机会。德意志人假装对他作为一位法官的杰出才能佩服得五体投地，假装对征服者们的滔滔雄辞感觉到兴致勃勃，对这些，瓦鲁斯信以为真，心底里暗自得意。这期间，接二连三的大暴雨，使得正规军在这个地区的行动变得更加困难。此时，阿米尼乌斯看见瓦鲁斯已经完全给弄得晕晕乎乎了，便秘密地指使邻近威悉河①与埃姆斯河的部落拿起武器，公开举行起义。人们向瓦鲁斯描述这次起义的时候，认为在这种情形下他应该迅速赶赴现场，但他根本没有意识到这是一场全民大起义的一部分，他依然把阿米尼乌斯视为自己温顺的臣仆，认为可以依靠他的帮助，使自己的军队能够更方便地进攻叛乱者，平息地方骚乱。因此，瓦鲁斯让自己的大军迅速行动，沿着与利珀河平行的方向，向东进发。行进了一段距离之后，面前的道路伸向了一片平原。但是，到达利珀河上游拐弯处与埃姆斯河源头之间的区域时，这一地带却呈现出了完全不同的特点。这里，正是阿米尼乌斯为自己的计划所选定的场地。

这里树林茂密，山峦起伏，位于两条河流的源头之间，形成了它们之间的分水岭。这一地区依然保留着阿米尼乌斯那个年代所使用的名字——条顿堡森林，场地的自然地貌大概也没什么改变。它的东部，被一位现代德国学者帕拉特博士描述为"一块无数深壑狭谷纵横交错的高地，某些地方形成了小块平原，被陡峭的山峦和岩石所环绕，只有通过狭窄的小路才能到达。所有河谷都水流湍急，干旱季节水很浅，而秋冬两季河水暴涨。

---

① 威悉河，德国西部主要河流，流经德国北部，注入北海。

山顶和斜坡上覆盖着辽阔的森林,其中主要是橡树,还有一些矮小的灌木,如果没有被溪流打断或者被倒下的大树挡住的话,人和马都很容易在森林里通行"。这就是人们预料瓦鲁斯将会领军深入的地区。

与罗马纪律通常的严厉规则背道而驰,瓦鲁斯的大军伴随着一长列辎重车队,以及一大群随军人员,仿佛只不过是在一个友好的国家里换防,这些人马车队碍手碍脚,让瓦鲁斯吃够了苦头。当这个长长的队列离开坚实的平地的时候,他们就开始在森林、沼泽和峡谷之间兜起了圈子,即便没有遭遇一个武装敌人的袭扰,行军也很明显变得相当困难。许多地方被雨水浸透的地面即使是步兵也无法通行,就更不用说骑兵了,除非将树木砍倒,铺设一条粗陋的堤道穿过沼泽。

所有在罗马军中服役的人,都熟悉工兵的职责。但拥挤而混乱的队伍,妨碍了正在工作的士兵,正当他们费力而忙乱地工作的时候,一个消息突然传遍了整个队列,说是他们的后卫遭到了野蛮人的攻击。瓦鲁斯决定,不顾一切,奋力向前推进。一阵猛烈的投掷标枪从树林中飞向队伍的两翼,这使他认识到处境有多么危险,他眼巴巴地看着身边那些最优秀的战士来不及还手就纷纷倒下,而他的轻装备后备部队(主要是德意志人),眨眼之间都跑得无影无踪,而且,在这块凸凹不平的地面上,要让罗马军团散开,对敌军发动一场冲锋,则完全没有可能。为了停下来过夜,罗马人费尽九牛二虎之力,找到了一块最开阔、最坚实的场地,凭着对罗马人的纪律和战术的忠诚,他们以精细的劳作和系统化的技巧,在迅速聚集的敌军所发动的连续攻击中,扎下了营盘。

翌日,罗马人重新开始了他们的行军。瓦鲁斯手下那些经验丰富的军官,大概正在指挥着这场行动,并满心希望能发现那些严阵以待的德意志人。在当时的情形下,为了这样一场重建罗马权威的胜利,他们只能依靠自己高人一筹的纪律和策略。但阿米尼乌斯太精明了,他不可能领着自己的追随者(装备着粗重笨拙的大砍刀和于事无补的防护盔甲),去迎战全副武装的罗马军团(他们装备着头盔、胸甲、护胫甲和盾牌)。他很有技巧地用杀伤力强的连发梭镖,开始与敌人周旋,当敌人距离他们几码①开外的时候,就奋力向他们投掷梭镖,然后,再用短剑展开肉搏战,在敌人阵营中杀开一条血路,阵列一直保持着最大限度的稳定和冷静;在激烈的战斗和残酷的厮杀中,就像在阅兵的时候一样精确、机敏。

阿米尼乌斯耐心地让罗马人走出他们的营地,以形成他们最初的阵形,其间,没有遇到任何反对。行进了一段距离之后,也只不过遭遇了几次小规模的袭扰,不过,穿过高低不平的地面却让他们吃了不少苦头。突然砸向罗马军团的瓢泼大雨,仿佛是德意志的神灵故意要报复这些侵略者似的。没过多久,罗马的前锋接近了森林茂密的高地上的一座山脊,那是海西大森林的一个支脉。阿米尼乌斯已经命人砍倒树木在此设下路障,

---

① 1码=0.9144米。

这使得本来难以行走的通道更加寸步难行。罗马人的队列中开始显露出疲乏和沮丧。他们的阵形变得不那么稳固了,辎重车因为无法随行而被抛弃,与此同时,士兵们纷纷离开队列,拥挤到辎重车的周围,以抢救他们最贵重的私人财物。每个人都在忙自己的事,对上司的命令故意充耳不闻。

此时,阿米尼乌斯发出了全面进攻的信号。德意志人震天动地的呐喊声,响彻黑黢黢的森林,他们蜂拥着向侵略军的两翼发动攻击,当罗马人奋力爬出峡谷或者在沼泽里拼命挣扎的时候,暴雨似的梭镖倾泻而出,飞向熙熙攘攘的罗马军团。德意志人瞅准每一次机会,将罗马军团的队形冲得七零八落,切断了各队之间的联系。阿米尼乌斯,领着一队精心挑选的贴身扈从,为同胞们呐喊助威,用榜样激励他们。他们将手里的武器特别对准罗马骑兵的战马。那些受伤的牲畜,跌入满是鲜血的泥潭里,将骑手抛进了罗马军团的阵列中,使身边的队列乱作一团。此时,瓦鲁斯命令大军撤退,希望撤到罗马设在利珀的最近的要塞。但是到了这时候,后退已经和前进一样,都寸步难移。罗马人的退却,只会使进攻者的勇气倍增,并导致他们向这支勇气大挫的大军的两

日耳曼人胜利了

翼发起更加猛烈的冲锋。指挥骑兵的罗马军官努莫尼乌斯·瓦拉，领着他的骑兵中队策马而去，希望这样丢下他的步兵弟兄们夺路而逃，结果也是白费力气。他们既不能做到动作协调，也无法强行通过森林和沼泽，骑兵被彻底打垮了，被消灭得干干净净，一个不剩。罗马步兵依然保持团结，顽强抵抗，不过他们所依靠的，更多的是纪律和勇敢的本能，而不是任何获胜或逃生的希望。瓦鲁斯在德意志人对他所在的纵队发动的一次猛烈冲锋中身负重伤，为了避免落入那些被他的压迫所激怒的人们之手，他拔剑自刎。统领大军的一位大将战死了，另一位向敌人举手投降。不过，怜悯败军之将从来就不是罗马人的美德，如今，罗马军团中这些放下武器、举手求饶的残兵败将，也只能饮下杯中的苦酒，他们曾将这样的苦酒端到许多勇敢却不幸的敌人的唇边。怒不可遏的德意志人，故意用凶残的手段，将他们从前的压迫者屠杀殆尽。那些并没有被当场剁成碎块的战俘，只不过是为了更残忍地折磨致死而留了下来。

　　罗马军队的大部分，战斗得坚定而顽强，不断击退大队敌军的进攻。但是，他们的队列逐渐失去了紧凑，在不间断的梭镖雨之下，在精神抖擞、了无障碍的德意志人接二连三的攻击之下，罗马阵列已经越来越疲软无力。终于，在一系列不顾一切的进攻当中，罗马纵队被彻底洞穿了，两位大将被擒。昨天早晨还雄赳赳、气昂昂地向前进军的罗马大部队，如今被分割成混乱不堪的碎片，他们或者在敌军压倒性数量优势的强大攻势下惨烈战死，或者在徒劳无功的逃跑中死于森林和沼泽。很少人（非常非常少）此后能重睹莱茵河左岸的旖旎风光。一队勇敢的老兵，在一个小土墩上围成一圈，击退了德意志人的每一次冲锋，他们令人肃然起敬的抵抗，一直坚持到了恐怖日子的最后时刻。许多年后,这里形成的沟壑和土墩,见证了那次回天乏力的艰苦抵抗,这批最后的罗马人在那里度过了那个痛苦而绝望的夜晚。第二天,这队残存者,在饥饿、伤痛和劳苦中,已经筋疲力尽,也被胜利的德意志人打垮了,他们要么被当场杀死,要么在可怕的宗教仪式上充作牺牲,祭献给古老北方神话中的神祇。

一条位于帕德博恩和皮尔蒙特①之间的现代公路,从山脊间的一条峡谷中穿行而过,从当年激战的现场,通向行刑地,那是一片粗粝、嶙峋的砂岩石林,旁边,是一小块水域,掩映在一片古树林里。据本地的传说,这是古代德意志的一片神秘的树林,当年,罗马战俘就是在这里被阿米尼乌斯的得胜勇士们杀害,以作为祭奠的牺牲品。

从没有哪场胜仗比这一场更具有决定性的意义,受压迫民族的解放,没有哪一次比这次更迅速、更彻底。德意志各地的罗马要塞都遭到了攻击,被端掉;而且,就在瓦鲁斯兵败身亡后的几周之内,德意志的土地就从侵略者的铁蹄下解放了出来。

在罗马,瓦鲁斯战败的消息带来了一阵极度的恐惧,文献中对当时情形的描写,如果不是出自罗马历史学家之手的话,我们恐怕会认为那是夸大其词。罗马作家笔下的这些段落,不仅显著表明,罗马人已经感觉到了:如果德意志各个部落能够为了共同的目标重新团结起来,他们的力量将有多么强大;而且也显示了,意大利人已经变得多么衰弱、多么低劣。迪翁·卡修斯②说:"当奥古斯都听说了瓦鲁斯所遭受的灭顶之灾的时候,

---

① 帕德博恩和皮尔蒙特均为德国中西部城市。
② 迪翁·卡修斯(155~235),罗马历史学家、行政官。

阿米尼乌斯凯旋

他把自己的外衣撕得粉碎,因为他所损失的罗马大军、因为对德意志人和高卢人的恐惧,而痛苦万分。让他感到惊慌失措的,主要是因为他预料这些人会进军意大利和罗马,而国内却没有留下适合从军的年轻人,值得一提的盟邦人口也已经所剩无几。但他还是尽一切可能的手段为这一紧急情况做准备。当没有一个役龄市民愿意应召入伍的时候,他只好让他们抽签,35岁以下的市民中5抽1,35岁以上的10抽1,违者将受到没收财产、剥夺公民权的惩罚。到最后,当他发现即使这样也不能让人们挺身而出的时候,他就处死他们。这样一来,他只好征召那些已经解甲归田的老兵和已经获得自由的奴隶,尽可能地拼凑起了一支大队伍,在台比留的率领下,以最快的速度赶赴德意志。"

迪翁还提到,人们相信当时出现了许多不祥之兆。这样的故事并非无关紧要,因为当人们如此相信、如此解释这样一些事情的时候,它也就显示了公众当时的心理状态。据说,阿尔卑斯山的顶峰崩塌了,有三堆大火从那里燃烧起来。玛尔斯运动场的战神神殿（罗马的缔造者出生于这里）被雷电击中了。每夜天空都要发光几次，就像是着了火一样。数不清的彗星一起闪着炫目的光亮。炽烈燃烧的流星，形如枪矛，从南方的天空飞射而出，落入罗马人的营地里。又有人说，耸立在边境线上那尊挥手指向德意志的胜利女神雕像，如今竟自动地转过身，指向了意大利。大多数民众相信，诸如此类的奇怪征兆，伴随着瓦鲁斯军团的覆灭而出现，表示诸神对罗马的愤怒。奥古斯都本人也并非不相信迷信，但这一回，不用这些超自然的恐怖现象，就能让他惊慌失措、痛心疾首，甚至在瓦鲁斯战败的消息传到罗马的数月之后，他还经常一头撞墙，大叫："瓦鲁斯，还我军团！"这些故事，是他的传记作者苏埃托尼乌斯①告诉我们的。的确，每一位间接提到过瓦鲁斯覆灭的古代作者，都证明了罗马这次遭受的巨大打击有多么重要，人们从中感受到的痛苦又是多么强烈。

德意志人并没有乘胜追击，只是把他们的胜利局限在自己的版图之内。不过，得之朝夕的胜利，却保住了日耳曼民族千秋万代的独立。的确，罗马后来又一次派出了她的军团，在德意志的领土上耀武扬威于一时，但永久征服的所有希望，都被奥古斯都及其继任者彻底放弃了。

阿米尼乌斯给予罗马的这次打击，从来就没有被人遗忘，罗马人用他们徒有其表的克制，掩盖内心的恐惧。莱茵河成了两国之间公认的边界，直到公元5世纪，德意志人成了攻击者，他们用手里的征服之剑，将罗马帝国的行省分割为现代欧洲的众多公国。

---

① 苏埃托尼乌斯，罗马传记作家、文物收藏家。著作包括《名人传》，以及《诸恺撒生平》。特别是后一部作品收入涉及前11位皇帝生活的流言传闻，著者因此名声经久不衰。

● 公元451年

沙隆战役

公元5世纪上半叶，匈奴王阿提拉率领数十万铁骑，大举进犯欧洲。此时的罗马帝国，正江河日下，被分裂为东西两个部分，众多日耳曼部落纷纷独立，帝国版图已经百孔千疮。东罗马帝国首先向阿提拉俯首纳贡，但阿提拉真正垂涎的是西罗马帝国的富庶领土。公元449年，一次偶然事件为阿提拉提供了一个天赐良机。西罗马帝国皇帝瓦伦提尼安三世的妹妹霍诺莉娅与侍卫长私通被发现，皇帝将她送进一座修道院软禁起来。生性风流的霍诺莉亚耐不住青灯孤影的修女生活，暗中写信向阿提拉求救，声称愿意以身相许。阿提拉立刻向西罗马皇帝索要奥诺莉亚，遭到拒绝后便率兵入侵高卢……

在异教徒预言的罗马帝国1200年大限的到来之际，阿提拉企图在罗马世俗权力的废墟上缔造一个新的反基督王朝，为此而付出了巨大的努力，结果功败垂成。

——赫伯特

法国的东北部，一片辽阔无垠的平原环绕在沙隆市的四周，那就是古代的迦泰劳尼斯营地。一排排白杨树一望无际，马恩河从树林中蜿蜒而过，零零星星的几个村庄点缀其间，几乎是唯一让这一地区单调乏味的外表稍显变化的东西。不过，在距离沙隆市大约5英里的地方，地面却凸凹不平，隆起的土墩绿草如茵，深陷的堑壕犬牙交错，表明是遥远年代里的人工所为。明眼人一望便知，这块寂静的场地，曾经是一支大军的防御阵地。

本地的传说把这些古老的工事称为"阿提拉①营地"。我们既没有任何理由质疑这个名头的正确性，也没有理由怀疑：1400年前，那位曾经统治欧洲的最强大的异教国王，正是在这些堡垒的后面，召集他浩荡大军幸存的残兵败将，此前这支大军就是在这块平原上抗击图卢兹和罗马的基督徒大军。正是在

---

① 阿提拉（约406～453），入侵罗马帝国的匈奴王，其在位时，为匈奴帝国极盛时期。

这里,阿提拉准备与战场上的胜利者决一死战,他把自己营地里的金银财宝堆成了一个庞然大堆,如果营地被攻破的话,那将是他的火葬柴堆。正是在这里,经过那个伟大而令人恐怖的鏖战之日以后,哥特人和意大利人的军队眼睁睁地看着他们那位已经彻底绝望的死对头,不敢发起进攻。

罗马将军埃提乌斯[①]和他的哥特盟军对匈奴人的这次胜利,是罗马帝国的最后一次胜利。不过,就其对人类的重要性和最终利益而言,罗马大军临终前所取得的这次辉煌成功,在他们厚厚的得胜册上还很难找到堪与其比肩者。的确,它并没有为罗马开辟新的征服之路,没有挽狂澜于既倒,没有扶大厦之将倾,没有扭转罗马迅速衰退的命运。事实上,罗马帝国的使命已经完成了。通过她曾经的辽阔版图,罗马继承并传递了希腊的文明。在地中海沿岸繁衍生息的各种各样的民族和部落中,她打碎了束缚那些狭隘民族的樊篱。她把这些民族以及其他许多种族融合成了一个组织化的帝国,通过一个法律、政府和制度的共同体把他们整合在了一起。在她的全部力量的庇护下,真正的信仰开始在人世间生根发芽,并在她衰落的那些年里开花结果,遍及所有听从她支配的行省。对人类而言,没有什么有益的成果,比得上罗马城曾经收复或扩张的领土。但最重要的,还是各民族从罗马丰厚的帝国遗产中所分到的那些东西:无论是日耳曼和哥特的勇士们在她支离破碎的领土上建立起来的国家,并成为基督教欧洲共和国大家庭里的自由成员;

---

① 埃提乌斯(? ~ 454),罗马将军、政治家,对瓦伦提尼安三世皇帝具有左右一切的影响。沙隆战役西罗马帝国主将。

无论是来自中亚荒原的野蛮异教徒以野蛮的征服,把古典文明的遗迹和基督教德意志的早期制度碾碎成一片无望的混沌。狄奥多里克①国王率领的西哥特勇士们,都会在沙隆与埃提乌斯的军团并肩战斗,共奏凯旋曲。他们对匈奴人的共同胜利,不但暂时拯救了衰朽残年的罗马,而且为现代欧洲文明中的日耳曼因素保存了数百年的力量和荣耀。

为了全面评估沙隆之战对人类的重要价值,我们必须始终牢记日耳曼人是谁、是怎样一个民族,以及日耳曼人与别的许多进攻罗马帝国的种族之间的重大差别;

迪奥多里克

我们必须认识到:哥特和斯堪的纳维亚这两个民族,也包括在日耳曼民族之中。这样说吧,"在两个显著特征上,日耳曼人与撒马提克人颇为不同,与斯拉夫民族也不同,而且,的确与所有那些被希腊人和罗马人称为野蛮人的其他种族都不相同。我这里指的是他们的个人自由和对人权的尊重;其次,是他们对女性和贞洁的尊重,后者尤其得到北方民族的赞美。这些,是品格正直、自尊自重、举止优雅的基础,即使在野蛮时期,也能在日耳曼人和哥特人的身上寻找到蛛丝马迹,而当他们的品格情操得到基督教的启迪教化的时候,这些,就显露出骑士和浪漫时代卓越的品格特点"。②在西罗马帝国衰亡的时候,日

---

① 狄奥多里克,即狄奥多里克一世(约395~451),西哥特国王(417~451在位),是西哥特王国统治时间最长的国王之一。
② 原注:参见普里查德《人类自然历史研究》卷3。译注:詹姆斯·普里查德(1786~1848),英国医生和人类文化学者。

耳曼族群与古典血脉的融合,其为人类所作出的贡献,只要随着阿诺德所指明的方向,看看日耳曼因素的影响力如今在这个世界上扩展到了多么大的范围,就可以有一个清晰的感觉。阿诺德是这样说的:

> 它或多或少地影响了整个西欧:从波斯尼亚海湾的起点,到西西里最南端的海角;从奥德河与亚德里亚海沿岸,到赫布里底群岛与里斯本。的确,这一空间内大部分地区所说的语言,并不主要是德语,但即使是在法兰西、意大利和西班牙,法兰克人、勃艮第人、西哥特人、东哥特人和伦巴第人的影响,虽然语言南腔北调,但在血脉和习俗中,都清清楚楚地打上了日耳曼影响不可磨灭的印记。德意志、低地国家①、瑞士的绝大部分、丹麦、挪威、瑞典以及英伦三岛,在语言、血脉和习俗中,日耳曼人的影响最为明显。但整个南美洲,都塞满了西班牙人和葡萄牙人;整个北美洲和澳大利亚,则都塞满了英国人。且不说日耳曼民族在非洲和印度的影响,只要说半个欧洲、整个美洲以及澳大利亚在种族、语言和习俗上都或多或少是彻头彻尾的日耳曼人,也就足够了。②

到了公元 5 世纪中叶,日耳曼民族已经在罗马帝国许多最美丽宜人的地方安居乐业,他们把轭套强加给外省人,在相当大的范围里,经历了被征服者在艺术和优雅上对武力征服者的

---

① 低地国家,欧洲西北沿海地区,包括比利时、荷兰和卢森堡。
② 原注:参见阿诺德《近代史演讲》。

精神征服。西哥特人控制着西班牙北部和卢瓦尔河以南的高卢。法兰克人、阿勒曼尼人、阿兰人、勃艮第人已经在其他的高卢行省安家落户，苏维人则成了西班牙半岛南部大部分地区的主人。一位汪达尔人的国王统治着北部非洲，东哥特人则牢牢扎根于意大利北部。这些势力当中，由阿拉里克①的儿子、国王狄奥多里克所领导的西哥特人，到目前为止，无论在力量上还是在文化上，都是首屈一指的。

最早在公元4世纪，人们就感受到了匈奴人给欧洲带来的压力。长期以来，他们就是中华帝国的心腹大患，但他们军事上的优势很快就被另一支中亚游牧部落鲜卑所超出，这迫使他们不得不将对中国的征服转向西方。这种趋势，一旦在整个

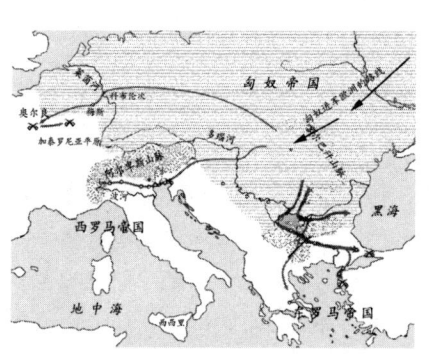

居住于黑海和罗马帝国以北的野蛮民族中传播开来，那些蛮勇们就前赴后继地闯入文明的欧洲，"一波接一波"。公元375年，匈奴人渡过顿河进入欧洲，迅速征服了阿兰人、东哥特人以及其他居住于多瑙河沿岸的部落。试图阻止其前进的罗马帝国大军，被他们打得七零八落。潘诺尼亚及多瑙河以南的其他罗马行省，很快就被这批新的侵略铁骑所占领。面对匈奴人的庞大数量、凶猛残忍、恐怖的外表以及闪电般的速度，不只那些已

---

① 阿拉里克（约370～410），西哥特首领，409年成为西罗马皇帝。

经衰颓堕落的罗马人,就连德意志和斯堪的纳维亚那些勇猛大胆、吃苦耐劳的勇士,也惊骇莫名。一些稀奇古怪而又令人厌恶的传说,被人们杜撰出来,又被人们所相信,这些传说,把匈奴人的起源归结为"神秘的黑皮肤午夜女巫"和大漠荒野的邪恶幽灵的结合。

一个部落接一个部落,一座城市接一座城市,纷纷在他们的面前陷落。然后,他们的征服之路在西南欧洲戛然而止,这多半是因为他们的首领之间以及进攻斯堪的纳维亚各民族的大军出现分歧所造成的。但是当阿提拉成为他们的统治者的时候,匈奴大军的滚滚洪流,裹挟着更大的恐怖直奔西方和南方。他们无数次的进军,在一位谋略大师的指挥下,把地球上的新老势力横扫一空。

最近发生的一些事情,使得人们对与"阿提拉"这个名字相关的每件事情都有如此强烈的兴趣,这是因为那些自称是他的勇士们的后裔的人,因为那些"雄心勃勃地把阿提拉的名字加入本地国王名单"的人,因为我们对他们的丰功伟绩感同身受、钦佩有加。这一军事谱系的真实性,被某些作者所拒绝,也遭到更多人的质疑。不过至少可以肯定,阿帕德的马札尔人(他们是大多数现代匈牙利人的直系祖先,公元889年征服了那个名叫"匈牙利"的国家)与阿提拉的匈奴人属于相同的血统,即使不属于这一血统相同的分支。在传说中,阿提拉死后,他的勇士们留在了匈牙利,他们的后裔后来在阿帕德的征服之路上融入了他所领导的匈奴人,这也并非没有可能。可以肯定,阿提拉在他帝国的基座上为匈牙利奠定了一席之地。当时,这块领土叫作"Hungvar",而阿提拉的士兵则叫作"Hungvari",这似乎也是一个清楚的证据。阿提拉的匈奴人与阿帕德的匈奴

※ 沙隆战役

匈奴大军横扫欧洲

人,都来自游牧民族,他们最初的居住地都在亚洲高原那些辽阔无垠的荒野大漠,包括阿尔泰山和喜马拉雅山脉之间的那些地区。这些部落对亚洲低地国家的袭击,以及他们进入欧洲,在世界历史上引发了许多最引人注目的革命。有各种各样的理由相信,在锡西厄人入侵亚洲(这是有案可稽的历史上这些游牧部落最早所遭受的侵犯)之前的那些漫长岁月里,这些民族的人口泛滥,使得他们一路迁徙,进入地球上的遥远区域。就我们可以推测的范围而言,首先,他们的世系可以追溯到芬兰人和乌戈尔人[①]部落,这些部落来自亚洲高原西北方向的亚洲边境,沿着这个方向,他们进入了乌拉尔群山。他们在那里定居了下来:那片苍莽山脉,以及河谷与牧场,成了他们新的家园,他们从那里向四面八方派出侨民。而乌戈尔的侨民(他们在阿帕德的率领下占领了匈牙利),则成了现代匈牙利民族大多数人的直系祖先。自从阿提拉从这些游牧部落在亚洲高原的

---

① 乌戈尔人,西西伯利亚和匈牙利的芬兰—乌戈尔族的一支,包括马扎尔人。

主要聚居地领着他的大队人马进入法兰西的心脏地带，之后又过去了400年，直到晚近，他们一直没离开过自己在乌拉尔群山的殖民地。那一个庞大的支系，就是土耳其人，他们在血统、语言和习性上，紧密地与乌拉尔山脉的芬兰—乌戈尔殖民者结成了同盟。

阿提拉的名声，并没有通过他自己民族的编年史家和诗人通过他们特别喜爱而又十分可疑的媒介，流传到我们手中。我们了解他的无边威力，并不是通过匈奴人的权威记录，而是通过他的死对头，通过那些曾遭受其大军痛苦蹂躏的民族的文学和传说，这些，为我们提供了无可置疑的证据，足以证明他的伟大。除了拜占庭、拉丁和哥特作家们的确切叙述之外，我们还从最早的德意志人和斯堪的纳维亚人所展开的话题中，拥有了最有力的证据，足以证明阿提拉的征服范围是如何广阔。这些，像许多传说一样混乱不堪，它们提供了一致而可靠的证词，证明那些创造并喜爱这些传说的勇士们，在回忆起阿提拉时，心里带着怎样的敬畏。阿提拉的丰功伟绩，以及他神奇的战马和魔剑所创造的奇迹，屡次三番地出现在挪威和冰岛的传奇故事中；德意志最古老的诗篇、著名的《尼伯龙根之歌》，也描述了这些传说。阿提拉被描述为：戴着12顶强大国家的王冠；30位臣服在他不可抗拒的利剑之下的国王，许诺在自己的国家为他迎娶新娘。事实上，他是这部著名诗篇后面部分的主角，其大多数情节，正是发生在他的都城埃兹兰堡（这里显然就是现代的布达佩斯）。

当我们的目光从传奇故事转向历史上的阿提拉时，就会清楚地看出，他并不是一位粗鲁无文的野蛮征服者。在他的战事活动中，可以追踪到那种出神入化的军事技巧。为了使自己的帝国更加强大,他依赖于军事强力要远远少于依赖那种无远弗届的影响力,这种影响力,来自朋友的友爱,来自敌人的畏惧,正是他的天才,使他能够获得这样的影响力。他在个人生活方面的严谨朴素,在裁判席上的严格公正,在每一次军事行动中所表现出来的勇敢、力量和技巧,即使在一个勇士民族中也出类拔萃,在执行时的迅速和冷酷,给所有臣服于其权杖的人以安全保障,而对所有反对或试图逃离其权杖的人,他会毫不犹豫地发动一场灭绝战。对于自己所统治的、或者试图征服的各个不同民族,他让他们的民族激情、偏见、信念和迷信协调一致:这些民族感情,他都有技巧让他们为自己所用。他自己的战士都相信他必会受到神祇的眷顾,并狂热地追随他;他的敌人则将他视为上天为责罚他们而预先安排的钦差特使;虽然他们并不相信他的宗教信条,但他们自己的信条,却让他们在他面前瑟瑟发抖。

在阿提拉早期的一次战斗中,他手握一把古老的铁剑,出现在大军的阵前,他告诉手下的士兵,那把铁剑是他们的祖先所崇拜的战神。可以肯定,亚洲北部的游牧部落(希罗多德把他们记在锡西厄人的名下)从最早的时期开始就将一把裸剑当作他们的神祇来崇拜。在阿提拉的时代,人们认定,神剑已经从人间消失了,但这位匈奴王如今却声称,他根据特别的启示重新得到了它。据说,一位牧人,在沙漠里循着血迹追踪一头受伤的小母牛,发现这把剑牢牢地直插在地面上,仿佛是从天上投掷下来的一样。牧人把它带给了阿提拉,打那以后,匈奴人就相信他能在战斗中支配死神的幽灵。先知们也预言,那把剑将要毁灭世界。一位派驻匈奴营地的罗马使节,在他的回忆录中记述了阿提拉获得这件神奇武器的经过,以及对这把剑的拥有使得他在那些野蛮部落的头脑中所产生了多么巨大的影响力。在他所采用的头衔中,我们也会看出他在利用其他民族以及本民族的传说和信条时所表现出来的技巧。他自命:"阿提拉,伟大宁录[1]的后裔。养育在英迦底,拜上帝之赐,乃为匈奴人、哥特人、丹麦人和米底人之王。世界的畏惧。"

赫伯特[2]声称,在一种古老的圆形勋章上,阿提拉被描绘为胸前佩戴着一个神像或一个头像。赫伯特补道:"我们知道,从普鲁登蒂乌斯[3]的'哈马泰根涅'开始,长着一头蛇发的宁录就是马吉安的那些异教信徒们顶礼膜拜的对象。同样的头像是安条克·伊皮法尼斯[4]在安条克的大门上建立的帕拉斯女神像,尽管他被称为'卡戎之面'。宁录留在人们心目中的记忆,的确被许多人怀着神秘的崇拜之情来看待。阿提拉通过自称是上帝面前这位非凡猎人的后裔,至少向自己证明了整个巴比伦王国是正确的。"

他何以自称拜上帝之赐,为匈奴人和哥特人之王的理由,已经足够明显了。也不难看出,他为何补充了米底人和丹麦人的名字。他的大军曾经参与过反对萨珊王朝[5]统治下的波斯王国的战斗,可以肯定,他一直在筹划攻击并颠覆米底—波斯力量。或许,波斯王国的某些北方行省曾被迫向他纳贡,这应该能说明他为什么自称"米底人之王",他们一直是他遥远的南

---

[1] 宁录,传说中的圣经人物。《创世纪》第10章8—12节说:"他为世上英雄之首,他在耶和华面前是个英勇的猎户。"
[2] 乔治·赫伯特(1593～1633),英国宗教诗人,著名的玄学派诗人,以词句洗练妥帖见称。
[3] 普鲁登蒂乌斯(348～405后),基督教拉丁语诗人。
[4] 伊皮法尼斯,叙利亚塞琉古王朝国王。后面提到的安条克为古代叙利亚的首都。
[5] 萨珊王朝,波斯王朝(公元226～651)。

方臣民。出于同样的理由,他称呼自己为"丹麦人之王",因为他的力量完全可以向北扩张,直到最近的斯堪的纳维亚民族。这里把米底人和丹麦人当作自己的臣民而提及,立刻就会显示出其领土的巨大范围。

多瑙河与黑海以北以及高加索以东,阿提拉所统治的辽阔疆土,无法得到非常精确的界定,但它必定包含斯拉夫人、哥特人、日耳曼人和芬兰人等多个民族。多瑙河以南也是如此,从梭河到色雷斯的诺维,全都是匈奴人的行省。这就是公元445年的匈奴帝国,这是一个令人难忘的年头,这一年,阿提拉在多瑙河边创建了布达佩斯作为他的都城,通过一次犯罪使他摆脱掉了自己的兄弟,导致这一事件发生的原因,似乎不仅仅是出于自私的个人野心,也由于这样一个强烈的愿望:要把自己的目标转到那些在罗马帝国各地广为流传的传说和预兆上来,这个警惕戒备、残酷无情的匈奴人,对这些传说和预兆想必十分清楚。

据较权威的编年史家说,到公元445年,罗马建城已经整整1200年。罗马人一直相信,那12只据说在罗穆卢斯①建城时出现的秃鹫,暗示着罗马力量的存续时间,12只秃鹫意味着12个世纪。对这几个命运之鸟的先见之明所作的这种解释,在罗马的知识人当中很是流行,即使是在还要经过若干个1200年这座帝国都城才能达到其力量顶峰的时候。但是,随着大限越来越近,随着罗马在野蛮入侵者的打击下越来越弱,人们开始越来越多地谈论、思考那个可怕的预兆。在阿提拉那个年代,

---

① 罗穆卢斯,传说中罗马的缔造者、战神马尔斯的儿子,他和孪生兄弟瑞摩斯共同修建了一座城。当罗穆卢斯建造城墙的时候,瑞摩斯一跃而过,结果被罗穆卢斯杀死。

人们都在眼巴巴地注视着:随着最后一只秃鹫扇动它的翅膀发出最后的一击,罗马帝国瞬间灰飞烟灭。此外,在许许多多与罗马建城有关的传说中,瑞摩斯被他兄弟残忍杀害的故事是最令人恐怖的一个,据说,罗穆卢斯置他的兄弟于死地,既不是由于意外的事故,也不是因为草率的争吵,而是:

> 他以不可抵赎的罪行
> 杀死了他英勇的兄弟。①

对这些超自然力量的警告,人们沉着镇静地听天由命。他们相信,兄弟所流的血,正是那位罗马缔造者为了从命运之神那里换取罗马 12 个世纪存续时间而付出的代价。

因此,我们不难想象,在罗马建城后的第 1200 个年头,这个故事里有着怎样的恐怖。罗马帝国的居民,想必也听说过这样的消息:阿提拉和比勒达这对王室兄弟,在多瑙河畔建了一座都城,按照设计,它将要统治台伯河畔那座古老的都城。而且,阿提拉也像罗穆卢斯一样,用他兄弟的血,作了他这座新城奠基的祭品。因此,为了其时即将开始的新的世纪轮回,通过一次献祭,一次与从前为了罗马人所付出的同样令人敬畏、具有同等价值的祭品,阿提拉从黑暗阴郁的命运幽灵那里为匈奴人换来了统治权。

我们必须牢记,在那个年代,不仅仅是异教徒,而且还包括基督徒,他们都知道并相信这些传说和先兆,无论他们对于这种超自然力量的特性的理解有多么不同,我们仍可以说,这一预言已经应验了,这是多么奇妙。按照赫伯特(英国一位学

---

① 这两行诗出自拜伦的诗剧《畸变》。

识渊博的高人）的说法："如果向罗穆卢斯显身的那12只秃鹫就代表12个世纪的话，那么我们再为那6只向瑞摩斯显身的鸟而增加6个'5年之期'（那年头罗马人习惯于使用这一数字），那么正好就到了公元476年，这一年，罗马帝国终于被奥多亚塞[①]灭掉了。"

阿提拉

[①] 奥多亚塞（约433～493），意大利的第一个蛮族国王。他掌权那一年即476年，传统上被认为是西罗马帝国灭亡的标志。

公元445年,君士坦丁堡皇帝狄奥多西二世①所谋划的(或者说据推测是他谋划的)一次针对阿提拉的暗杀,把匈奴大军引到了东罗马帝国,暂时搁置了攻打罗马的计划。或许,导致这次延期的一个更重要的原因,是几个黑海以北的匈奴部落的反阿提拉起义,这次起义大约爆发于这一时期,一些拜占庭作家曾粗略地提及过。阿提拉镇压了这次起义,并因此巩固了他的权力,并且,通过对自己最美丽的行省实施令人恐怖的蹂躏,从而惩罚了自以为是的东罗马帝国皇帝。公元450年,阿提拉开始为征服西罗马帝国而着手部署他庞大的军队。他试图通过外交阴谋分裂西哥特国王与罗马之间的同盟,结果白费力气,于是他决定,首先摧毁狄奥多里克的力量,然后,再以压倒性的兵力进军罗马,将在劫难逃的罗马帝国最后残存的火苗一举踩灭。

来自一位罗马公主的坚决邀请,给了他发动战争的借口,并让他的入侵显示出一派骑士风范。西罗马帝国皇帝瓦伦提尼安三世②的妹妹霍诺莉娅,派人送信给阿提拉,请求他施以援手,她被认为有权分享皇帝的权力。此事被罗马人发现了,霍诺莉娅立刻就被严密监禁,这下子阿提拉就有了借口,他声称,要为了他那位以身相许的未婚妻拿起武器,并宣布,他将向罗马进军,为霍诺莉娅蒙受的冤屈打抱不平。导致霍诺莉娅向那位匈奴贵族求爱的唯一动机,必定是她的勃勃野心以及对兄长的

---

① 狄奥多西二世(401~450),东罗马帝国皇帝(在位时间:408~450)。
② 瓦伦提尼安三世(419~455),罗马皇帝(425~455年在位),他的妹妹霍诺莉娅因为与侍卫长私通而被关进了一家修道院,她暗中写信向阿提拉求救,声称愿意以身相许。这才引发阿提拉对高卢的入侵。

深刻敌意,因为,阿提拉的面容和身体,集中了他那个种族的全部丑陋,一位拜占庭使节对此所给出的描绘想必在罗马宫廷里广为人知。

两位居住于莱茵河下游的法兰克首领,这一时期彼此正打得不亦乐乎。当一方向罗马人求助的时候,另一方便请求匈奴人的援助和保护。阿提拉因此获得了一位能够确保莱茵河通道的盟友,也正是因为这个原因,使得他决定取道北路从匈牙利进攻高卢。浩浩荡荡的匈奴大军,因为有每一个臣服部落的勇士加入而更加壮大。没有任何理由怀疑,过去的编年史家对匈奴大军的数量所作出的70万的估算是故意夸大其词。渡过莱茵河之后,或许就在科布洛涅茨① 城下,阿提拉击溃了竭力阻挡他前进的勃艮第国王。然后,他们自己的大军分为两股,一股

阿提拉和他的匈奴大军

从西北方向进军同格尔、阿拉斯以及那一地区其他的城市;而主力部队,则在阿提拉的亲自指挥下进军摩泽尔、捣毁贝桑松以及那一地区勃艮第人的其他城镇。一位最好的阿提拉的传记

---

① 科布洛涅茨,德国西部地区,位于莱茵高地。

作者说得很好："就这样扫平法国东部之后，阿提拉准备入侵卢瓦尔河对岸的西哥特领土。他继续向奥尔良进军，打算从那里强行渡过卢瓦尔河。这里有必要稍加留意，以便使我们能够理解他系统化的计划：他把右翼布置在北边，为的是保护他的法兰克盟友；左翼在南边，为的是防止勃艮第人卷土重来，以及在经过阿尔卑斯山时来自意大利的威胁；他自己则率领中路，直奔此次战役的主要目标——奥尔良，那是一条进入西哥特领土的方便通道。整个计划与1814年盟军的计划异曲同工，差别就在于：盟军的左翼是通过汝拉的隘路进入法国，此一战的军事目标是拿下巴黎。"①

直到451年，匈奴人才开始围攻奥尔良。当他们在高卢东部浴血奋战的时候，罗马大将埃提乌斯为了尽可能地召集、组织起一支大军而费尽了九牛二虎之力，等到与西哥特人的军队联合起来之后，这支大军才勉强可以在战场上与匈奴人正面相对。他征募罗马帝国的每一位能够征募到的臣民，他们或者是因为爱国、因为英勇，或者是因为强迫，而聚集在军旗之下，在这些拥有"罗马军团"这个曾经令人自豪的称号的军队周围，他安排了大队的蛮族后备军，他们或者被收买、被说服，或者因为对匈奴人的憎恨和恐惧，而被带到了这位最后的罗马大将的营地里。狄奥多里克国王同样也竭尽了自己的全力，奥尔良也英勇地抵抗着匈奴人的围攻。卢瓦尔河的通道得到了很好的保护，以防止匈奴人从那里通过。埃提乌斯和狄奥多里克，在经过困难重重的部署之后，使他们的军队在卢瓦尔河南岸成功会师了。

---

① 原注：参见益知学会1844年开始编纂的《人物传略辞典》。

当这支联盟军向奥尔良进军的时候,阿提拉立即结束了对奥尔良的围攻,向马恩河的方向撤退。他没有选择冒险,拿自己唯一的中路大军去和敌人的联合力量决一死战。他退守到了自己的军事基地,从阿拉斯和贝桑松召回了他的两翼,把整个匈奴大军全部集中在了沙隆—马恩河平原上。只要匆匆扫一眼地图就能够看出,这位匈奴统帅选择这个地方作为他分散大军的集合点有多么科学,场地的自然条件不同寻常地有利于骑兵的行动,阿提拉的精锐兵力特别储藏在这一兵种当中。

据传,就在撤离奥尔良的这段时间,一位基督徒找到了匈奴国王,告诉他:"您就是用来惩罚基督徒的'上帝之鞭'。"阿提拉立刻就采纳了这个令人恐怖的新头衔。打那以后,"上帝之鞭"就成了他最广为人知、最令人生畏的名字。

罗马人和西哥特人的联军,终于在沙隆平原宽阔的战场上与他们伟大的对手面对面地相遇了。埃提乌斯指挥着联军的右翼,狄奥多里克则坐镇左翼;阿兰国王桑吉潘,由于他的忠诚颇值得怀疑,所以被故意置于中路,在战斗中首当其冲。阿提拉亲自指挥匈奴大军的中路,在同胞们的最前面,而东哥特人、

战场上的阿提拉

吉皮第人以及其他匈奴的臣服盟友，则被部署在两翼。某些部署看来在交战前就完成了，这方面埃提乌斯有一定的优势，因为他成功占据了一座山坡，那里俯临匈奴大军的左翼。阿提拉认识到埃提乌斯在高地上所占据位置的重要性，在战斗一开始的时候，就向罗马阵线的这一部分发动了一次猛烈的进攻，在进攻中，他似乎从自己的中路分出了一些优势兵力去增援左翼。罗马人凭借地形优势击退了匈奴人的进攻，而就在联军在其右翼获得这一优势的同时，他们的左翼在狄奥多里克国王的指挥下，也向组成阿提拉大军右翼的东哥特人发起了进攻。这位英勇的国王，当他身先士卒、策马向前的时候，被一支飞来的标枪击倒在地，混乱中，被自己的正在冲锋的骑兵践踏致死。但愤怒的西哥特人没有因此而沮丧，就在他们的君王倒下的地方，击溃了与他们正面对抗的敌人，然后，又转向匈奴人的中路，他们正在和阿兰人展开血腥的厮杀。

在这个紧急关头，阿提拉让他的中路撤回了营地，一旦在堑壕和战车里找到了庇护之所，匈奴的射手们就可以毫不费力地击退那些复仇心切的哥特骑兵的冲锋。埃提乌斯并没有凭借战场上所获得的优势乘胜追击，当夜幕降临浩劫之后的荒野，阿提拉的左翼依然完好无损，但他的右翼被击溃了，他的中路也被迫撤回了营地。

阿提拉料想次日必有一场攻击，于是他把自己最好的弓箭手布置到了战车和辎重车的前面，那些是作为防御工事而沿着他的阵线部署的，为一次垂死抵抗做好了一切准备。不过，我们的"上帝之鞭"决心不让任何人有自夸抓住了他或杀死了他的荣耀，他命人在自己营地的中央用骑兵的木制马鞍堆起了一个巨大的金字塔，周围堆着他赢来的战利品和财宝，其上，他把在这场战役中一直陪伴着他的妻子们安排在那里,顶点上的位置是留给他自己的,如果他的防守被敌人粉碎,他准备在熊熊大火中死去,这样还可以阻止得胜之敌来掠夺他们最喜爱的战利品。

然而,当天色破晓,血流成河的战场在熹微的晨光中渐次显露,平原上尸横遍野,延伸至数英里。胜券在握的联军,也看出了对手的决绝姿态,并抱以相当的尊敬。他们没有采取任何措施来封锁阿提拉的营地,以此利用饥饿来迫使他屈服,如果要想用剑做到这一点,那样将要面对怎样的危险,他们实在再清楚不过了。阿提拉被允许带着他的残兵败将向后撤退,途中不会受到任何袭扰,他甚至可以装出班师凯旋的样子。

那个诡计多端的埃提乌斯很有可能并不愿意大获全胜,他担心盟友西哥特人获得这样的荣誉,他也害怕罗马可能在托里斯蒙德王子的身上发现第二个阿拉里克,在这场战斗中,托里斯蒙德王子名声大振,并且已经在战场上被推举继承他父亲狄奥多里克的王位。他说服了这位年轻的国王立即返回自己的都城,这样,让自己松了一口气:让一个危险的朋友,和一个虽然被打败了但仍然令人生畏的敌人同时待在身边,如何让人放心得下。

阿提拉对西罗马帝国的袭击,很快又重新开始了。不过,其对文明世界的威胁,再也不像他在沙隆溃败之前那么危险了。当阿提拉两年后死去的时候,他凭借自己的天才所建立起来的庞大帝国,由于那些臣服国家的成功起义而迅速土崩瓦解。匈奴的名字,在此后几百年里也不再让整个西欧闻风丧胆了,他们的绝对优势,也随着这位伟大国王生命的终结而风流云散,成了明日黄花。

●公元732年

图尔战役

公元711年，阿拉伯帝国军队由北非渡海，灭掉了西哥特王国，占领了西班牙全境，接着，又多次入侵高卢南部的阿基坦。公元732年初，阿拉伯驻西班牙总督阿卜杜拉赫曼率5万大军，由西班牙再次入侵阿基坦，企图取道阿基坦攻取法兰克、意大利，然后进军君士坦丁堡。阿基坦公爵欧德阻挡不住阿拉伯大军的攻势，不得已向法兰克的查理亲王求援……

图尔战役

　　介于波瓦第尔与图尔之间的那片辽阔广袤的乡村原野，主要由连绵不断的高产牧场所组成，谢尔河、克勒兹河、维埃纳河、卡莱恩河、安德尔河以及卢瓦尔河的其他一些支流从这里流过，把这块土地浇灌得肥沃富饶。这片原野向四面八方延伸，风景如画。偶尔出现一片林地、一丛紫褐色的石楠、一连片的葡萄园，打破了这片一望无垠的牧场那种单调的景观。但这块土地的一般特征，还是属于那种绿草茵茵的平原，似乎天然就适合于千军万马在此施展身手，尤其是那些大队的骑兵，他们在罗马衰落后的数百年里主要决定了这些国家的命运，在巩固现代欧洲势力方面，也领先于他人。

　　不止一次著名战斗使得这一地区名扬天下，不过历史学家主要感兴趣的，还是因为这里是公元732年查理·马特大败撒拉逊人①的发生地点，这场胜利，决定性地阻挡了阿拉伯人在西欧的征服之路，把基督徒从伊斯兰教的手里营救了出来，重建了印欧语系对闪米特人的古老的优势地位。

---

① 撒拉逊人，中世纪基督教用语，指所有信奉伊斯兰教的民族（阿拉伯人、突厥人等）。

西斯蒙迪①和米什莱低估了新月斗士和十字架信徒之间的这场战役的持久影响。不过，如果说法国人轻视了本民族英雄的丰功伟绩，那么查理·马特赢得的这次对撒拉逊人的胜利，倒是得到了英国和德国历史学家的充分欣赏。吉本在他那部伟大著作中用了几页的篇幅叙述图尔之战，讨论如果阿卜杜拉赫曼的计划没有被那位法兰克首领粉碎的话，这一仗可能导致的后果。②施莱格尔以强烈感激的言词谈及这次"巨大胜利"，他说："查理·马特的大军保全并拯救了西方的基督教民族，使他们免遭摧毁一切的伊斯兰教的致命掌控。"③兰克则指出，作为"世界历史上最重要的新纪元之一，公元8世纪的开端，当时，一方面，穆斯林威胁要席卷意大利和高卢，而另一方面，撒克逊和弗里斯兰古老的偶像崇拜，将再一次强行越过了莱茵河。在基督教制度面临着这样一个危险的时刻，一位日耳曼民族年轻的王子查理·马特，作为这些制度的捍卫者出现了，以他全部的精神活力维护了它们，这种活力必定是因为自卫而产生的，最后把它们扩展到了新的地方"④。

阿诺德把查理·马特的胜利甚至放到了比阿米尼乌斯的胜利还要高的地位，放到了"影响人类福祉达数百年之久的重大解救中"⑤。事实上，我们越是检验它的重要性，就会导致我们

---

① 西斯蒙迪（1773～1842），瑞士历史学家和经济学家。
② 原注：参见《罗马帝国衰亡史》卷7。吉本评论道：如果撒拉逊人的征服当时没有被阻止的话，"或许，牛津的学校里如今就该讲授《可兰经》的解释，而她的讲坛上则可能就要论证穆罕默德启示的真理了"。
③ 原注：参见施莱格尔《历史哲学》。译注：施莱格尔（1772～1829），德国哲学家、历史学家、德国浪漫主义文学运动的奠基人。
④ 原注：参见兰克《德国宗教改革史》卷1。
⑤ 原注：参见阿诺德《晚期罗马共和国史》卷2。

对它的评价越高。而且,关于它的环境和它的主人公,虽然我们所占有的可信的详细材料很少,但追踪其一般特性就足以让我们饶有兴味地注视这场遭遇战,交战双方是江河日下的罗马帝国的两位互相竞争的征服者。罗马帝国这个老迈的古典世界,其历史占据了我们早期研究的绝大部分,到了公元8世纪,已经了无生气,被彻底颠覆。在德意志北方,在阿拉伯南部,人们正在瓜分她的行省。终于,掠夺者遭遇了掠夺者,彼此为了猎物的完全控制权而兵戎相见。他们的争斗,让吉本回想起了荷马的古老比喻,在荷马那里,赫克托耳和普特洛克勒斯为塞巴里奥斯的尸首所发生的冲突被比喻为"双狮之斗":在憎恨和饥饿中,它们为了一只牡鹿的尸体而在山顶上展开搏斗。而撒拉逊势力对更强大的北方勇士的勉强屈服,大概不适合《伊利亚特》那本书中的诗行。在这些诗行中,普特洛克勒斯拜倒在赫克托耳手下,被比喻为一头气喘吁吁、筋疲力尽的野猪被

罗马统治时期的高卢

迫屈服,它已经长时间与一头更高级的食肉兽进行猛烈的搏斗,为的是得到岩石间那一汪它们都急着想要喝的清泉。

自从罗马的德意志征服者们横渡莱茵河以来,到查理·马特被召唤来击退撒拉逊人从南方席卷而来的险恶潮水的时候,已经过去整整300年了,再也不会有人渡过那条边境河流了,在那个国家再也没有建立起固定的制度或政府体系,没有把五花八门的种族融合为一个民族,没有统一的语言或习俗。高卢还不是法兰西。在那里,就像在西罗马帝国的其他行省一样,恺撒的统治早在公元5世纪就已经被彻底粉碎,野蛮的王国和公国在罗马势力的废墟上迅速崛起。但这些国家很少能持久存续,没有一个国家能够把其余所有的国家(或者相当数量的其余国家)统一为一个有凝聚力的、高度组织化的公民和政治社会。绝大部分人口依然是由被征服的外省人所组成,更确切地说,也就是那些长期在恺撒们统治下的已经罗马化的凯尔特人和高卢人,他们已经学得了(再加上罗马血脉不可小觑的浸淫)拉丁民族的语言、文学、法律和文化。在这些人当中,还有支配他们的那些人当中,漂泊或定居着那些德意志的胜利者:一些人几乎完全保持着他们原始民族性格中的野蛮未化,而另一些人,则由于文明生活的言行举止和习俗礼仪方面的训练,而变得温文尔雅。要记住,西罗马帝国并不是被任何突然爆发的大规模蛮族入侵所摧毁的。横渡莱茵河而来的德意志征服者,并非浩浩荡荡的大军,每次只不过是几千人的小股部队。一个行省的征服,往往是这种小股部队所发动的无数次局部侵袭的结果。得胜的勇士们,要么带着他们的战利品奏凯而归,要么在占领区安营扎寨,为了军事的目的而小心翼翼地保持高度集中，不断准备发动新的突袭，或者是针对日耳曼竞争对手，或者是针对迄今尚未受到袭击的外省城市。不管用什么方法吧，征服者逐步获得了他们渴望已久的领土占有。他们多多少少失去了那种对新奇和冒险的永不安宁的渴望，最初，正是这种渴望，使得他们聚集在本部落最英勇无畏的首领的旗帜之下，离开他们本地的森林，在莱茵河左岸戎马倥偬，漂泊不定。他们皈依了基督教信仰，抛弃了他们大多粗鄙残忍的古老信条，这些信条，必定是由神话在古代北方勇士的灵魂中培育出来的，这些神话，向现世的勇士，许诺了天国里战斗和狂欢的永恒轮回，作为对他们勇敢精神的酬赏。

但是，尽管他们的信仰改变和其他文明教化的影响强有力地作用于高卢的日耳曼人，尽管法兰克人（他们最初是居住在莱茵河、缅因河与威悉河之间的日耳曼部落联盟）已经确立了对其他行省征服者以及被征服的外省人的明显优势，但这个国家依然保留着一种游离而狡诈的混沌因素。早期墨洛温王朝①的亲王们，通常都在忙于与其他亲王及其家族打仗，起因常常是法兰克君主国中的小块领土。他们当中最能干、最优秀的人，便竭尽全力地保卫莱茵河屏障，抵抗日耳曼异教徒的入侵，这些日耳曼人，一直千方百计要渡过莱茵河，从帝国的战利品中分一杯羹。

撒拉逊人在罗马东南各省完成的征服大业，远比日耳曼人在北方的动作要迅速得多。穆斯林所引入的新的社会组织，被迅速而统一地强制推行。从穆罕默德之死，到图尔之战爆发，

---

① 墨洛温王朝，法兰克人的王朝（476~750），传统上被认为是法兰西国王的"最初家系"。在克洛维一世时期达到鼎盛阶段。

之间正好过去了 100 年。这一个世纪中，先知的追随者们已经席卷了罗马帝国的半壁江山。除了征服波斯之外，撒拉逊人还以风卷残云、不可阻挡之势，横扫了叙利亚、埃及、非洲和西班牙。在公元 8 世纪初叶，穆斯林世界的辽阔区域，都臣服在哈里发的权杖之下，它们的每一个角落，从比利牛斯山脉到阿姆河，人们在祷告中都向穆罕默德的名字祈求，《可兰经》被当作"法律之书"而受到敬畏。

正是在他们一位最能干、最有声望的指挥官的领导之下，再加上一支能征善战的大军，以及在天时、地利、人和上的明显优势，撒拉逊人在征服比利牛斯山脉以北的欧洲时大获成功。一路凯歌高奏的穆斯林，渴望获得更多的领土和财富，对他们的无敌大军充满了自信。

公元 729 年，当阿卜杜拉赫曼被哈里发重新任命执掌西班牙政权的时候，他们对新的战争的热切期待被刺激到了极点，这次任命，还给了他们一位在非洲和西班牙的征服中以其技能和威力而名扬天下的大将，他的勇气和慷慨使得他成了军队的偶像，他已经参加过几次对高卢的远征，因此对法兰克人的民族性格和战术策略了如指掌。他像每一个优秀的穆斯林一样，渴望为几支由忠实信徒所组成的特遣队报仇雪恨，当时，他们在比利牛斯山脉北麓被切断，因而惨死在敌人屠刀之下。

除了他主要的"武德"之外，在阿拉伯作家的笔下，阿卜杜拉赫曼还被描述为诚实和公正的楷模。在他第二次执掌西班牙政权的最初两年，他一直在忙于改革政府系统在前任治下所滋生的弊端，以及为征服高卢的计划作广泛的准备。除了从自己的辖区所征募的军队之外，他还从非洲得到了一大队精锐的巴伯骑兵,由熟练而英勇的阿拉伯人充任指挥官。

732年夏天,阿卜杜拉赫曼率领大军越过了比利牛斯山脉,根据阿拉伯作家的估计,这支大军只有8万人,而一些基督徒编年史家,则把它的人数夸大到了数十万。阿拉伯人的估计,或许的确偏少,但在二者中恐怕更近于事实。面对这支令人生畏的大军,阿基坦①的欧德伯爵竭力要阻挡它的前进,结果没有奏效,许多城市在它的面前轰然陷落,半壁江山被横扫一空。正是从这样一支大军的手里,查理亲王用他有力的手臂最终把高卢人和基督徒营救了出来,在战斗中,他用自己的力量把对

撒拉逊人在法兰克

手砸得粉碎,从这样的力量中,他获得了一个祖先们所信奉的战神的姓氏——马特(意为"战锤")。

在公元8世纪以前,墨洛温王朝的国王们就已经沦为绝对的一钱不值,成了端坐在王位上的纯粹傀儡。查理·马特像他

---

① 阿基坦,法国西南部历史地区,大致相当历史上阿基坦地区西半部。

撒拉逊人在法兰克

父亲一样,也是奥斯特拉西亚①的法兰克公爵,奥斯特拉西亚人是法兰克民族中最勇敢、最彻底日耳曼化的一部分,他以傀儡国王的名义行使着最高权力,那些狂暴专横的地方统治者也承认这一权力,他们或者是被说服,或者是被强迫。在持续不断的权力斗争中,他一直忙于应付那些竞争者,同时还要为了国家的安全而忙于更严重的斗争:抗击尚未皈依基督教的弗里斯兰人、巴伐利亚人、撒克逊人和图林根人的那些凶残部落,那年头,这些人以一种特有的凶残攻击莱茵河左岸那些已经皈依基督教的日耳曼人。查理·马特在自己天生的勇敢中添加进了久经历练的技能,他还在法兰克人当中组建了一支由老兵组成的民兵部队。在我们对查理·马特的图尔胜利大加赞赏的时候,哈勒姆②提出了他的怀疑:短

---

① 奥斯特拉西亚,公元6~8世纪法兰克王国东部的一个地区,包括法国东北部、德国西部及中部。
② 亨利·哈勒姆(1777~1859),英国历史学家,著有《中世纪的欧洲》。

时间内凭着这一事件我们是否能作出太多的判断,他冒险把法兰西的命运压在一场与侵略者之间的普通战斗上是不是有些轻率。但是,如果我们还记得查理并没有常规军队,记得那些追随他的法兰克勇士们的不受约束的精神,那么,似乎最有可能的是:要采用那种密切注视侵略者、用拖延战术耗尽其实力的谨慎政策,并非他力所能及。撒拉逊人的轻骑兵在高卢各地的劫掠,是如此可怕、如此广泛,以至于要对法兰克人义愤填膺的激情稍加抑制都绝无可能。而且,在撒拉逊人袭击更多城镇、夷平更多地区的时候,即使查理能够说服他的人冷眼旁观,他也不能在一场军事远征结束以后的平常时期保持一支大军的团结。的确,如果阿拉伯人对穆斯林军队混乱状况的报道正确无误的话,那么,就查理这一方来说,这场战斗的时机就恰到好处。

对于撒拉逊人的入侵所引发的恐惧,以及这次大搏斗的艰苦卓绝,一些修道士编年史家(我们不得不从他们那里搜集关于这场著名战役的记叙)提供了充分的证据。据他们说,撒拉逊人,以及他们的国王,从西班牙出来,全都拖家带口、扶老携幼,当然还带上了他们的金银财宝,这样一支浩浩荡荡的队伍,没人能把他们估算清楚。他们随身携带着他们所有的盔甲,以及他们能带上的一切,仿佛他们从此永远离开西班牙,要在法兰西安家落户。

这时,阿卜杜拉赫曼看见遍地都是他浩浩荡荡的大军,他们穿越莽莽群山,踩过崎岖不平的地面,一路劫掠,进入法兰克人的领地,用手中的剑毁灭一切,结果,当欧德在加隆河畔与他们展开厮杀并溃败而逃的时候,只有上帝才知道究竟有多少人被杀。接着,阿卜杜拉赫曼开始追击欧德伯爵,就在他们一路上劫掠焚烧图尔的神殿的时候,与奥斯特拉西亚——法兰克人的首领查理不期而遇,此人从年轻的时候起就是个能征善战之辈,欧德已经向他发出了警告。在那里,他们激烈战斗了7天,最后,他们排成了战斗队形。那些北方民族的战士们坚定地站在那儿,就像一堵墙,像一条冰带一样难以逾越,他们用利剑将撒拉逊人杀了个片甲不留。①

欧洲作家在谈及这场战斗的时候,全都同意阿卜杜拉赫曼的阵亡是撒拉逊人溃败的主要原因。据一位作者说,他们在发现自己的领袖被杀以后,一夜之间作鸟兽散,基督徒一觉醒来不由得喜出望外,他们本指望第二天早晨能看见撒拉逊人从他们的帐篷里走出来,重新开始厮杀。一位修道士编年史家记录撒拉逊人损兵折将375000人,据他说,基督徒只有1007人阵亡——他觉得,这样悬殊的伤亡人数,必定是有天意的特别关照。我翻译了这些作家笔下那些最生动饱满的段落,但是,要想从他们那里搜集关于这场伟大战役本身、或者关于这之前或之后的军事行动的全面而可信的记述,几无可能。

然而,尽管我们或许有理由对这些记述的贫乏和可疑而扼腕叹憾,但我们也有巨大的优势,可以比较双方国家的作家各自对阿卜杜拉赫曼的这场远征所作的报道。对于探索这样一次所能获得的古代文献是如此稀少的历史事件的研究者来说,这不能不说是个好处,以至于在图尔之战这个实例中,我们所占有的事实使得我们认为:关于这次伟大事件的历史证词,比许

---

① 原注:参见《手稿·传奇·法兰西》。

※ 图尔战役

多别的实例中的证词，更真实可靠、更令人满意。在其他的实例中，我们虽然拥有关于军事功绩的丰富材料，但传到我们手里的这些材料，都只是来自一个国家的编年史家。因此，我们并没有防止夸张、扭曲和虚构的措施，而这些，正是民族的虚荣心常常以伪装的面目、以历史的名义所产生出来的。那些记录他们的同胞在西班牙的征服和战争的阿拉伯作家，也记述过他们伟大的酋长对高卢的远征，以及他在图尔附近与查理所率领的法兰克大军作战时的溃败和阵亡。

阿拉伯的编年史家告诉我们，法兰克边境上的那位伯爵与穆斯林之间是如何交战的，而伯爵又是怎样把他所有的人聚集在一起，怀着胜算不大的心理暂且一战。

阿卜杜拉赫曼击退了他们，他的人因为一次又一次的胜利而志得意满，对他们的酋长在战争中的勇敢和谋略充满信心。就这样，穆斯林重创了他们的敌人，渡过了加隆河，摧毁了这个国家，抓获的战俘数不胜数。所过之处，一片焦土。这里的繁荣使得穆斯林战士们变得志得意满。在通过加隆河的时候，阿卜杜拉赫曼击溃了伯爵，伯爵撤回了他的要塞，穆斯林开始攻打要塞，夺门而入，杀死了伯爵。一切都在为他们的弯刀让路。在这支可怕的大军面前，所有法兰克人都瑟瑟发抖，他们让法兰克人去告诉他们的国王查理，说这些浩劫是穆斯林骑兵干的，他们的铁骑将踏遍纳博讷、图卢兹和波尔多的每一寸土地，告诉他，他们的伯爵已经死了。随后，国王鼓励他们振作起来，答应倾兵相助。114年（伊斯兰历），他骑上战马，领着尽其所能召集的大队人马，去抵抗穆斯林。他在伟大

的图尔城遇上了穆斯林大军。阿卜杜拉赫曼与其他几位处事审慎的骑士,认识到满载战利品的穆斯林大军的混乱无序,但是,如果命令士兵们除了武器和战马把其余所有东西都扔掉,就会惹怒他们,他们不敢冒这样的险。阿卜杜拉赫曼相信他的士兵们的英勇,相信他们的好运,曾经,这样的好运一直关照着他们。但是,纪律方面的这种缺点对军队来说一直都是致命的。就这样,阿卜杜拉赫曼和他的人马开始攻打图尔城,以获得更多的战利品,他们的进攻是如此猛烈,以至于几乎就在前来拯救这座城市的军队的眼皮底下攻破了图尔城,穆斯林对这座城市居民的狂暴就像狂怒的老虎。很显然,神的惩罚必将随着这样的暴行接踵而至,而幸运也因此会离穆斯林而去。

在欧瓦河(大概是卢瓦尔河)附近,两支说着不同语言、信仰不同教义的大军开始列阵相对。阿卜杜拉赫曼、他的指挥官们以及他的所有士兵,心里都充满了愤怒和骄傲,他们首先开始进攻。穆斯林骑兵向法兰克人的阵地发动了猛烈而持续的冲锋,法兰克人顽强抵抗,直到太阳落山,双方都伤亡惨重。夜幕降临,两军才分开。第二天早晨,天刚蒙蒙亮,穆斯林就返回阵地,继续战斗。他们的骑兵很快就杀开一条血路,进入基督徒大军的中心。但是,许多穆斯林都为他们留在帐篷里的战利品的安全而提心吊胆,当一些敌人正在劫掠他们营地的时候,穆斯林的队伍里一片哭嚎。因此,几队骑兵策马返身而回,要保护他们的帐篷。而这看上去仿佛是他们要逃跑,顿时全军大乱。就在阿卜杜拉赫曼努力阻止他们骚乱,希望率领他们重返战斗的时候，法兰克的战士们一拥而上，把他团团围住，他的身体被无数的长矛刺穿了，就这样，他阵亡了。接着，整个大军在敌人面前四散奔逃，许多人在逃跑的过程中被杀死。穆斯林的这次溃败，以及他们的伟大首领和优秀骑士阿卜杜拉赫曼的阵亡，就发生在115年（伊斯兰历）。

从对手那里，关于他们的彻底溃败，很难指望得到比阿拉伯人在这里所给出的更为真实的记录了。这里，他们的叙述与基督徒们的叙述有几点不同之处：关于战斗持续了多少天，关于那座受到攻击的城市是否得到了营救，以及诸如此类，对此稍作比较就会承认一个重要事实：这是法兰克人和撒拉逊人之

图尔之战

间一场决定性的实力检验,检验中,前者胜了。在穆斯林的眼里,图尔之战的永久价值,不仅被阿拉伯作家在提及它的时候所使用的措辞("殊死之战"、"可耻的颠覆"之类)所证明,而且也被下面的事实所证实:撒拉逊人从此没有进一步尝试征服较比利牛斯山更远的地区了。查理·马特,以及他的子孙们,得以有时间巩固、扩张他们的势力。由查理曼大帝的天才所缔造,并以他的钢铁意志给过去的信念和种族的无序状态带来和平的基督教西罗马帝国,在它伟大的统治者去世之后,的确没有保持它的完整。新的麻烦困扰着整个欧洲,但是,基督徒虽然四分五裂,然而却是安全的。现代欧洲文明的进步,以及国家和政府的发展,从那时开始,前进的步伐虽然也并非从未间断,但归根结底,前进的道路却是坚定不移的。

● 公元 1066 年

黑斯廷斯战役

公元1066年1月5日，无儿无女的撒克逊国王爱德华去世，那顶金光灿灿的王冠究竟该落在谁的头上，也就成了一个值得讨论的问题。这样的讨论，比的当然不是谁的嗓门大，而是谁的拳头硬。英格兰的贵族和平民一致推举哈罗德为他们的新国王。首先提兵发难的是挪威国王哈德拉达，哈罗德领英格兰大军将挪威人全歼于约克郡的斯坦福大桥，哈德拉达非但问鼎王冠不成，反而断送了卿卿性命。然而，哈罗德还没有来得及喘口气，诺曼底公爵威廉已亲率三军，从苏萨克斯海滩登陆英格兰，一场新的搏杀就此开始……

> 诺曼底人的这场征服，确定无疑地使得英格兰成为一个赢家。
>
> ——吉本

阿丽塔那双漂亮的小脚丫子在清澈的溪流中匆匆一闪，便为她赢得了一位公爵的爱情，也给我们带来了"征服者威廉"。假如她没有以这样的方式让诺曼底公爵罗伯特为之神魂颠倒的话，那么，也就不会有哈罗德在黑斯廷斯的溃败，不会有盎格鲁—诺曼底王朝的崛起，不会有大不列颠帝国。这一思考是弗朗西斯·帕尔格雷夫爵士的，可谓不刊之论。[1]谁要是打算写一部"改变世界历史的爱情"的历史，这位法莱斯制革工人的女儿应该值得在他的大作中占据一个显著的位置。不过，我们在这里关注的对象不是她，而是她的儿子、黑斯廷斯的胜利者。任何一个人，只要他看重英格兰及其帝国对世界命运的影响，就绝不会小觑那次胜利的重要性。

的确，上个世纪一些研究英国历史和法律的杰出作家，在提及"诺曼底征服"时，所使用的措辞很容易使人认为：黑斯

---

[1] 原注：参见《诺曼底和英格兰史》卷1。译注：弗朗西斯·特纳·帕尔格雷夫（1824～1897），英国诗人和人类学家。

廷斯战役所导致的结果,只不过是一个王室家族取代另一个王室家族登上了这个国家的王位,只不过是通过"诺曼底律师的狡诈"使得英国的某些法律被曲解、被替换。但是至少,自从奥古斯汀·梯叶里①关于"诺曼底征服"的著作出现以来,这些谬误就被戳破了。梯叶里让他的读者对那次政治和社会巨变的重要性有了更深

征服者威廉(1027~1087)

刻的认识。他以生动鲜明的笔法,描述了征服者的凶恶残暴,以及他们所带来的彻底而持久的革新,包括对古代宪章体制的颠覆,和末代撒克逊国王的垮台。在他的著作中,我们看到了新的法庭和所有权制度取代了旧的,新的种族和阶级分隔被引入,所有辖区都被破坏以满足新暴君复仇心理和反复无常,绝大部分英格兰土地被没收,然后在外侨中重新分配,英国人的名字成了一种耻辱,英国的语言被当作奴性的、野蛮的而遭到拒斥,教堂和政府中的所有高级职位一个多世纪以来都被外族的人所独占。

　　梯叶里就"诺曼底征服"对于见证它的同代人以及他们许多人的后继者的社会影响所作的概括,其真实性一点也不逊于其雄辩性。他告诉读者:"对于英格兰被诺曼底的威廉所征服,如果你能形成一个正确概念的话,你必定会认为,它不仅仅是

---

① 奥古斯汀·梯叶里(1795~1856),法国历史学家。

图为英王约翰在签署《大宪章》

一次政治规则的改变,不仅仅是一个候选人对另一个候选人的胜利,不仅仅是一个政党对另一个政党的胜利;而是,一个民族对另一个民族核心的闯入,一个社会对另一个社会的粗暴取代,原有的社会被彻底摧毁,它支离破碎的残片仅仅被当作个人财产(或者套用我们一份旧法案中的说法:'土地上的覆盖物')而保存了下来。你必定不会认为:一方是威廉,一位国王、一位暴君,另一方是威廉的臣民,所有居住在英格兰的人,不分高低贵贱,无论富有贫穷,他们从此全都是英国人。你必定可以想象:两个民族(在其中一个民族里,威廉是一位成员、一位首领),两个都臣服于威廉的民族,对他们所使用的同一个词却有着完全不同的意义,在一方,意思是'臣属',在另一方,却是'被征服'。你必定会认为:在同一个地理周界之内,存在着两个国家、两片国土。诺曼底人的那块,富庶而自由;撒克逊人的那块,则贫瘠而被束缚,因'租金'和'赋税'而困厄。前者,到处都是豪华的宅邸,以及墙高壕深的城堡;而后者,则零星散落着茅房柴屋,以及摇摇欲坠的棚舍。那边,居住着幸福而悠闲的人,居住着军队和宫廷中的人,居住着骑士和贵族;而这边,则居住着痛苦劳碌之人,居住着农夫和工匠。一边,奢侈而傲慢,另一边,悲惨而嫉恨——并非是穷人嫉恨富人,而是被掠夺者嫉恨掠夺者。"

或许,梯叶里作品的影响力,因为"诺曼底征服"最终给英格兰带来很好的结果,从而大打折扣。但同样不可否认的是,从黑斯廷斯战役到《大宪章》在兰尼米德签订,期间,那次征服给我们的撒克逊祖先带来了巨大的不幸。《大宪章》的签订,才是英格兰民族真正的新纪元:在这个新纪元里,盎格鲁—诺曼底人和盎格鲁—撒克逊人不再彼此分隔,不再一方傲慢地轻蔑,另一方郁闷地憎恨。此时,这块土地上自由的人民,无论贵族、骑士、自耕农或市民,全都在英国自由的基础之上联合了起来。

英国的诺曼底贵族,是那场宪章运动的首领,查塔姆曾高贵地称颂他们为"钢铁贵族"。只有这样,才使得英格兰永远铭记"诺曼底征服"的恩惠。作为这块土地上的支配阶级,作为现有民族中最勇敢、最活跃的军事贵族,他们根植于英格兰各地。

基佐的说法或许听上去荒谬,但事实并不夸张。他说,英格兰的自由,要归功于诺曼底人对她的征服。的确,撒克逊人

---

① 《大宪章》,也称《自由大宪章》,英格兰国王与贵族所签订的协议。英国资产阶级革命时期,大宪章被用来作为争取权利的法律根据,并成为英国确立君主立宪制的宪法性文件之一。

的制度是英国自由最初的发祥地,仅凭他们内在的力量,绝对不可能建立起英国的永久自由宪法。正是诺曼底征服,给他们注入了新的活力。英国的政治自由,产生了特殊的环境,在这样的环境中,从盎格鲁—撒克逊和盎格鲁—诺曼底的人口和法律可以发现他们在这个孤岛上被置于彼此相关的境地。在末代盎格鲁—撒克逊国王统治下的英格兰,其情形与加洛林王朝①的末代国王和卡佩王朝②早期亲王统治下的法兰西的情形十分相似。王权软弱无力,大贵族们则强大而狂暴。虽然在撒克逊人的英格兰,民族团结要优于法兰西,虽然英格兰本地的自由制度,比11世纪类似的大陆国家中的类似制度更现实、更有活力,但是,如果任由其自生自灭的话,撒克逊人的政治制度仍然有可能陷于彻底的混乱,从这种混乱中,首先会产生出一个类似于法国那样的贵族阶层,接着,就是君主专制政体,最后是一系列无政府主义革命。这样的情形,如今在我们周围到处都能看到,但没有出现在英国。

这个孤岛最近的征服者,也是最勇敢、最优秀的。我甚至不把罗马人排除在外。尽管我们同情哈罗德和赫里沃德,憎恨新森林③的创建者和约克郡的毁灭者,但我们必须承认,诺曼底人比1066年在此与他们狭路相逢的盎格鲁—撒克逊人和盎格鲁—丹麦人更优秀,也比那些腐化堕落的法兰克人和那些已经被制服、奴颜婢膝的罗马外省人更优秀。公元912年,正是从

---

① 加洛林王朝,公元751年建立的法兰克王国王朝。
② 卡佩王朝,由休·卡佩创立的法国封建王朝(987~1328年)。著名国王有腓力二世、路易九世和腓力四世等。
③ 新森林,英格兰南部海岸的森林地区,由征服者威廉命名。

他们手里，诺曼底人夺取了高卢以北的地区，这些地方，至今被人称为"诺曼底"。

诺曼底人之所以在那些有哥特血统的能征善战的民族中出类拔萃，不仅仅是因为他们勇猛过人和井然有序的从属关系或军事纪律，而且，也是因为他们有一种欣赏和接纳自己所遭遇的更高级文明的天生才能。因此，在卡佩王朝草创时期那些风雨飘摇的多事之秋，罗洛①公爵和他的斯堪的纳维亚勇士欣然接受了法兰西从罗马帝国和查理曼帝国那里继承来的信条、语言、法律和艺术。他们采纳了皇帝和国王们的法典所确立的习俗、责任和服从。不过，他们向这些法律的应用注入的，是一种生命的精神、一种自由的精神，还有军事服从的习惯，和对国家策略的适应能力，这些，能够使整体的安全和各自的独立相一致。满腔的侠胆柔肠，强烈的宗教热情，对名门闺秀那种近乎偶像崇拜的尊敬，对那个时期新出的诗篇的浓厚兴趣，为缜密的思考和辩论而对智力活动的强烈喜爱，以及所有温文尔雅的精致和华丽，在所有这些方面，诺曼底人是全世界的骑士榜样。他们卓越的品质，被许多更黑暗的特性所玷污：骄傲自满，残酷无情，对勤奋、正义和所有被他们认为是底层社会的情绪感受的无情蔑视。

他们与撒克逊人的逐步融合，使他们民族性格中这些粗糙而邪恶的东西变得更加柔和，作为回报，他们用新的生气和力量点燃了麻木迟钝的撒克逊人。在诺曼底人到来之前，英格兰在世界上所扮演的角色微不足道，没有他们，她绝不可能从卑

---

① 罗洛（约860～约931），古斯堪的纳维亚海盗首领及诺曼底公国的创始人。

微琐碎中脱颖而出。吉本的权威使得他的话可以被认为是一锤定音:"诺曼底人的这场征服,确定无疑地使得英格兰成为一个赢家。"我们可以骄傲地引用法国人拉宾的话,他在一个多世纪之前就写到过黑斯廷斯战役,在谈及此战所引发的革命时,认为它是"英格兰借以达到我们今天所看到的辉煌高度的第一步"①。

这场逐鹿之争,使诺曼底人威廉成了英格兰国王,其重要性因为英国王冠竞争者们高尚的个人品格而得到了极大的提高。这些竞争者一共有三位。一位是来自北方的外国君主,一位是来自南方的外国君主,一位是这个国家的本地英雄。第一位是哈德拉达·哈拉德②,挪威最强大、最有骑士风度的国王;第二位是诺曼底公爵威廉;第三位是撒克逊人哈罗德③,戈德温伯爵的儿子。从来没有比这更高贵的战士,没有比这更高贵的奖赏,也没有比这更壮观的角逐。撒克逊人战胜了挪威人,诺曼底人又战胜了撒克逊人。但是,挪威人的勇猛顽强,从来就没有比哈拉德和他的大军在斯坦福大桥上战斗和失败时表现得更加卓著;而撒克逊人在面对敌人时,从来也没有表现得比我们的哈罗德和他的人马在黑斯廷斯那个生死攸关的日子里更勇敢。

在忏悔者爱德华④国王统治时期,诺曼底国王对英格兰王

---

① 原注:参见拉宾《英格兰史》。译注:保罗·德·拉宾(1661~1725),法国历史学家。
② 哈拉德三世(1015~1066),挪威国王(1045~1066年在位)。
③ 哈罗德二世(1020~1066),英格兰国王。肯特郡伯爵戈德温次子。加冕刚9个月便在黑斯廷斯战役中战死。
④ 忏悔者爱德华(1003~1066),撒克逊国王,1042年继承王位,作为君王虽碌碌无为,大权旁落,但以虔诚著称,得以保持国王的尊严。

冠的觊觎还很少被人惦记,而且,虽然哈德拉达的前任国王马格努斯曾经也凭借与前英格兰国王哈迪克努特所签的一份契约而宣称:他有权利登上英格兰的王座,但也并没有做过什么严肃的努力以坚持自己的主张。不过,对于撒克逊人哈罗德和诺曼底人威廉之间的竞争,忏悔者爱德华倒是早有预见,并为之扼腕慨叹,人们相信,他在弥留之际,就已预言了这场悬在英格兰头上的灾难。威廉公爵是爱德华国王的亲属。哈罗德是英格兰最有权势的贵族家庭的头领,与王室血统很近,就个人而言,他又是这个国家最勇敢、最受欢迎的首领。爱德华国王膝下空虚,无儿无女,最近的旁系后嗣,是一个难堪大任的羸弱小孩儿。早在爱德华国王去世很久之前,哈罗德伯爵就被预定为人民选择的国

忏悔者爱德华

王,虽然人们相信:忏悔者爱德华的个人好恶更倾向于诺曼底公爵。

爱德华国王去世之前,哈罗德正在诺曼底。这位撒克逊伯爵的大陆之行,其动机有颇多疑点,但在1065年,他就已经在诺曼底公爵的宫廷里,在竞争对手的控制之下,这一事实却是无可置疑的。威廉巧妙而毫无顾忌地利用了这一天赐良机。虽然表面上哈罗德受到了谦恭而友好的对待,但他心知肚明,自己的自由和生命完全依赖于对公爵的百依百顺。威廉表面上信

任而诚实地对他说:"爱德华国王与我曾经像兄弟一样生活在同一片屋顶下,那时候,他就允诺,只要他成为英格兰的国王,他就让我继承他的王位。哈罗德,我希望你能帮助我实现这个承诺。"哈罗德以赞同的口气答复了他,并根据威廉的要求,进一步同意娶威廉的女儿阿德拉为妻,同时答应把自己的妹妹送来嫁给威廉家族的一位贵族。这个诡计多端的诺曼底人,并不满足于这一强行要求来的允诺,他决定以更严肃的担保来约束哈罗德,一旦食言,这个勇敢的撒克逊人将背上沉重的精神负担,因为他的原因而使其他人受挫。在一次诺曼底贵族的全体会议上,哈罗德被要求向作为英格兰王冠当然继承人的威廉公爵表示效忠。哈罗德跪在威廉的面前,把自己的双手放在公爵的双手上,通过反复表演这样庄严的仪式,承认公爵是自己的主人,允诺效忠于他、服从于他。但威廉想要得到更多。他命人将保存在诺曼底的修道院和教堂里的圣徒遗骨收集起来,放进议事厅内的一只箱子里,再在外面覆盖上一块金帛。在隐蔽的遗骨箱上,放着一本祷告书。然后,公爵一脸严肃地向他名义上的客人、事实上的俘虏致辞,说:"哈罗德,我要求你在此次贵族会议上通过宣誓来确认你曾经向我作过的承诺:在爱德华国王去世后,你将帮助我获得英格兰的王冠,娶我的女儿阿德拉为妻,并把你的妹妹送到我这里,嫁给我的一位贵族。"哈罗德又一次大吃一惊,他无法否认自己以前说过的话,于是只好走近祷告书,把手放在上面,他不知道下面是一只装着遗骨的箱子。从前一位极其详细地描述过当时场面的诺曼底编年史家说(我几乎是在复述他的话),当时,哈罗德把手放在了祷告书上,手在战栗,肌肉在颤抖。但他还是发了誓,誓词允诺:娶阿德拉为妻,在爱德华死后,如果自己还活着的话,就竭尽自己的力量和智慧,在力所能及的范围内做所有的一切,把英格兰交给公爵,愿上帝帮助我。众人高喊:"上帝保佑!"当哈罗德站起身来的时候,公爵让他走近那只箱子,揭开覆盖在上面的遮盖物,指给哈罗德看他刚才手按其上宣誓的是神圣的遗骨。看到眼前的情形,哈罗德大惊失色。

这之后,哈罗德很快就得到允许,返回了英格兰。期间,他因为在诺森布里亚①用自己的智慧和仁慈平息了盎格鲁—丹麦人的一些可怕骚乱,而使自己名声大振。不久之后,他发现自己处于两难境地,必须作出决定:是恪守曾经向诺曼底人发下的誓言,还是顺从民意登上英格兰已经空出的王位。1066年1月5日,忏悔者爱德华国王驾崩,第二天,一次领主和高级教士会议在伦敦召开,伦敦市民也举行集会,他们宣称:哈罗德应该是他们的国王。据传,爱德华在临死的时候也提名他作为自己的继承人。不过,他的同胞们对他杰出优点的赏识才是他南面而冠的真正基础。哈罗德决定把自己在诺曼底发下的誓言丢到脑后,因为这一誓言是被胁迫的,因而也是无效的。1月7日,他被加冕为英格兰国王,从大主教的手里接过了英格兰的金质王冠和权杖,还有古老的国家象征:一把沉重的战斧。他迫切需要撒克逊王权标记中这一具有特殊意义的部分。

来自诺曼底的信使很快就到了,目的是要提醒哈罗德:他曾"手按神圣的遗骨,亲口"向公爵立下的誓言。撒克逊国王

---

① 诺森布里亚,英格兰一个盎格鲁—撒克逊王国,公元7世纪时,王国的军事力量极为强大。公元10世纪,诺森布里亚成为英格兰王国内的一块伯爵领地。

回答道:"的确,我曾向威廉发过誓,但那是在强迫之下发的誓。我向他允诺了不属于我的东西以及我无法以任何方式掌握的东西。我的王权不是我自己的。我不可能违背国家的意志放弃它,我也不能违背国家的意志娶一个外国妻子。至于我妹妹,公爵曾声称要把她嫁给他的一位首领,但她就在那一年死了,他难道要我把她的尸体送去么?"

威廉又送来了一封信,得到的回答大同小异。接下来,公爵在整个基督教世界到处散播他对竞争对手的评价,说他发假誓,说他不守信用;并声称:一定要在这一年结束之前,用手里的利剑主张自己的权利,追击并惩罚这个发假誓者,哪怕是他躲到那些他认为最坚固、最安全的地方。

然而,在开始敌对行动之前,威廉以他的深谋远虑向罗马教皇递交了他的要求,希望得到教皇对此事的裁决。哈罗德拒绝承认这个法庭,也不打算在意大利教士面前为自己英格兰国王的头衔作出任何答辩。教皇和红衣主教们在对威廉的申诉进行一次正式的审查之后,罗马作出的严肃裁决是:英格兰属于诺曼底公爵。罗马教廷给威廉送来了一面旗子,教皇亲自为这面旗子举行了圣礼,并为入侵英格兰祝福。如今,欧洲大陆各地的神职人员都乐此不疲、热火朝天地为威廉的计划大吹法螺,说这是为上帝而战。除了这些精神武器之外(其在11世纪的作用不能依据19世纪哲学来衡量),这位诺曼底公爵还动用了他头脑和身体的全部活力、其整个公国的全部资源,以及他在附庸诸侯和盟友中的全部影响力,以收集"西方民族所见识过的最卓越、最强大的武器"[①]。所有富有冒险精神的基督徒,全

---

① 原注:参见詹姆斯·麦金托什爵士《英国史》卷1。

都聚集到了那面神圣旗帜的周围,在威廉公爵的统帅之下,这位在那个年代最有声望的骑士、最贤明的将领,允诺带领他们在英格兰美丽的领土上走向光荣、走向财富。他的大军,充满着欧洲大陆的骑士精神,所有人都热切盼望在教皇的命令下用战斗拯救他们的灵魂,热心于在一项如此伟大的事业中展现他们的勇气,同时也渴望威廉慷慨允诺的薪水和战利品。不过,诺曼底人自己,才是这支大军的核心力量;而威廉本人,则是他们所有人的最强大、最贤明、最凶残的灵魂。

1066年整个春夏两季,诺曼底、皮卡第和布列塔尼的所有港口,都被热火朝天的准备工作所造成的繁忙的喧闹声所包围。在英吉利海峡的对岸,哈罗德国王也集结了大军和舰队,他满心希望以此把南来的入侵者碾得粉碎。但是,挪威国王哈德拉·哈拉德达从另外的方向对英格兰所发动的一场意想不到的袭击,却打乱了撒克逊人用以对付威廉公爵那支凶险舰队的神机妙算。

是哈罗德那位变节的弟弟托斯蒂格伯爵,煽动挪威国王执行这项计划,不过,在威廉公爵更重要的胜利远征面前,这项计划的价值,自然也就黯然失色,但就其宏大程度而言,在斯堪的纳维亚的各个港口也是罕见的。哈德拉达的舰队,包括200艘战船、300艘普通船只和他的大军中所有最优秀的挪威勇士。他首先航行至奥克尼郡,在那里,有许多岛民加入了他的队伍,然后驶向约克市。在约克市附近打了一场恶仗之后,他彻底击溃了诺森布里亚两位总督埃德温伯爵和莫卡伯爵。约克市敞开了大门,所有乡村地区,从泰恩河到亨伯河,全都向他俯首称臣。埃德温和莫卡溃败的消息,使得哈罗德不得不离开

他在南海岸的位置，立即移师北上，抵抗挪威人。哈罗德以迅雷不及掩耳之势，4天之内就赶到了约克市，让挪威国王和他的盟友们大吃一惊。然而，接下来在斯坦福大桥附近展开的战斗却打得非常艰难，长时间未能见出分晓。眼见得无法用武力击溃挪威人的方阵，最后，哈罗德通过伪装溃逃诱使

他们离开紧密的队列。接着，英格兰纵队突然出现在他们当中，一场屠杀随之发生，其程度之惨烈，或许可以根据此后1/4个世纪里挪威人的筋疲力尽和了无生气得出判断。1066年9月25日，哈德拉达·哈拉德国王以及他所有的贵族精英，全都在斯坦福大桥上命丧黄泉，灰飞烟灭。这是挪威的佛洛顿山①之战。

哈罗德的胜利是辉煌的，但付出的代价却十分昂贵：有许多最优秀的官兵阵亡了；而更昂贵的代价，是威廉公爵所获得的宝贵机会：他在没有对手的情况下长驱直入，正由苏塞克斯海岸登陆。早在8月中旬，威廉的所有船只就全都集结在戴夫

---

① 佛洛顿山，位于英格兰北部，临近苏格兰交界处。1513年9月9日，英格兰军队在此击败了詹姆斯四世率领的苏格兰军队，詹姆斯四世在这次战役中阵亡。

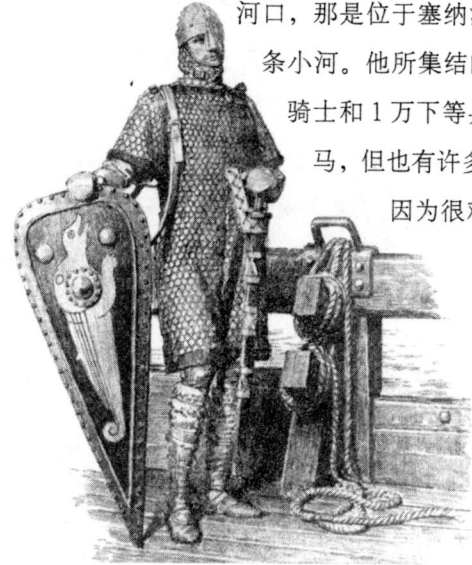

河口,那是位于塞纳河与欧姆河之间的一条小河。他所集结的大军,总共有5万骑士和1万下等兵。许多骑士骑着战马,但也有许多人不得不充当步兵,因为很难相信威廉能够找到那么多的运输工具运送5万匹战马渡过英吉利海峡。很长时间以来,风向一直不利,公爵利用可以开航之前的这段间隙,对大军的组织和纪律进行

诺曼底将领

了完善和改进,看上去似乎使之达到了尽善尽美的状态,就像750年后集结在同一海岸的另一支大军所自吹自擂的一样,其时,拿破仑陈兵于此,同样也是为了突袭英格兰,老天保佑,他白费力气。

直到秋分时节,风向才从东北转向了正西,诺曼底人总算有机会离开百无聊赖的戴夫海岸。他们心急火燎地上了船,扬帆起航。但眨眼之间,和煦的海风就增强为大风,把他们沿法国海岸吹到了圣瓦勒里,他们大多数人在那里找到了庇护所,但还是有许多船只葬身海底,整个诺曼底海岸到处都是溺死者的尸体。威廉的军队士气为之大挫,他们开始不喜欢这个计划了,他们要对抗的似乎正是这些因素,虽然事实上,那如此长时间地把他们困在戴夫河口的东北风,和把他们赶到圣瓦勒里

的强劲西风,才有可能是这帮侵略者最好的朋友。它们阻止了诺曼底人渡过英吉利海峡,直到撒克逊国王和他的防守大军从苏塞克斯海岸挥师北上,去约克市迎战哈德拉达·哈拉德;直到那支遵照哈罗德国王的命令在英吉利海峡巡航以阻截诺曼底人的强大的英格兰舰队,为了装运新的军需储备而被迫临时解散。

在圣瓦勒里,为了重新鼓舞起士兵们的士气,威廉公爵使出了浑身的解数。到最后,他命人挖出该地守护圣徒的尸体,并抬着尸体庄严地游行,而所有聚集起来的士兵、水手和随军牧师,都祈求这位圣徒代他们向上帝他老人家求情:让风向改变。就在那天夜里,风向改变了,使得这位中世纪的阿伽门农能够离开他的奥里斯①。

诺曼底人的舰队离开了法兰西,驶向英格兰,一路上全速航行,身后是温柔和煦的南风。侵略者们渡过了一片不设防的海域,发现了一片不设防的海滩。1066年9月29日,正是在位于佩文西城堡和黑斯廷斯城堡之间的苏塞克斯的佩文西湾,这个岛国最后的征服者登陆了。

身在约克市的哈罗德,正在为他最近的胜利而欢天喜地,这场胜利,从斯堪的纳维亚宿敌的手里拯救了英格兰,眼下,他正忙着重建被哈德拉达·哈拉德所摧毁的郡县政府,就在此时,传来了诺曼底的威廉公爵和他的大军已经在苏塞克斯海岸登陆的消息。哈罗德立刻匆匆挥师南下,迎战这位期待已久的

---

① 奥里斯,希腊中东部一个古老港口。据传说,在特洛伊战争期间,这里是阿伽门农所率领的希腊船队的出发点。

死对头。由于他的大军在与挪威人的战斗中所遭受的惨重损失，这使得不可能再有一定规模的能征善战的老兵队伍随他一起向伦敦、继而向苏塞克斯急行军了。他在首都仅仅停留了6天，其间，他发布命令，从南部和中部郡县征集军队，同时指挥他的舰队重新向苏塞克斯海岸集结。哈罗德在伦敦受到了很好的接待，他召集军队的命令得到了市民、领主、佃户和底层自由民的迅速响应。因为在他短暂的统治时期内，就表现出了是一个公正而英明的国王，对所有人都亲切和蔼，为国家的利益而积极行动，无论是在海上还是在陆地都不知疲倦地辛勤操劳。他本可以召集到比威廉更多的兵力，但最近的胜利使得他过于自信，再加上关于国家正在被侵略者践踏的报告让他怒不可遏。因此，他刚刚在伦敦集结了一支小规模部队，就迫不及待地向苏塞克斯海岸进发，以尽可能快的速度横穿萨里①和苏塞克斯，希望给诺曼底人一个措手不及，正如他最近通过一次类似的强行军成功地让挪威人大吃一惊一样。但是，他如今要对付的敌人，其勇敢，与哈德拉达·哈拉德不相上下，其技巧和谨慎，则远过之。

过去的一些诺曼底编年史家，曾经以生动传神的笔法，描绘过威廉公爵登陆时的情形。据他们说，威廉自己的战船是诺曼底舰队中首屈一指的：

> 它被称作"莫拉号"，是公爵夫人玛蒂尔达赠送的礼物。船头上有一个手持弓箭的男孩铜像，面朝英格兰的方向，引颈而望，仿佛正要向那里弯弓而射。微风习习，

---

① 萨里，历史上英格兰南部的一个地区，位于伦敦西南，濒泰晤士河。

温柔和煦,海面上风平浪静。船队靠向干燥的陆地,一艘挨着一艘,并排靠岸。你可以看到优秀的水手、军士和侍卫起身向前,开始卸船。抛锚、收缆,拿出盾牌和马鞍,准备让战马登陆。弓箭手来了,他们首先踏上陆地,每个人都拿着自己的强弓,斜背着装满箭镞的箭囊。所有人的须发都修剪得干净利落,所有人都一身短衣短裤,准备进攻、射击、转身和短兵相接。所有人都整装待发,精神抖擞,准备投身战斗。他们急速穿行过整个海岸,没有发现敌人的一兵一卒。弓箭手过去之后,全副武装的骑士开始登陆了,他们身披锁子甲,胸前挂着盾牌,头盔上扎着饰带。他们在海滩上排列好队形,各人拿好自己的武器,骑上战马,全都身佩长剑,手持挺立的长矛,策马向前,进入了英格兰的国土。接下来是木工们登陆,他们手持大板斧,腰间挂着刨子和锛子。他们在一起互相商量,想寻找一个合适的地点搭建城堡。他们已经随舰队从诺曼底带来了3座木制城堡,全都是准备拼装的散件。他们从船上卸下其中一座城堡的材料,全都堆成了形、打了眼,只等用销子把它们拼装在一起,销子也已经削好,装在一只大木桶里。傍晚之前,他们就在英格兰的地盘上搭建了一座很好的堡垒,他们把整个大军的军需储备贮藏在这里,足够所有人的吃喝,只要他们高兴待在这片海滩上。

当威廉公爵本人登陆的时候,刚一踏上海岸就滑倒了,身体向前,两手着地。所有人立刻都站起身来,大声哭喊:"这真是个不祥的兆头。"然而,威廉公爵却精神抖擞地欢呼起来:"瞧呀,天哪!上帝保佑,我已经用自己的双手占有了英格兰的土地。它现在就是我的了,我的也就是你们的。"

第二天,他们沿着海岸向黑斯廷斯进军。快到黑斯廷斯的时候,公爵命令部队在此安营扎寨,并搭建了另外两座木制城堡。那些劫掠者,还有那些搜寻战利品的人,疯狂攫取所有他们能找到的东西,唯恐白来一趟。英国人不得不望风而逃,赶着他们的牛羊,抛别他们的家园。许多人把坟场墓地作为他们的藏身之处,即使在那里,也担惊受怕,提心吊胆。

除了来自诺曼底营地的劫掠者以外,还有被威廉分派到这个国家的大队骑兵,以及当哈罗德率领大军全速从伦敦向南进军的时候那些被迫后撤与诺曼底主力会合的人,据他们报告,撒克逊国王像一个疯子那样正在急速行军。不过,当哈罗德发现自己打算让敌军大吃一惊的想法已经彻底泡汤的时候,他改变了策略,在离诺曼底人的阵地大约7英里的地方停了下来。他派出了一些会说法语的密探,去刺探敌人的人数规模和准备情况,他们回来的时候充满惊讶地报告:威廉公爵营地里的随军牧师比英格兰军队的战斗人员还要多。他们错把所有短发无须的诺曼底士兵都当作随军牧师了,因为那时候的英国俗众都习惯于长发美髯,哈罗德知道诺曼底人的习俗,对他们的话一笑置之,说:"你们看到的那些人并不是牧师,而是骁勇善战的士兵,你们很快就会领教他们的厉害。"

哈罗德的军队在数量上远远少于诺曼底人,他的一些指挥官建议他撤回伦敦,把南部乡村地区夷为平地,饿死这些侵略者。这一策略毫无疑问是明智的,因为撒克逊人的舰队眼下已经重新集结,将彻底截断威廉与诺曼底的所有联系,这样一来,一旦他的补给储备消耗殆尽,就必定会向伦敦进发;而在那里,

哈罗德所率领的整个王国的军事力量,能够抵挡住诺曼底人的进攻,或许可以不费一兵一卒,就能眼睁睁地看着对手被饥饿和疾病所毁灭。但哈罗德英勇无畏,热血沸腾,他的仁慈心肠也使得他无法承受他的南撒克逊臣民遭受哪怕是临时性的毁灭家园之苦。"他不会烧毁房屋和村庄,也不会夺走人民的财产。"

哈罗德的两个弟弟格斯和利奥弗温也在营地里,格斯竭力说服他不要亲自参加这场战斗。事实表明,威廉公爵用神圣誓言的紧箍咒束缚哈罗德的计划设计得多么高明。"我的兄长,"年轻的撒克逊亲王说,"你无法否认曾经对威廉公爵发下的神圣誓言,无论是被强力所迫还是出于自由意志。为什么要冒险以负罪之身亲自参加这场战斗呢?对我们这些没有发过任何誓的人来说,这是一场神圣而正义的战争,因为我们是为自己的国家而战。交给我们吧,让我们单独来打这一仗,正义在我们这一边,我们会赢的。"哈罗德回答说,他不会在别人为自己卖命的时候袖手旁观。那样,人们会认为他是个胆小鬼,谴责他把最好的朋友派到自己不敢去的地方。因此,他决定战斗,亲自战斗。但作为一个将领,他还是太善良了,在这场行动中不可能是一个攻击者。他决定在停止前进的那座山冈上固守自己的阵地,于是竖起了一排树桩栅栏,再在其间编织起柳条篱笆,他说,他将在那里抵御任何来敌。

今天的记功寺遗址,正是当年哈罗德的大军所驻守的地方。这座修道院的祭坛就耸立在哈罗德自己的军旗所插的地方,也是杀戮最残酷的地方。大获全胜之后不久,威廉公爵就发誓要在这里修建一座修道院,一排漂亮而庄严的建筑群很快就在这里拔地而起,多少年来,修道士们一直在这里祈祷,为那场战斗中的死难者的亡灵做弥撒，这座修道院也正是由此而得名。之前，这个地方被称作"森拉克"。这座古老的大型建筑，如今已难觅踪迹，但在它的遗址及其附近地带，不难寻觅这场战斗中主要事件现场的蛛丝马迹。不可否认哈罗德在部署他的人马时所表现出的军事天才，尤其，如果我们还记得他缺乏骑兵的话，则更是如此，而对手的主要力量，正是由这一兵种所组成的。

一条狭长的山脊向内延伸，几乎有7英里，从那块高地直接伸向黑斯廷斯的东北。这条山脊的走向是从东南到西北，从黑斯廷斯到伦敦，通常的路线必定经过它的顶峰，无论是古代还是现代，莫不如此。它的对岸，正对着山脊的地方，耸起了一座相当宽阔的高地，面向东南。这块当时被称作"森拉克"的高地，被哈罗德的军队所占据。对进攻者而言，如果不能克

黑斯廷斯遗址

服相当不利的自然条件,不可能从正面进攻它;当他们在高地的底部蜿蜒迂回并位于向两边突起的山脊之下的时候,如果转身,则会把自己的侧翼暴露在致命的攻击之下。背后,有一片崎岖不平、树木繁茂的区域,如果敌军成功地迫使英格兰人从他们的阵地后撤的话,这里看上去为哈罗德重新集结他的部队、阻挡敌军的前进提供了极大的便利。而一旦诺曼底人被击退的话,要想挽救他们全军覆灭的命运,几乎没有可能。怀着这样的希望和期待,哈罗德国王命令将他的军旗插在一条向下通往森拉克山坡的小路上,那里,从峡谷向上的坡度最缓,如果敌军从这块山坡上进攻,肯定会被控制住。记功寺祭坛的石头底座,是哈罗德曾经站过的地方,最近几年被发现了。我们可以把自己的双脚放在哈罗德当年站立的地方,其时,哈罗德与那面在他头顶上猎猎飘扬的英格兰军旗站在一起。当交战开始的时候,他就是在这里竭力死守,在这里中箭倒地,在这里"痛苦地靠着他的盾牌",最后在这里一败涂地,撒克逊的旗帜随着他一起被打倒,也像他一样,再也不会起来。

很少有哪处古战场被人们如此彻底地追踪探索,其整个现场都伴随着让人充满浓厚兴趣的联想,但最能唤起我们的同情、刺激我们的情绪的现场,还是哈罗德本人战斗和阵亡的地方。那些阴暗祭坛的破碎残片,那些爬满底座的野花,似乎很符合人们对那位勇敢的撒克逊人的回忆,他就是在那里倒下的。旁边栽植的一棵棵月桂树,向这片遗址招手致意,使我们想起那位征服者,在那个可怕的日子快要结束的时候,把他胜利的旗帜插在撒克逊人的旗子被踩踏蹂躏的地方猎猎飘扬,在战死者的尸首之间举行他的胜利狂欢,他的身边,是欢腾雀跃的诺曼底骑士。

当侵略者在黑斯廷斯的营地得知哈罗德国王已经带着他的大军向南进军的时候,紧接着是一段短暂的间歇期,直到两支大军在这场决定性的遭遇战中短兵相接。

威廉确保稳操胜券的唯一机会,就在于促成一场全面交战,他高高兴兴地指挥大军从营地向黑斯廷斯城外靠近撒克逊人阵地的一座山冈推进。同时,还不忘作出夸张矫饰姿态,装出神圣而克制的样子,向哈罗德重申他的劝告和要求,以此削弱对手的力量。

一位名叫雨果·麦格罗特的修道士,以威廉的名义来拜访撒克逊国王,给他3项选择:1.放弃王位,交给威廉;2.提交给罗马教皇仲裁,以决定谁应该是国王;3.以一场决斗定王位归属。哈罗德不客气地回答:"我不会放弃王位,不会交给教皇裁决,也不会同意一决高下。"他一点也不缺乏勇敢,但是,全体撒克逊人给了他这顶王冠,不会允许他把它押在一位意大利牧师的手里,更不会允许他拿它来赌一场胜负难卜的决斗。对撒克逊国王的拒绝,威廉一点也不生气,而是按部就班地继续推行他蓄谋已久的策略,派那位诺曼底修道士重返哈罗德的营地,行前指示他:"去告诉哈罗德:如果他遵守从前与我订立的协定,我会把亨伯河对岸的所有领土交给他,把所有被戈德温占有的领地给他的弟弟格斯。如果他还是坚持拒绝我的提议,那么当着他所有人的面你就告诉他,他是一个伪誓者、一个说谎者。还有,他和所有支持他的人,都将被教皇亲自宣布逐出教会,教皇的敕令就在我的手里。"

雨果·麦格罗特语气庄重地传达了这个信息。诺曼底的编年史家说,当说到"逐出教会"这个词的时候,英格兰的首领们面面相觑,仿佛某种巨大的危险正在迫近。接着,一位首领说:"我们必须战斗,无论可能面临怎样的危险。因为,我们应该考虑的并不是我们要不要接受一位新的主人,就好像我们的国王已经死了:事情完全不是这样。诺曼底公爵已经把我们的土地给了他的指挥官、他的骑士、他所有的百姓,他们当中绝大部分人已经向他谢过恩。如果他们的公爵成了我们的国王,他们所有人都会期待礼物。他本人则必定会把我们的财产、我们的妻子、我们的女儿,以及所有早先答应给他们的东西,拱手交给这些人。他们来到这里,不仅仅要毁灭我们,还要毁灭我们的子孙后代;他们将从我们手里夺走我们祖先的家园,而当我们不再有家园的时候,无论我们去哪儿,我们又能做什么呢?"①

10月13日一整天都在进行这些交涉,到夜里,威廉公爵向他的人宣布:明天将是战斗之日。据说,那个夜晚,两军是以截然不同的方式度过的。撒克逊士兵是在欢声笑语中度过的,他们围绕着篝火,唱着本民族歌曲,畅饮着啤酒和葡萄酒。而诺曼底人则在向随军牧师忏悔,同时有数以千计的人领取圣餐。

10月14日礼拜六,这场伟大的战役打响了。

利用我们所了解的史料知识,特别是加上场地调查的帮助,要撰写一份关于此次战役主要事件的记述,并不困难。不

---

① 原注:参见奥古斯汀·梯叶里《法国历史通信》。

过,如果引用过去的编年史家那些动人心魄的描述,应该更好。他们写作的时候,对这场战役的记忆依然新鲜饱满,战士们的感情和偏见依然在他们后代的胸中热烈激荡。诺曼底诗人罗伯特·瓦斯在这些老作家中最匠心独运、最生动活泼。比之当今最有才华的浪漫作家所能提供的那些东西,从他那里,我们可以得到对这场战役更生动、更全面的描写。我们还有一件关于这场战役的古代纪念品,它比任何编年史家和诗人都更可靠,而且,它显然进一步证实了瓦斯的描述,这就是著名的"贝叶挂毯"[①],它描绘了威廉公爵远征的主要场景及其相关的环境,虽然偶尔怪异,但细节却详细而准确。据传说,这是玛蒂尔达

贝叶挂毯(局部)

王后与宫廷女士们为了向高贵的征服者表示敬意而亲手制作的,不管你相信还是不相信这个传说,但毋庸置疑,作品产生的年代,与这场战役发生的年代是相同的。

让我们跟随诺曼底编年史家的描述,想象黑斯廷斯西北地区美丽的撒克逊风光吧:和风习习的高地,绿草茵茵的山坡,隆起的岛屿上,起伏连绵的山脊伸向波光粼粼的大海,参差错

---

① 贝叶挂毯,中世纪刺绣工艺品,描绘1066年诺曼底人征服英格兰的历史场面,既是精湛的艺术作品,又是宝贵的11世纪史料。这条挂毯是一亚麻布横幅,长231英尺,宽20英寸(1英寸=2.54厘米)。

落的灌木林,森林中浓荫馥郁的林间空地,披挂着缤纷的秋日色彩。这一切,呈现在 785 年前的 10 月 14 日早晨。诺曼底大军从他们的帐篷里鱼贯而出,一队队、一组组,在旗帜及首领的指挥下迅速编队。公爵命令将整个大军编为 3 组,这样可以在 3 个不同的位置向撒克逊人的阵地发起进攻。公爵站在一座山冈上,从那里他可以很清楚地看到自己的人,贵族们环绕在他左右,他威严地向他们训话。他告诉他们,他如何信任他们,他所得到的一切也都是他们的,以及他对胜利多么有把握,因为,全世界再也没有哪支大军像在他身边编队的这支大军这么勇敢、这么优秀、这么忠诚。接下来,各路大军依次向他欢呼、呐喊:

"您不会看到一个胆小鬼,如果需要,这里也没有一个人害怕为您而死。"公爵回答他们:"不胜感谢。请看在上帝的份上,不要心慈手软,从一开始就狠狠地打;不要为了夺取战利品而稍作停留,所有战利品都将是共有的,人人有份。求饶不会有安全,逃跑也不会有安全,英格兰人既不爱诺曼底人,也不会饶恕诺曼底人。他们曾经残忍,现在依然残忍;他们曾经虚伪,将来仍然虚伪。不要向他们示弱,他们不会可怜你们。无论是跑得快的胆小鬼,还是打得狠的大胆汉,英格兰人都不会因此更喜欢他们,也不会因此更宽恕他们。你们或许可以逃到海边,但你们不可能逃得更远;你们在那儿既不会找到船,也不会找到桥;那里也没有士兵接应你们;英格兰人会追上你们,在你们满心的羞愧中杀死你们;你们更有可能死于逃跑,而不是死于战斗。既然逃跑救不了你们,那么,战斗吧,你们会胜利的。我对胜利坚信不疑,我们为荣誉而来,胜利就在我们手里,只要我们喜欢,就肯定能得到它。"话音刚落,威廉·菲茨·奥斯伯骑上他全副铁甲的战马,策马向前:"陛下,我们在这里待得太久了,让我们全都把自己武装起来。去吧!去吧!"

于是,所有人都走进了他们的帐篷,尽可能好地把自己武装起来。公爵忙得不亦乐乎,向每个人下达命令;他对所有部属都很谦恭,向他们分发武器和战马。

现在,贵族、骑士和重骑兵全都武装完毕。步兵装备精良,每个人都拿着弓和剑,头戴铁盔,足蹬高统靴。一些人周身绑束着精良的皮革,多数人身着长袍,腰间挂着箭囊和弓。骑士们有锁子甲和剑,铁靴和熠熠闪光的头盔,脖子上挂着盾牌,手里紧握长矛。所有人都佩戴着标志,这样,每个人都能认出自己的同伴,不会误伤自己的同胞。步行者前面领路,保持密集的队形,手持弯弓。骑士策马其后,从后面支援弓箭手。步兵和骑兵始终保持他们最初的行军路线和秩序,以紧密的队形缓慢行进,这样,就不会彼此超越或分开。所有人都坚定、紧凑而勇敢地前进。

哈罗德也已经把他的人召集起来了,伯爵、侯爵和封臣,他们来自城堡和都市,来自港口、乡村和城镇。农民也被从各个乡村召集到一起,拿着他们所能找到的五花八门的武器:棍棒和大镐,铸铁和鹰架。英格兰人已经把哈罗德和他的朋友及贵族们所在的地方团团围起来了。

四面八方的英国人都赶来了。所有听说了威廉公爵到

达消息的人,纷纷拿起了他们的武器,赶来保卫他们的国土。但亨伯河以北的地区没有来人,他们手头有别的事要忙,丹麦人和托斯蒂人给他们带来的损害太大了,他们的力量被大大地削弱。

哈罗德知道,诺曼底人会来找他们贴身肉搏,因此早已把他的人所驻扎的场地围了起来。他已经让他们做好了战斗的准备,严阵以待。

英格兰人已经在自己的面前用盾牌和树木构筑起了一道围墙,这道围墙编结、连接得很精密,甚至没留下一条缝隙。任何一个试图攻击他们的诺曼底人,都必须首先通过他们前面的这样一道屏障。在这样一道盾牌和路障的掩护下,他们打算固守到底。如果他们坚持这一目标,那一天他们就不会被征服。因为,每一个向前冲锋的诺曼底人,都会在短斧、锚爪、棍棒或者诸如此类的武器下送命。哈罗德国王发布命令并向周围的人宣布:所有人列队的时候都要面朝敌人,不许离开自己的位置,每个人都要竭尽全力死守自己的位置。这样,无论谁来犯,都会发现他们已经做好准备。然后,他命令肯特人去防守诺曼底人很可能发动进攻的地方,因为他们说,肯特人有资格打头阵,无论国王何时投入战斗,最初的一击都是属于他们的。伦敦人的权利就是围绕在国王周围,保卫他的人身,保卫他的军旗。

期间,诺曼底人出现了,他们正翻越那条山脊,其大军的第一部分正沿着山冈前进,穿过峡谷。不久,紧随第一部分之后,规模更大的第二部分进入了视线,他们被领向了战场的另外部分,像第一部分一样,也编好了队形。哈罗德看着他们,仔细研究着,当他正指着这些人让格斯看时,又一支部队进入了视线,覆盖了整个平原,他们中间,高高飘扬着那面来自罗马教廷的旗子。旗子的旁边,正是威廉公爵,以及诺曼底大军中的精锐力量。

当两支大军完全看清对方的时候,巨大的喧哗和骚动迅速升起。你可以听见许许多多号角的声音,你可以看到他们正步调一致地排列成行,举着盾牌,挺起长矛,拉满弓,箭上弦,一方准备进攻,一方准备防守。

英格兰人严阵以待,诺曼底人还在继续前进。当他们接近的时候,想必看见了英格兰人正在来回摆动,往复徘徊。军队列队就绪,有些人红光焕发,有些人面色苍白;有些人在准备他们的武器,有些人在举起他们的盾牌;勇敢者抖擞起精神准备战斗,胆怯者面对正在接近的危险瑟瑟发抖。

诺曼底人继续前进发动进攻,英格兰人兵来将挡、稳固防守。有些人正在攻击,有些人奋力向前;所有人都大胆勇猛,全都把恐惧抛在脑后。号角的刺耳鸣响,长矛的呼呼生风,钉头锤的有力重击,刀剑的快速碰撞,汇成震耳的巨响,在远处回荡。

战斗从早晨9点钟开始,直到下午3点,这场恶仗依然起起落落,难解难分,没人知道谁将是最后的胜利者。

诺曼底人看到英格兰人防守严密,他们的阵地又是如此坚固,以至于丝毫也奈何不得。于是,他们秘密地商议,准备撤退,假装溃逃,直到英格兰人来追赶他们,使他们自己散开在战场上。因为他们认识到,一旦他们能够让敌人打破自己的阵列,他们就能够更容易地攻击英格兰人,更容易击溃他们。他们说到做到。诺曼底人开始一点一点地溃逃,英格兰人紧随其后。一方撤退,另一方紧追。当法国人退却的时候,英格兰人心里一边想着一边大呼小叫:法国人跑了,绝不会再回来了。

他们就这样被一场假装的溃逃给骗了,一场大灾祸因此就这样降临到了他们的头上。如果他们不离开自己的阵地,他们就不太可能被彻底打败。但是,他们却像傻子一样,打乱了自己的阵脚,去追赶所谓的溃敌。

诺曼底人缓慢地退却,这样可以吸引英格兰人追得更远一些。他们继续逃跑,英格兰人紧追不舍,他们挺起长矛,伸出短斧。诺曼底人为自己的计谋得逞而暗自窃笑,他们在平原上七零八落地散开。此时,英格兰人这样嘲笑和侮辱他们的敌人:"胆小鬼,你们不幸来到这里,想要得到我们的土地,企图夺取我们的财产,你们这些白痴!诺曼底太远了,你们逃不到那里的。往回跑一点用也没有,除非你们能一跃而跳过大海,或者能把它喝干,你们的儿女们将失去

征服者威廉

他们的父亲。"

诺曼底人忍受了这些侮辱,不过事实上,他们根本不知道英格兰人在说些什么:他们的语言就像无法听懂的犬吠。最后,他们停住了脚步,转过身,决定恢复他们的队列。人们可以听见贵族们为了停止前进而大喊"上帝保佑"!接着,诺曼底人恢复了他们从前的阵形,转身面对敌人,他们的人纷纷转过身,向前猛冲,发起了一场新的混战。

这时候,金戈铁马,杀声震天。英格兰人坚守着他们的路障,用他们的锚爪和钉头锤把敌人的长矛打成了碎片。诺曼底人拔出他们的剑,砍倒路障,英格兰人陷入大乱,退守到了他们的军旗下,英军的伤残者都集中在这里,这是一块高地。诺曼底人尾随着他们过了峡谷,有的骑马,有的步行,攻击他们。

威廉公爵手持长矛,紧紧追赶着英格兰人,努力指挥大军逼近英格兰人的军旗。他认真地搜寻着哈罗德,整个战争因他而起。诺曼底人跟随着他们的主人,紧密围绕在他身边,不断袭击英格兰人。这些人顽强地防守着,奋力与敌周旋,以袭击还袭击。

到这会儿,诺曼底人向前推进得是如此之远,以至于接近了英格兰人的军旗。哈罗德依然在那里竭尽全力坚守着,但他的眼睛被箭所伤,伤势很重,他忍受着剧烈的痛苦抵抗着敌人的袭击。一位全副武装的人来到战斗的人群中,击中了他头盔上的护面具,把他打倒在地,当他试图重新站起来的时候,一位诺曼底骑士再次把他打倒了,猛击他的大腿，深刺入骨。

　　格斯眼睁睁地看着兄长在身边倒下，没有任何救治的办法。他看见自己的民族正在加速毁灭，因为无能为力而深感绝望。他可以逃走，但他不能这样做，蜂拥而来的人群不断增加，威廉公爵依然在奋力向前，直到接近了他，竭尽全力向他猛击。他是否死于这一击不得而知，但据说他倒下了，没有再起来。

　　军旗也被打倒了，金黄色的军旗被夺走，哈罗德和他的朋友们全都被杀。在他的身边，人是如此之多，情绪是如此热烈，人们都试图杀死他，因此不知道究竟是谁杀了他。

　　失去了国王，再加上公爵又打倒了他们的军旗，英格兰人顿时陷入大乱。但他们依然在继续战斗，死守了很长一段时间，事实上一直坚持到天色已晚。所有人都知道军旗已经丢了，哈罗德确实已经死了的消息传遍全军。所有人都认识到：已经没有任何希望了，就这样，他们离开了战场，能跑的全都跑了。

　　此时，威廉公爵正在解盔卸甲，当他解下护甲的时候，侍从官和卫兵走了过来，从他的头上取下了头盔，从后背取下了锁子甲，看见他的护甲上有遭到重击的痕迹，头盔也被打得凹凸不平。

　　所有人都赞美他、颂扬他，为他们的胜利而欢欣鼓舞，也为他们战死的朋友而黯然神伤。此时，威廉公爵仪态高贵地站在他们中间，向给他带来胜利的上帝表示感谢，向身边的骑士们表示感谢，同时也向死去的勇士表示哀悼。他吃喝在死者中间,那天夜里他就睡在战场上。

第二天是礼拜日。那些在战场上过夜的人一直保持着对周围的警戒,忍受着巨大的疲劳,天刚破晓的时候就打起精神,寻找并掩埋他们死去朋友的尸体。本地那些高贵的女士们也来了,她们来寻找自己的丈夫、父亲、儿子和兄弟。她们把尸体运回各自的村庄,埋葬在教堂内;教堂的执事和牧师已经做好了准备,运来能够找到的尸体,为他们准备墓地,把他们掩埋在那里。

哈罗德国王被埋葬在沃尔瑟姆。我不知道是谁把他的尸体运到那里,也不知道是谁埋葬了他。许多人继续留在战场上,许多人已经在夜里逃之夭夭。①

这就是诺曼底人对黑斯廷斯战役的报道,它对撒克逊人的英勇作出了全面公正的评价,对胜利者的才能和勇敢也是一样。的确,显而易见,英格兰人的失败要归因于哈罗德那天下午的受伤,这必定使他不能有效地指挥军队。如果我们还记得他本人不久前就是用假装溃逃的策略在斯坦福大桥之战中赢了哈德拉达·哈拉德的话,那么就不可能设想他会在黑斯廷斯被诺曼底人用同样的策略所欺骗。但他手下的人,在他无法控制的情况下,非常自然地被他们草率的激情所引导,仓促投入了那场追击,事实证明,这场追击对他们来说是致命的。所有关于这场战役的记述,不管它们对哈罗德阵亡精确的时间和方式的描述有多么不同,但都对他在受致命箭伤之前所展示出的军事才能和个人威力称赞有加。他在部署大军时所显示出的才能,可

---

① 原注:参见瓦斯《布鲁特传奇》。

以从下面两个事实中得到证明：一是诺曼底人在强攻英格兰阵地时所付出的伤亡惨重的代价；一是战斗结束后，撒克逊人在附近的森林里的重整旗鼓，这一次，他们切断了大量正在追击的诺曼底人。的确，如果哈罗德或者他任意一位弟弟能够幸免于难的话，英格兰的残余力量就可能会在森林中重新编队，从而拖延这场战争。但是格斯和利奥弗温，以及南部英格兰所有最勇敢的领主，全都在森拉克战死了，与他们倒下的国王和他们

伊迪丝寻找哈罗德的尸体

倒下的军旗躺在了一起。撒克逊人这边，准确的阵亡人数不得而知，但阅读胜利者那边的记录，在撒克逊人参加战斗的6万人当中，至少有1/4的人阵亡了。

多年之后，关于哈罗德国王遗体的发现和埋葬，有许多令人悲伤的传说。据说，有两位沃尔瑟姆修道院（这是哈罗德在登上王位不久之前创建的）的修道士，随他一起参加了那场战斗。大屠杀后的第二天早晨，他们向征服者威廉乞求并获得批

准去搜寻他们的恩人的遗体。诺曼底士兵为了掠夺死者身上的财物而将他们砍得七零八落，两位修道士在支离破碎、血肉模糊的死尸堆中努力辨认着他们从前的国王，结果徒劳无功。他们请来了哈罗德国王的遗孀伊迪丝，请求她的帮助，爱情的眼睛证明比感恩的眼睛更为锐利，即使在这片血肉模糊的杀戮之地，这位撒克逊女士也一眼就认出了她的哈罗德。

哈罗德国王的母亲如今找到了那位胜利的诺曼底人，向他乞求儿子的遗体。但一开始，威廉怒不可遏，铁石心肠地回答道：一个曾经背弃诺言的人，他的宗教只允许用海滩的沙子做他的坟墓。他冷嘲热讽地补充道："哈罗德活着的时候骑马保卫着那片海滩，如今他死了，或许愿意继续守卫在那里。"这样的嘲讽，倒是一句无意识的颂词。一座被苏塞克斯海浪不断冲刷的坟茔，将是这位为撒克逊人的自由而献身的烈士最高贵的埋骨之地。但哈罗德的母亲还是哀伤地祈求着，征服者威廉变得温和了，把哈罗德的尸体交给了他的双亲。哈罗德的遗体被以帝王之礼安葬在沃尔瑟姆修道院。

这一年的圣诞节，征服者威廉在伦敦加冕为英格兰国王。

●公元 1429 年

奥尔良战役

由争夺法兰西王位开始、自1337年爆发的英法"百年战争",到后来演变为英国对法国的全面入侵。1428年,英格兰大军开始围攻战略要冲奥尔良城,战争进入关键阶段,骄傲的法兰西,如今到了民族存亡的生死时刻。至此,近百年旷日持久的战争已经使得整个法国民不聊生,满目疮痍。醉生梦死的王公贵族,对国家的前途早已不抱什么希望。此时,一位乡村少女却毅然挺身而出,要以她瘦弱的身躯,挽狂澜于既倒……

> 整个欧洲的眼睛都注视着这个场景:法兰西为维护国家的独立和人民的权利而最后一次挺身而出。
> ——休姆

萨拉米之战大获全胜之后,各希腊城邦的将军们聚到一起,投票决定谁的个人品德最为卓著,每个人都把自己排在第一的位置,而他们所有人同时把第二的位置给了地米斯托克利。这被视为一个决定性的证据,证明地米斯托克利是当之无愧的第一。如果我们试图通过一次同样的试验,来探知哪一个欧洲国家对欧洲文明进步的贡献最大,我们或许会发现意大利、德国、英国和西班牙都会声称自己应该坐第一把交椅,但他们无疑都会把法兰西的名字排在第二。要想否认法国在历史上的重要影响是不可能的。除了她在近 300 年来作为欧洲联邦的贝娄娜①扮演着强有力的角色之外,她在这期间的所有阶段对人类的艺术、文学、习俗和感情的影响,使得她早期命运的每一次转折点,都成为全世界关注的焦点。可以毫不夸张地断言,每一个民族的未来道路,都与 15 世纪初叶那位在不经意间成为英雄的法国女孩儿密切相关,与她为拯救国家而展开的那场逐鹿之争的结果密切相关。

---

① 贝娄娜,罗马神话战争女神。

一个民族的独立,如果注定要毁于一旦,也很少有哪种情况比 423 年前法国的情形看上去更加不可避免,当时,英国的侵略者已经完成了他们对奥尔良的包围圈。一连串损失惨重的失败使法兰西的骑士气概一蹶不振,士兵们的勇气也为之大挫。一位外国国王已经出现在他们的首都,一支由久战沙场的勇敢老兵所组成的外国军队,在一位当时名扬世界的最能干的将领的统帅之下,占领了他们最好的那片山河。对法国来说,比起敌人的凶猛和强大,更为糟糕的是法国人的内讧、恶行和犯罪。本国的君主,是一位风流放荡、吊儿郎当的浪子,他暗杀了这个国家最强大的一个贵族首领,为的是报复此人的儿子与敌人结盟。他的更多贵族、高级教士、文职官员和地方统治者,都纷纷向英国国王宣誓效忠,农民阶层中则普遍盛行无政府状态和趁火打劫,军队惯有的你争我夺,加剧这样的情形。种种不幸,罄竹难书。恐怖和苦难的感觉,甚至扩展到了畜类的身上。

事实上,法国当时的生活状况是最悲惨的。那里似乎只有丑陋的面容、混乱、贫困、荒凉、孤独和恐惧。乡下那些瘦骨嶙峋、赤身裸体的劳工甚至让他们自己感到恐怖,已经没有什么东西留给他们劫掠了,除了这些可怜而悲惨的家伙,像一些从坟墓里跑出来的孤魂野鬼到处游荡。最后的农庄和村落,被这些英国人、勃艮第人和法国人修筑成了防御工事。所有军舰都获准去劫掠乡下人和商人。甚至连家畜,也习惯于在警钟(敌人接近的信号)敲响的时候,无需任何人指引,而自己跑回家中。①

---

① 原注:转引自罗伯特·索西《圣女贞德》的注释。译注:罗伯特·索西(1774 ~ 1843),英国作家,以其浪漫主义诗歌、评论和传记作品著称。

奥尔良战役

1428年秋天,已经占领卢瓦尔河以北所有法国领土的英国人,正在为征服至今依然忠于法国王太子的南方各省而集结军队。卢瓦尔河沿岸的奥尔良,被视为法国最后的堡垒。英国人一旦占领了这个地方,他们扫荡法国残山剩水的胜利步伐,似乎就没有任何重要的障碍了。因此,英国最勇敢、最富有经验的将军之一,曾经在亨利五世的手下接受训练的索尔兹伯里伯爵①,领兵进攻这座最重要的城市。在攻陷附近几个无关紧要的地方之后,于1428年10月12日,率领他的大军出现在奥尔良的城外。

奥尔良城本身在卢瓦尔河的北岸,但它的市郊延伸到了南岸,一座坚固的大桥与市区相连。一座用现代军事术语或许可以称作"桥头堡"的防御工事守护着南岸的桥头,桥上有两座塔楼,建在与桥头堡之间隔着一小段距离的小岛上。桥的实体建筑,确实就在塔楼处终止了,从这里开始,桥身与南岸桥头堡的连接靠的就是一座吊桥。塔楼和桥头堡一起,构成了一个坚固的防守位置,可以容纳相当强大的守军,只要这个位置控制在奥尔良人的手里,他们就能自由地与南方各省保持联络,南方各省的居民,与奥尔良人一样,也支持他们的王太子抗击外国人。索尔兹伯里伯爵正确地得出了判断:拿下塔楼,是攻陷奥尔良城最重要的步骤。因此,他把自己主要的军事行动对准了这个防守位置。10月23日,在几次被击退之后,他通过猛攻拿下了两座塔楼。然而,法国人已经拆毁了大桥靠近南岸的部分,使得从塔楼直接进攻城市变得不可能。但占据了这个

---

① 即四世索尔兹伯里伯爵托马斯·蒙特卡特(1388~1428)。

位置，英国人就能用大炮猛轰奥尔良城，使市区苦不堪言。他们把大炮安置在这里，奥尔良的几条主要大街在大炮的射程控制之内。

休姆曾说，这是炮兵首次发挥重要作用的一场围攻。即使在奥尔良，无论是围攻者，还是被围者，对大炮的使用，更多的都是作为一种消灭敌军人员的手段，而不是摧毁敌军城墙和工事的工具。大炮在突破固体建筑时的威力，还是几年之后土耳其人在著名的君士坦丁堡围攻战中教给欧洲人的。在这次法国战争中，就像在许多古代战争中一样，饥荒依然被视为迫使固若金汤的城镇束手就擒的最可靠的武器，也是围攻者努力完成围攻墙的主要目的。奥尔良城墙的巨大范围，以及卢瓦尔河为援军和补给所提供的极大便利，使得用这种办法拿下这个地方变得非常困难。然而，索尔兹伯里伯爵，还有萨福克爵士（他在索尔兹伯里伯爵死于炮弹之后，接替他指挥英国军队），却坚持不懈地以巨大的才能和决心继续完成必要的工作。6座坚固的堡垒相隔一定距离围绕奥尔良城建起来了，英国工兵的目的就是在它们之间连成坚固防线。整个冬天，筑垒的工作进展不大，但是当1429年的春天来临时，英国人重新精神抖擞地开始工作，城市和乡村之间的交通变得越来越困难，奥尔良人感觉到短缺已经开始逼近。

围攻部队也因为储备和供应的问题而几乎支撑不下去，直到1429年圣灰节①的几天之后，英国最优秀的将领之一约翰·法斯托弗爵士在奥尔良附近的劳弗莱打了一场漂亮的胜仗，困难

---

① 圣灰节，复活节前的第7个星期三。

才得以缓解。约翰爵士只带了 1600 名战士,彻底击溃了法国人和苏格兰人的军队,这支军队足有 4000 人,是为了援助奥尔良人、袭扰围攻者的目的而征召来的。这场遭遇战(它决定性地确立了英国人在这场战役中对敌手的绝对优势)之后,法斯托弗将大批军需和食物供应护送到了萨福克的营地,英国人士气高涨,迅速占领面前这座城市,继而征服所有法国人的信心也随之大增。

到这时,陷入困境的奥尔良人提出愿意将这座城市拱手交给勃艮第公爵,他虽然也是英国人的盟友,但毕竟是本国的亲王。摄政王贝德福德①拒绝了这些条件,奥尔良马上就会向英国人屈服似乎已经不可避免。查理王太子,这会儿正和他残存的宫廷待在希侬,对继续为自己的王冠再打下去,已经感到绝望了,只是因为他的情妇和王后拿出了更英勇的气概,才阻止了他放弃这个国家。然而,无论是她们,还是查理最勇敢的将领们,都无法告诉他到哪里去找用以拖延战争的资源。而且,最最要命的是,人类的任何技能都无法预知:拯救法国的力量,究竟会来自何方。

在洛林边境的多雷米小村,有一位名叫雅克·达克的农夫,他受到很多人的敬重,因为他以正直善良的品性和严谨虔诚的习惯,培养着一家人。他的长女被双亲取名珍妮特,但按照法语被称作珍妮,译成拉丁语就是约翰娜,在英语中则被称作琼(中文里习惯译作"贞德")。

---

① 即约翰·贝德福德公爵(1389 ~ 1435),英格兰军人、政治家,百年战争中英军司令,亨利四世的第 3 个儿子。

当贞德首次引起人们关注的时候,大约18岁。她天生多愁善感,这种天性使得她对那些圣徒传说和神话故事有着浓厚的兴趣。在照看父亲那些羊群的时候,沉浸在对生活的寂寞想象中,这使得她特别容易热情奔放。与此同时,她因为虔诚孝顺和心灵纯洁,因为对病人和贫困者富有同情心,而闻名乡里。

比较起来,她所居住的这一地区还算没有受到战争的蹂躏,但勃艮第和英国部队的散兵游勇,也常常将恐怖传遍整个多雷米。有一次,这些劫掠者洗劫了整个村庄,贞德全家被赶出了他们的家园,被迫暂时到纳弗沙托寻找庇护所。多雷米的农民主要附属于奥尔良人和法国王太子。法国人承受的所有痛苦,在那里都被归咎于勃艮第人的小集团和他们的盟友英国人,这些人一直在千方百计要奴役不幸的法兰西。

从幼年到少女时代,贞德就不断听人说起战争的悲惨,她自己也亲眼目睹了战争所导致的一些不幸。一种强烈的爱国主义感情在她的身上随着年龄而不断增长。将法兰西从英国人的蹂躏下解放出来,一直是她日思夜想的主题。在这些热切的渴望中,还掺杂着这样的回忆:上帝因垂怜那些被压迫者而奇迹般地介入,那是她从教会的传说中听来的。她的信仰无可怀疑,她的祈祷真诚炽烈。"她不害怕危险,因为她觉得自己无罪。"最后,她相信自己已经获得了她一直在寻求的超自然的神的启示。

根据她自己在身陷囹圄并临近死亡的那些日子里向那些冷酷无情的审判官所作的陈述,她的神的启示大约开始于她13岁那年。她自己说:"13岁那年,一个来自上帝的声音来到我的身边,帮助我控制自己。那个声音大约是一个夏日的中午时分来的,当时,我正在父亲的园子里。头一天我做了斋戒。我听见声音在我的右边,来自教堂的方向。在我听见这个声音的同时,我还看见了一道耀眼的光。"① 随后,圣米歇尔、圣玛格丽特和圣凯瑟琳出现在她的面前。他们一直笼罩在神圣的光环中,她能看见他们头顶上的宝石冠;她能听见他们的声音,甜美而温柔。她分不清他们的手臂和肢体。她更频繁地听见他们的声音,很少看见他们显形。通常,她听见他们的声音,是在教堂祈祷的钟声敲响的时候。如果她是在森林里听见他们的声音,她就能清楚地辨别出那声音正在走近自己。当她认为自己辨别出了那是天国的声音的时候,她就跪下了,俯身向地。他们的出现,让她喜极而泣;当他们离去,她泪流满面,因为他们没有带她一起去天国。他们安慰她。他们告诉她,法兰西将得到拯救,她应该去拯救她。正是这样的幻觉和来自天国的声音,震撼了这个13岁女孩儿的心灵。随着年岁的增长,它们越来越频繁地出现,越来越清晰。终于,奥尔良被围攻的消息传到了多雷米,贞德听到父母和邻居们说起那里的居民所遭受的苦难,奥尔良的沦陷将会给他们合法的国王带来灭顶之灾,王太子和他的宫廷正处在危难之中。想到奥尔良面临的厄运,贞德心如刀绞。那些来自天国的声音如今命令她离开家乡,告诫她:她就是上帝所选择的人,为的是将英国人赶出奥尔良,让太子殿下在兰斯②加冕为法兰西国王。最后,她把自己的神圣使命告诉了父母,并对他们说:她必须去找在沃古勒尔指挥战斗的博德里科特阁下,他是要带她去见国王的指定人选。她的父母没有感到愤怒,

---

① 原注:参见《圣女贞德的审判》卷1。
② 兰斯,法国东北部城市,它长期是法国国王的加冕场所。

也没有悲痛伤心,只是回答说:他们宁愿看到她淹死,也不愿意看到她被肮脏的军营所玷污,希望她能改变主意。她的一位叔叔答应带她去沃古勒尔。在沃古勒尔,博德里科特首先想到的是:她疯了,并开始嘲笑她。但慢慢地,他相信了,即便不是相信她的神的启示,至少也该相信她的热情,相信这种热情对太子殿下的事业可能有用。

沃古勒尔的居民,则完全被她所表现出的虔敬和忠诚、被她对自己神圣使命的真实性所作的言之凿凿的保证,争取过来了,坚定地站在她的一边。她告诉人们:正是出于上帝的意志,她应该去找国王,只有她才能拯救法兰西王国。她说,她本人更愿意留在可怜的母亲身边纺纱织布,但上帝已经命令她挺身而出。这个少女的名声,以及关于她的神圣、她的使命的传说,很快就传播到四面八方。博德里科特派了一队卫兵护送她去希侬,查理王太子正在那里百无聊赖地打发时光。天国的声音命令她采用骑士的武器和服饰,沃古勒尔最富有的居民争相为她置办行头:战马、盔甲和剑。到达希侬的

圣女贞德

时候，耽搁一些时间之后，总算同意让她去见太子殿下。当贞德被引见的时候，查理故意穿得很寒酸，远不如他的那些朝臣打扮得那么阔绰，混在他们当中毫不显眼，这样做，为的就是要看这位"圣洁少女"的洋相，让她致词的时候认错人。但她一眼就认出了太子殿下，跪在他的面前，说："尊贵的殿下，上帝通过我向您宣布：您将在兰斯城被加冕为国王，您将是他在法兰西的代理人。"她此前或许在肖像上见过他的相貌，或者别人曾向她描述过他，但她本人相信，当她向国王致词的时候，是上帝的声音给了她神的启示。谣言很快就传开

圣女贞德接受神启

了，说的是这位"圣女"凭着圣迹找出了国王。诸如此类的传闻，使她如今已经迅速获得了的声望和影响力为之大增。

在法国，公众普遍的情绪状态并不十分热衷于相信：上帝会因为垂怜那些迄今为止依然失败潦倒、饱受压迫的人而施以援手。降临在王室和贵族家庭的羞耻，被视为上帝因为他们的恶行和不敬而作出的公正判罚。人们相信，突然降临在法兰西民族头上的灾祸，是他们的民族罪孽所招致的。英国人，原本是上天对法兰西发泄愤怒的工具，如今，因为他们傲慢和残忍，反倒很适合于成为这种愤怒的对象。在那个年代，法国一直是

个宗教虔诚的国家。虽然有无知,有迷信,有气量褊狭,但是也有信仰——这种信仰本身就创造了真正的奇迹,即使在它相信那些虚幻奇迹的时候。这一次也是如此,一场献身运动,在法国的神职人员当中开始了,这样的献身运动,时常在这个国家的教会中发生。不计其数的修道士和牧师,在法国的乡村和城镇走街串巷,告诫人民:他们应该寻求上天的帮助,才能把法兰西从侵略者的掠夺和压迫者的专横之下解放出来。

就这样,所有事情都在帮助贞德获得巨大的影响力,这种影响力,既是针对朋友,也是针对敌人。法国人,以及英国人和勃艮第人,都欣然承认:是超自然的力量给了她神的启示。唯一的问题是,这些神奇的力量,到底是天使,还是恶魔;她所携带的,到底是"天国的和煦微风,还是地狱的狂暴雷霆"[①]。对她的同胞而言,这个问题想必可以得出有利于她的明确解答,通过她生活的简朴圣洁,通过她言辞的神圣,尤其是通过她对教会中所有仪式和习俗的专注。起初,王太子担心,如果自己与一个女巫结成联盟,将会受到人们公开的指控,因而对自己的事业造成损害。因此,为了让贞德的正统和纯洁无可置疑,采取了每一种可能的手段进行检验。终于,查理与他的顾问们觉得,作为"圣教会"一位忠诚而贞洁的女儿,接受她的帮助是安全的。

的确,很有可能,查理本人,以及他的一些顾问,或许都怀疑贞德纯粹是个宗教狂。而且可以肯定,杜诺瓦及其他一些最优秀的将领,在服从或违背她的军令时,都有相当大的自由

---

① 语出莎士比亚《哈姆雷特》第1幕第4场。

度。但对大量平民和士兵,她的影响力却广大无边。查理和他的神学博士、宫廷贵妇们,花了相当长的时间来商讨到底是接受还是拒绝这位"圣女",这期间,一支小规模军队,仿佛是英国人镰刀下的落穗,在布洛瓦①集结完毕,由杜诺瓦、拉伊尔等几位首领指挥,在他们天生的勇敢精神中,如今开始结合进了灾难教给他们的智慧。王太子终于决定,让贞德率领这支部队护送补给去奥尔良。那座城市的困境如今已变得迫在眉睫,但它与辽阔乡村地区之间的交通尚没有被完全切断。奥尔良人已经听说过这位被上帝派来拯救他们的"圣女",他们的使者也曾急切地恳求太子殿下刻不容缓地把她派到奥尔良来。

　　贞德出现在布洛瓦,身着一套崭新的熠熠闪光的白色盔甲,骑在一匹雄壮的黑色战马上,右手握着一杆长矛,她已经学会了熟练而优雅地挥舞它。她没有戴头盔,这样,所有人都能看见她的头发和表情丰富的面庞,她深陷而诚挚的眼睛,她黑色的长发,从前额分开,用丝带束在背后。她的腰上,佩着一把战斧和一柄神剑,剑刃上刻有5个十字架,那是按她的吩咐从圣凯瑟琳神殿里拿来的。一位侍从官扛着她的旗子,是依照天国的声音告诉她的样子制作和刺绣的,白色的缎子上点缀着鸢尾花②,绣着"耶稣玛利亚"几个字,象征着上帝的荣耀。贞德后来在战斗中通常是亲自拿着她的旗子,她说,虽然她也很爱她的神剑,但她爱她的旗子要超过神剑若干倍,她之所以喜欢举着它,因为它不会杀死任何人。

---

① 布洛瓦,法国中部城市,位于图尔城东北,卢瓦尔河畔。是有权势的布洛瓦伯爵的封地。
② 白色鸢尾花是法国王室纹章图案。

她就是凭着这样一套装备,来率领法国的军队,士兵们以军人特有的钦佩眼神,看着她匀称挺拔的体形,她控制战马的技巧,她操纵武器的从容优雅。她的军事训练时间很短,但她运用得却很出色。她也有良好的判断力,很少干涉军队的作战策略,把那些事情交给杜诺瓦以及营地中其他的指挥官,她有眼力辨别出谁是最优秀的。在战斗中,她的战术策略再简单不过了。正如她自己说的:"我通常对他们说:'大胆地冲到英国人中间去。'然后,我总是亲自大胆地向前冲。"这就是她唯一使用的魔咒,它也是一种力量。而在她干涉军队的作战策略的时候,道德纪律方面的所有事情她的要求都非常严厉。营地里所有自甘堕落的部下,都被毫不客气地赶走。她强迫将领和士兵们定期参加忏悔。她的私人牧师和其他随军牧师,在她的命令下和部队一起行军,每一次休整,都要搭起祭坛,举行圣礼。所有渎神的言词和污言秽语都要受到责罚。就连最粗鲁、最顽固的老兵,都对她言听计从。他们暂时摒弃了在流血和劫掠生涯中培养起来的野蛮粗俗;他们感觉到,他们必须以崭新的精神面貌,开始新的事业生涯;他们认识到,这个天国派来的圣女,正以她神圣的美丽带领他们走向必然的胜利。

4月26日,贞德在杜诺瓦、拉伊尔及其他法国将领的陪伴下,护送着补给向奥尔良进发。28日早晨,他们接近了奥尔良城。

这天白天,圣女贞德骑在马上以庄重的队列通过奥尔良城,她披挂着全套铠甲,骑着一匹白马。杜诺瓦走在她身边,她的军队和本地守军中所有最勇敢的骑士紧跟在队列的后面。全城的市民蜂拥着挤在她的周围,男女老少争相触摸她的衣服、旗子或战马。他们络绎不绝地拥上前,祝福这位被他们视为救星的圣女。贞德温和地答复他们的欢呼和祝福。她告诉他们,要敬畏上帝,相信他能让他们免于敌人的狂暴杀戮。她首先去了主教堂,在那里吟唱了《感恩赞》;然后,她在一位本城的重要市民雅克·布格耶的家里安顿了下来,此人的妻子是一位名

圣女贞德

声颜佳的主妇。她拒绝出席为她准备的盛大宴会，所有的时间几乎都在祈祷。

当英国人得知圣女贞德在奥尔良的时候，他们的脑子里，也塞满了关于她的故事，而且一点也不比奥尔良人脑子里的少，但他们各自所怀有的心情却大不相同。英国人也和法国人一样坚定地相信她的超自然的使命，但他们认为，她是一个想用自己的魔法来挫败他们的女巫。一个古老的预言已经流传很长的时间了，说的是一位来自洛林的少女将拯救法兰西，无论是外国人还是本国人，他们都知道这个预言，并把它应用到了贞德的身上。几个月以来，英国人一直听人们说起这位即将到来的圣女，据说

圣女贞德进入奥尔良城

她创造了许多奇迹，英国营地里那些粗鄙的自耕农，怀着焦虑不安的好奇心和秘密的敬畏，聆听人们讲述这些奇迹般的故事。在她向奥尔良进军之前，派了一位使者去找英国的将军们，他以上帝的名义，要求英国将军们把那些被他们错误占领的法国城市的钥匙交给上天派来的圣女贞德。他还庄严地命令奥尔良城外的英国军队回他们的老家去，否则，将面临上帝的判决。

当她到达奥尔良之后，又派人向他们传达了类似的信息。但英国人却从他们的塔楼上嘲笑她，并威胁要烧死她的使者。她决定，在让侵略者血流遍地之前，用自己的声音重申这个警告。因此，她骑马来到城区的一条林荫大道上，塔楼上可以听见这里的声音，她就从这里向英国人喊话，命令他们离开，否则他们将遭遇羞耻和灾祸。当时，威廉·格拉兹达勒爵士指挥英国人在塔楼上的哨位，对贞德的喊话，威廉爵士与另外一名指挥官给出的答复是：以粗俗不堪的冷嘲热讽，吩咐她回家去照看奶牛。这使得她的眼睛里盈满了羞愧和愤怒的泪水。不过，尽管他们很嚣张，但贞德在奥尔良的出现，其对英国大军所产生的威慑作用，却在她到达后的第4天被事实所证明。当时，在援军和补给接近市区的时候，贞德和拉伊尔出城迎接，他们护送着长长的供应车队，从英国人的两座塔楼之间安全进入奥尔良城。英国人并没有像往常任何一支法国军队胆敢露面时的那样，发动猛烈而勇敢的攻击，而是战战兢兢地退缩在他们的围攻城墙背后。

迄今为止，她还没有真刀真枪地打过一仗，就已经威震八方。不过，在真实杀戮的恐怖中考验她的勇气的时间到了。就在她护送援军进城的那天下午，当她正在家里休息的时候，杜诺瓦抓住了一个进攻英国人的圣卢普城堡的有利时机，奥尔良人对它发动了一场猛烈的攻击，堡垒内的英国守军顽强抵抗。贞德被一阵声音唤醒了，她相信那肯定是天国的声音，她命人拿来武器，牵来战马，迅速武装好了以后，她翻身上马，策马向激战犹酣的战场飞奔而去。匆忙中，她忘了拿自己的旗子。她策马回返，没有下马，让人从窗户里把旗子递给她，然后，直奔正在突围的城门。半道上,她遇见了一些从战场上抬回来的受伤的法国人。她惊叫起来:"啊,看见法国人流血,我不能不头发倒竖。"她骑马出了城门,遇见了被击退的同胞们正从英国堡垒潮水般地后撤,混乱不堪地向后飞奔。当他们看见圣女贞德和她的旗子时,于是便重整旗鼓,重新发动进攻。贞德一马当先,挥舞着旗子鼓舞他们。英国人因为相信那是地狱的攻击而感到恐惧,圣卢普被攻陷了,那里的守卫者,除了有一些被贞德成功救下来之外,都被杀死了。当战斗结束的时候,女人的全部温柔重新回到了她的身上。这是她第一次目睹战场。看到许多血肉模糊、七零八落的尸体,她流下了眼泪;而当她想到那些都是基督徒的尸体,他们没来得及忏悔就死了,这时,她倍加泪流满面。

第二天是耶稣升天节①,整整一天,贞德是在祈祷中度过的。但在次日,守军的将领们决定攻打卢瓦尔河南岸英国人的堡垒。为了这个目的,他们乘坐小船渡过了卢瓦尔河,几场激战之后,英国人的两座城堡——奥古斯丁城堡和圣吉恩城堡,被攻陷了,战斗中,贞德的脚后跟受了伤。两座塔楼如今成了围攻者在卢瓦尔河南岸所控制的唯一据点。但这个据点固若金汤,因为它控制着大桥,所以是解救奥尔良的关键。人们都知道,一支新的英国大军正在逼近,他们在法斯托弗的率领下前来增援围攻者,如果这支大军到达,同时两座塔楼依然在他们的同胞们的手中,法国人已经获得的所有优势,就有化为泡影的巨大危险,围攻就会再一次积极地继续进行。

---

① 是复活节后的第 40 天。

因此,法国人决定,趁着由圣女贞德的在场和她的英勇无畏所制造的狂热正当如日中天的时候,立即攻打两座塔楼。但要执行这个计划,却殊非易事。桥头堡的防御墙和塔楼的近岸壁垒,又高又陡,威廉·格拉兹达勒爵士以500名弓箭手和重骑兵把守这个至关重要的据点,他们是英军的精华之所在。

5月7日一大早,奥尔良数以千计的最优秀的法国士兵,在圣女贞德的命令下,听了弥撒,参加了忏悔。然后,像头一天一样,乘坐小船渡过卢瓦尔河,"用他们明快的心和沉重的手",向

圣女贞德

两座塔楼的防御墙发动进攻。但格拉兹达勒的人,在他们大胆而老练的首领的鼓励下,展开了一次坚决而有力的防守。圣女贞德把她的旗子插在了壕堑的边缘,然后,跳入壕沟,靠着防御墙放好了第一把梯子,开始往上爬。一位英国弓箭手朝她放了一箭,这支箭,洞穿了她的甲胄,重创了她的脖子与肩之间的部位。她流着血从梯子上摔了下来,英国人从墙上跳了下来,想要抓住她,但她的部下抢先把她抬走了。她被抬到了后方,躺在草地上。人们解开了她的铠甲,伤口的疼痛,再加上看到自己的血,起初使她战栗、落泪,但她很快恢复了对自己的神圣使命的信心。她坐了起来,自己用手拔出了那支箭。一些站

在她身旁的士兵希望用对着伤口念咒语的办法来止血,但她制止了他们,说,她不希望用亵渎神明的手段来疗伤。她在伤口上涂了一点点油,然后命人叫来她的忏悔神父,她要做祈祷。

这期间,塔楼防御墙上的英国人击退了法国人屡次试图攀登防御墙的努力。指挥进攻的杜诺瓦最后也灰心丧气,下令撤退。贞德把杜诺瓦和其他将领叫到身边,恳求他们不要绝望。"看在上帝的份儿上,"她对他们说,"你们很快就会攻进去的。不要怀疑。当你们看见我的旗子再次在墙头上挥舞的时候,那座堡垒就是你们的了。眼下暂且休息片刻,吃点东西,喝点水。"他们照她说的做了,因为他们不可思议地对她言听计从。受伤所带来的虚弱这会儿已经消失了,贞德率领法国人再一次向防御墙发起了冲锋。满以为她已经阵亡的英国人,看到她再次出现,不免惊慌失措。与此同时,法国人则猛烈而狂热地向前逼近。一位来自比斯开湾的士兵举着贞德的旗子。她已经告诉过她的军队,一旦旗子触到了防御墙,他们就蜂拥而上。那个比斯开湾士兵从壕沟的边缘向前挥舞着旗子,触到了防御墙。然后,整个法国大军发疯似的蜂拥着攀上这会儿已从

战场上的圣女贞德

四面八方架上英国堡垒的梯子。就在这个危急关头,英国人的努力抵抗,被来自另外方向的进攻给打乱了。留在奥尔良城内的法国军队,在那座大桥被拆毁的部分铺设了一些厚板,已经越过了卢瓦尔河,从北侧向塔楼发起进攻。格拉兹达勒决定,从近岸防御墙上撤回他的人,将全部力量集中到塔楼本身。正当他率领他的人马通过塔楼和桥头堡之间的吊桥的时候,此时已经攀上防御墙的贞德,冲着他大喊:"投降吧,向上帝投降吧!格拉兹达勒,你用你的刀剑卑鄙地伤害了我,但我怜悯你们所有人的灵魂。"但英国人对她的呼唤不屑一顾,正当他们大踏步穿越吊桥的时候,一枚炮弹从城区呼啸而至,格拉兹达勒消失在桥下的滚滚洪流中。在他阵亡之后,剩下的英国人完全放弃了进一步的抵抗。他们当中,有300人被杀死,200人束手就擒。

欢呼雀跃的奥尔良人很快就修复了被毁坏的桥拱。经由这座已经长时间关闭的大桥,圣女贞德凯旋入城。每座教堂都敲响了欢庆的钟声,人们的欢声笑语彻夜回荡,熊熊燃烧的篝火照亮城市的夜空。而南岸,那些依然被围攻者所驻守的阵线和堡垒中,将军们还在焦急地注视着,士兵们则垂头丧气,愁眉苦脸。就连塔尔博特,此时也建议撤退。第二天早晨,奥尔良人从城墙上望见被称为"伦敦"和"圣劳伦斯"的两座大堡垒上火光冲天,侵略者正忙于销毁他们赖以摧毁奥尔良城的军需储备。英国人开始缓慢而心情沉重地撤退,完全不像他们此前在攻打奥尔良城时所部署的战斗队形。法国军队热切地渴望出城追击,但贞德制止了他们。这天是礼拜日。"看在上帝的份儿上,"她说,"让他们离开吧,让我们答谢上帝。"她领着市民和士兵们出了奥尔良城,不过不是为了流血。他们排成庄

严的队列,绕城墙行进。然后,当正在撤退的敌人依然在视线之内的时候,他们跪下来感谢上帝,感谢他赐予他们的解救。

从最初觐见太子殿下算起,不到3个月的时间,贞德已经圆满实现了她的允诺的第一部分:解奥尔良之围。在接下来的3个月时间里,她也圆满实现了她的允诺的第二部分:她手持自己的旗子站在兰斯的祭坛旁,看着太子殿下施涂油礼,被加冕为法兰西国王,是为查理七世。这期间,她攻克了扎若、特鲁瓦等防守坚固的地方,在帕泰的一片美丽的原野上,击溃了英格兰大军。同胞们对她无限狂热,不过,她所作出的贡献,尤其是最初在奥尔良的功绩,其重要性或许可以从敌人的证词中得到最好的证明。贝德福德摄政王曾经给他的侄子亨利六世写过一封信,在这封信现存的片断中,摄政王为那场战争的逆转,尤其是贞德对奥尔良的解围,而扼腕悲叹。

当查理被加冕为法兰西国王的时候,贞德相信,她的使命已经完成了。的确,法兰西的彻底解放,虽然在此后若干年里依然没有完成,但已经可以确保无虞了。一位国王的加冕和涂油典礼,在那些日子里,并不仅仅被看作是一场奢华的仪式。人们相信,应该把天国的赞许和恩典,授予一个此前仅凭人的权威统治国家的君主。打那以后,他就是"救世主"了。此外,从前在号召人们支持查理七世的时候,一个存在于许多法国人中间的困难,如今被消除了。他曾经遭到人们(甚至包括自己的父母)的公开诬蔑,说他不是法国王室的正宗后裔。英国王太后,以及勃艮第的党羽,称他为"觊觎王位者"。不过,这些导致他的正统性受到质疑的人,却因为圣女贞德的胜利,因为她对自己誓言的践履,而治愈了他们的怀疑主义老毛病。他们认为,上天决定青睐查理,把他视为圣路易王冠的真正继承人。那些关于他是个冒牌货的谣言,打那以后也就被视为纯粹是英国人的诽谤。有了对他青睐有加的这股民族感情的强大潮流,有了得胜将士环绕左右,有了垂头丧气、四分五裂的敌人陈兵在前,他不可能不成功。尽管他自己行为鲁莽、举止轻佻,尽管有些英国人依然表现得勇猛顽强,几乎把法国这场战争拖延到了英国的"玫瑰战争"①爆发、从而确保了法国的和平与安宁的时期。

在兰斯大教堂里,贞德跪在新加冕的国王面前,喜极而泣。她说,她已经完成了上帝命令她去做的工作。这个年轻的女孩儿请求解甲归田。她希望回到她的农家小院,重新照看父母的畜群,按照自己的意愿生活在乡村。她一直相信,自己的生命很短暂。但是,查理国王和他的将领们不愿意失去这样一个对士兵和人民有如此影响力的人。他们劝说她继续与军队待在一起。为了法兰西的事业,她依然表现出了同样的勇敢和热情。在祈祷中,她像从前一样热烈;在所有宗教责任上,她像从前一样堪称榜样。她依然能听到天国的声音,但她如今不再认为自己是天国派来的使者,能带领她的同胞走向必然的胜利。我们对她的勇气和爱国精神的赞美,应该因为她在事业生涯后期身临险境时的行为,而得到百倍的增强,那时,她已经不再相信自己被神的力量所保护。她的确相信,自己命中注定要在一年多一点时间之内毁灭,但她依然像从前一样毅然决然地(即

---

① 玫瑰战争(1455~1485),或称蔷薇战争,指兰开斯特家族和约克家族的支持者之间为争夺英格兰王位而展开的一系列旷日持久的内战。玫瑰战争的名字来自于两个皇族的家徽:兰开斯特的红玫瑰和约克的白玫瑰。

便不像从前那样兴高采烈）继续战斗。

正如在阿米尼乌斯的情形中一样，正是对个人的英雄情怀和崇高品德的兴趣，使得我们去追踪圣女贞德在拯救国家之后的命运。在攻克拉昂、苏瓦松、贡比涅、博韦等防守坚固的地方的时候，她率领查理国王的军队打得很漂亮。但1429年9月，在对巴黎发动的一次仓促草率的进攻中，法国人被击溃了，贞德身负重伤。冬天的时候，她领着法国军队再次出现在战场上，第二年春天，她身陷贡比涅要塞，就在这之前的那一年的秋天，她刚刚为法国国王赢回了那座要塞，如今又被一支强大的勃艮第军队所包围。

在5月24日的突围中，她不幸被俘，先是被勃艮第人关押在阿拉斯，后来又被囚禁在佛兰芒海岸一个被称作克罗托伊的地方，直到11月，为了一大笔赏金，勃艮第人把她交给了英国人，随后她被带到鲁昂，那是英国人当时在法国的主要据点。

> 真是不幸，说来叫人羞于启齿，
> 残酷的杀戮，就是发生在那里。①

用以对付这个年轻女孩儿的残忍手段、那些令人厌恶的细节，或许应该留给那帮自命为传记作家的人去处理，他们的职责就是描述这些东西。她在一个教会法庭接受审判，对她的指控是：巫术迷信。1431年5月30日，圣女贞德在鲁昂的集市上被活活烧死。

---

① 这两行诗引自沃尔特·司各特的长诗《玛米恩》第2章。

●公元1588年

无敌舰队战役

从15世纪末到16世纪中期,是老牌欧洲强国的黄金时期。此时的西班牙,是当之无愧的海上霸主,建立起了横跨欧、亚、非、拉的庞大殖民帝国,拥有一支不可战胜的"无敌舰队",傲视群雄,不可一世。然而,16世纪中叶,英国的迅速崛起和疯狂的海外扩张,动摇了西班牙的霸主地位。腓力二世国王自然不能坐视这种情况发生。1588年5月末,西班牙无敌舰队从里斯本扬帆出航,浩浩荡荡地发起对英格兰的远征。力量尚且稚嫩的英国,面对强大的西班牙舰队,能否经受住这次严峻的考验呢,谁也没有把握……

> 那是令人难忘的一年，整个欧洲都在焦虑不安地旁观那场政治豪赌生死一掷的最终结果。
>
> ——哈勒姆

公元1588年7月19日下午，一群英国舰长被集中到了普利茅斯市霍伊区的一家草地保龄球场，这帮级别相当的家伙此前还从未凑到一起过，今后恐怕也不会——哪怕是在英国皇家海军的英雄们最喜欢的集会地。弗朗西斯·德雷克① 爵士，第一个进行环球航行的英国人，无论在旧大陆还是在新大陆，此人都是让每个西班牙人闻风丧胆的家伙。约翰·霍金斯爵士，一个粗鲁暴躁、身经百战的老兵，曾在非洲和美洲海域进行过多次大胆冒险的航行，参加过许许多多危险的恶战。马丁·弗罗比歇爵士，北极海域最早的探险家之一，曾致力于寻找西北通道——这至今依然是英格兰最大胆的水手最钟爱的目标之一。英国海军舰队总司令霍华德勋爵②，常以国家的名义一掷千金。最近，女王听信了一份夸大其词的报告，说敌军已经被暴风雨赶回去了，丢盔卸甲，损失惨重。于是命令霍华德勋爵解散部

---

① 弗朗西斯·德雷克（约1540~1596），英国海军英雄和航海家。本次海战中任英国舰队副司令。
② 查理·霍华德（1536~1624），英国政治家、海军大臣。本次海战中任英国舰队司令。

分舰队,他竟敢抗命不从。霍华德勋爵(当时的作家把他描写成一个高贵、英勇、富有才智、熟悉海事、精明谨慎、在海员当中拥有很高声望的人),决意冒险犯颜,让舰队继续控制在自己手里,以免使英国失去它们的保护。

另外一位伊丽莎白时代的海上之王,沃尔特·罗利爵士,在那时已受命征召并装备康沃尔郡陆军。但我们可以相信,他一定不会放过同霍华德司令及其他高级将领共商大计的机会,所以,我们应把他也看作是霍伊草地保龄球场集会中的一员。除了以上提到的这些头面人物,另外还有许多勇敢之士以及技巧娴熟的海员,此刻正在那里享受着片刻的安闲,从事一些海员们所喜爱的娱乐消遣活动。港湾里停泊着英国舰队,它们刚刚从科伦那返航,去那里为的是巡查无敌舰队的真实情况及动向。霍华德勋爵确信,敌人尽管刚遭受过暴风雨的摧残,但依然十分强大可畏。他担心部分西班牙船舰会趁自己不在的时候驶向英国,于是匆忙回了一趟德文郡海岸。眼下,他重新回到了普利茅斯的岗位上,等待着无敌舰队到来的确切消息。

德雷克和舰队的其他几位高级军官正在进行草地保龄球比赛,此刻,一艘武装小船正顺风快帆驶入普利茅斯港。船长匆匆登岸,急切地寻找英国海军司令及各位船长所在的地方。他名叫弗莱明,是一艘苏格兰武装民船的船长。他告诉英国军官们,当日早上,他看见西班牙无敌舰队已驶离康沃尔郡海岸。听了这一令人兴奋的消息,舰长们开始忙着下水,大喊大叫地招呼登船划艇。然而,德雷克冷静地制止了他的战友,坚持认为比赛应该打完。他说时间足够让我们先赢了这场比赛,再打败西班牙人。于是,一场有史以来最棒的也是最英勇的草地保龄球比赛照常进行。德雷克和他的朋友们瞄准目标掷出最后一球，如同他们举枪瞄准一样冷静、谨慎、沉稳。终于，有了胜利的一掷，然后，他们登上了甲板，准备战斗，他们的心情如同在草地保龄球场上一样轻松，胆气也一样坚定。

与此同时，信使和信号都已迅速发往英国各地，消息传遍每一座城镇和乡村：敌人终于来了。在每一座海港，海陆两方面都迅速做好了准备；在每一个郡和每一座城市，战马和士兵都迅速集结完毕。但英国那时最好的防御力量，一直都是它的舰队。舰队曲曲折折地逆风驶出了普利茅斯港，霍华德司令面西而站，焦急地寻找着无敌舰队的踪迹。很快，来自康沃尔郡的渔船以及从康沃尔的峭壁方向发来的信号表明：无敌舰队来了。

在我们今天，英国是如此强大，西班牙是如此不堪一击，以至于如果我们不加思考和留意，就很难理解当日的英国所面临的巨大危险，很难估量这样一场世界危机的严重性。英国所

英国海军将领们在草地保龄球场

面临的危险,来自于西班牙的实力和雄心。那时的英国还没有英属印度,也没有庞大的殖民帝国,有的只不过是罗利和吉尔伯特①在北美建立的几个零零星星的殖民区而已。那时,苏格兰是一个独立的王国,爱尔兰比起日后来说更是个衰败之源、祸乱渊薮。伊丽莎白女王即位后所面临的,是沉重的财政负担、四分五裂的民族以及折戟沉沙的对外战争——在这场战争中,英国丧失了在法国的最后一块领地。她的皇权还有着一个可怕的敌手,整个罗马天主教的势力都与此人利益攸关。甚至,她的一部分臣民也受着宗教偏见的影响,认为她是一个篡位者。不错,在她统治的这些年来,在1588年的入侵之前,她复兴了英国的商业繁荣,振奋了民族精神,使国民对英国的忠诚复燃。然而这些,全然不足以与西班牙的殖民霸权相抗衡。除了荷兰之外她没有一个外国盟友,而荷兰也已是泥菩萨过河—自身难保,看来似乎正在无望地反抗着西班牙的统治。

另一方面,腓力二世②是一个绝对集权的君主,他所统治的帝国,在疆域、资源,尤其是在军备和海军力量上远远胜于世界上其他国家,这些足以使他的帝国扩张成一个全球性的专制君主国,而腓力本人,既有雄心制定这一计划,又有足够的决心投入所有的精力、不择手段地实现这一目标。自从罗马帝国灭亡以来,世界上还不曾出现过这样一个具有压倒性优势的帝国。中世纪的欧洲,一个个王国逐渐在封建制的战乱中成形,

---

① 汉弗莱·吉尔伯特(约1539~1583),英国军人和航海家,他使纽芬兰成为英国的殖民地。
② 腓力二世(1527~1598),神圣罗马帝国皇帝查理五世的儿子,西班牙国王兼葡萄牙国王。

尽管战争频繁惨烈，也有几位国王称雄一时，但还没有人能够获取持久扩张所需的长盛不衰和完美体制。一些强大王国合并以后，一段时间以来它们继续保持着互相制约。16世纪的上半期，欧洲的政治家们还成功维持着力量的平衡。但是自腓力二世即位以来，法国由于内战的缘故削弱了国力，于是腓力可以不再对束缚他父

腓力二世

皇查理五世的平衡体制有所忌惮。在德国、意大利、波兰，他拥有许多热情支持他的盟邦和属国，要么，就是一些软弱分裂的敌人。对土耳其作战，他取得了伟大而光荣的胜利。他环视欧洲大陆，找不到一个势均力敌、令他敬畏的对手。西班牙在腓力即位的时候达到了强盛的顶峰。阿拉贡、卡斯蒂利亚和其他民族在自由体制下以及在对阿拉伯的摩尔人作战中所取得的勇气和精神并未消亡。不错，查理五世已毁灭了西班牙的自由地区，然而，在腓力时期还不足以体验到这种毁灭所带来的全部不幸。一代人的光景不足以使一个民族沉沦，而查理五世和腓力二世统治下的西班牙人恰恰证明了这一点，即：任何一个国家对其邻国的威胁也比不上一个刚刚从自治政府突然过渡到极权统治的国家。一个民主政体的能量尚存，再加之以一个所有力量都由独裁者决定之政府的决心和意志。不错，这种超自然的能力是短暂的，自由沦丧之后，国家的腐朽和沉沦必将随

之而来，但在这种沉沦发生作用之前，还有一个间歇期，在此间歇期中，这个国家往往会成功地发动对外战争。

腓力还有一个优势，就是他本人拥有一支大规模的常备军队。这支军队纪律严明，装备优良，而且，在当时的基督教世界，常备军队还是不为人知的，即便是有，也只是少数微不足道的特种兵团而已。西班牙军队的特种兵团有着响亮的名声，他的步兵团是世界上最优秀的。他的舰队，何止是数不胜数，并且比任何一个欧洲强国的海军完美得多，而且，他的士兵和水手都已在长时间的战争中对自己和自己的长官获取了充分的信任。

除了西班牙的王冠以外，腓力还继承了那不勒斯和西西里王国、米兰大公的领地，弗朗什—孔泰以及荷兰。在非洲，他拥有突尼斯、奥兰省、佛得角和加那利群岛；在亚洲，拥有菲律宾群岛和巽他群岛，以及印尼的摩鹿加群岛的一部分。越过大西洋，在新大陆他也占有很多良田美地，新大陆的发现者哥伦布为其命名为卡斯蒂利亚—莱昂。此外，秘鲁王国、墨西哥、新西班牙、智利，有着大量的稀有金属矿产，还有伊斯帕尼奥拉岛、古巴，以及其他许多美洲的岛屿，全都是西班牙统治下的省份。

不过，腓力却也经受了荷兰居民反抗其统治的打击，他也并没有能够把他的父皇留给他的全部产业收复到西班牙的王权之下。然而，他重新征服了大量武装反抗他的城镇和地区。比利时相比于起义之前更加彻底地绝对服从于西班牙。只有荷兰和其他6个北方的国家仍在反抗着他的武力统治。这些战争对于腓力来说，有助于锻炼他的军队，使其更加成熟老练，日臻

完善。在西班牙名将帕尔马公爵①的指挥下,西班牙军队能够在战争中的任何困难、任何波动下一致抗敌,而且,不管多么艰难,多么单调,在每一场战争中都表现出绝对的忠诚。帕尔马公爵亚历山大·法尔内塞,是西班牙的海军总司令,也是西班牙在荷兰领地的总督,绝对是那个年代最伟大的军事天才。

亚历山大·法尔内塞

在政治中,他也同样以聪明睿智和杰出的行政管理能力而闻名于世。他是军中的偶像,他知道如何在既不放松纪律也不降低个人权威的情况下赢得士兵的爱戴。在一切行动计划中,他都十分小心谨慎、镇定自若,但当决定出击之时,总是迅捷有力,绝不退缩。即便是在发动战争的地区,他也用自己无可挑剔的坚定信仰、他的温和节制,以及他的演讲安抚当地人民。法尔内塞就是这样一个可畏的将军,一个不仅能赢得战争,也能实现征服的军队领袖。对于英国和整个世界来说,不列颠群岛能够免于成为他展示自己能力的舞台,不能不说是万幸。

不管西班牙在荷兰受到了多大程度的削弱,这种削弱在葡萄牙那里绝对得到了更大的补偿。1580年,腓力彻底征服了葡

---

① 帕尔马公爵亚历山大·法尔内塞(1545~1592),西班牙国王腓力二世统治下的尼德兰摄政。

萄牙,不仅征服了王国本身,也攫取了葡萄牙航海事业的全部成果。葡萄牙在美洲、非洲、东印度群岛的所有殖民地都已服从西班牙王国的统治,因此,西班牙不仅统一了伊比利亚半岛,也建立了一个跨海强国,一点都不比腓力即位之时逊色。腓力的舰队联合教皇和威尼斯的军舰对土耳其作战,在勒班陀取得了辉煌的胜利,已在基督教世界提高了西班牙海军的声望。腓力即位35年之后,帝国的隆隆炮声一如往昔,西班牙军队在世界上的辉煌有增无减。

只有一个国家,是腓力的积极、持久同时也最为成功的对手。英格兰,在佛兰德挑动他的臣民反抗,给他们以人力财力的支援,要不是这样,他们早就俯首听命了。英国的船队掳掠他的殖民地,无论在旧大陆还是在新大陆,都无视他的至高权威。英国沉重地打击他的舰队,攻夺他的城市,在西班牙沿岸烧毁他的军械库。英国还对腓力本人施行人身攻击。在戏剧舞台和化装舞会上,腓力都是受到嘲弄的对象。这种对他本人戏弄讥嘲甚至比对他的政权的损害更强烈地激怒了这个专制君主(这种情况并非罕见)。政治报复以及个人的复仇都促使他向英国发动进攻。一旦英国沦陷,荷兰也将完蛋;法国无法抗衡,只能老实听命。只要征服了这个恶毒的岛屿,全世界的统治权也就唾手可得了。

还有另外一种更加强烈的感情促使腓力国王决心要攻打英格兰。他是他那个时代最为真诚也最为顽固的天主教徒。无论是在自己眼中,还是在其他人眼中,他都肩负着消灭异端、在欧洲重建教皇权力的使命。从16世纪下半叶起,欧洲已经开始对新教徒宣战,腓力认为自己命中注定要去完成这一战争。改

革派的教义已经从意大利和西班牙彻底根除。比利时,曾经也是半个新教国家,如今,无论是其忠诚,还是其信条,都已被腓力征服,成为当时世界上最忠诚于天主教的国家。半个德国也已经恢复了旧的信仰。在萨伏伊①、在瑞士,在其他许多国家,反对改革的浪潮急速猛烈。在法国,天主教联盟看来也取得了胜利。教廷一改近几个世纪的疲弱,作为天主教耶稣会以及其他新的教会等级的元首,展现出一副希尔德布兰德②或是英诺森三世时代才有的咄咄逼人的姿态。

整个欧洲大陆的新教徒都感到沮丧不安,把英国看作自己的保护者和避难所。英国是公认的新教权力和政治中心,征服英国,就是把匕首刺进了新教的心脏。当时在位的教皇西斯笃五世,极力促使腓力开始这一行动。当英国新教女王处决了她的天主教囚犯——苏格兰的玛丽女王的消息传到意大利和西班牙,梵蒂冈方面和埃斯科里亚尔修道院③不禁怒火万丈。

帕尔马公爵被任命为这次远征的军事首领,在佛兰德海岸集结了一支久经沙场的老兵部队,在这次征服英格兰的行动中,这支部队将扮演一个主要角色。除了他亲自指挥的军队之外,还有来自意大利中南部的5000名骑兵,来自那不勒斯王国的4000人,来自卡斯蒂利亚的6000人,来自阿拉贡的3000人,来自奥地利和德国的3万人,加上4个重装骑兵中队。除此之外,

---

① 萨伏伊,历史上的地区名,现为法国东南部历史和文化大区。
② 希尔德布兰德,即教皇格里高利七世,他和后面提到的教皇英诺森三世都是大力整治教会腐败的改革者。
③ 埃斯科里亚尔修道院,位于马德里市西北的瓜达拉马山南坡。该建筑名为修道院,实为修道院、宫殿、陵墓、教堂、图书馆、慈善堂、神学院、学校八位一体的庞大建筑群,气势磅礴,雄伟壮观。在腓力二世统治时代,这里是最强大的政治力量中心。

弗朗什——孔泰和瓦龙人也派来了他们的军队。根据他的命令，沃斯森林被砍倒了，为的是修造平底船，沿江河与运河顺流而下，去梅因波特和敦刻尔克，在强大的西班牙舰队的护送下，把这支精选的大军运到泰晤士河口。用于围攻的炮车、柴捆和机械，加之建造桥梁、搭建兵营以及修筑堡垒所必需的全部材料，装上了帕尔马公爵

伊丽莎白一世

的小型船队的甲板，他将继续完成对荷兰的征服，同时为入侵英格兰做准备。他打算给曼斯菲尔德伯爵留下足够多的兵力，让他继续完成与荷兰之间的战争，这场战争已经变得不那么重要了。与此同时，他自己将率领无敌舰队和小船队的5万人马，去实现主要的计划，这个计划将在最大限度上影响到罗马教皇权威的利益。在一篇教皇敕令中（在登陆之前，这篇敕令一直保密），西斯笃五世重申了庇护五世和格里高利十三世对伊丽莎白女王的诅咒，声称要废黜她的王位。

伊丽莎白被指控为异教徒、谋杀犯，对她宣战义不容辞。1587年6月，相关各方缔结了一项正式条约，教皇决定拿出100万斯库多[①]，作为战争花费。只要西班牙国王实际占

---

① 斯库多，19世纪之前在意大利和西西里岛流通的银币硬币。

领了一个英国港口,就可以得到这笔钱。腓力方面,也倾尽其庞大帝国的资源财力。法国天主教领袖也热心参与他们的合作。在地中海的港口,从直布罗陀到日德兰半岛的海岸沿线都受到宗教热情和义愤的感召,为战争做准备。一位教廷的德国历史学家说:

> 就这样,意大利和西班牙的力量联合了起来,对整个世界施加强大的影响,现在,开始着手袭击英国!腓力国王已经开始在锡曼加档案馆搜集文献资料,声称在斯图加特王朝世系灭亡之后自己拥有对王位的继承权,在他的脑海中,整个伟大的蓝图,尤其是在海上的霸权,都与这次出征密切相关。所有的一切似乎在共谋着这样一个结果:天主教在德国的大一统,法国对胡格诺教徒的镇压,对日内瓦的觊觎,以及对英国的争战。同时,一位绝对信奉天主教的亲王,西格蒙德三世[①],继承了波兰的王位,并且还有希望继承瑞典的王位。然而,无论是哪一种教派或权力,不管它如何,只要是意欲攫取欧洲的至高统治权,就不免遭遇强烈的反抗,这种反抗来自人性的深处。腓力二世需要面对这些刚刚觉醒的势力,他们为年轻一代所支持,为自己未来的命运而斗志昂扬。这些勇猛无畏的海盗船,使整个海洋没有一处风平浪静之地,如今又聚集在他们本国岛屿的沿岸。新教徒们成为一体,甚至包括那些清教徒,尽管他们曾经遭受的迫害如同天主教势力纠集起来对女王攻击毫无二致。而英国的女王,在这一时刻表现

[①] 西格蒙德三世(1566~1632),波兰国王(1587~1632年在位)和瑞典国王(1592~1599年在位)。

出了她如同男子汉一样的可敬的勇气,以及她用以赢得爱戴、指引思想、把人们团结在她身边的智慧和威仪。①

兰克应该加上一点,那就是英国的天主教徒在危急的时刻,证明了自己对女王、对国家的忠贞不贰,这一点同岛上的其他反天主教狂热分子完全一致。虽然有几个个别的内奸,但作为一个整体,高贵的英国人经受住了爱国主义的考验。霍华德司令本人就是个天主教徒,而且(用哈勒姆的话说),"那时候,每一个郡的天主教徒都经常到郡治安长官的旗子下,恳求不要因为他们的宗教本身而怀疑他们出卖了民族的独立"。西班牙人在他们攻击的国家里找不到帮伙,在英格兰当然也找不到,结果搬起石头砸自己的脚,"躺在敌人骄傲的脚下"②。

一段时间,腓力的备战并没有公开宣布。最初只有腓力本人、西斯笃教皇和吉斯公爵知道备战的真实目的。有谣传说,这次是打算去印度执行庞大的远征计划。腓力派往各国宫廷的大使,倒是时不时地透露点口风,暗示他的主人决定要一举粉碎低地国家的叛乱。不过,伊丽莎白和她的大臣们眼看到这样一场暴风雨正蓄势待发,不可能没有一种山雨欲来的感觉,没准儿它有可能突然降临在本国的领海上。早在1587年春天,伊丽莎白就曾经派弗朗西斯·德雷克爵士去塔霍河一带巡航。德雷克驶进了加的斯湾和里斯本锚地,一把火烧掉了许多船只和军需品,因此导致西班牙的准备工作被大大拖延了。德雷克说,这一回"烧焦了西班牙国王的胡子"。伊丽莎白也增加了对荷

---

① 原注:参见兰克《罗马教皇史》第2卷。
② 语出莎士比亚《约翰王》第5幕第7场。原文是"躺在征服者骄傲的脚下"。

兰人的兵力援助，以防止帕尔马公爵把他们吞没，那样，亲王殿下就完全有空腾出自己的手，来收拾英格兰了。

此时，所有各方都认为，假装乞和、愚弄敌人是一个明智的选择。1588年初，奥斯坦德举行了一场谈判，这一谈，就拖拖拉拉整整谈了6个月。没有达成任何实际目标，或许，双方根本就没打算达成什么实际的目标。

与此同时，在英国，从王座上的一国之君到茅舍里的乡野村夫，在心理和行动上都做好了准备，以迎接即将到来的危险。女王颁布的诏令，下发到了每一位郡长手中，要求他们召集郡中最优秀的绅士，告诉他们敌人这些狂妄的威胁以及他们所做的准备，战争现已在海上爆发，所有人都应该为了国家、自由、妻儿、土地、生命，特别应该强调的是，为了对基督的真诚信仰，挺身而出。告诉他们情况一旦发生改变，他们所要面对的永无止境、不可言说的悲惨境地，这种悲惨的境况正在离他们不远的那些被征服的国家中上演。"我们希望看到，"女王说，"在目前这种非常情况下，每个人，包括骑兵和步兵，都能得到更好的装备，尤其是骑兵。我们坚信，由于你们的努力，他们可以在装备上统一，我们也确信全能的上帝一定会祝福我们，让他们的心忠于我们，忠于他们所爱的王权，忠于他们自己的国家，让敌人所有的努力化为乌有，让

英军副统帅德雷克曾经是个令人闻风丧胆的海盗头子

他们受到打击，全然混乱，让你们平安无忧，至高的荣耀归于上帝。"

类似的信件也送到了市政委员会每一个贵族的手中，送到了各个大城市中。大主教号召神职人员拿出奉献金，社会的每一个阶层都受到感召自愿奉献，结果最后所得甚至比女王需要的还要多。西班牙人的耀武扬威激起了整个民族的斗争精神，所有的人民"被激怒了，竭尽所能为这场预知的征服进行战前防卫。所以，在极短的时间内，女王境内的每一个角落，都安置了兵力，包括骑兵和步兵，他们坚持训练、演习，这在英国境内还是史无前例的。马匹、武器、弹药，以及一切的必备物品，统统没有花一分钱，也不缺乏先锋、车辆、粮食，全境内的每一个郡，都毫无例外地为军队提供补给。这些装备都是人们自愿提供的，有的亲身提供服务，不领报酬，有的提供金钱购买武器盔甲，雇佣士兵。这实在是一种奇怪的现象，在全境之内或是其他什么地方都没有先例。为了共同的理由，所有人都大量捐献，当征服就要来临，一切都将失去，只能共同抵抗，已没有时间按比例分配捐资"。

我们勇敢的女王证明自己配得上这样的人民。提尔布里要塞建起了军营，女王策马从队伍中穿行而过，用她的到场和演讲激励官兵们的斗志。以下是她在这场危机中发表的一段演讲，尽管这段演讲常常被引用，这里也同样不可或缺。

"忠诚的将士们，"她说，"有些人出于关心我们的安全，奉劝我们应该留神如何向武装部队表明立场，以防背叛，而我要向大家保证，我无意在有生之年不信任忠心耿耿的人民。让暴君们去畏首畏尾吧！我行事一贯如此，那就是，苍天在上，可以作证，我把主要的力量和保障寄于臣民的忠心和善意。所以，我在此时此刻来到你们中间，不是为了消遣或娱乐，而是决心要在战役的白热化阶段与你们生死与共。为了上帝、为了祖国、为了人民，奉献我的荣誉、我的热血，甚至我的躯体。我知道我只有一个柔弱女子的躯体，但我有一颗国王的心，一颗英格兰国王的心。我鄙视帕尔马、西班牙或欧洲的任何王公，如果他们胆敢侵犯我国的边境，与其蒙受奇耻大辱，不如亲自拿起武器。我将亲自挂帅，为你们作评判，为你们每个人在战场上的功德请赏。看到你们一往无前的气概，我已经知道，你们值得奖赏，值得赠与桂冠。我以国君之言要你们务必放心，我必将对你们论功行赏。同时，我要海军中将替我指挥，我从未有过比他更高贵更优秀的臣民。我毫不怀疑你们会服从他的指挥，凭着你们的团结一致，凭着你们在战场上的勇气，不用多久，我们必将大胜我的上帝之敌、我的王国之敌、我的人民之敌。"

伊丽莎白的一些顾问建议，政府的全部资源和精力应该投入到军队的装备上，还有，如果敌军企图登陆，应该在海岸就遭到迎头痛击。但是罗利等人坚持，派遣一支舰队出海，在海上与西班牙人相遇，如果可能的话，根本不给他们接近岸边的机会。

如果当时有了蒸汽机的发明，那会给罗利的论断增加10倍的份量。另一方面，一个良好的铁路系统，尤其是海岸沿线，再加上电报的便利，能使防守的军队更加容易地遏制敌军的登陆，也可以更加容易地变换地点方位，时时观察敌舰的动向。这些将使沃尔特·罗利爵士感到惊奇，更甚于看到无需借助风

沃尔特·罗利是伊丽莎白时代的风云人物之一（参见本书 77 页注释）

力的船只来来往往。军队可以像安上翅膀一样来去自如，比伊丽莎白时代的邮差还快。但是，哪怕是在合适的时间，合适的地点，拥有充足的兵力，都不足以保证胜利。即便是以上的变革都已发生，也不能否认罗利当时促使英国之行的路线之合理性。而在无敌舰队的时代，罗利的路线拯救了这个国家，即便不能说是拯救这个国家免于征服，至少也是使其免于一场极大的灾难。如果敌军真的登陆了，他们也一定会遭到英勇顽强的抵抗。然而，历史上有无数次老练的军团远远胜过新兵团的例子，只要是新招募的兵团，就算人数再多、再英勇，也还是有差距。我并不是在贬低我们国家将士的才能，只是庆幸在英国的国土上没有发生这样的考验。尤其是，当我们对比一下西班牙军队的指挥帕尔马公爵的卓越的军事才能和莱斯特伯爵的无能，我们更加能认识到这一点。女王出于偏私任命莱斯特伯爵[①]为英军总司令，这成为她性格中可悲的污点。

皇家海军的军舰此时已多达 36 艘，但国家还是从各郡招

[①] 莱斯特伯爵，即罗伯特·达德利（1532～1588），伊丽莎白一世的宠臣。

募了一些商船。伦敦、布里斯托等地的居民展现了他们的高贵、慷慨,以及对装备船只的热情。此时舰队的海员总数已达17472人。征集到的船只总数有191艘,总吨位为31985。舰队中的船只,有1艘(胜利号)的吨位是1100的,1艘1000的,1艘900的,2艘800的,3艘600的,5艘500的,5艘400的,6艘300的,6艘250的,20艘200的,其余的都是差一些的。荷兰也收到了英国支援的请求,如同斯托①所说的那样:"荷兰人也卷进来了,带来了60艘战船,强悍英勇,倒不是帮助英国,而是害怕唇亡齿寒。他们预见了可能会发生的巨大危险,如果西班牙胜利了,同样的遭遇就会轮到他们,所以,荷兰人的英勇不比任何人逊色。"

我们还有不少关于敌舰装备和人数的详细记录,材料比我们自己的还多。西班牙出版了大量关于海军的描述,因此我们可以弄清整个舰队所有的船的名号、数量、吨位,海员的数量,士兵的数量。此外,还有他们的规章制度、武器装备、枪支弹药、粮食供给,以及军官、船长、贵族、自愿参战的绅士的姓名等。

庞大的军队在西班牙境内南部做好了准备,帕尔马公爵以超乎寻常的努力和技巧,在敦刻尔克征召了一个军团的战舰,和一支大型船队,用以把精选的军队运往英国。他雇佣了大量的工人,白日黑夜地工作,在佛兰德和布拉班特②港口建造船舰。100艘造于安特卫普、布鲁日、根特的大船,装载着粮食和军需物品,加上60只平底小船,每一只小船能带30匹战马。为此,

---

① 约翰·斯托(1525~1605),伊丽莎白时代最著名的古物收藏家,著有《伦敦概况》。
② 布拉班特,9世纪中叶在法兰克人的加洛帝国衰亡和解体后出现的封建公国。

还专门修了通往新港和敦刻尔克的运河。此外，在新港还装备好了100艘小一些的船舰，在敦刻尔克还有32艘，装载着2万只空桶和制造浮舟的材料，以便在港口停靠，建造堡垒和防护壕沟。这些船只运送的军队共达3万人，这还不包括一支驻扎在科特赖克的由欧洲最能干的老兵组成的4000人的骑兵队。他们精神饱满、斗志昂扬，一心向往着某种征服和大肆的掠夺。

威廉·斯坦利①爵士曾经劝告腓力说，不要在第一次遭遇英军的时候就攻打他们，而是首先实施着陆，在爱尔兰占据一个有利的地形。他的海军司令圣克鲁兹则建议，首先攻占一个大的海港，荷兰或西兰岛海岸都成。一旦无敌舰队驶入了英吉利海峡，就有了藏身之处，可以躲避暴风，毫不费力地驶向英国。然而腓力拒绝了以上两种建议，而发号施令道，英格兰本身才是直接攻打的目标。5月20日，无敌舰队离开了塔霍河，带着自以为无往而不胜的沾沾自喜，在一片认为英国已被征服的欢呼声中离开。他们往北航行，然而，刚离西班牙海岸不远，无敌舰队就遭遇了一阵暴风雨，他们不得不伤痕累累地回到比斯开湾和加利西亚②。然而，在他们离开塔霍河之前，就遭受了最为惨重的损失，就是经验丰富的海军司令圣克鲁兹死了，他已经被任命为舰队的统帅。

这位富有经验的老水手，尽管是那样勤恳，取得了许多成功，却无法和他心急暴躁的主子步调一致了。腓力二世，带着强烈的膨胀欲，来到他的身边，说了一些粗鲁的话。"无功而

---

① 威廉·斯坦利（1548～1630），英国军人和叛国者。
② 加利西亚，西班牙西治区及历史区域，位于西班牙西北部。

英军统帅霍华德

返,你就是这么报答我的恩典的么。"这些话伤了老将军的心,事实证明,这对他是个致命的打击。不胜悲伤疲惫的老将军因病情加重而去世。腓力二世又任命了麦地那—西多尼亚公爵阿朗佐·皮瑞兹·德·古斯曼为舰队的统帅,这是一位西班牙最有权势的公爵,却根本不能胜任领导这次远征。不过他倒是有两名技艺娴熟、作战勇敢的海军上尉,来自比斯开湾的胡安·德·马丁内兹·里卡尔德和来自吉普斯夸省的米格尔·奥昆多。

西班牙无敌舰队遭遇风暴的消息很快传到英国,其中也不免夹杂了一些夸大的成分,于是女王的一些顾问就理所当然地认为,入侵可能会推迟到第二年。但是,英国舰队总司令霍华德勋爵却作出了更加英明的判断。他认为危险并没有过去,而且(我们在前面已经说到过),他拒绝解散他的舰队,尽管这时已经接到了女王下达的命令。霍华德并非意在保持英国舰队的花费昂贵而又无所作为的现状,耐心等待西班牙人重整旗鼓再次袭来。那个时代的英国水手,宁可交锋也不愿回避,但一旦危机来临,他们宁可谨慎耐心地展现他们的英勇。因此他们决定,前往西班牙探听消息,伺机给他们以打击。霍华德和德雷克驶向科伦那,想要偷袭无敌舰队。但是接近西班牙海岸的时候,北风忽然转而向南,他们担心可能会因此错过西班牙军舰,于是霍华德又折回了海峡的入口处,来回巡视,观测敌军的动向。在他这个时期写的一封信中,他讲了在如此宽阔的海面之上守望的困难——这种困难在现代海战中也常常遇到。他写道:"我本人带兵守在海峡;弗朗西斯·德雷克爵士有20只船和四五只轻帆船,面对韦桑岛方向;霍金斯先生带着大队人马,面对西西里方向。这样才勉强可行,不然,风力可能会使敌人从我们眼皮底下溜走。我们每天凭着经验观察100英里以内的地方,这对我们来说实在是够不容易的了。"不过,过了一段时间,传来了西班牙人按兵不动的消息,因为他们被伤病困扰,这样,霍华德也就稍稍松了一口气,不久就带着船队返回普利茅斯。

7月12日,西班牙无敌舰队完全休整过来,再次出海,在英国毫无所知的情况下抵达了英吉利海峡。

西班牙人的意图在于利用无敌舰队,至少在短期内夺回制海权,而且,无敌舰队应该和帕尔马公爵在加来的军团会合。这样,由一个强大的海上势力护送,帕尔马公爵的军队就可以登上驱逐舰,跨过海洋到达英格兰,然后和无敌舰队所带的军团一起登陆。这个计策,与两个世纪以后另外一场对英战役的作战计划毫无二致。

1805年,拿破仑领兵驻守在布洛涅,等待维伦纽夫赶走英国的巡洋舰,以确保他通过海峡。同样,1588年的帕尔马公爵,也在等待着麦地那—西多尼亚公爵赶跑英国和荷兰监视着他的军队,以确保他的部队穿过海峡,登陆那片他们将要征服的土地。谢天谢地,西班牙人的等待彻底落空了!

尽管女王和志愿者们用以防守的船舰在数量上胜过西班牙的无敌舰队,但从整体上来说,英国船无论在大小还是吨位上

都不足敌军的一半。从大炮的数量和总炮数来说,差距更大。英国海军司令还不得不分散他的兵力。亨利·西摩尔勋爵带着最好的40艘荷兰和英国的船,封锁了佛兰德的港口,阻止帕尔马公爵从敦刻尔克出来。

腓力国王命令麦地那—西多尼亚公爵,一旦进入海峡,就贴近法国海岸行驶,一旦和英国船只发生冲突,尽量避开,转向加来锚地,在那里和帕尔马公爵会合。将在外,君命有所不受,西班牙海军司令却主张偷袭并重创英国舰队,于是他直接向英国海岸驶去。不过,发现霍华德勋爵正准备出迎,他连忙采取了原先的计划,决定转往加来和敦刻尔克方向,再碰上英国舰队就只和它打防卫战。

7月20日星期六,霍华德勋爵看见自己的强大对手了。无敌舰队排成了新月形,新月的两端相距约7英里。这时风从西南边吹来,这支巨大的舰队顺风缓缓驶来。英国人先让他们过去,然后紧随其后开始袭击。游击战开始了。英国人俘获了西班牙人的一些最好的战船,还有一些西班牙战船遭受重创。而英国舰队非常小心,以免靠近强大的敌手,他们利用自己轻便灵巧的优势与敌军周旋,损失相对很小。时间一天天过去,霍华德勋爵军队的士气高涨,实际兵力也有所增强。罗利、牛津、坎伯兰、谢菲尔德也加入了进来,"英国的绅士把自己手中的船只都运送过来,聚集到一个战场中,为国家和女王尽忠效劳,赢得荣誉"。

罗利恰当地称赞了英国海军上将的巧妙策略。他说:"诚然,乐意选择海战之人必定熟知海战技巧;必知好的军舰除大胆英勇而外尚有他长;必知迂回作战与格斗摔跤之差异。就枪支火弹而言,船之快慢又有何异?不假思索即把船只捆绑在一起,与其说是军舰不如说是疯子。彼得·斯特劳斯在亚速尔群岛败于圣克鲁兹侯爵,盖以此也。同样,如非参谋之智慧远胜于那些愚蠢恶毒之敌人,发现其中漏洞,英国海军司令查理·霍华德勋爵也将惨败于1588年。西班牙之舰队满载兵士,而他没有;西班牙人船只数量亦远胜之,且更加高大。因此,如其纠缠于此强大舰队,必将置英国于险地。20个防守之人可抵百名进攻之人。反之,若西班牙人以百人抵御吾之20人,将会如何?霍华德司令了解我军优势,如此执行,方不致垂首大败而归。"①

西班牙海军司令仍然展示了优秀的判断力和坚定的意志,执行了国王交代给他的命令。7月27日,他把舰队完完整整地带回到加来锚地,尽管微受挫折。但是西班牙国王低估了英国和荷兰船舰的数量,正如历史学家所言:

> 帕尔马公爵和西班牙人过于骄傲,认为英国和荷兰的舰队见到强大的西班牙和敦刻尔克海军就会作鸟兽散,放弃制海权,只能在陆上和海岸线上防御入侵。帕尔马公爵的意图在于,让他那些小船在无敌舰队的卵翼之下,运送军士、武器、军需之类,他们的力量如此团结,应可侵入英国。或者,当英国之舰队忙于对抗西班牙人之时,西班牙人应该已经进入英国港口——他认为这种方式是最便捷的。帕尔马公爵认为,首先应该尝试进入泰晤士河,然后从泰晤士河,首批登陆两三万主要军力。这样,就可以很容易占领伦敦,因为他的小船可以紧跟上来,相助陆军兵力,而伦敦城的防守也非常薄弱,容易占领,而且伦敦市民并不熟习战争,就算他们不在首次袭击中屈服,在持久

---

① 原注:参见罗利《世界史》。

的兵力下也一定会献土纳降。①

不过,英国和荷兰发现,光是船舰和海军就足以遏制西班牙无敌舰队,同时也可以封锁帕尔马的船队。西摩尔的军队不再巡航,而是驶向敦刻尔克,加入英国在加来的大军。而荷兰则驾驭着35艘上好的军舰,载着一大队熟习海战的士兵,封锁了帕尔马控制下的佛兰德港口。然而,西班牙司令下定决心,努力和帕尔马公爵会合,与此同时,英国也较上了劲,非得阻止不可,于是采取了更加大胆的方案。

无敌舰队从加来起航,把大型船只排列在外侧,如同无畏袭击的威严城堡,小一些的排放在中央。站在英国的角度上来看,英国海军司令一旦下令出击,就将面对巨大的不利。不过,在29日夜间,将军还是派出了8艘火船,穿梭在西班牙的大船之间,效果和近代海战希腊独立战争中希腊对土耳其采取的火船战术差不多。西班牙人陷入一片混乱,纷纷砍断缆绳,跳入海中。一艘最大的划桨炮舰和另外一艘大船绞在了一起。其余的船舰纷纷向佛兰德海岸逃窜。拂晓时分,他们已经很难按照将军发出的号令在格拉沃利讷附近排列队形了。现在正是英国反击的绝佳时机,可以彻底阻断他们和帕尔马公爵零散的小型船队靠拢。英国很好地利用了这一时机。德雷克和芬纳是最先开始袭击的两位船长,他们冲向这些笨重得像海中巨兽一样的大船,紧接着是芬顿、伯顿、索斯韦尔、克罗斯、雷纳,最后,霍华德司令命令托马斯·霍华德勋爵和谢菲尔德勋爵也攻上前去。西班牙人只想到保持队形、靠拢到一起,结果被英国人驱赶,一直过了敦刻尔克,离帕尔马公爵越来越远。而帕尔马公爵,

---

① 原注:参见哈克路特《航海记》。译注:理查德·哈克路特(1552~1616),英国历史地理学家。

看到他们在海上的大败,正如德雷克所形容的,像一只被抢走幼崽的母熊那样呼号咆哮。这就是两军之间最后一场具有决定性意义的战斗。或许,我们所读到的最生动的描写还是那个时代的作家哈克路特的记叙:

7月29日清晨,西班牙舰队陷入悲惨的混乱当中,试图重整秩序,这一切被格莱夫令看在眼中,于是英国人又一次勇猛地冲上前去,西班牙人再次失去了加来水道的有利地形,也失去了敦刻尔克的良好风势,要不然,他们还是有可能重新整合在一起的,而现在却毫无还击之力。

尽管英国舰队中也有不少优良善战的船舰,但是数目也只是22或23艘,难以与西班牙的90艘大船抗衡。而英国船队利用了灵巧操纵的便利,它们可以借助风力来去自如,常常在接近西班牙人之时予以痛击,有时它们之间的距离也只有一个长矛那样近。从早晨到晚上,英国人的舷边排炮接连不断地射出,直到子弹在激烈的冲突中用尽。考虑到西班牙的大船相对英国来说还是有很大的优势,而且它们之间结合得那

火烧无敌舰队

样紧密,而且排列有致,不可能从头到尾一一攻打,所以英国方面认为还是不要穷追猛打的好。既然已经把西班牙人赶出加来水道,继而又驱逐出敦刻尔克港,也阻断了他们和帕尔马公爵的会合,而且使得他们无法借助风力沿海航行,英国人认为,自己的任务已经圆满完成。

那日,西班牙人蒙受了巨大的损失,许多船只被射穿,当然他们也拼命回击,英国确也受到了些许损失,但比西班牙人要小得多。弗朗西斯·德雷克爵士的船被射中40次,船舱漏水两次。战争快要结束之时,一名受伤的绅士躺着的床板忽然被炮弹掀翻了。同样,当诺森布里亚伯爵和查尔斯·布兰特爵士共进餐之时,一阵弹雨射入船舱,击倒了两名站在他们旁边的人。英国军中遇上的此类事件还很多,在此就不赘述了。①

无敌舰队司令向德雷克投降

---

① 原注:参见哈克路特《航海记》第1卷。

英国战舰的弹药如此短缺,以至于不够用来摧毁侵略者,对于英国政府来说实在不是什么光彩的事。不过对于确保无敌舰队的毁灭来说,他们做的也足够了。许多西班牙的大船要么沉没,要么被俘获。西班牙海军司令眼见得胜利的希望已经彻底化为泡影,便借助南风向北逃之夭夭,企图绕过苏格兰岛再回到西班牙,途中不致再和英国舰队相遇。霍华德勋爵留下一支军团继续封锁帕尔马公爵的武装力量,不过这位聪明的将军不久就撤回了军队,派上了更好的用场。同时,海军司令自己和德雷克勋爵一起,开始向北追击"可敌舰队"(自然不再是无敌舰队了),当他们看起来要从苏格兰海岸转向挪威时,用德雷克的话说,最好还是"把他们交给汹涌狂暴的北部海洋去收拾吧"。

无敌舰队的覆灭

倒霉的西班牙人在苏格兰和爱尔兰再次蒙受了惨重的打击。整个无敌舰队中,最后回到西班牙的只有53艘残破的船只和一些乘兴而去、败兴而归的海员。一些参战者的记叙早已为人引用过了,其中最为兴高采烈的一段当属海军副统帅德雷克勋爵所写,以回击那些西班牙人为了遮羞而编造的谎言。以下就是他所描写的自己亲身经历的一个场景:

他们全然不知羞耻,居然用各种语言的版本,宣传他们在英国土地上取得了子虚乌有的胜利,在法兰西、意大利,还有其他地区散播。不久之后,他们就把实际行动展现在世界各国面前:看看他们强大的海军,号称无敌的由140艘战舰组成的舰队,不光是他们本国的军舰,一些最大的大商船、葡萄牙大帆船、佛罗伦萨和世界各地的大船都赶来给他们助势,如何被我们女王陛下的30艘军舰和一些我们自己的商船,在查尔斯·霍华德勋爵和英国海军司令英勇、智慧、超凡的指挥下挫败,以致溃不成军;如何从康沃尔的利泽德岛,首先被驱赶到波兰,在那里抛下了德·瓦尔迪兹,连同他非凡的战舰;又如何从波兰被驱赶到加来,又损失了船长蒙卡多,还有他的大划艇;在加来又被火炮逼得不得不拔锚起航,一直被赶出了英格兰的视线。就在那里,他们祈愿他们所信奉的宗教可以护佑他们,希望获取上帝的救赎帮助,结果,大部分舰队撞到了礁石上粉身碎骨,其余那些登陆的,倒是数量众多,不过,都是残兵败将,被一对对地捆绑起来,沿着一个个村庄,运往英格兰。我们伟大的女王陛下,性情高贵,举世无敌,根本不屑于把这些俘虏处死,也不屑于雇用或收容他们,于是把他们遣送回国,让他们亲自去见证叙述自己国家无敌可畏的海军取得的"伟大成就"。就是这支军队,其兵士的数量、轮船的吨位、舰队长官的姓名、军火库,诸如此类,都有名册记载的军队,想要作为一个所向披靡的神话以传扬后世的军队,他们不可一世的风头却没能换来胜利的风光——他们环英格兰绕行了一周,却没有击沉或俘获我们的任何一艘军舰、三桅帆船、轻型帆船、浮艇,甚至,连这片土地上的一个羊圈都没能点着。

● 公元 1704 年

布伦海姆战役

17世纪末叶，江河日下的昔日霸主西班牙，成了英法等新兴强国竞相争逐的猎物。1700年，西班牙国王查理二世驾崩，没有留下继承人，而法国的波旁家族与奥地利的哈布斯堡家族都宣称有继承王位的权利。太阳王路易十四在强大的法国军队的保护下，悍然让他的孙子腓力登上了西班牙王位，成为腓力五世，并扬言："比利牛斯山脉已不复存在。"眼睁睁地看着西班牙成了路易十四的囊中之物，其他欧洲强国心气难平。1701年9月，英国、神圣罗马帝国、荷兰、奥地利、葡萄牙和普鲁士结成"反法大联盟"，正式对法宣战。旷日持久的西班牙王位继承战争就此拉开帷幕……

　　布伦海姆决定性的一击，在欧洲各地激起了回响：路易十四凭借蒂雷纳的才干和沃邦的天赋的帮助，花去了如此长的时间搭建起来的庞大的权力结构，眨眼之间土崩瓦解，灰飞烟灭。

—埃里森

　　路易十四在18世纪初叶已经获得和正在获得的力量，虽然无论其形成的速度还是威力之巨大，都难望拿破仑皇帝的项背，但是其对欧洲的普遍自由所构成的威胁，却几乎可以与拿破仑平分秋色。而如果按照他们各自为法国获得的永久扩张的领土面积来评价的话，那么，这位波旁国王的野心，应该比那位科西嘉皇帝的事业更成功。拿破仑征服的所有行省，在不到20年的时间里（从它们最早到手的时间算起），又全都被抢回去了。所有那些破坏性的战争，都没有让法国变得更加强大，哪怕是多一座城市，多一亩土地。但法国却依然占据着弗朗什—孔泰、阿尔萨斯和佛兰德的部分地区，依然拥有扩张后的边界，这些，都是拜路易十四所赐。而与西班牙王室的联姻，在几年前就清楚地证明了，法国的艺术和军事在比利牛斯山以南地区所获得的政治影响力是如何持久。

　　马萨林[①]红衣主教去世之后，当路易十四把控制政府的缰

---

① 朱尔斯·马萨林（1602~1661），作为路易十四的教师和法国首相，他对法国具有重大的政治影响。

绳抓到自己手里的时候，也就有了才能和机会的结合，这是自查理曼大帝以来，像法国这样的国家从未有过的。而且，路易十四的事业生涯一点也不短。40多年来（这几乎与查理曼大帝统治时期的持续时间不相上下），路易十四一直坚定不移地遵循一种侵略性的、通常也很成功的政策。在马尔伯勒的军事天才让他尝到了丢脸和失败的滋味之

太阳王路易十四

前，他已经度过一个漫长的青年时期和春风得意的成年时期。这位伟大的波旁国王，活得太长了。他在这个世界上待的时间，实在不该比那两位英国国王待的时间更长：一位是他的被保护人詹姆斯二世，另一位是他的死对头威廉三世。如果他在这二位去世的那一年也撒手归天，那么他老人家的统治时期，在法国的编年史中，肯定会被当作无与伦比的繁荣时期而加以援引。但是，他却活着看见自己的大军被打得落花流水，看见自己的城市被人家收归囊中，看见自己的王国因为损失惨重的战争而一片荒芜。这就好像查理曼大帝硬要活着被北方佬打得一败涂地，活着见证痛苦和羞耻，而这样的命运，本该降临到他的儿孙们头上。

尽管如此，路易十四毕竟有40年的成功。从他的胜利果实的持久性来看，我们不难判断：如果其统治时期的最后15年也有同样的好运，那么会有怎样的结果。要不是因为布伦海姆，整个欧洲到今天可能还在吞咽法国征服的苦果，这些征服，在

范围上类似于亚历山大大帝,在持久性上不亚于罗马人。

当路易十四开始统治国家的时候,他发现,一个强大政府所需要的所有资源都为他准备好了。黎塞留① 已经彻底驯服了法国贵族的火暴脾气,颠覆了胡格诺派教徒的"主权内的主权"。马萨林时期的反对派小集团,已经让巴黎国会在全民族的眼里变得绝对可恨而又可鄙。国民大会的集会也已废弃。王室权威硕果仅存。朕即国家。路易十四清楚自己的位置。他无所畏惧地公开承认了这个地位,他无所畏惧地我行我素。

不仅他的政府是一个强大的政府,而且他所统治的国家也是一个强大的国家:在地理位置上,在领土的紧凑上,在居民的数量和尚武精神上,在他们完整而统一的民族性上,都是强大的。在路易十四的领土之内,既没有一个匈牙利,也没有一个爱尔兰。直到他的统治末期,当年事渐高使得他的气量褊狭越来越阴郁的时候,当他让盲信支配审慎的时候,他对异端的迫害才导致了塞文山区的内战。

像后来的拿破仑一样,路易十四也清楚地认识到,法国的巨大需求是"轮船、殖民地和贸易"。不过路易十四不仅看到了这些需求,而且做得更多:在他的大臣柯尔贝尔② 的帮助下,他满足了这些需求。关于路易十四的天才,一个可靠的证据就是:他善于发现别人的天才,并调动他付诸行动。在他的领导下,卢瓦使法国军队组织化,蒂雷纳、孔代、维拉尔和贝里克率领这支军队;而沃邦则巩固了法国的边境。在他的整个统治时期,

---

① 黎塞留(1585~1642),法国红衣主教及政治家。法国国王路易十三的首席大臣。
② 让·巴蒂斯特·柯尔贝尔(1651~1690),路易十四时代的法国国务大臣。

自始至终，法国外交就以灵活、积极以及富有广泛的远见而著称，在这些方面，没有哪个国家堪与其匹敌。对于路易十四政府的各个部门所表现出来的活力，基佐所提供的证词值得注意，他说："每一种公共服务、财政、道路和公共工程部门，以及行政管理每一个分支机构的建立，都可以在路易十四统治时期找到它的起源、它的发展，以及它最完美的典范。"①

当法国因此强大而统一的时候，当她在一位尚武好战、野心勃勃、开明而活泼（伴随着所有的毛病）的君主的统治之下的时候，有哪一个欧洲强国能与她争雄逐鹿？又有谁能掩其锋芒？

说到德国，奥地利的德国支系的那些雄心勃勃的计划，早已被彻底挫败，帝国的和平得以恢复，通过《威斯特发里亚②和约》，一种新的政体几乎已经形成，或者说一种旧的政体得以复兴。而且，帝王雕已经折戟沉沙。

而说到西班牙，奥地利家族的西班牙支系也沉陷得同样深。腓力二世给他的继任者们留下了一个已经土崩瓦解的君主政体。他还给他们留下了更糟糕的东西：他给他们留下了自己在政府治理上的原则和榜样，这些，乃是建立在野心、傲慢、无知、气量褊狭和所有繁文缛节的基础之上。③

---

① 原注：参见基佐《欧洲文明史》。
② 威斯特发里亚，德国西北部历史地区。1648年签署的《威斯特发里亚和约》，标志着"三十年战争"的结束。
③ 原注：博林布鲁克勋爵《关于历史效用的通信》卷2。

年轻时的路易十四

因此,用不着大惊小怪,在路易十四最初的战争中,法国对她的对手、奥地利曾经出类拔萃的这两个支系,完全不屑一顾。的确,法兰西国王已经在神圣罗马帝国的亲王当中找到了反对皇帝本人的盟友。但他在奥地利对本国臣民的恶政当中,得到了更为强大的支持。博林布鲁克对此发表的评论颇值得注意,其中有些话听上去就好像是最近三年写的。他说:"使皇帝丧失为他的家族而积极行动的能力,不仅仅是帝国亲王们真诚合作的愿望,也不仅仅是要把奥地利家族这个沉重负担加到她所有盟国的身上。维也纳宫廷的气量褊狭,以及与之密不可分的残忍,还有暴政和贪婪,从那时到现在,几乎一直在牵制着帝国的军队,使它无法有效地抵抗法国。就拿匈牙利的动乱来说吧。无论这些动乱在发展的过程中会变成什么,它们最初都是由皇帝的侵犯和迫害所导致的。当匈牙利人最初揭竿而起的时候,号召他们的只有这个理由,他们不愿意做奴隶。皇帝的统治,并不比土耳其人的统治更容易忍受,这些不幸的人民,为土耳其人打开了侵袭神圣罗马帝国的大门,而不是像以前那样,让他们的家园成为抵抗奥斯曼帝国的屏障。法国成了土耳其人和匈牙利人的盟友,虽然秘密,却很可靠。他一方面让皇帝始终陷入惊慌失措当中,同时另一方面又不断蹂躏帝国和低地国家,从而为自己大捞好处。"

在认识了德国和西班牙的低能之后,如果我们把目光转向那个年头硕果仅存的两个欧洲强国:英国和荷兰,那么我们会发现,1660年~1688年,英国在欧洲政治舞台上的位置,想起来实在令人痛苦。这期间,"经由斯图亚特王朝的复辟,英国已经沦为一个微不足道的

威廉像

国家"。这是米什莱说的,话虽狠了点,却是真知灼见。事实上,狠得还不够。因为,在斯图亚特复辟王朝的统治下,当英国在欧洲政治中扮演任何角色的时候,她的行为,或者更确切地说是她的国王的行为,几乎总是令人憎恶,总是丢尽老脸。

欧洲列强当中,只有荷兰,从一开始就坚定不移地抵抗法兰西国王的野心和权力。也正是针对荷兰,法国发动了最猛烈的攻击,虽然常常在眼看着就要大功告成的那一刻,他们最后总是被荷兰人的勇猛顽强以及荷兰领导人奥兰治的威廉①的英雄主义精神所挫败。当威廉成了英格兰国王的时候,这个国家的力量便被果断地投入了反对法国的斗争中。不过,虽然这场斗争因此被弄得有些不对等,虽然威廉的行动始终都"坚定不移,像一个爱国者和英雄",但是,在每一场战争、每一次谈判中,法国都拥有普遍的优势。到了18世纪初叶,最后的反法

---

① 奥兰治的威廉(1650~1702),又称奥兰治亲王威廉。联省共和国执政(1672~1702),称威廉三世;大不列颠国王(1689~1702),与女王玛丽共治。

联盟已经分崩离析，盟国的所有军队都被遣散，许多人被裁减。而法国依然保留着她的武装力量，加上她那支身经百战的老兵队伍，他们在海洋、在陆地，做好了从四面八方发起进攻的准备，无论机会何时出现，法国国王绝不会轻易放过。

路易十四如何在1667年的战争中小试牛刀；如何以迅雷不及掩耳之势征服佛兰德和弗朗什—孔泰；如何签订《艾克斯拉沙佩勒协议》（它只不过是欺侮者和被欺侮者之间的一次和解）；如何在1672年进攻荷兰；如何在1678年通过《奈梅亨协议》将西属荷兰的辖区和垒城收归囊中；如何在这一协议签订之后"继续折磨西班牙和神圣罗马帝国，在低地国家和莱茵河流域，用笔和剑扩大自己的征服战果；如何强占卢森堡、窃取斯特拉斯堡、买来卡萨尔"；奥格斯堡反法联盟如何在1688年形成，以及奥兰治的威廉如何在1688年被推举为英格兰国王，从而给反法力量注入了新的灵魂……这些问题，不应该在这里叙述。但我们必须记住，在这些战争中，路易十四的野心都是双重的。既有直接的目标，也有隐蔽的目标。直接的目标就是：征服并吞并那些最便于增强法国实力的邻近行省和城镇；而从1659年与西班牙公主结婚的时候起，路易十四的隐蔽目标就是：为波旁家族获得整个西班牙。结婚的时候，他曾正式声明放弃所有在西班牙的继承权，不过，这样的弃权声明，从来就没有任何实际作用，那个年代的许多诡辩家和法理学家，甚至认为它们本质上是无效的。随着时间的流逝，西班牙国王查理二世到死也不会有直系继承人的前景变得越来越肯定了。因此，在查理二世撒手人寰之后，对于法国人的野心来说，主张波旁家族对西班牙王冠的继承权，也就成了刻不容缓、利益攸关的事情了。这还只是问题的一个方面，另一方面，对其他的欧洲强国而言，事情何尝不是同样如此呢？最后，不幸的西班牙国王真的死了。根据他的遗嘱，路易十四的孙子、安茹公爵腓力被指定继承西班牙王位，并严格禁止瓜分他的领土。路易深知，如果他为了自己的家族而承认王位这样继承的话，一场全面的欧

腓力五世

洲战争就会接踵而至。不过，他的整个统治生涯都在为这场危机做准备。他把自己的孙子作为西班牙国王腓力五世[①]，送去了西班牙。腓力启程的时候，路易十四的临别赠言意味深长，令人难忘："比利牛斯山脉已不复存在。"

帝国（此时已经接受路易的孙子为它的国王）除了西班牙本身之外，还包括荷兰最强大的部分，并且包括撒丁岛、西西里—那不勒斯、米兰公国，以及意大利的其他领地，在亚洲则有菲律宾—马尼拉群岛，在新世界，除了加利福尼亚和佛罗里达之外，还包括中南美的绝大部分地区。腓力在马德里受到了很好的接待，1701年初在那里加冕为腓力五世国王。帝国的边远地区也送来了他们的忠诚。波旁家族如今通过法国和西班牙的军队，占领了弗朗西斯一世的王国，以及弗朗西斯的冤家对头查理五世的帝国中最美丽富饶的部分。

奥地利愤怒地大喊大叫，它的一些亲王也声称有权得到西

---

① 腓力五世（1683～1746），1700年成为西班牙国王，西班牙波旁王朝的创始人。

班牙帝国,是波旁家族的竞争对手。威廉三世的愤愤不平,虽然并没有大声嚷嚷,却更加深沉、更加有力。在他的努力下,英格兰、荷兰和奥地利皇帝结成了一个反对波旁家族的联盟,后来相继加入的还有:葡萄牙国王、普鲁士国王、萨伏伊大公和丹麦国王。整个欧洲惊慌失措。很清楚,路易十四的目标就是把法国和西班牙合并为一个占压倒性优势的庞大帝国。当腓力启程前去抢占西班牙王位的时候,路易已经向他颁发了专利许可证,要为他保留法兰西王位的继承权。路易自己已经获得了西属荷兰重要边境的领土,加上它为数众多的设防城市,这些地方,已经拱手交给了借口为年轻的西班牙国王来保护它们的法国军队。不管两顶王冠的合二为一是不是很快就会发生,但很显然,整个西班牙君主国的资源如今实际上已经任由法兰西国王处置。

神圣罗马帝国、英格兰、荷兰以及其他独立强国所面临的危险,在埃里森那里得到了很好的概括:"欧洲的自由,在16世纪末叶曾受到过西班牙的威胁,在17世纪初叶险些就被法兰西给颠覆了。如今,这两个国家团结在路易十四这样一位君主的领导之下,我们有多大希望可以阻挡它们呢?"①

我们知道,西班牙的力量已经腐朽颓败,但我们不应该仅凭这个就把欧洲世界的惊慌失措视为空穴来风。西班牙拥有极其庞大的资源,一位有力的统治者就能够使她的力量获得新生。我们应该还记得,即使是在这场王位继承战争结束之后,阿尔

---

① 原注:参见埃里森《马尔伯勒公爵的戎马生涯》。译注:阿奇博尔德·埃里森(1757~1839),英国历史学家、作家。

安妮女王

比隆尼实现了什么。根据这位大臣在几年之内所做到的事情，我们就不难判断：路易十四在恢复这个伟大国家的海陆力量方面将会作出怎样的成绩。这个国家，其天性是如此才华横溢，而人的恶政又是如此卑鄙恶劣。

1702年3月8日，威廉国王的去世，起初似乎很可能会使反法同盟陷于瘫痪，因为，"尽管他打起仗来是个常败将军，但他一直被视为能够使联盟保持团结的唯一核心"。然而，安妮女王[1]在即位3天之后，就驾临上议院，宣布了自己的决定：支持前任所设计的策略，她将"全力支持，不仅仅是为了联盟内的这些王国，而且是为了整个欧洲"。安妮的丈夫是丹麦的乔治亲王，她的即位，使得反法联盟获得了丹麦军队的帮助。不过，她与一位女性朋友的亲密友谊，给了这个反高卢联盟带来的巨大优势，甚至要超过千军万马，因为这一友谊给他们送来了一位总司令——马尔伯勒[2]。

马尔伯勒公爵约翰·丘吉尔，这个神圣罗马帝国的皇族后

---

[1] 安妮女王（1665~1714），英国女王，詹姆斯二世的女儿，1702年即位。
[2] 马尔伯勒公爵约翰·丘吉尔（1650~1722），詹姆斯二世、安妮女王和乔治一世统治时期的英国将军和政治家，被认为是历史上最伟大的军事指挥官之一。本次战役中任英军统帅。

裔,这个战无不胜、攻无不克的常胜将军,历史上很少有哪位功成名就的将领像他那样,千古盛名的得来是如此勉强。个中缘由,主要是他的个人品格使然。军事上的荣誉光环,常常使得同时代人和子孙后代眼花缭乱,直至英雄的罪愆和恶行被忘得一干二净。但即便是个人品格中的少许污点,也会让一个军人的名誉无可挽回地黯然失色。马尔伯勒的缺点,属于那种少有的低劣和卑鄙。就这一点而言,我们对历史名人的感情,就像我们对私人朋友的感情一样。有一些性质恶劣的行为,使得我们绝不可能对犯下这些恶行的人感觉到任何由衷的喜爱,哪怕就其品格的总体评价而言,善行要远远超过恶行。说到马尔伯勒公爵,其平生的第一次飞黄腾达,要归功于宫廷对他和他的家庭的宠信,而这种宠信,是通过他的姐姐成为约克公爵的情妇之一而获得的。赞赏钦佩这样一个人,实在有悖于我们的感情。查理二世国王有一位美丽迷人而又感情脆弱的情妇,马尔伯勒通过成为她的情人而为自己的财富打下了基础。了解到这些,恐怕不会让人感到愉快。他对自己的资助者和保护人詹姆斯二世的背叛和忘恩负义,即使在那个背信弃义的年代,也阴暗得叫人触目惊心。他的不忠不义,几乎可以与他的新主子威廉国王平分秋色。

马尔伯勒

然而,我们在这里只能仅就其军事生涯来评价他。古往今来，很少有哪位将领，其作战行动能够与马尔伯勒一比高下，无论是运筹帷幄时的神机妙算，还是付诸实施时的大胆谨慎。年轻的时候，马尔伯勒曾在蒂雷纳①的手下效力，得到了这位伟大战术家的高度赞扬。的确，一位将领应该具备的品质，马尔伯勒不但都具备，而且几乎都超群出众。吸引同时代人关注的，主要是他的沉着冷静。伏尔泰这样说他："他所具有的那种品质，要超过他那个时代的所有将领：在喧嚣中气定神闲，在危险中平静从容。英国人称之为 Cool Head。或许正是这种品质，这种最伟大的指挥天才，在克雷西、波瓦第尔和阿金库尔的平原上，给了英国人相对于法国人的巨大优势。"

威廉国王虽然深知马尔伯勒的不忠不信，但他也同样了解此人的卓越才能，据说，这导致了弥留之际的威廉国王推荐马尔伯勒作为指挥其大军的最佳人选，而继承他的指挥棒。但马尔伯勒已经通过妻子而得到了安妮女王的青睐，这肯定能让他获得更好的差事。反对路易十四的战争，为他展示自己的军事天才而敞开了一个辉煌的舞台，这之前，他只有过一次扮演次要角色的机会，而且也远不是什么引人注目的场景。

马尔伯勒不仅被任命为海内外英国军队总司令，而且被任命为大联盟委员会中的英国全权代表。马尔伯勒有一种特别的才能，就是能赢得所有遇见过的人对他的极高评价，因此，当他到达海牙的时候，荷兰人欣喜若狂地迎接他的到来，荷兰共和国的首领以及皇帝的大臣们都同意：马尔伯勒应该担任所有盟军部队的总司令。

---

① 蒂雷纳（1611～1675），法国元帅，路易十四在位时期最伟大的军事统帅之一。

的确，为了对马尔伯勒作出公正的评价，我们必须记住：在这样一个动辄得咎、易招嫉恨的位置上，纯粹的军事才干绝不是他所需要的全部。如果不是他无与伦比的忍耐力以及温煦平和的性情气质；如果不是他具有非凡的能力，能够洞悉那些他不得不与之合作的人的性格；如果不是他对那些受到绝对信任的人、那些以纯粹伪装的尊敬和信赖为乐的人的直觉洞察；他在统帅盟军的时候如果不能拥有并充分利用一个完美朝臣和伟大政治家的资质，那么，他就绝不可能把盟军带到多瑙河。联盟的团结恐怕也维持不到一年。

1702年5月4日，盟国正式对法国宣战。起初，军事行动的主要场地是佛兰德、莱茵河上游和意大利北部。战争的头两年，马尔伯勒在佛兰德指挥盟军部队，从敌人手里夺过了几座城镇，但没有什么决定性的事情发生。这一时期，在意大利对垒的两军之间，也没有采取什么重大的军事行动。但是，在那条从北到南的漫长阵线的中部，从斯凯尔特河① 口到波河河口之间，战争在如火如荼地进行，路易十四的将军们在1703年占了上风，这一优势，以绝对的毁灭威胁着大联盟的一个主要成员。法国得到了巴伐利亚的援助，从而在这场战争中有了一个重要的同盟国。这个强大的日耳曼国家的选帝侯，成了乌尔姆② 坚固堡垒的主人，并与莱茵河上游的法国军队建立了联系。凭借两军的结合，法国军队可以在德国的核心地带向德国皇帝发动进攻。1703年秋天，选帝侯和法国国王的联合部队在巴伐利亚彻底击溃了盟军。在接下来的冬天里，他们成功入主奥格斯

---

① 斯凯尔特河，发源于法国北部的一条河流，向东北流经比利时西部和荷兰西南部，经两河口注入北海。
② 乌尔姆，德国南部城市，位于多瑙河沿岸。

堡和帕绍这两座重要城市。期间，莱茵河上游与摩泽尔河①的法国军队打败了抵抗他们的联军，占领了特利尔和兰道。与此同时，匈牙利由于对奥地利的不满而再一次爆发了起义，这样就转移了神圣罗马帝国皇帝和维也纳联盟委员会的注意力，并让他们彻底感到恐怖。

路易十四号令三军，着手开始下一场战役，场面要更宏大，计划要更大胆，即使是在拿破仑的军事计划中，也罕有与其匹敌者。在战线的最左边，在荷兰，法国的军队仅仅只起到防御的作用。法国人所控制的堡垒是如此之多，又是如此坚固，以至于在整个战役期间，在那一地区法国边境的盟军，似乎没给人留下什么深刻印象；以至于这场战役看来必将给法国带来一系列最终能够结束战争的全面胜利。这正是他们所希望的。

因此，佛兰德的法国军队将被分成大批小股部队，他们将在维勒罗伊元帅②的带领下前往摩泽尔河与莱茵河上游地区。已经在这两条河流附近地区的法国军队，将在塔拉尔德元帅③的率领下穿越黑森林，与马辛元帅所率领的法国军队和巴伐利亚选帝侯的军队会师。期间，意大利的法国军队将穿过蒂罗尔进入奥地利，整个军队将在多瑙河与因河④之间会合。一支精锐之师将被派到匈牙利，帮助和组织那里的叛乱分子。这时，多瑙河地区的法国大军将集结起不可抗拒的力量，向维也纳进军，亲自向神圣罗马帝国的皇帝口授和平条款。这份计划的编制，显示出了很高的军事天才，但它遇到了一个更高的天才，因而为之大挫。

---

① 摩泽尔河，莱茵河左岸支流。流经法国东北部和德国西部。
② 即维勒罗伊公爵弗朗索瓦·德·诺伊维尔（1644～1730），法国元帅。
③ 即塔拉尔德伯爵卡米尔·德霍斯顿（1652～1728），法国元帅。
④ 因河，多瑙河南岸主要河流。

马尔伯勒怀着最深的忧虑注视着法国军队在莱茵河流域和巴伐利亚地区的动向,他认识到,当针对帝国的一系列致命打击在多瑙河流域实施的时候,继续在佛兰德开展阵地战和围攻战已经毫无意义。他因此决定,让佛兰德的战争暂时冷落一年,与此同时,他将率领所能集结到的所有可用的武装力量,移师决战的中心现场。这次进军,本身就很困难,但马尔伯勒首先必须克服一个更大的困难,就是要得到盟国的赞成和愉快合作,其中特别是荷兰,这个提议将使得迄今为止依然保护着荷兰边境的绝大部分军队被调走。幸运的是,在许多懒鬼、笨鬼和胆小鬼当中,在不少老奸巨猾的统治者、政治家和他不得不与之周旋的不同国家的将军们当中,有两个在才干和品德方面都非常杰出的人,他们完全理解马尔伯勒的计划,考虑到这两个人所占据的位置,他在很大程度上能够依靠他们。其中之一是荷兰政治家海因修斯①,他曾经是威廉国王的热心支持者,如今,他以同样的热诚和善意在联盟委员会上支持马尔伯勒。另一位是著名将领欧根亲王②,奥地利内阁把他从意大利召了回来,指挥神圣罗马帝国皇帝在德国的一支大军。马尔伯勒就自己的计划与这两位了不起的人

欧根亲王

物,还有另外几个人,进行了坦率而毫无保留的沟通。但对联

---

① 安东尼·海因修斯(1641~1720),荷兰政治家、外交家,是威廉三世最好的朋友之一,也是路易十四最坚定的反对者之一。
② 欧根亲王(1663~1736),法国出生的奥地利帝国著名将领。

盟委员会中的普通成员,只透露了他大胆计划的一部分。他向荷兰人提出,他将率领英国军队和部分外国援军,离开佛兰德,向莱茵河上游和摩泽尔河进军,在那一地区对法国军队展开有力的军事行动。与此同时,奥沃奎克将军将率领荷兰人及剩余的外国援军,留在荷兰继续打防御战。在费尽九牛二虎之力得到荷兰人对他的计划的这一部分的赞同之后,马尔伯勒拿出了同样的外交热情,极力说服普鲁士国王和帝国的另外一些亲王,增加他们提供的兵力,并把他们部署到便于他开展行动的地方,同样也获得了成功。

　　5月19日,马尔伯勒开始了他著名的行军。他将要率领的军队,已经由他的弟弟丘吉尔将军在伯德堡集结完毕,那里离默兹河边的马斯赫特不远。这支部队包括16000名英国士兵,由51个步兵营和92个骑兵中队组成。在他行军的途中,将有驻扎在莱茵河流域的普鲁士、吕讷堡和黑森的军队,以及驻扎在罗斯威尔的11个荷兰步兵营。他的行军才刚刚只走了一天,就有来自其他盟军领袖的一连串的干扰、抱怨和要求,他的计划似乎自始至终都受制于这些事情,要是搁在任何一个不像马尔伯勒这样坚定、这样好脾气的人的身上,这些事情准会导致整个计划泡汤。关于这些烦心事以及马尔伯勒的处理方式,或许只要举出一个范例就足够了。当他于20日在库本安营扎寨的时候,接到了奥沃奎克送来的急件,竭力要求他停止前进,因为在佛兰德指挥法国军队的维勒罗伊已经离开了他的阵地,率领36个步兵营和45个骑兵中队,从那慕尔①渡过了默兹河,

---

① 那慕尔,比利时中南部城市。

正威胁着赫伊斯小镇。与此同时,马尔伯勒还收到了在靠近莱茵河左岸的斯托尔霍芬指挥帝国军队的巴登侯爵和乌拉迪斯劳伯爵的来信,声称塔拉尔德已经有所行动,似乎正打算渡过莱茵河,他们催促马尔伯勒加速向托尔霍芬前线进军。但马尔伯勒不为所动,没有让这些请求干扰自己的重大计划的进行。他知道,维勒罗伊的军队因为已经抽调了许多分遣队前往莱茵河流域,因而受到了极大的削弱,不可能发动什么像样的攻势,因此,他只停留了一天,以平息奥沃奎克的惊慌。同样,为了让巴登侯爵宽心,他命令霍姆伯希和比洛的部队掉头向腓力堡开拔,同时又在私下里命令他们不要走太远。他甚至要求乌拉迪斯劳伯爵也这样做,伯爵在这个节骨眼上也赶到了营地,打算在整个战役中都追随他。

马尔伯勒到达了莱茵河边的科布洛涅茨,从那里渡过了莱茵河,然后沿着莱茵河右岸向布鲁巴奇和门兹进发。他的行军,虽然速度很快,但指挥得当、井然有序,这样就为部队省了不少力气,避免了所有不必要的疲劳困乏。自始至终补给充足,纪律严明。逐渐地,马尔伯勒从荷兰及其他盟国那里得到了更多增援,他们还给了他更大的自由,以遵循自己的既定方针。的确,即使未动一刀一枪,他的计划就已经遏制了敌人的活动,极大地缓解了奥地利的战争压力。维勒罗伊率领着从法国—佛兰德联军中抽调来的分遣队,被马尔伯勒的策动彻底给弄糊涂了,无法猜测这位英国将军到底要在哪里发动袭击。这个初夏,他们基本上就是在佛兰德和摩泽尔之间无所事事地浪费时光。

塔拉尔德元帅在斯特拉斯堡指挥着45000人,这一年的早些时候,路易十四预定让他向巴伐利亚进军,这时候他认为,

马尔伯勒与欧根亲王在战场上

马尔伯勒沿着莱茵河行军是准备进攻阿尔萨斯,因此,为了支援那一地区的法国军队,他把自己的45000人留了下来。马尔伯勒故意让人在腓力堡修建一座横跨莱茵河的大桥,并让黑森伯爵带着他的炮兵向曼海姆进发,仿佛要围攻兰道,以此巧妙地助长塔拉尔德的这种忧惧。这期间,巴伐利亚选帝侯和马辛元帅怀疑,马尔伯勒的计划实际上就是它本身所证明的那样,向抵抗他们的奥地利人进逼,或者是要把他们的军队派到匈牙利。他们留了下来,这样可以保护他们与法国之间的交通。就这样,到了6月初,当马尔伯勒离开莱茵河向多瑙河进军的时候,为数众多的敌军都分散在各地,无法阻止他。

渡过了内卡河①,马尔伯勒向东南方向的蒙代尔省进发,在那里,他与欧根亲王举行了他们的首次私人会晤,他们注定要在这场辉煌壮观的战役中成为同事。从那里,穿过了一片艰

---

① 内卡河,德国西南部莱茵河右岸支流。发源于黑林山,向北、向西流入曼海姆的莱茵河。

难而危险的乡村地区之后，马尔伯勒继续向巴伐利亚进军。7月2日，在多瑙沃特附近的舒伦堡高地遭遇了巴伐利亚人。马尔伯勒突袭了他们据守的营地，越过了多瑙河，在巴伐利亚拿下了几个防守坚固的地方，除了慕尼黑和奥格斯堡这两座设防城市之外，已经完全控制了选帝侯的领地。选帝侯的军队，虽然在多瑙沃特吃了败仗，却依然人数众多，力量强大。塔拉尔德终于恍然大悟，也渡过了莱茵河。为了毫发无损地穿过黑森林，一路上，他因为斯托尔霍芬那位德国将军的懒散而吃够了苦头，终于使他强大的军队在奥格斯堡附近的比伯拉赫与选帝侯的军队和马辛元帅的法国军队胜利会师了。此前，马辛一直在与巴伐利亚人联合作战。

另一方面，马尔伯勒也再一次渡过了多瑙河，并在8月11日与欧根亲王所率领的神圣罗马帝国的军队会师了。这支联合部队在赫希施塔特附近占据了一个位置，这里位于多瑙河左岸，比多瑙沃特稍稍高一些，也是马尔伯勒最近一场胜仗的战场，而且几乎就是维拉尔元帅和选帝侯去年打败奥地利人的地方。法国元帅们和选帝侯如今的位置在东面稍远一点的地方，位于布伦海姆和鲁特青根之间，一条名叫内贝尔的小河，横亘在他们与马尔伯勒和欧根的军队之间。法国—巴伐利亚联军由大约6万人组成，有61门大炮。联盟军大约有56000人，52门大炮。

虽然意大利的法国军队已经不可能进入奥地利了，虽然马尔伯勒的巧妙策略迄今为止避免了被挫败（从战役一开始盟军的目标就一直面临着这样的威胁），但是危险依然相当严重。对马尔伯勒而言，赶在维勒罗伊醒过神来之前向敌人发起进攻，是绝对必要的。没有任何东西能够阻挡维勒罗伊和他的大军进入弗兰康尼亚①，那里是盟军补给的主要来源。他除了以这种方式使盟军陷入困境之外，还可以让自己的军队与塔拉尔德和选帝侯的军队会师，从而形成一支阵容庞大的大军，足以把马尔伯勒和欧根亲王的部队吞没。另一方面，把成败押在一仗的胜负上，似乎也很冒险，一次失败必然导致致命的后果。就数量而言，盟军的劣势并不是很大，不过也不可漠然视之。敌军的优势，似乎还在于其军队的构成更引人注目。塔拉尔德和马辛所率领的45000名法国人，全都是身经百战的老兵，全都接受过协同作战的训练；选帝侯自己的部队也都是一些优秀的军人。马尔伯勒所率领的大军，就像滑铁卢的威灵顿一样，其中大部分并不是英国人，而是来自众多不同的民族，说着不同的语言。而且，在战斗开始的时候，他还不得不担当进攻者的角色，从而使自己的军队暴露在敌人的火力之下，面临相当惨重的伤亡。而敌军却可以在他们眼下正在积极加固的村庄和战壕的保护之下作战。盟军的失败，其结果必然会使大联盟分崩离析，并使法国国王萌生他洋洋得意的希望。埃里森先生在他那部著名的《马尔伯勒公爵的戎马生涯》中，曾正确地指出，如果法国在这场战争中获胜将会发生什么样的结果。如果我们还记得盟军在布伦海姆战役打响时的位置，如果我们还能想起：奥地利的精疲力竭，匈牙利的险恶起义，德国亲王们的不和与忌妒，英国二世党人②的势力和活跃，那个时期几乎所有荷兰政治家的低能，以及荷兰的衰弱（如果没有联盟的话），那么，我们或许可以相信埃里森先生的说法：

---

① 弗兰康尼亚，是中世纪德国5个最早的支系公国之一。
② 指的是英王詹姆斯二世的拥护者。

路易十四统治下的法兰西，被他的野心所激励，被他的狂热所引导，被他的才干所管理，如果这样一个强国在欧洲获得了支配性的地位。毫无疑问，普遍的专制统治将会在欧洲大陆建立，残酷的精神奴役将会控制人们的头脑。法国和西班牙，统一在波旁亲王们的统治之下，统一在一个紧密的家族同盟之中——查理曼大帝的帝国和查理五世的帝国的联合，这个废除了"南特敕令"①、犯下了谋杀圣巴塞洛缪的罪行，并因此而驱逐了摩尔人、建立了宗教裁判所的强大国家，将被证明会对人类的最高利益造成不可抗拒的、史无前例的破坏。

新教徒将被赶过易北河，斯图亚特家族带着他们的天主教势力，可能就会在英格兰重建，被拉蒂默和里德利②点燃的大火可能会在血泊中熄灭，宗教自由在盎格鲁—撒克逊种族中注入的活力可能会气绝声销。世界的命运将改变。

在决定打还是不打的作战委员会上，马尔伯勒的一番话引人注目，值得记录在此。会上，反对他的指挥官们指出：从他们现在的位置向敌军发起进攻似乎是鲁莽的。他说："我清楚危险，但这一仗必须打。我所依靠的，是将士们的勇敢和纪律，这将弥补我们的劣势。"这天早晨，全面交战的命令发布了，

---

① 南特，法国西部卢瓦尔大区大西洋岸卢瓦尔省省会、城市。对信奉基督教新教的臣民（胡格诺派）允许以广泛的宗教自由的南特敕令于1598年由法国亨利四世颁布，路易十四于1685年废止。
② 拉蒂默（1485～1555）和里德利（1500～1555）均为英国基督新教人士，在天主教徒玛丽一世即位以后，因拒绝放弃新教教义而被处死。

全军欣然接受,这证明了他的信心是正确的。

法国人和巴伐利亚人驻扎在那条名叫内贝尔的小河后面,这条小河几乎是自北向南从布伦海姆村前注入多瑙河。内贝尔河沿着一条小峡谷蜿蜒流淌,法国人占据着其西面的高地。布伦海姆村位于他们驻扎地的最右端,鲁特青根村位于布伦海姆以北大约3英里的地方,形成了他们的左翼。在鲁特青根村的那边,是戈德伯格和里奇伯格两座崎岖不平的高地,在它们的边缘,驻扎着一些分遣队,为的是保护法国—巴伐利亚人的阵地免遭左翼的袭击。多瑙河保护着他们的右翼,只有从前面才能攻击他们。布伦海姆和鲁特青根都被栅栏和壕沟坚固地围起来了。塔拉尔德元帅担任总指挥,以布伦海姆作为他的驻地,选帝侯马克西米利恩亲王和马辛元帅指挥着大军的左翼。塔拉尔德率领26个营的法国步兵和12个法国骑兵中队驻扎在布伦海姆,马辛元帅和选帝侯率领22个步兵营、36个骑兵中队驻

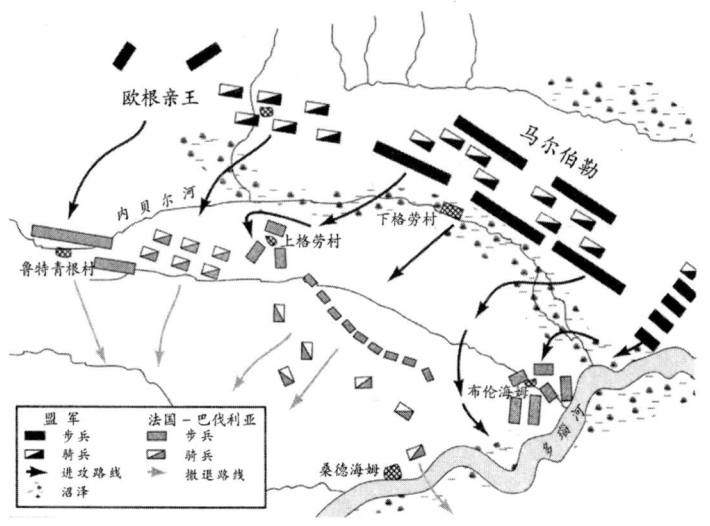

守在鲁特青根村的正前方。中路由14个步兵营把守，其中包括著名的爱尔兰步兵旅。这些部队驻扎在上格劳小村，这里离鲁特青根比离布伦海姆更近一些。因此，法国人的两翼都非常强大，只有中路相对较弱一些。塔拉尔德似乎是依靠从上格劳到布伦海姆之间的那条河谷的沼泽地带，来保护对其阵地的这一部分所发动的任何猛烈攻击。

盟军部队编成了两个部分：最强大的部分由马尔伯勒公爵亲自指挥，按照预定的目标，将攻击塔拉尔德，而欧根亲王则率领另一部分，这一部分主要由骑兵组成，打算对付马辛和选帝侯所率领的敌军，马尔伯勒形成整个大军的中路和左翼，而欧根亲王的部队则形成右翼。

8月13日一大早，盟军离开了他们的营地，向敌军的方向进发。浓雾笼罩着地面，直到联军的中路和右翼几乎进入了敌军大炮的射程之内，塔拉尔德才发现他们正在接近。匆忙之中，他尽其所能地做好了准备，大约8点钟的时候，沉重的炮火从法国人的右翼向英军正在行进的左翼发射了过来。马尔伯勒命令他的炮兵还击，与此同时，将盟军左翼和中路的几支纵队散开了，在整个阵线中各就各位，双方的大炮都继续保持着猛烈的火力。

欧根亲王的纵队所必须穿过的场地实在难以通行，尤其是要通过炮兵的火力范围，差不多直到中午的时候，他的军队才进入了鲁特青根村的对面。在这段间歇期，马尔伯勒命令随军牧师到各个编组队列的前面做礼拜，然后，他策马沿着阵列前行，发现官兵们都斗志昂扬，急不可耐地等待着进攻的命令。终于，一位副官从右翼带来了欧根亲王已经准备就绪的好消息。

马尔伯勒立即命令卡茨勋爵率领一支精锐的步兵旅,进攻布伦海姆村,而他自己则率领主力部队直下内贝尔河谷向东的坡地,准备强行渡过那条小河。

对布伦海姆村的进攻虽然打得十分英勇,但还是被敌军击退了,而且损失惨重。马尔伯勒发现这个村庄的防守是多么坚固,便停止了对它的进攻,集中全部力量以冲破布伦海姆与上格劳之间的防线。一些临时性的过桥已经准备好了,搜集来了一些厚木板和木排,利用这些东西,在一座位于河谷中央的被称作下格劳村的小村附近,架起了一座横跨内贝尔河的小石桥。马尔伯勒成功地带领几个骑兵中队渡过了内贝尔河,虽然部队因此被分成了几个分支,而且他们之间的地面也很不结实,有些地方只不过是比

马尔伯勒

纯粹的沼泽要稍好一些。而法国人的炮兵也没闲着。炮弹不间断地落在正在行进的盟军骑兵中队当中,法国人的骑兵队也屡次从西边的山脊上俯冲而下,没等盟军部队在坚实的地面上编好队形就向他们发起冲锋。一方面有刚过河的骑兵前来增援,另一方面步兵也不断地调上来,用坚定猛烈的火力阻挡了敌军骑兵的前进,马尔伯勒因此能够在这一地区站稳脚跟,不至于被敌军击退,在进攻布伦海姆失败之后,如果这一次再被击退

了，那对盟军来说很可能是致命的。逐渐地，他的骑兵奋力渡过了那条被血染红的河流，这时候，步兵也开始过河，这样可以牵制驻守布伦海姆的法国军队，他们在自己的前方不再遭到攻击的时候，便开始竭尽全力攻击盟军的左翼。

就这样，马尔伯勒成功地在内贝尔河的对岸编列好了整个左翼的队形，正打算向前推进，就在这时，一场降临在大军中路的灾难，使他不得不去了战场另外部分。荷尔斯泰因—贝克亲王率领11个汉诺威步兵营，从上格劳村的正对面渡过了内贝尔河，他们发起了冲锋，结果被驻守上格劳村的爱尔兰步兵旅给彻底击溃了。爱尔兰人把荷尔斯泰因赶了回来，同时伴随着一场大屠杀。盟军的阵线被彻底洞穿了。不过在布伦海姆，他们乘胜追击的满腔热情，领着他们走得太远了。马尔伯勒亲自上阵了，他率领几支英格兰骑兵中队，对他们暴露无遗的侧翼发动猛冲。爱尔兰人掉头回返，当他们努力收复上格劳村高地的时候，马尔伯勒从预备队中抽调来的3个步兵营用他们的火力彻底把爱尔兰人的纵队耙梳了一遍又一遍。马尔伯勒重新建立了盟军在这一阵地的秩序和联络，当他回到自己的左翼时，便派人去打听他的同僚进攻马辛和选帝侯的进展如何，并向欧根亲王通报了自己的胜利。

到目前为止，欧根亲王并没有马尔伯勒那么幸运。他向敌军发动了3次进攻，3次都被赶回来了。仅仅因为凭着他自己不顾一切的个人努力，以及他所指挥的普鲁士骑兵团著名的稳定性，才保住了他的这一翼没有被彻底击溃。但正是在战场的南侧，在马尔伯勒自己那样困难地渡过内贝尔河的那块儿场地上，战争的转折时刻决定了。

像汉尼拔一样,马尔伯勒实现他决定性的成功,也主要是依靠他的骑兵,正是通过骑兵,他在布伦海姆赢得了他最伟大的胜利。这场战斗持续到了下午5点。这时,马尔伯勒将8000名骑兵部署成两个阵列,以最完美的队列秩序,沿着布伦海姆和上格劳村之间的空地依次排开,准备对敌军发动一场全面进攻。步兵以营为单位,部署在他们后面,这样可以在他们被击退的时候支援他们,同时还可以牵制依然据守着布伦海姆村的法国大部队。此时,塔拉尔德把他的骑兵中队和步兵营交错部署,而马尔伯勒则通过一次相应的调动,把几个步兵团和一些炮兵小组调到了第一线,穿插在马队中间。5点多一点的时候,马尔伯勒开始了他决定性的行动,得到步兵和炮兵的加强和支援的盟军骑兵,缓慢地沿内贝尔河边的低地沿斜坡向正在严阵以待的1万名法国骑兵进逼。正当他们骑马登上斜坡坡顶的时候,盟军受到了法国大炮和轻武器猛烈火力的热情招待。起初,

布伦海姆战役

盟军炮兵有些畏缩不前，但他们并没有放弃高地。他们带来的炮兵和步兵继续英勇顽强地争夺着那块高地。法国人的火力似乎松弛了下来，马尔伯勒立即命令向前冲锋。盟军骑兵飞奔着冲向敌军的骑兵编队，法国骑兵顿时丧失了勇气。他们隔着一段无效的距离乱放了一阵马枪，然后调转马头，策马离开了战场，丢下他们9个营的步兵兄弟，被盟军骑兵的激流踩得人仰马翻。战斗到此时已经稳操胜券。塔拉尔德和马辛彼此分开了，心里只想着撤退。塔拉尔德把他留下来的骑兵中队编列成一行，一直延伸到布伦海姆，并命令驻守在布伦海姆村的步兵立刻离开那里，赶来与他们会合。但没等他们来得及服从他的命令，马尔伯勒的骑兵中队就已经掉头向左，以迅雷不及掩耳之势，扑向了法国元帅那些虚弱不堪的大军。塔拉尔德元帅为做最后一搏而编好了阵形的部队，一部分被赶进了多瑙河，一部分和他们的统帅一起逃进了桑德海姆村。在那里，他们很快就被大获全胜的联军给包围了，被迫举手投降。

这期间，欧根亲王重新向法巴联军的左翼发动进攻，而马辛元帅发现自己的同僚被彻底击溃了，自己的右翼完全暴露，于是准备撤退。他和选帝侯成功地将他们军队的绝大部分以还算不错的秩序撤到了迪林根，而驻守布伦海姆村的法国大部队则被扔在那里孤立无援，等着全军覆灭。马尔伯勒领着他的得胜之师迅速占领了布伦海姆村的所有出口，然后，让炮兵把整个村子团团围住，他命令以连续不断的炮击摧毁村子本身和据守村内的所有人。几次英勇顽强的突围都无功而返，布伦海姆村的法国人最后被迫无条件投降，24个步兵营，12个骑兵中队，在全体军官率领下，放下武器，束手就擒。

伏尔泰说:"这就是那场著名的战役,胜利者大约有5000人阵亡,8000人受伤,其中绝大部分伤亡者,属于欧根亲王所指挥的那一翼。法国军队几乎全军覆灭,长期以来战无不胜的6万大军中,能够重新集结的有效力量不会超过2万人,约有12000人被杀,14000人被俘。所有大炮,数量庞大的战旗和军旗,所有帐篷和辎重车辆,大军统帅和1200名指挥官,全都成了胜利者的囊中之物。"

乌尔姆、兰道、特利尔和特拉尔伯奇,在这一年的年底全都向盟军缴械投降。巴伐利亚向神圣罗马帝国皇帝俯首称臣,匈牙利人放下了他们的武器,德意志被彻底解放。盟军的军事优势完全得以确立。这场战争余下来的时间里,路易十四只有招架之功。布伦海姆战役使得他曾经拥有的自豪感永远烟消云散。

●公元1709年

波尔塔瓦战役

17世纪末,俄国沙皇彼得大帝进行了全面学习西方的改革,建立起了近代工业和强大的军队,为了打通波罗的海的贸易出海口,而与当时称霸北欧的强国瑞典展开了旷日持久的"北方战争"。1708年秋,瑞典国王查理十二世统率瑞典大军,孤军深入俄罗斯腹地,在乌克兰冬季作战中失利,随后挥师南下,于次年4月包围战略要地波尔塔瓦,企图在那里补充给养,并打开向哈尔科夫、别尔戈罗德进攻的道路,继而进军莫斯科。7月1日,彼得大帝亲率俄军主力西渡沃尔斯克拉河,6日逼近波尔塔瓦城外。这一仗,将决定新兴的俄罗斯帝国的生死存亡⋯⋯

波尔塔瓦那个令人恐怖的日子,
当好运离开了高贵的瑞典人,
在一支惨遭屠戮的大军周围,
也就不再有搏杀,不再有流血,
战争的力量和运气,
已经传递给了凯歌高奏的沙皇。

——拜伦

拿破仑在圣海伦娜的时候曾经预言,要不了多久,整个欧洲要么是哥萨克人的,要么就是共和党人的。4年之前,这二者当中最有可能实现的是后者。但1848年爆发的民主运动,在1849年遭到了坚决的镇压。独裁统治者的绝对权威,以及戒严令所带来的万马齐喑,如今成了欧洲大陆各国首都的主要特征。不久前,这些地方还只有群众的意志,而不知君权为何物,民主党人曾经那样大声地、那样强烈地呼唤他们神圣的造反权利。导致这次倒退的原因颇多,不过其中最有效、最持久的,还是俄罗斯的影响力和俄国军队。如今的俄罗斯,既是自认的、也是公认的君主制拥护者,反对民主政治;是既定权威(不管是怎么获得的)的拥护者,反对任何革命和变革(不管出于什么目的);是欺凌弱小邻国的帝国霸权的拥护者,反对所有政治自主的主张,反对所有民族独立的斗争。俄罗斯,已经征服了英勇的匈牙利人,而在名义上已经被她征服的奥地利人,如今也是臣属者之一。有谣言说,俄罗斯正在制订新的征服计划,且不管这些谣言是有根还是无据,可以肯定的是,近来的一系列事件,必定极大地增强了俄罗斯帝国的实力,即使在从前,这也一直是整个西欧有根有据地深表忧虑的一个对象。

12年前就有人确切地说过:"俄罗斯最近64年中所获得的,无论在范围上还是在价值上,都与这之前俄罗斯帝国的整个欧洲部分不相上下。她从瑞典得到的超过古代瑞典王国的遗存;她从波兰得到的领土,和整个奥地利帝国一样大;她从土耳其的欧洲部分抢夺来的领土,与普鲁士帝国除莱茵河流域各省之外的领土面积大致相当;她从土耳其的亚洲部分所得到的领土,在范围上,相当于所有的德意志小州、普鲁士的莱茵河各省、比利时以及荷兰加在一起的总和;她所征服的波斯乡村,与英格兰的领土大小差不多;她在鞑靼地区所得到的领土,面积相当于土耳其的欧洲部分、希腊、意大利和西班牙。这64年中,其国境线向维也纳、柏林、德累斯顿、慕尼黑和巴黎的方向前进了850英里;向君士坦丁堡的方向接近了450英里;她将波兰的首都据为己有;她一路向前,距离瑞典的首都只有几英里,而彼得大帝登上皇位的时候,这段距离是300英里。打那以后,俄国向印度的方向扩张了约1000英里,向波斯首都的方向也扩张了1000英里。"[①]

这就是那个时期俄罗斯扩张的情况。最近几年的一系列事件,通过不断削弱、不断分裂其所有的欧洲邻国,无限增大了

---

① 原注:参见《俄罗斯在东方的进展》。

俄罗斯帝国对所有其他大陆强国的相对优势。

6000万以上的人口，所有人都绝对服从一个统治大脑的冲动；650万平方英里的辽阔领土；80万常备兵力；穿梭于波罗的海和黑海的强大舰队；一大群机智老练的外交使节被派往各个宫廷、各个部落；意想不到的成功所创造出来的自信，以及漫长丰富的阅历所培养起来的睿智。有了这些，俄罗斯如今用一只全副武装的右手紧紧抓住了欧洲政治那错综复杂的操纵绳，以那个时代行动仲裁者的姿态发号施令。而这，距离俄罗斯第一次被当作现代欧洲历史舞台上一名正式演员而获得承认的时间，才刚刚过去150年——波尔塔瓦①战役之前，俄罗斯在这个舞台上连个跑龙套的都算不上。查理五世和他伟大的竞争对手们——伊丽莎白女王及西班牙的腓力国王，苏利、黎塞留、克伦威尔、德威特、奥兰治的威廉等等17、18世纪卓冠群伦的领袖人物，他们想到俄国沙皇的时间，不会比我们今天想起廷巴克图国王的时间更多。而在今天的英国外交部经常举行的内阁会议上，如果有哪位英国政治家的头脑里不把俄罗斯放到首要的位置，那是很值得怀疑的。

不过，虽然俄罗斯就这样长期以来一直被深埋在她浩瀚无垠的积雪中不为人知，但另外有一个北方强国，其在欧洲重大争端中的影响力，却是举世公认的，欧洲一些主要国家中，那些最大胆的首领和最能干的议员，都小心翼翼地向她大献殷勤。这个国家就是瑞典。俄罗斯就是在瑞典颓败的废墟上崛起的。不过，直到我们眼下就要讨论的这场生死攸关的战役爆发，俄罗斯才最后确立了对这位半野蛮邻居的绝对优势。

---

① 波尔塔瓦，乌克兰波尔塔瓦州城市和首府。它可能由斯拉夫人于8世纪或9世纪建立，17世纪是一个哥萨克人的据点。

古斯塔夫·阿道夫在阵前

早在 1542 年，法国就试图和瑞典结成联盟，以对付查理五世。古斯塔夫·阿道夫[①]这个名字，其本身就足以让我们想起：在那场为宗教自由而展开的伟大斗争中（德国为此充当了 30 年的竞技场），正是瑞典，拯救了新教徒正在衰落的理想；也正是瑞典，口授了那份《威斯特发里亚和约》，从而重建了欧洲的国家体系。

"北方雄狮"凭着他的英勇无畏，将瑞典带上了令人骄傲的卓越巅峰，却因为查理十二世在波尔塔瓦的失败，而转瞬间堕入永劫不复的深渊。瑞典在法国革命战争期间为担当欧洲政治的领袖角色而作出的种种努力，眨眼间全部付诸东流，险些成为笑柄。但那个王杖被克里斯蒂娜[②]所继承、其联盟受到克

---

① 古斯塔夫·阿道夫（1594～1632），即古斯塔夫二世，瑞典国王，17 世纪最有影响力的领袖之一，被称为"北方雄狮"，是"三十年战争"中的新教徒英雄。
② 克里斯蒂娜（1626～1689），瑞典女王（1644～1654 年在位）。她后来出人意料地放弃王位，接受了罗马天主教，并在罗马度过余生。

伦威尔高度评价的瑞典,是一个完全不同于现代瑞典的强国。芬兰、英格里亚、利沃尼亚、爱沙尼亚、卡列利亚等波罗的海东岸地区,当时都是瑞典的行省;对波美拉尼亚、吕根岛和不来梅的占有,使得她成为日耳曼帝国的重要一员。这些领土如今全都被人抢走了,其中最有价值的部分,成了其竞争对手的力量的主要来源。假如瑞典能够收复这些失地,能够重建1648年的瑞典,我们的北方就会有一个一流的斯堪的纳维亚强国,完全能胜任维持这一地区的势力均衡,从而阻止俄罗斯的前进。的确,如果不是瑞典衰落了的话,俄罗斯的力量绝不会变得让整个欧洲望而生畏。

因此,俄罗斯在波尔塔瓦所取得的决定性胜利,对整个世界而言至关重要,其原因,既在于它所颠覆的那些东西,也在于它所建立的那些东西。其所以能引起人们更深远的关注,乃是因为它不仅仅是两国争锋的转折点,而且也是两个伟大的人类种族之间的一场力量考验。我们要记住:瑞典人像英格兰人、荷兰人一样,同属日耳曼民族,而俄罗斯人则是斯拉夫民族。斯拉夫血统的各民族,长期以来占据着欧洲维斯图拉河① 以东的大部分地区,维斯图拉河以西的波希米亚、克罗地亚、塞尔维亚、达尔马提亚等重要地区的居民,也都是斯拉夫人。波尔塔瓦战役之前,在他们与相邻的日耳曼种族之间那些漫长繁复的冲突中,日耳曼人几乎一直保持着优势。在彼得大帝战胜瑞典国王之前,没有哪个斯拉夫国家在历史上扮演过什么像样的

---

① 维斯图拉河,波兰最大的一条河流,也是波罗的海流域最大河流,源出于波兰南部贝斯基德山脉,向北注入波罗的海。

角色,只有波兰是个唯一而重要的例外。打那以后,俄罗斯的所作所为,我们都知道,也都感觉得到。那些深切关注人类历史命运的最聪明、最优秀的人都相信,欧洲人口中的斯拉夫因素,至今还只不过是部分地展示了他们的力量,在其他民族耗尽了他们的创造活力、完成了他们额定的丰功伟绩的时候,斯拉夫民族还有很长的路要走。叙述斯拉夫人所拥有的优势,将是世界历史的保留篇章。

查理十二世

我们这样把俄罗斯对瑞典的这场重大胜利视为斯拉夫人对日耳曼人的胜利,这既非人种学的迂腐之见,也不是纯理论的奇思妙想。俄罗斯是一个斯拉夫帝国,这个事实,在当今有着极大的现实影响。奥地利帝国的半数居民是斯拉夫人。土耳其欧洲部分的绝大部分人口是斯拉夫人。西里西亚、波兹南以及普鲁士领土上的其他地区,也主要是斯拉夫人。最近几年中,把所有斯拉夫人融合成一个统一的斯拉夫大帝国的强烈热情,一直在这些国家蓬勃生长。我们或许可以嘲笑这种热情所遵循的原则,然而它却丝毫也不缺乏真诚和积极,而俄罗斯,作为斯拉夫民族的领袖和捍卫者,很清楚地知道如何利用自己的优势。

一个奇怪的事实是,俄罗斯这个名字的得来,要归功于1000年前一伙征服她的瑞典侵略者。他们很快融入了斯拉夫人口当中,他们身上的瑞典人性格的蛛丝马迹,早在查理十二世^①入侵俄罗斯之前，就已经消失了好几百年。长期以来，俄罗斯一直是鞑靼人的受害者和奴隶，许多个相当长的历史时期中，她被波兰所征服。的确，如果不考虑一些早期的俄罗斯首领对拜占庭帝国的远征，不考虑伊凡大帝的统治时期，那么，彼得大帝之前的俄罗斯历史，可以说是一部漫长的苦难史和衰落史。

但是，不管俄罗斯从瑞典人、鞑靼人和波兰人那里受到过多少民族伤害，在她强大的150年里，无疑也进行了10倍于此的报复。在这个时期的一开始，俄罗斯迅速完成了从被捕食者到捕食者、从被征服者到征服者的角色转换，其速度之快，在各民族的历史上，几乎无人可望其项背。这全是一位统治者的功劳。他本人没有受过教育，却在数以百万野蛮人当中鼓励、促进科学和文艺；他给他们带来了舰队、贸易、艺术和武器；在波尔塔瓦，他教会了他们如何面对从前不可战胜的瑞典人，如何打败他们；从那时起，他使得英勇顽强和绝对服从成了俄罗斯军人的显著特征，在他之前，这些人还只不过是一群混乱无序、优柔寡断的乌合之众。

马其顿的腓力国王，在事业生涯上与这位伟大的俄国沙皇颇为类似。不过也有很重要的差异。腓力国王年轻时在南部希腊接受过最好的教育，跟随那个年代最有才华的哲学家和将军们，学习了关于和平与战争的所有问题。而彼得大帝，则是在粗蛮未开化的人中间、在野蛮无知的状态中被养育成人。成年以后，他远离宫廷里骄奢淫逸的诱惑，到国外寻求知识，以此

---

① 查理十二世（1682～1718），瑞典国王，15岁时继承王位，在北方战争期间保护其国家达18年，并促进重大的内政改革。

彼得大帝

弥补自己的不足。在荷兰和英格兰,他像个普通工匠一样,用自己的双手辛勤劳动,这样,他在回国以后就可以教导他的臣民,如何才能拥有轮船、贸易和文明。他的英雄主义情怀,要胜过我们所知的那位马其顿国王身上的任何东西。但是,腓力统一了长期分裂的马其顿帝国;他让一个被文明的邻国所嘲弄的民族迅速崛起,成了它们恐惧的对象;他组织起了一支勇敢顽强、纪律严明的军队,取代了混乱涣散的民兵组织;他创建了一支海上力量；他利用自己系统化的才能拥有并改进了港口和兵工厂；在逆境中，他坚忍不拔地追求自己的目标；他拥有非凡的个人勇气（即便他偏爱那些粗鄙的消遣和享乐）。所有这一切，都区别于那位俄罗斯帝国缔造者的典型特征。然而，要正确评价这位古代英雄，我们应该补充下面一点：那种严重扭曲了彼得大帝性格的野蛮残忍，在腓力的经历中找不到任何例子。

要思考瑞典大军兵败波尔塔瓦所带来的影响，要推测如果侵略者获胜将会带来怎样的后果，我们不仅要记住彼得大帝在缔造俄罗斯时所处的悲惨境遇（相对于现在的强盛而言），而且要注意到这样一个事实：在波尔塔瓦战役打响的那个时期，他的改革尚未完成，新的制度建构尚不成熟。他砸碎了旧的俄罗斯，而新的俄罗斯尚在萌芽状态。假如他在波尔塔瓦被彻底打垮，那么，他庞大的计划将随他一起被埋葬。用伏尔泰的话说："这个世界上最辽阔的帝国，将重新陷入混乱无序的深渊。"正是这样一个事实，使得查理十二世的溃败成为俄罗斯命运的生死关头。俄罗斯在一个世纪之后因为拿破仑的入侵而面临的威胁，事实上远不及查理十二世进攻她的时候那么危险，虽然那位法国皇帝作为一个军事天才，远非瑞典国王所能望其项背。而且，与皇帝陛下所率领的那支大军比较起来，查理的军队几乎不足挂齿。但是，正如当拿破仑决定对沙俄帝国发动那场损失惨重的远征的时候富歇在极力劝阻时所警告的那样，1812年时的俄罗斯与1709年时的俄罗斯已经大不相同，其间的差距，比查理十二世和拿破仑之间的力量悬殊还要大。

彼得大帝很明智地废除了旧式的帝国正规军，并按照一份从外国学来的新方案,招募了用以取代旧式军队的武装力量,不过在瑞典入侵之前,这支新军还没有拿出任何证据,证明他们可以依靠。在无数次与瑞典人的遭遇战中,彼得大帝的士兵,即使在那些处于数量劣势的敌军面前,也总是像绵羊一样望风而逃。彼得大帝所引入的那些一意孤行的改革,也在社会各阶层中招致了强烈的不满,因为其中许多改革措施与他的臣民们所一贯抱持的民族偏见相冲突。一番胜利和繁荣的大事业,也并没有把彼得提升到超出人们的满腹牢骚所能达到的高度,也没有使人们对沙皇陛下产生一种迷信似的盲目服从(这后来成了俄国人的显著特征)。一旦查理十二世胜利占领了莫斯科,必定像巴土可汗及其他古代入侵者在攻克远古俄罗斯都城之后一样,残酷地镇压俄罗斯民族。

查理十二世的性格,一直是历史学家、道德家、哲学家和诗人们特别喜爱的题目。但在这里,我们唯一需要予以置评的,是他在俄罗斯战役中的军事行为。拿破仑在圣海伦娜口授的回忆录中,谈到历史上的著名战役(包括他自己在俄罗斯的战役),特别对查理的那场战役给出了系统的批评。他花了很大的力气来证明他自己所得出的进攻战的所有真正法则。他对查理十二世的军事才能的非难,或许带有过多的主观色彩,为的是让自己的军事才能显得更加卓尔不群。然而,全面考量之后,我们不得不承认拿破仑对查理战术策略的批评是有力的,并承认他的判断是对的,虽说严厉了些。他断言,查理和他的前任古斯塔夫不同,他对战争的艺术一窍不通,不过是个勇夫。然而,在俄罗斯远征刚开始的时候,他的同时代人对他可不这么看。他数不清的胜利,他大胆果敢的精神,加之瑞典大军古老的名声,使得那时的欧洲充斥着对他的赞美和忧虑。正如约翰逊^①所说的,瑞典的名字让整个世界闻之色变。就连路易十四也曾诚挚地恳求瑞典的帮助。而我们马尔伯勒公爵,在他一路凯歌的胜利生涯中,也曾被英国宫廷专门派往查理的营地,劝说这位北方英雄支持盟国的伟大事业,以防止瑞典人的刀剑投入法国人的阵营。但在那个时候,查理只是一门心思要把俄罗斯的沙皇拉下马,就像他之前废黜波兰国王一样。整个欧洲都满心相信,他将把沙皇碾得粉身碎骨,然后在克里姆林宫里口授和平协议的条款。查理本人也认为自己胜券在握。"他认为,征服俄罗斯,一年时间就足够了。下一个就轮到罗马教廷尝尝他复仇的滋味了,因为罗马教皇反对就宗教自由的问题向西里西亚新教徒让步。那时候,对他而言,似乎没有什么事业是不可能的。他甚至派出了几个军官,秘密地潜入亚洲和埃及,弄出了一些城镇的平面图,以研究这些国家的实力和资源。"

查理十二世

拿破仑这样概括查理十二世入侵俄罗斯的早期行动:

---

① 塞缪尔·约翰逊(1709~1784),英国作家、辞书编纂者,是18世纪下半叶英国文学界最重要的人物之一。

1707年9月,查理十二世率领着46000人,从他位于莱比锡附近的阿尔兹德特营地出发,横穿了波兰;另有两万人在勒文豪普特伯爵① 的率领下在里加湾② 登岸;还有15000人在芬兰。这样,他把世界上最精锐的8万大军团结到了一起。他留了1万人在华沙,以保卫斯坦尼斯劳斯国王。1708年1月,他到达格罗德诺③,并在那里过冬。6月他穿越了明斯克森林,出现在鲍里索夫面前,直逼盘踞在贝雷西纳河左岸的俄罗斯大军。击溃了在沼泽地后面顽强防守的两万名俄罗斯人。9月22日,他在莫希罗夫渡过波伊塞内斯河,在斯摩棱斯克④ 附近打败了一支16000人的俄罗斯大军。

勒文豪普特

眼下,他正向立陶宛边境前进,即将进入俄罗斯。俄国沙皇对他的逼近感到惊慌失措,因而提出了自己的和平建议。到此时为止,他的所有行动都还中规中矩,他的通信联络得到了很好的确保。他是波兰和里加湾的主人,距

---

① 亚当·路德维格·勒文豪普特(1659~1719),瑞典将领。
② 里加湾,波罗的海的一个海湾,毗邻拉脱维亚和爱沙尼亚。
③ 格罗德诺,白俄罗斯一城市,邻涅曼河。
④ 斯摩棱斯克,俄罗斯西部城市,位于莫斯科以西。1812年被拿破仑的军队烧毁。

离莫斯科只有10天的行程。如果他不离开那条大路的话,他很可能会到达俄国首都,但他却改道向乌克兰前进,为的是与马泽帕会师,后者只带给他6000人。因为这一次调动,他的整个作战线(从瑞典开始)就暴露了1200英里的侧翼在俄罗斯人的攻击之下,他没法保护它,既得不到增援,也得不到帮助。

拿破仑严厉批评这是对一条重要的战争规则的违背。他指出,查理没有像汉尼拔那样,根据下面的原则来组织他的作战行动:放弃与国内的所有联络,集中全部兵力,在被占领国创建行动基地。这正是那位迦太基将军的大胆方法。但查理并没有根据这个原则行事,因为他让勒文豪普特在距离12天的行军路程之外尾随自己,而勒文豪普特却指挥着数量可观的分遣队,并护卫着一支重要的辎重车队。因为队伍的这种脱节,勒文豪普特被暴露在敌人倾全军之力进行各个击破的攻击之下。这也使得他自己所指挥的军队在战役的每一次危急时刻都得不到勒文豪普特在人员和补给上的增援。

彼得大帝集结了一支大约10万人的有生力量。虽然在战争的最初阶段,瑞典人每战必胜,但俄罗斯军队逐渐有了纪律,彼得和他的将领们也从胜利者那里学会了指挥打仗,就像过去的底比斯人从斯巴达人那里学会了打仗一样。

1708年10月,当勒文豪普特正在努力与乌克兰的查理会师的时候,俄国沙皇在波伊塞内斯河附近以5万压倒性的兵力向他发起了进攻。勒文豪普特英勇地战斗了3天,最后他率领大约4000人,成功地冲出重围,夺路逃向查理在得斯

波尔塔瓦战役

纳河①附近等候他的地方。但是有8000名以上的瑞典人在战斗中阵亡。勒文豪普特不得不抛弃了他的大炮和弹药。他重要的补给车队，全部落入敌手，而查理和他本人的部队已经饿得半死，都眼巴巴地指靠着这些补给救命呢。整个冬天，查理不得不继续留在乌克兰。

到了1709年的春天，他开始向莫斯科前进，包围了沃尔斯克拉河畔的一座筑有城墙的小镇波尔塔瓦，彼得大帝在那里储藏了大批的补给供应和军需储备，而且，这里控制着通往莫斯科的道路。如果拿下了这个地方，就能满足困苦不堪的大军的所有需求，同时还能为继续进军莫斯科获得一个可靠的行动基地。因此，这场围城之战，瑞典人进攻得非常激烈，守军也抵抗得相当顽强。彼得大帝也认识到了保住这座小镇的重要性，

---

① 得斯纳河，起源于斯摩棱斯克东部，向南在基辅流入第聂伯河。

因此，这年6月，他亲自率领5万～6万大军，去解波尔塔瓦小镇之围。

两位君主如今都为一场全面战斗做好了准备，双方都认识到这是不可避免的，他们也都感觉到了，这场战斗无论是对他们自己的命运还是对各自国家的命运，都是决定性的。彼得大帝利用一次巧妙的策动，渡过了沃尔斯克拉河，并把自己的军队部署到了与围攻者同一侧的河岸边，不过地势要高一些。沃尔斯克拉河在波尔塔瓦小镇向下大约45英里的地方注入波伊塞内斯河，彼得大帝把他的部队排列成两条阵线，从一条河延伸到另一条河。这样一来，如果瑞典人向他们发起进攻并被击退的话，就可以把敌人逼入两条河在交汇处所形成的锐角。他用几处临时防御工事加固了这两条阵线，将重炮兵排列成行，而他的骑兵和步兵，则占据着最有利的地形，拥有充足的军需补给和弹药储备。查理的兵力大约是24000人。但其中顶多只有一半是瑞典人，接二连三的战斗、饥荒、疲乏，以及俄罗斯冬天致命的严寒，使得这支被查理和勒文豪普特领到乌克兰的雄壮队伍受到了极大的削弱。查理指挥的另外12000人是哥萨克人和瓦拉几亚人，他们是在乌克兰加入他的大军的。听说彼得大帝正准备向他发起进攻，查理十二世认为，出于尊严的需要，自己应该成为攻击者。于是，他领着自己的大军，走出了他在波尔塔瓦城前建立起来的阵线，向俄罗斯人的临时防御工事逼近。

几天之前的一场小规模冲突中，查理的脚受了重伤。他被人用担架抬着跟随队伍前进，进入了战斗最激烈的地方。尽管在兵员人数和场地位置上存在着惊人的悬殊，但在那个可怕的日子，瑞典人依然表现出了前所未有的英勇顽强。与查理的老

兵们并肩作战的哥萨克和瓦拉几亚盟军,看来也同样出色。俄罗斯人的两座临时工事居然被瑞典人攻占了,瑞典步兵开始发出胜利的欢呼。而在对方,无论是将领还是士兵,都畏缩不前。俄罗斯的大炮和步枪一直保持着猛烈的火力,大批新调上来的防守部队蜂拥着冲向防御工事,最后,瑞典纵队那些筋疲力尽的残余力量不得不撤出了被血染红的堡垒。接下来,彼得大帝率领着第一阵线的步兵和骑兵走出了防御工事,稳固而富有技巧地排列好了阵形,一场战斗在两军阵前的开阔场地上重新展开。在这场争霸世界的战斗中,两位君主都慷慨地将自己的生命置之度外,双方的军队,在他们统治者的眼皮底下,都热烈而顽强地厮杀着。战斗足足进行了两个小时,到最后,在俄国人数量优势的压制之下,迄今为止不可战胜的瑞典人终于屈服了。到这时,所有瑞典人都陷入绝望的混乱和无可挽回的溃退。他们被赶到了两条河的交汇处,走投无路的瑞典人,要么向胜利的追击者举手投降,要么葬身波伊塞内斯河的滚滚洪流。只有几百人和他们的国王,以及哥萨克人马泽帕一起,泅过了那条河,逃入了土耳其的领地。将近1万人阵亡或负伤,或者是在防御工事里,或者是在战场上。

战斗刚一结束,彼得大帝怀着发自心底的喜悦之情高喊:"早晨的太阳从天空落下了,圣彼得堡的根基终于坚固了。"即使是在波尔塔瓦的战场上,彼得大帝首先想到的还是波罗的海的征服和扩张。《尼斯塔特和约》[①] 正式认可了枪杆子在波

---

① 1721年,长达20年的北方战争结束,战败的瑞典被迫与俄罗斯签订《尼斯塔特和约》,瑞典丧失了波罗的海上的霸权,俄国获得了波罗的海的东岸地区和出海口。

尔塔瓦作出的判决，把瑞典那些最富庶的行省拱手让给了俄罗斯。这场胜利之后，俄罗斯几乎紧接着就开始了对土耳其和波斯的进攻。虽然彼得大帝最初几次进犯苏丹的努力都以失败而告终，但彼得的继任者们，一个个全都始终如一、坚定不移地继续推行他们的侵略政策，针对土耳其，针对每一个不幸与俄罗斯相邻的国家，无论亚洲还是欧洲。

● 公元 1777 年

萨拉托加战役

18世纪中叶,英国的北美殖民地独立意识高涨,不断爆发反抗斗争。1774年9月5日,北美各殖民地在费城召开大陆会议,组织民兵开展独立运动。1775年4月18日,英军袭击马萨诸塞康科德的民兵军火库,次日清晨在莱克星顿遭民兵伏击。6月,北美殖民地组织大陆军,美国独立战争就此爆发。1777年6月,英军统帅伯戈因率大军从加拿大南下。与此同时,克林顿将军率纽约的英军溯哈得逊河北上,企图两面夹击,全歼这一地区的大陆军。刚刚宣布独立尚不到一年的美利坚合众国面临严峻的考验,危机四伏,千钧一发……

萨拉托加战役

即使是那些数十万人参加、数万人伤亡的大战,就结果而论,也很少有哪场战役比得上萨拉托加这次区区3500人的投降。它不仅改变了英国与这些造反的殖民地的关系,改变了欧洲对它们的态度,而且也使得未来所有时间里,每一个殖民地与其宗主国之间的关系被彻底改变。

——马洪

在眼下掌握着世界命运的4个伟大强国中,其影响力可以追溯到150年以前的,只有法国和英国;第3个强国俄罗斯,在彼得大帝开创他的新纪元之前,只不过是一个衰弱无力、野蛮未开化的族群;而第4个伟大强国的出现,是在我们这些依然健在者的记忆中开始的。这个世界第四大国,如今赢得了全人类的钦佩赞美。这种敬意,有时候是人们极不情愿地献上的,有时候还伴随着猜忌和恶意。但没人能够拒绝它。毋庸置疑,国家实力所必需的全部物质因素,都可以在美利坚合众国所拥有的地理位置和辽阔领土中找到:几乎无边无际的富饶土地(还不包括那些迄今为止人迹未至的处女地),苍莽浩瀚的森林,连绵起伏的群山,浩荡奔流的江河,丰富的煤层和金属财富的储藏,广阔无垠的海岸线沿着太平洋和大西洋两大水域蜿蜒延伸,本来已经众多的人口正在迅速增长。而且,当我们详细考察这里的居民性格的时候,看到这些英裔美国人所表现出来的大胆无畏的活力、坚定果敢的决心、地方自治的智慧、多才多艺的敏捷和永不安分的进取精神的时候,谁都会把这些视为进步力量的真正的精神因素。

自从美国不再仅仅是英国属地的时候迄止于今,还不到3/4个世纪。即使我们把美国的起源追溯到欧洲人在北大西洋海岸建立第一块永久殖民地的时期,其实力的增长,无论在范围还是速度上,都是史无前例的。

古罗马人曾经自夸,罗马从最卑微的起点成长为当时世界上最强大的国家。虽说这样的自我表扬也不无道理,但美利坚合众国的公民更有资格要求得到这样的赞美。自英国人在北美建立第一块殖民地以来,北美殖民地在250年中所获得的领土,比罗马所获得的,还要大上10倍。即使我们相信罗穆卢斯率领一帮牧羊人和逃犯拓殖七山之城的传说是真的,但我们恐怕找不出哪个伟大国家的起源像襁褓中的美国那么微不足道,无论是1607年创建詹姆斯敦①的那105个品质恶劣、彼此不和的移民,还是几年之后那寥寥几个清教徒前辈移民,他们把自己的三桅船停泊在那片苍茫寂静、岩石嶙峋的荒凉海岸,那里后来成了新英格兰。

对于这个美洲共和国的资源财力的增长速度,更容易让人留下深刻印象的莫过于这样一个事实:历史学者很难得出它们的准确数量。如果你查阅最近的一些著作,以及这一学科最有

---

① 詹姆斯敦,1607年5月英国在北美洲所建立的第一个永久性殖民点所在地,位于弗吉尼亚州詹姆士河的河口处。

才华的研究者所撰写的著作,你会从中发现许多赞美之词,称颂最近几年(该书写作之前)所发生的变化。但是,当你把书中的评价转而应用于当下情势的时候,你又会发现,它们已经完全不合适了。一本关于美国的书,还没等到它的新鲜感彻底丧失,形势的发展就已经大大超出了书中的描述。法国政治家托克维尔①那部著名的作品,出版于大约15年之前。在我们将要引用的段落里,你会看到,他预言了英裔美国人力量的持续增长,但他把洛矶山脉视为未来若干年里的西部边界。他显然不指望在自己的有生之年能看到这股力量支配太平洋沿岸和大西洋沿岸。他说:

托克维尔

> 从苏必利尔湖②到墨西哥湾,直线距离在1200英里以上。美国的边境,就沿着这条漫长的路线蜿蜒前伸。它在有些地方缩回一点,但在更多的地方,是远远地越过这条线深入到那些不毛之地。有人统计过,白人平均每年将整个辽阔的边界线向前推进17英里。他们不时也遇到诸如不毛之地、湖泊以及意想不到地遭遇印第安人之类的障碍。这时,正在前进的人马会暂时停下来,等到后续的人马跟

---

① 托克维尔(1805~1859),法国政治家和历史学家,其撰写的《美国的民主》一书,是一本影响极广的研究美国体制的专著。
② 苏必利尔湖,北美洲五大湖之一,也是世界上最大的淡水湖之一,位于美国明尼苏达州和加拿大安大略省之间,湖水经圣玛丽斯河流入休伦湖。

上来聚拢以后，又开始前进。欧洲人种向洛矶山脉的这种步步为营的持续推进，有着一种神意事件的庄重肃穆：人像潮水，后浪推前浪，在上帝之手的推动下，不断前进。

在这第一线上的移民征服者的身后，城镇拔地而起，巨大的庄园随之建立。1790年，还只有几千名拓荒者散落在密西西比河流域；而在今天，这个流域的居民，在人数上已经与1790年整个联邦的人口不相上下，接近400万人。华盛顿市始建于1800年，当时是联邦的正中心，但这种情况现在发生了改变，它已经是联邦的末端之一。西部最远几个州的议员，为了出席国会，已经不得不进行长途跋涉，路程相当于从维也纳到巴黎。①

我们或许可以补充一点，当美国各州宣布独立的时候，总人口只有250万，而如今却有2300万。

美国的力量，此时牢牢地扎根于太平洋沿岸，其重要价值，不仅适用于新大陆，也适用于旧大陆。与旧金山隔海相望的，是虽然富庶却已经衰朽的中国和日本。横亘其间的浩瀚大海，绝大部分水域散落着不计其数的岛屿群，为贸易和野心的发展提供了方便的垫脚石。这两个古老的亚洲帝国与年轻的盎格鲁—美利坚共和国之间的贸易交往，必定会迅速而广泛地展开。中国和日本统治者企图阻止这种交往的任何努力，都只会加速武装冲突。美国人要么花钱买路，要么武力夺路。一边是中国人和日本人，一边是美国人，前者傲慢自负、拘泥形式、目空一切，后者大胆鲁莽、粗暴冒失、肆无忌惮，这两者之间，冲突的缘由迟早要出现。这样一种争端，其结果丝毫也不用怀疑。

---

① 原注：参见托克维尔《美国的民主》第1部分第18章。

美国人几乎不可能仿效英国人在最近的对华战争结束的时候所表现出来的克制。我们许多人很可能能够亲眼目睹中国和日本被美国人的舰队所征服。跟旧大陆的这种变化的重要性比较起来,美国人对中、南美的优势似乎就不那么重要了。

一个英国人,可以(也应该)怀着相当程度的感同身受来看待美国人的发展壮大。他们,就像我们一样,也是伟大的盎格鲁—撒克逊民族的成员,"他们的种族和语言如今遍布世界各地,从天涯到海角"。① 无论我们和他们之间在政府形态上存在着怎样的差异,无论对我们互相争斗的那些日子的记忆可能会在我们的心中激起怎样的怨恨,我们都应该珍视那依然存在于我们之间的共同民族性的纽带。我们应该记住,就像雅典人在忌妒和诱惑的时节记起斯巴达人那样,我们是同一个种族,同样的血脉,说同样的语言,在风俗习惯上有着本质的相同之处,在同一个上帝的神殿里祭拜。所有这些,应该被我们所铭记。可是,一个英国人看到美国的进步,几乎不能不遗憾地想到:美国曾经是英国人的,而且,要不是英国统治者的愚蠢,她可能依然是英国人的。的确,两国之间的贸易已经有了极大而有益的增长,但这并不能证明:如果联邦各州依然是同一个伟大帝国完整的组成部分的话,这样的增长不会更大。通过给予他们公平而公正的政治权利,大不列颠王冠上的这颗明珠,可能依然完好无损。这个古老而高贵的帝国,就不会被割裂;我们也就不会看到,那个本该是我们左膀右臂的国家,如今却作为我们商业和海上霸权的强大竞争对手,在每一场政治危机中威胁着我们。

① 原注:阿诺德语。

对于一个英国人而言，详细叙述那场割裂英属北美殖民地的战争，是所有历史话题中最让人痛苦的。它以英国政府的不公和愚蠢开始并继续，以灾难和羞耻收场。但是，历史学家不能逃避对它的反思，不管它多么令人痛恨。说到军事事件对人类未来命运的影响，不可能有比伯戈因1777年远征的彻底失败更重要的。这一次溃败，把那些造反的殖民者从必然的征服中拯救了出来，它通过诱使法国与西班牙的宫廷为了自己的利益而攻击英国，从而确保了美国的独立；也使得跨大西洋力量的形成，如今不仅在美洲，而且在欧洲和亚洲，都已经能够看得见摸得着了。

尽管如此，在叙述这场"改变世界历史的战役"的过程中，对这场战争的早期事件，一个非常简短的概述或许就足够了。我也不会在一个令人痛苦的题目上多费不必要的口舌。

5个北方殖民地：马萨诸塞、康涅狄格、罗得岛、新罕布什尔和佛蒙特，通常被一起归类为新英格兰殖民地，它们是这场反英起义的据点。反叛的情绪，虽然在全美各地都激烈得令人胆寒，但在中心殖民地纽约，却并不怎么激烈和普遍。在宾夕法尼亚、马里兰等南方殖民地，则更是如此。或许应该特别提到弗吉尼亚，因为它的领导人为了美国的理想而表现出了巨大的热情。不过，正是在那些严格清教徒的后裔当中，克伦威尔和范内①的精神才注入了它全部的热情；正是那些新英格兰人，首先提出要武装反对大不列颠的王冠；正是他们，显示出了最

---

① 亨利·范内（1613～1662），英格兰清教徒，内战时期议会派最有能力的官吏之一，坚持议会权力至上原则，终被处死。

坚定的决心：宁愿决战到底，也不放弃权利。1775年，他们成功地迫使英国人撤出了波士顿。而1776年的一系列事件，使得纽约（那一年被保皇党人占领）成为英国军队主要的行动基地。

扫一眼地图就会发现，在纽约注入大西洋的哈得逊河，从新英格兰各州的背后由北向南奔流而下，与大西洋的海岸线形成一个大约45度的夹角，新英格兰各州就位于大西洋的沿岸。哈得逊河以北，我们可以看到，一连串的小湖泊与加拿大边境相连。为了理解1777年英国人所尝试、并最终导致萨拉托加战役失败的行动计划，就必须密切注意这些地理上的关键点。

英国人在加拿大有相当可观的兵力，并于1776年彻底击退了美国人对加拿大发动的一场进攻。英国政府决定，第二年要好好利用占有加拿大的优势，不仅仅为了防守的目的，而且还为了能够对造反的殖民地发动一场决定性的有力打击。带着这一观点，加拿大的军队得到了极大的补充。从英国派来了7000名身经百战的老兵，还有一个炮兵团，带领他们的是一些经过挑选的久经沙场的指挥官。同时还为加拿大志愿兵提供了大量的军需品，英国人期待这些志愿兵加入这场远征。根据计划，这次集结起来的军队将沿着那一串湖泊向南进军，再从那里顺着哈得逊河岸前进。纽约的英国军队将同时向北移动，沿哈得逊河溯流而上，两支远征军将在河畔小城奥尔巴尼①会师。通过这些行动，北方殖民地与中、南部的殖民地之间的所有联络将被切断。这样，将集中起一支不可抵抗的大军，而新英格兰地区未来的所有军事行动都将被粉碎。英国人相信，这一地

---

① 奥尔巴尼，纽约州首府，临哈得逊河，是哈得逊深水航道北端的口岸。

区平定之后,其他殖民地将望风而降。在那块看来能够阻遏这些活动的地盘上,没有美国人的军队。他们的主力部队,在华盛顿的率领下,正忙着监视宾夕法尼亚和南方各州的动向。无论如何,人们相信,为了挫败这项新的作战计划,起义军必定会冒险决一死战,而这场激战,保皇党人在数量、纪律和装备上的绝对优势,似乎已经让他们胜券在握。毋庸置疑,计划制定得颇为高明,如果真的能按照设计的策略顺利执行的话,那么接下来,13个联邦州将极有可能束手就擒,他们在1776年宣布的所谓独立,恐怕来不及存活到第二个年头就会寿终正寝。的确,人们普遍带着忌妒和恶意看待英国,认为英国通过《巴黎条约》所获得的领土上的优势将威胁到力量的平衡。但是,尽管许多人怀恨在心,却没有一个人胆敢冒险一搏。而美国,如果1777年战败的话,将不得不陷入孤立无援的困境。

在最近的那场战争中,伯戈因①因为在葡萄牙的大胆英勇、功勋卓著而早已名扬天下。就个人而言,作为英国军队的首领,他是一名勇敢的指挥官;作为一个战术家,他具有雄才大略;他一般意义上的智力才能和造诣也同样超凡出众。他的手下,有几名精明能干、经验丰

约翰·伯戈因

---

① 约翰·伯戈因(1722~1792),英国将军,本次战役中的英军主将。

富的指挥官,他们当中,包括腓力少将和弗雷泽准将。他的常规军队总数约7200名普通士兵(不包括炮兵)。几乎有一半是德国人。他还有一支由2000~3000名加拿大人所组成的后备军。他召集了几个北美印第安人部落的勇士们加入自己的大军。有许多人滔滔不绝既抨击美国人也抨击英国人,指责他们利用这些野蛮的外援。然而伯戈因只不过是做了蒙卡尔姆、沃尔夫及其他法国、美国和英国将军在他之前就曾经做过的事情而已。但是,究其事实,印第安人的非法暴行,他们在正规军事行动中的迟钝笨拙,以及他们的目无组织纪律,使得他们提供的服

从尚普兰湖远眺泰孔德罗加要塞

务在艰难时期几乎没有什么价值。而他们的暴行所激起的愤慨,却足以唤起被占地区的全体居民积极抵抗伯戈因的军队。

伯戈因在尚普兰湖①西侧、芳香河附近集结了他的军队和

---

① 尚普兰湖,北美洲湖泊,北起加拿大魁北克省,南至美国纽约州,湖的大部分为美国佛蒙特和纽约两州的边界。

同盟者。1777年6月21日,他为印第安盟友举办了一场战前盛宴,向他们大声疾呼,必须戒掉他们滥杀无辜的老毛病,禁止向手无寸铁的百姓和战俘下毒手。与此同时,他向美国人发表了一篇华而不实的宣言,宣言中,他用战争中所有的恐怖行径来威胁倔强的美国佬。英国大军由水路向皇冠角进发,那是美国人占据的一个要塞,位于乔治湖水注入尚普兰湖入口处的北端。他从那里登了陆,没有遇到任何抵抗,但攻克泰孔德罗加①却是一桩更困难的事情。泰孔德罗加是皇冠角以南大约12英里处的一座堡垒,被认为是这次远征的一个必争之地。泰孔德罗加俯临沿湖通道,在伯戈因打算要走的那条路线上,它被视为一个关键点。在1768年对法国人的那场战争中,英国人也曾攻打过泰孔德罗加,结果被击退了,损失惨重。不过这一回,伯戈因投入了更高明的策略和技巧。美国将军圣克莱尔,只有一支装备糟糕的部队,大约有3000人,7月5日,他便撤出了泰孔德罗加。看来很显然,如果不采取这样的策略,将导致他全军覆灭。像这样一支不堪一击的部队,在当时的战场上,竟然是保护新英格兰各州的主力军。当他的同胞们指责他放弃泰孔德罗加的时候,圣克莱尔真诚地回答道:"我虽然丢掉了一个据点,却保住了一个省。"伯戈因的部队于是乘胜追击正在撤退的美国人,占了几次上风,缴获了美国人的大部分大炮和军需品。

　　几个回合下来,英国人的损失微不足道。英军开始沿着乔

---

① 泰孔德罗加,纽约州东北部的一个村庄,位于乔治湖与尚普兰湖之间。1755年法国人在这里建造了卡里隆堡,1759年被英国夺取并重新命名为泰孔德罗加村。

治湖挥师南下,向塞更斯堡进发。再从那里缓慢而艰难地穿过一片遭到毁坏的乡村地带,向哈得逊河边的爱德华要塞行进,一路上布满了小河和沼泽,还经常被敌人砍倒的树木和其他路障所困。而美国人的军队,则继续望风而逃。

7月30日,伯戈因到达哈得逊河左岸。到目前为止,他克服了一路上遇到的所有困难,无论是敌人故意设置的,还是自然环境形成的。他的部队秩序井然,斗志昂扬。哈得逊河是他们与南方英国军队之间的联络通道,因此,当他们踏上河岸的时候,这场远征的危险,看来已经结束了。不过,他们此时的情绪感受,以及英格兰民族通常情况下在他们大功告成的时候的情绪感受,或许可以从他们同时代的作家伯克①那里得到最好的记述。在1777年的《年鉴》中,伯克这样描述他们:

> 这就是胜利的滚滚洪流,在北方军开始进攻之前就将一切席卷而去。不必大惊小怪,官兵们为他们的好运而兴高采烈,相信这样的好运和他们的威力是不可阻挡的;他们对敌人报以最大的轻蔑;认为他们自己的艰苦跋涉已经到头了;奥尔巴尼已经掌握在他们手里;北方各省的陷落,与其说是一件困难而危险的艰巨任务,不如说是一个时间问题。

在国内,人们欣喜若狂。不仅官廷里这样,所有那些希望看到北美殖民地的绝对被征服和无条件投降的人,也都是如此。对美国人来说,名誉上的损失更大,甚至比

---

① 埃德蒙·伯克(1729~1797),英国政治家和政治思想家。主要作品有《关于法国革命的感想》等。

地盘、据点、大炮和人员的损失能够带来更致命的后果。他们的敌人针对他们的所有最轻蔑、最可耻的指责，如今被人们再三重复，被人们深信不疑。有一种观点轻而易举地传播开来：这场战争实际上已经结束了，任何进一步的抵抗只能使他们的投降条款更糟糕。这就是丢掉那些北美战略要地——泰孔德罗加和那些湖泊——所带来的一些直接后果。

霍雷肖·盖茨

这一系列事件在美国人当中引起的惊愕和恐慌，自然也颇为可观。但是，在灾难之中，没有一个殖民地表现出了屈服的意向。新英格兰各州的地方政府，以及联邦议会，都拿出了他们的魄力和坚定决心，努力回击敌人。盖茨①将军被派到了萨拉托加，去指挥那里的大军。美国人最喜爱的领导人阿诺德②，也带着从美国主力部队抽调来的增援部队和大炮，被华盛顿派往那里，听从盖茨将军的调遣。伯戈因对印第安人的使用，如今开始产生最坏的后果。尽管他费了九牛二虎之力想遏制他们所习惯的残暴，但他还是没能防止许多野蛮暴行的发生，

---

① 霍雷肖·盖茨（1728～1806），美国独立战争时的将军，因萨拉托加战役而成为英雄。
② 本尼迪克特·阿诺德（1741～1801），美国独立战争时的英雄，同时又是美国的叛徒。1780年，他因为出卖西点要塞给英军的计划败露而被捕，后逃往英国。

这些暴行,无论是对人类的情绪感受而言,还是就文明的战争法律而论,都是不能容忍的。美国的指挥官们希望,关于这些过激行为的报道能够传播到四面八方,他们知道得很清楚,这些暴行不仅不会让那些严厉的新英格兰人垂头丧气,反而会让他们怒发冲冠。这就是暴行的后果。就这样,那些空旷开阔的边境乡村地带的居民们,他们别无选择,除了背井离乡、拿起武器,他们也没有任何别的万全之策。每个人都认识到了成为临时士兵的必要性,这不仅仅是为了自身的安全,也是为了保护那些比生命本身更宝贵的亲属。就这样,一支大军不断从森林、群山和沼泽中蜂拥而出,这一地区密集分布着许多农场和村庄。美国人重新唤起了他们的勇气。当他们的正规军眼看着被消耗殆尽的时候,乡村民众的勇气造就了一支更强大的武装力量。

这些态度坚决的新兵们就这样聚集在盖茨和阿诺德在萨拉托加的军旗之下,他们通常使用火器,全都在地方民兵机构接受过部分从军训练。此时,爱德华要塞的伯戈因正忙着为军队的继续前进想办法,他们要穿过横亘在他面前的这片错综复杂、敌意很深的乡村地带。就在这段时间,两件大事发生了,每件事都是英国人遭受损失,美国人占得上风,其在精神上的影响,甚至比这两场遭遇战的直接结果更重大。当伯戈因离开加拿大的时候,圣莱杰领着一支约1000人的混合部队和一些轻型野战炮,越过安大略湖,向美国人盘踞的斯坦尼克斯要塞进发。占领这个要塞之后,他准备沿着莫霍克河①向着这条河与哈得逊河的交汇处(位于萨拉托加和奥尔巴尼之间)前进,然后在那

---

① 莫霍克河,纽约州中东部的一条河流,为哈得逊河最大的支流。

里与伯戈因的大军会师。但是，在打了几场胜仗之后，圣莱杰却被迫撤退，把他的帐篷和大量的军需品丢给守军。就在伯戈因将军听说这场灾难的时候，他经受了另一场更严酷的打击：鲍姆上校率领一支庞大的德国军队在贝宁顿遭受了一场惨败，伯戈因把他们派到那里去，为的是要占领一些军需仓库，那正是英国军队急需的。兵力的持续增加使美国人的实力大增，几次进攻之后，他们成功地击溃了这支军团。英国人逃进了森林，把他们受了致命重伤的指挥官扔在了战场上。接下来，美国人开始向一支500人的掷弹兵和轻步兵部队进逼，这支军队正在伯雷曼中校的率领下驰援鲍姆上校。一阵英勇的抵抗之后，伯雷曼中校被迫向主力部队的方向撤退。这两场战斗中，英国人的损失超过600人；美国的保皇党人，正赶来与鲍姆上校的军团会师，半道上也一起被消灭掉了。

尽管有这些失败（它们极大地增加了美国军队的兵员和士气），伯戈因还是决定继续前进。继续凭借湖区通道保持与加拿大的联络以便为他的大军向南进军供应补给，已经不可能了。不过，在为搜集补给而进行了30天的不懈努力之后，伯戈因借助一座筏桥渡过了哈得逊河，沿着西岸前进了一段不长的距离之后，9月14日，终于在萨拉托加高地安营扎寨，那里距离奥尔巴尼大约16英里。美国人则从萨拉托加后撤，这会儿已经在斯蒂尔沃特附近牢牢地驻扎了下来，显示出了不再后退一步的决心。

其间，威廉·豪①勋爵率领驻扎在纽约的英国军队大部，

---

① 威廉·豪（1729～1814），北美洲英军总司令，1778年返回英格兰。

远航特拉华,在那里与华盛顿打了一仗,这一战,英国人占领了费城,并赢得了另外几场华而不实的胜利。而另外一位勇敢而老练的指挥官亨利·克林顿[①]爵士,则领着一支数量可观的大军,留在了纽约。他承担着沿哈得逊河向上与伯戈因联合行动的任务。为了这个目的,克林顿不得不等待来自英国的增援,这是此前已经许诺过的,但直到9月这些援军才姗姗而来。援军刚到,克林顿就率领约3000人,登上了一队小船,在霍瑟姆司令所率领的战舰编队的护送下,强行向哈得逊河上游进发,但他已经很久没能和伯戈因取得联系了。

亨利·克林顿

伯戈因在萨拉托加的驻扎地与美国人在斯蒂尔沃特的营地之间,是一片崎岖不平的乡村地带,溪流与水道纵横其中。不过,在费了九牛二虎之力,架设了一些桥梁、修筑了一些临时堤道之后,英国军队才得以继续前进。9月19日下午,在离萨拉托加大约4英里的地方,一场激烈的遭遇战打响了,一方是伯戈因本人指挥的部分英军右翼,一方是盖茨和阿诺德指挥的强大美军。战斗一直持续到了日落时分。英国人保持着战场上的优势,但双方的伤亡大致相当,都在500~600人之间。抵挡住了英国最精锐的正规军的强大攻势,美国人士气高涨。此时,伯戈因再次停了下来,用野战工事和小型堡垒加固了阵地;美国人也改进了他们的防御设施。在相当长的一段时间内,两

---

① 亨利·克林顿(约1730~1795),美国独立战争时期英军总司令。

军都几乎保持在对方大炮的射程之内。在此期间,伯戈因一直焦急地期待着来自纽约的消息,按照最初的计划,此时他们应该从南边接近奥尔巴尼。终于,克林顿派来的信使克服了一路上的艰难险阻,来到伯戈因的营地。信使带来的消息称:克林顿正沿着哈得逊河溯流而上,准备攻击美国人的堡垒,这

战场上的伯戈因

些堡垒阻挡了通往奥尔巴尼的河道。9月30日,伯戈因在答复中催促克林顿尽快向那些堡垒发起进攻,他声称,这样一场进攻(哪怕是佯攻),其结果将会使得美国军队离开他们的阵地。伯戈因派出的另一名信使于10月5日到了克林顿那里,通知他的将军兄弟:他已经失去了与加拿大的联系,但他的军需供应可以维持到10月20日。伯戈因描述自己的阵地驻扎得很坚固,并说,虽然他面前的美国人扎得也很坚固,但他毫不怀疑自己能够攻克他们,然后直奔奥尔巴尼。然而,他很怀疑自己能否在那里生存下去,因为这片乡村地区的军需供应已经被榨干了。他希望克林顿能够与自己在那里会师,以保持与纽约的联系畅通无阻。

伯戈因过高地估计了自己的资源,10月初他就发现,艰难和困苦正在把他逼入绝境。

印第安人和加拿大人开始抛弃他。另一方面,盖茨的军队

却因为新的民兵队伍不断加入而得到了增强。美国人派出了一支远征军,进行了一次大胆(虽然不成功)的努力,试图夺回泰孔德罗加。伯戈因发现,敌人的兵力和士气正在与日俱增,而他自己的军需供应却在逐日减少。他决定,对面前的美国人发起进攻,把他们赶出自己的阵地,以获得进逼奥尔巴尼的通道,或者至少,可以让自己的军队摆脱目前这个困住他们的捉襟见肘的境地。

伯戈因的军队如今减少到了不足6000人。他的营地的右边,是一块距离哈得逊河西岸不远的高地。从那里开始,他的堑壕沿着低地一直延伸到哈得逊河岸,他们的前方阵线几乎与河道形成了一个直角。整个阵线被小型堡垒和野战工事所加固,在右端河岸边的一块高地上,树立起了一个坚固的堡垒,挖出了一些马靴形的堑壕。伯雷曼中校所率领的黑森人驻扎在那里,形成了保护伯戈因主力部队的一翼。即使就正规军而论,美军在数量上也要超过英国人,而加入盖茨和阿诺德部队的民兵和志愿兵的数量就更大了。

本杰明·林肯

林肯① 将军率领2000名新英格兰军,已经于9月29日到达美军营地。盖茨将军让他指挥右翼,他自己则亲自坐镇左翼,包括普尔和伦纳德两位将军所指挥的两个步兵旅、摩根上校

---

① 本杰明·林肯(1733~1810),美国独立战争时期的将军。(上图)

所指挥的步枪团,以及部分新来的新英格兰民兵。在著名的波兰将军科西阿斯科斯[①]的指导下,美军的整个防线得到了很好的加固,这位波兰将军眼下是作为一名志愿兵在盖茨的军中服务。美军阵地的右翼,也就是靠近哈得逊河的那一侧,固若金汤,进攻者没有任何成功的希望。因此,伯戈因决定竭尽全力攻打他们的左翼。为此,他把1500名正规军编成一个纵队,连同两门12磅大炮、两门榴弹炮和6门6磅大炮。他亲自率领这支纵队,手下还有菲利普、雷德谢尔和弗雷泽3位将军。他的阵线正前

萨拉托加战役中的美国军队

方的敌军太强大了,因此他不敢抽调更多的兵力加入他的这支攻击纵队,以免削弱了防守阵线的力量。

10月7日,伯戈因率领他的纵队出发了。就在前一天,也

---

① 萨德乌斯·科西阿斯科斯(1746~1817),波兰将军和政治家,因参加美国独立战争和领导波兰全国起义而享盛名。

阿诺德

就是10月6日,克林顿顺利执行了他的英明计划,向两座阻挡他们前进的美军堡垒发动了进攻。他攻克了这两座堡垒,并让负隅抵抗的美军遭受惨重的损失。他摧毁了排列于哈得逊河上的、被置于这两座堡垒保护之下的美国舰队。溯河而上的通道,向他的舰队敞开了。他还以令人钦佩的技巧和勤奋,尽可能地搜集了一些补给,装满了一支小船队,足足可以让伯戈因的部队坚持6个月。眼下,他距离伯戈因只有156英里,一支1700人的先遣队实际上距离奥尔巴尼不到40英里。不幸的是,伯戈因和克林顿对彼此的行动一无所知。但如果10月7日的那场战斗伯戈因赢了,他必定能在前进的途中很快听到克林顿成功的消息,而克林顿也会听到他的消息。两支胜利大军很快就能够会师,这次战役的伟大目标可能就会实现。一切都取决于伯戈因所率领的那支纵队的命运,1777年10月7日这个重要日子,他们开始向美军阵地进逼。他们的队伍里,有一些真正的勇士(既有英国人也有德国人),尤其是还有一支在英国服役的最优秀的掷弹兵部队。

伯戈因也把一些非正规部队推上了前线,以转移敌人的注意力。他带着自己的纵队到达了距离盖茨营地的左翼不到3/4英里的地方,然后,他让自己的人马展开成排。阿克兰少校指

美军在战斗

挥的掷弹兵和威廉少校指挥的炮兵,部署在左翼;雷德谢尔将军率领的德国步兵团和菲利普将军率领的一些英国步兵,部署在中路;巴尔卡里斯勋爵和弗雷泽将军率领的英国轻步兵和第24团,部署在右翼。不过,盖茨将军没有坐等他们来进攻。英国人的阵形刚刚编好并开始前进,盖茨将军就立即以他非凡的技巧,命令普尔将军的纽约和新罕布什尔步兵旅以及伦纳德将军的步兵旅的一部分,向英国人的左翼发起突然而猛烈的冲锋。与此同时,他还派出了摩根上校的步枪团和其他一些军队,总数约1500人,转向英军右翼。阿克兰指挥的掷弹兵抵挡住了美军优势兵力的冲锋。但盖茨派出了更多的美国人向前逼近,片刻之间,这场战斗沿着中路全面铺开,这样,可以阻止德国人分兵增援这些掷弹兵。摩根带着他的步枪兵,此时正紧紧逼向巴尔卡里斯勋爵和弗雷泽将军,人们看到新冒出的大队美军正从他们的极左翼蜂拥而上,其目的明显是要攻击英军右翼,切断他们的退路。英国轻步兵和第 24 团此时开始向后撤,形成了一条斜行的第二阵线,这样可以阻碍美国人的这一策动,同时还可以援助他们左翼的战友,那些英勇顽强的掷弹兵寡不敌众,要不是他们的支援,必定被剁成了碎片。

至此,战斗进行得非常激烈,双方僵持不下。英国人的大炮接二连三地开火,然而当他们旁边的掷弹兵在美军优势兵力的攻击下被迫后退的时候,一门大炮被美国人永久性地夺走了,炮口转而对准了英国人。威廉上校和阿克兰上校都被俘了,战场上的这一部分,美国人已经稳占上风。英国人的中路依然坚守在原地。但此时,美国将军阿诺德出现在了战场上,真是一将之威,可敌三军。当 10 月 7 日这场决定性的战斗打响的时候,盖茨剥夺了阿诺德的指挥权,因为这之前他们之间曾经就 9 月 19 日的那场战斗发生过一次争吵。他在美军营地里倾听了一会儿战场上雷鸣般的厮杀声,他没有权利参加这场战斗,无论是作为军官,还是作为士兵。但他兴奋不已的心情,实在无法长时间忍受这样无所事事的状态。他让人牵来了他的马,那是一匹剽悍强壮的褐色军马。他飞身上马,向激战尤酣的战场疾驰而去。盖茨看见了他,派了一名副官去叫他回来,但阿诺德策马扬鞭,早已跑得不见踪影。他来到自己原先指挥的 3 个团的阵前,将士们用欢声雷动来迎接他们的老首长。他立即带领他们冲向了英国人的中路,然后,他沿着美军阵线一路疾驰,命令全军发起一场新的、更密集的攻势。一声令下,三军即从。阿诺德手持宝剑,身先士卒,向英军队伍发起了一次又一次的冲锋。英国人那一边,指挥官们也表现得英勇高贵,其中,弗雷泽将军的表现最为突出,哪里乱了阵脚,他就出现在哪里,努力恢复队列的秩序,用自己的高声呐喊和行动表率,给他们注入新的勇气。弗雷泽将军骑着一匹铁灰色战马,身穿全套的将军制服,对敌我双方而言,都显得特别惹眼。美军的摩根上校认为,这场战斗的命运,将取决于这位英姿飒爽的将军的生命。他把几个最优秀的狙击手叫到了自己的身边,指着弗雷泽将军对他们说:"那位指挥官就是弗雷泽将军。我钦佩他,但他必须死。成败利钝,在此一举。到那片灌木林里去找到各自的位置,尽你们的职责吧。"不到5分钟的时候,弗雷泽将军中弹落马,被两个掷弹兵抬回了英军营地。就在他被那粒致命的子弹打中之前,一颗步枪子弹打断了他的马鞍兜,紧贴着战马耳后的鬃毛呼啸而过。他的随从副官注意到了,对他说:"很显然,您被他们盯上了。对您而言,撤离这里难道不是明智之举么?"弗雷泽回答道:"我的职责不允许我逃离危险。"话

伯戈因在哈得逊河西岸的营地

萨拉托加战役

音未落,他倒下了。

　　此时,伯戈因的全部人马被迫向营地撤退。左翼和中路乱作一团,不过轻步兵和第24团阻遏了美军的猛烈进攻,这支纵队的残余部分艰难地回到了他们的营地。丢下的6门大炮成了敌人的战利品,大量伤亡者被扔在了战场上。尤其是炮兵,损失大半,他们一直站在大炮的旁边,直到被前进中的美国人开枪击毙或者被刺刀捅死,倒在了大炮的旁边。

　　伯戈因的纵队被打败了,但战斗并没有结束。英国人几乎没来得及进入营地,乘胜追击的美国人就开始从几个不同的地方发起异常猛烈的攻击,霰弹和步枪射击的猛烈火力,向英国人的堑壕和堡垒倾泻而下。特别是阿诺德,这一天,对战斗和杀戮的渴望,使他几乎像发了疯一样,他急不可耐地冲向英国人的堑壕,这一段是由巴尔卡里斯勋爵率领轻步兵所据守。英国人对他的招待一点也不客气。这里的战斗打得顽强而残酷。最后,当天色渐晚的时候,阿诺德突破了所有障碍,领着一些最不怕死的追随者,进入了英军的工事。在这个光荣而危险的决定性时刻,阿诺德负了重伤,受伤的那条腿,以前在进攻魁北克的时候已经受过一次伤。他万分遗憾地被人抬了回去。他的死党们继续进攻,而英国人也同样继续他们顽强的抵抗。终于,夜幕降临。进攻者从英国人堑壕的这一部分撤走了。但是,在另外的部分,进攻进行得更顺利一些。一队美国人,在布鲁克上校的率领下,强行通过了那条马靴形堑壕最右侧的部分,这里有伯雷曼所率领的黑森人后备部队所守卫。德国人的抵抗很成功,伯雷曼在保卫自己的哨位的时候牺牲了。但美国人在那块他们赢来的阵地上打得很漂亮,缴获了辎重、帐篷、大炮和弹药储备,这正是他们急需的。他们通过在这里安营扎寨,而获得了彻底转向英军右翼以迂回到他们身后的手段。为了防止这样的灾难发生,伯戈因在这天夜里完成了阵地的彻底改变。他以自己非凡的技巧将整个部队转移到了哈得逊河边的一些高地上,比原先的营地稍稍往北一些。他部署好了自己的人马,等待着第二天美军的进攻。然而,盖茨并不打算在自己胜券在握的时候冒险。他只是用一些小规模冲突来袭扰英国人,而不想尝试发动正式进攻。这期间,他抽调了几队人马驻扎在哈得逊河两岸,以阻止英国人再次渡河,阻挡他们撤退。当夜幕降临,再一次撤退对伯戈因来说已经成了一种绝对必要,因此,英国大军在这个雷雨交加的夜晚,动身向萨拉托加进发,把他们的伤员病号和大部分辎重给了敌人。

在后卫部队离开营地之前,他们向英勇的弗雷泽将军献上了最后的哀悼和敬意。那场战斗之后的第二天,弗雷泽气绝身亡。他几乎是以自己的最后一口气表达了这样一个愿望:他希望把自己埋葬在他曾经驻守的那座堡垒里,但此时,那里已经被英国人放弃了,并且处于美军大炮的射程之内。英国人撤退之后,前进中的美国人迅速在合适的位置架设好了他们的大炮,对准了伯戈因的部队。然而,伯戈因决定,遵从战友的遗愿。弗雷泽将军的葬礼,场面非常感人。更感人的是对阿克兰夫人从英国到美军营地的那段过程的描述。战斗中,阿克兰身负重伤,落入敌手;战斗结束之后,为了分担和缓解丈夫的囚禁之苦,阿克兰夫人孤身赴敌。

美国历史学家罗辛[①]以一种令人尊敬的情怀,描述了此次战役中这两段动人的插曲。在叙述10月8日弗雷泽将军去世的情形之后,他接着写道:

> 10月里那个平静无风的傍晚,正当日落时分,弗雷泽将军的遗体被抬上了那座小山,来到"大堡"内的埋葬之地。陪侍一旁的,只有他家族的军事人员和随军牧师布鲁德内尔先生。然而,双方军队几百双眼睛一路追随着庄严肃穆的殡葬队列,而不明真相的美国人一直在连续不断地向那座堡垒开炮。当射向那座山冈的炮弹飞过布鲁德内尔牧师的头顶落在疏松的土地上的时候,牧师并没有被自己面临的危险所吓倒,用他坚定沉着的声音,按照英国国教的习俗,主持了感人至深的葬礼仪式。越来越深沉的黑暗,使得场面更加严肃。突然,杂乱无章的炮火停了,只有一门大炮,每隔一段时间有规律地发出严肃的声音,炮声沿着山谷轰然传开,唤起群山的回响。这是美国人发射

---

① 本森·罗辛(1813~1891),美国历史学家。

的葬礼炮,他们在向英勇的死者致敬。美国人得到报告,说那些正聚集在堡垒中的人,是一支殡葬队伍,他们正冒着迫在眉睫的危险,在完成那位高贵的弗雷泽将军的临终遗愿。接到这个消息的转瞬之间,命令就下达了:停止炮击,向牺牲的勇士致以军人的敬意。

阿克兰少校和他英勇妻子的事例,呈现出类似的特征。阿克兰属于掷弹兵部队,是个多才多艺的军人。1776年,他的妻子伴随他来到加拿大。那一年的整个战役期间,直到1777年秋天伯戈因投降后他回到英格兰,期间忍受了在一个敌对国家的一场激烈战役中所有的艰难、危险和匮乏。在尚布利,在索列尔,她一直带病陪伴在阿克兰的身边,住在一间破败简陋的棚屋里。当阿克兰在佛蒙特的哈伯顿战役中受伤的时候,她从蒙特利尔赶到汉内斯堡去找他,在那里,她被说服留了下来,并决定,此后一直跟着部队。就在渡过哈得逊河前夕,他们的帐篷意外起火,夫妇俩绝处逢生,逃过一劫。

在10月7日那场糟糕透顶的战斗中,她听见战场上传来混乱而可怕的喧嚣声,她的丈夫正在那里浴血厮杀。8日早晨,当英国人狼狈不堪地撤到他们新的驻地的时候,她和别的女人一起,不得不在死者和垂死的人当中寻找栖身之地,因为她们的帐篷全都被毁了,而且几乎没有一间棚屋留下。她的丈夫受了伤,成了美军营地里的一名战俘。这位英勇的指挥官两条腿都被射穿了。7日下午,当普尔和伦纳德的部队袭击英军左翼的掷弹兵和炮兵的时候,盖茨将军的副官威尔金森正追击溃逃的敌军,突然听见一个微弱的声音喊道:"保护我,先生,制止那个孩子。"他转过身,看见一个少年正端着步枪瞄准一个身负重伤、躺在一排矮栅栏角落里的英国指挥官。威尔金森命令那个孩子住手,并发现这个受伤的人应该是阿克兰少校。他让人把阿克兰抬到了普尔将军在高地上的住处,在那里,他受到了无微不至的照顾。

当阿克兰受伤被俘的消息传到他妻子那里的时候,她悲痛万分,在好友雷德谢尔男爵的建议下,她决定拜访美军营地,恳求让她去亲自照料自己的丈夫。9日,通过伯戈因的副官彼得沙姆捎信给将军,请求允许她启程去美军营地。伯戈因说:"虽然我愿意相信,在最温柔的形式之下,可以发现最大限度的耐心和坚韧,以及其他美德,但我还是对这个提议深感惊讶。在经历如此长时间的精神焦虑之后,人们不仅因为缺少休息,而且也因为食物的绝对匮乏而筋疲力尽,再加上又在大雨中湿淋淋地待了12个小时,而一个女人,竟然能够作出这样的承担,要自投敌营,或许还是在夜晚,她可能会落入什么样的不测之手,这显示出一种超越人性的努力。我甚至没有一杯美酒可以献给她。我能够为她提供的,只有一艘敞篷小船,以及给盖茨将军的几行文字,写在肮脏潮湿的纸上,把她托付给将军保护。"接下来是伯戈因写给盖茨将军的短信:"阁下,哈里特·阿克兰夫人,一位在家族、等级和个人美德方面都卓尔不群的女士,由于她的丈夫阿克兰少校受了伤,并成了您的阶下之囚,在这样一种关系下,我无法拒绝她的请求,只能把她托付给您保护。无论以你我各自的处境而论恳求您的关照有多么冒昧,但是,在这位女士的全部女性的优雅和高贵中,在她艰辛困苦的命运中,我所看到的这种罕见的坚韧,一定能够证明:您对她的关照,将是对我的恩惠。阁下,我是您忠诚的仆人,J.伯戈因。"

阿克兰夫人乘坐哈得逊河上的一艘敞篷小船出发了,随行人员有:随军牧师布鲁德内尔先生、她的侍女莎拉·波莱德,以及她丈夫的贴身男仆,男仆在战场上寻找主人的时候负了重伤。他们动身的时候大约是日落时分,电闪雷鸣,风雨交加。雨是从早晨开始下的,到下午越来越大,这使得整个航程单调乏味,危机四伏。天黑以后很久,他们才来到美军的前哨阵地,哨兵听见了他们的桨

阿克兰夫人雨夜探夫

声,便向他们打招呼,阿克兰夫人亲自致答。黑暗之中,一个女人明澈、清晰的声音,让值勤士兵的心中充满一种带有迷信色彩的恐惧,他邀请自己的战友陪他一起来到河边。这些航行者的使命总算弄清楚了,但忠实的卫兵担心其中有诈,不允许他们登岸,直到他们叫来了迪尔伯恩少校。少校邀请他们来到自己的住处,殷勤备至。阿克兰夫人听到丈夫平安的喜人消息,心里稍稍放松了些。第二天早晨,她感受到了来自盖茨将军慈父般的亲切,将军派人护送她去了普尔将军的住处,她的丈夫就在那里。①

此时,伯戈因占据萨拉托加附近的高地作为他最后的阵地。美国人的军队把他们包围了起来,拒绝和他们会战,阻断了他们寻找逃跑之路的所有努力。在饥饿迫使他们缴械投降之前,他们只好待在那里苟延残喘。英国人在这段悲哀沮丧的时期所表现出来的坚韧顽强,得到了许多本地历史学家公正的称颂。但我更愿意在此引用一位外国作家的陈述,那将不会有任何可能的偏袒。博塔②说:

> 英国军队如今元气大伤,其凄惨的处境非笔墨所能形容。整个大军因为连续不断艰辛劳苦、弹匮粮乏、疾病伤痛和拼死一搏的战斗而疲累不堪。印第安人和加拿大人也抛弃他们,整个军队的有生力量如今因为多次惨重的伤亡而急剧减少。牺牲者当中,主要是最优秀的士兵和最卓越

---

① 参见罗辛《革命战地手记》第2章。
② 查尔斯·博塔(1766~1837),意大利历史学家,著有《美国独立战争史》。后面的引文即出自此书的第3卷。

的指挥官，1万名作战人员剩下不到一半。这些残兵剩将当中，只有3000多一点是英国人。

在这样的境况之下，兵力又受到这样的削弱，他们被一支人数4倍于他们的大军所包围。敌军的阵地，延伸到环绕着他们的3个部分。美军拒绝正面交战，他们知道英军已经虚弱不堪，而从场地的自然条件看，美军在任何方向都不可能受到攻击。在这种绝望的情境之中，英军不得不时刻保持备战状态，敌人的大炮从各个方向向他们的营地开火，就连美军的步枪子弹也嗖嗖地穿梭于他们阵线的各个部分。但伯戈因的军队依然保持着他们惯有的坚定稳固，而且，就在他们承受不了艰难困厄而倒下的时候，他们也显示出了自己应该得到一个更好的命运。

最后，到了10月13日，眼看着获得支援的希望已经很渺茫，军需供应几乎消耗殆尽，根据战时委员会一致同意的建议，伯戈因派了一位使者去美军营地，就投降条约进行交涉。

伯戈因向盖茨投降

盖茨将军最初要求,皇家军队应该作为战俘投降。他还提出,英国人应该放下他们的武器。伯戈因答复道:"这一条款在任何绝境中都是不可接受的。来不及等到这支军队同意在他们的营地里放下武器,他们就会毫不迟疑地冲向敌人。"几个回合的沟通之后,投降条约定了下来,条约规定:"伯戈因将军所率领的军队将被给予战败

盖茨将军

勇士的特殊礼遇,以行军的步伐走出他们的营地,堑壕里的炮兵将走到哈得逊河边,把他们的武器和大炮留在那里。武器将根据他们自己的指挥官的命令堆放。给英军留出一条自由的通道,让伯戈因中将率领他的军队返回大不列颠王国,条件是,这些人在目前这场战争持续期间将不再到北美服役。"

投降条款是在10月15日定下来的,就在这天傍晚,克林顿派来的一位信使带着他们胜利的消息赶到了,同时带来了他的军队已经进入伊索普斯的消息,那里离伯戈因的营地不到50英里。但一切都太晚了。伯戈因已经作出了公开的保证。的确,这支军队因为疲乏和饥饿,已经太虚弱无力了,一战即溃。如果撕毁协议,盖茨将军肯定会发起进攻。因此,10月17日,萨拉托加协议正式生效。根据这份协议,5790人举手投降,成为战俘。英国人撤至萨拉托加时留在营地里的伤员病号,加上

战斗中阵亡、负伤、被俘的英国人、德国人和加拿大人,以及在远征过程中溜之大吉的人,共计4689人。

10月7日那场战斗之后,落入美军之手的英国伤病员,受到了非常人性化的对待。当投降协议执行的时候,盖茨将军显示出了一种高贵而细腻的感情,这值得我们给予最高的尊敬。所有让人看上去像欢庆胜利的场面都予以避免。美国军队依然留在他们的阵地之内,直到英国人堆起了他们的武器。这之后,被打败的军官和士兵都受到了胜利者亲切友好的接待,他们迫在眉睫的需求得到了迅速而慷慨的供应。后来虽然围绕某些协议条款发生了一些议论和争吵,以及美国国会很长时间拒绝履行让伯戈因的人返回欧洲的条款,但人们并没有因此责备盖茨将军或者他的军队,正如他们曾经证明自己是勇敢的,这一次他们也表明了自己是宽宏大量的。

胜利之后,盖茨将军立即派威尔金森上校把这个喜人的消息带到了美国国会。在被人领进国会大厅的时候,威尔金森说:"整个英国军队在萨拉托加放下了他们的武器。我军正精神饱满、斗志昂扬地期待你们的命令。"国会通过投票,决定犒赏三军。博塔说:"要描述这个消息在美国人中间激起的狂喜,并不是一件容易事。他们开始为更加美好的未来而沾沾自喜。人们丝毫也不怀疑,他们一定能够实现独立。所有人都希望,这次重大胜利最后将使得法国及其他等待观望的欧洲列强作出决定,宣布他们支持美国。既然支持一个软弱得无以自卫的民族的伟大事业不再有任何风险,那么未来也就不再有任何问题了。"

事情的真实面目,很快就从法国人的行为中显示出来了。当初,在英国人攻克萨拉托加、伯戈因乘胜向奥尔巴尼进发的时候,事情看来对英国人十分有利。消息传到巴黎,指令立即被送到南特其他港口城市:任何美国武装民船,除非是绝对必要,比如修理船只、获取补给或紧急避险,概不允许进入法国港口。美国驻巴黎的特派员们,在憎恶和绝望之中,差点撕碎了所有与法国政府签订的协议。他们甚至想方设法打通英国政府部门的关节。但英国政府,因为伯戈因最初的胜利而得意洋洋,拒绝听取任何通融的建议。然而,当萨托拉加投降协议的消息传到巴黎的时候,整个场面完全变了。富兰克林和他的特派员兄弟们发现,他们与法国政府之间的所有麻烦全都烟消云散。看来,波旁王朝为自己在以前的战争中所承受的一切羞辱和损失报仇雪恨的时刻到了。12月,一份条约准备就绪,次年2月正式签订,根据这份条约,法国承认美利坚合众国的独立。毫无疑问,这就等于和英国宣战。西班牙很快就效法法国,过了很长时间,荷兰才采取了同样的策略。在法国舰队和大军的大力帮助下,美国人精神抖擞地继续开展抵抗英国军队的战争,而英国此时也顾不上欧洲的敌人,源源不断地派出他们的军队横渡大西洋。但这场斗争实在太不对等了,英国无法再继续打它若干年。当1783年的一系列条约把和平还给世界的时候,美利坚合众国的独立,终于得到了他们从前的父母之邦、新近的冤家对头——英国万分不情愿的承认。

●公元1792年

瓦尔米战役

1789年7月14日,巴黎市民举行武装起义,攻克了象征专制统治的巴士底狱,法国大革命爆发。欧洲各国的君主们,将这场革命视为洪水猛兽,必欲置之死地而后已,他们结成反法同盟,宣布支持路易十六的君主政体,并在法国边境地区集结兵力,做好了战斗准备。1792年4月,法国向奥、普宣战。革命军企图趁盟军尚未充分动员和展开之机,主动出击,先发制人。但这支打着赤脚的大军却很不争气,刚一遇上敌军就惊慌失措,溃不成军。8月,普鲁士的不伦瑞克公爵率领14万普奥联军,越过法国东北部边境,直扑巴黎。尚未燎原的革命星火,眼看着就要被盟军的铁蹄所踩灭……

瓦尔米战役

> 星星之火容易踩息,
> 一旦燎原,则江河之水也难浇灭。
>
> ——莎士比亚

在法国东北部,距离圣曼尼荷小镇几英里远的地方,是瓦尔米的村庄和山冈。离那座小山顶峰的不远处,一座简朴的纪念碑,标示出这里是一位老兵心脏的埋葬之地,他是法兰西共和国的将军,同时也是法兰西帝国的元帅。

老克勒曼[①],在法兰西的历次重要战争中担任高级指挥官。这么多场战争打下来,他都大难不死,寿命比帝国本身还要长。1820年,他已经垂垂老矣,奄奄一息。这位久经沙场的老兵,临终时的最后遗愿,就是要把他的心脏埋葬在瓦尔米的战场上,长眠在老战友们的遗骸中间。28年前,他们就是在他的身边倒下去的。在那个令人难忘的日子里,他们赢得了法兰西共和国的最重要的胜利,成功阻止了不伦瑞克的大军和孔代的移民小分队向毫无防御的巴黎进军,从而避免了新生的民主政治被扼杀在摇篮之中。

瓦尔米公爵(克勒曼后来在1802年就任拿破仑的元帅的

---

① 弗朗索瓦·克利斯托弗·克勒曼(1735~1820),法国将军,瓦尔米一战使他一举成名,后来被封为瓦尔米公爵。

时候荣膺了这一头衔），在他漫长而活跃的事业生涯中，参加过许许多多的胜仗，都比这场让他刻骨铭心的战役更光彩夺目。他也亲临过许多血流成河的杀戮现场，比较起来，瓦尔米战场上涌流出的鲜血就显得微不足道了。但是，瓦尔米公爵公正地评价了这场战役至为重要的价值，他也因此希望自己生前的名号和死后的记忆都能与这片战场浑然一体。卡马尼奥拉[①]新兵与旧君主国部队的那些漫无章法的老古董，对普鲁士、奥地利和法国流亡贵族联合大军的精兵强将的成功抵抗，决定了革命的好斗性格。那些生猛的工匠和小店主，那些卑微的机械工和低贱的乡下人，按照法国流行的说法，就是所谓的中下层阶级，发现他们没有经过军械操作的训练，没有贵族子弟担任他们的指挥官，竟然也能应付发射炮弹、扣动扳机、划拉刺刀这些技术活。他们唤醒了自己本能的军人意识。他们一下子就获得了自信和互信。这种信心，很快就发展成为一种狂放不羁的大胆勇猛和野心勃勃的精神。"从瓦拉米那连续不断的炮火中，可以标定他们胜利道路的起点，这条道路，将带领他们的大军走向维也纳，走向克里姆林宫。"（埃里森语）

认识到上世纪末在法国出现的全民躁动和军事狂热已经民族化了，由此得出的一个最严肃的反思，是想到这些扰乱已经变得永不停息。那种能够代代传承、能够抵御腐败堕落和普遍暴行的稳定的政府体系，似乎总不能在法国人当中生根发芽。巴黎的每一次革命运动，都会让全世界为之颤抖。即使是

[①] 卡马尼奥拉，最初指一种皮埃蒙特农民的服装式样，在法国南部很有名，1792年由马赛革命党人传入巴黎。在此指穿着这种衣服的人。

1814～1815年列强联合反对法国的斗争取得了胜利，也无法消除此前23年中普遍的动乱和战争所带来的影响。

1830年，外国刺刀强加给法国的王朝被赶下了台。人们因为预料法国动乱的爆发、担心法国野心的袭击而瑟瑟发抖。他们忧心忡忡地期待着一个类似于罗马在公元3世纪中叶所经历的毁灭时期。路易·腓力①诱发了革命，然后又拼命镇压它，表面上成功了。尽管有费希法令，尽管有令人炫目的阿尔及利亚劫掠和比利牛斯山不露痕迹的兼并，尽管有数以百计的武装堡垒和数以十万计的镇压大军，革命还是存活了下来，并且在努力争取自由。古老的巨人精神正在"以共和制为基础的君主政体"之下不安地呻吟。终于，4年前，王道的整体结构，由于巴黎民主主义暴动而土崩瓦解，烟消云散。起义、路障和废黜，大小王冠的陨落，不同党派、制度和族群之间的武装冲突，成了欧洲近代史中的家常便饭。

法兰西如今自称为共和国。她第一次把这顶高帽子扣在自己的头上是在1792年9月20日，也正是在瓦尔米战役打响并赢得胜利的那一天。1848年，也包括1792年，在巴黎宣布建立共和国的那种民主主义精神，应当归功于那场战役的保全之力。民主主义原则的不朽活力，正是从那个日子开始的。

欧洲民主政治的前景，在瓦尔米战役的前夕，看上去大为不同。如果不伦瑞克纵队的冲锋更大胆勇猛一些，如果杜穆里埃②的阵线更虚弱飘摇一些，法兰西民族在今天的地位和影响

---

① 路易·腓力（1773～1850），法国国王（1830～1848年在位），奥尔良派的核心人物。
② 查尔斯·弗朗索瓦·杜穆里埃（1739～1823），法国大革命时期的将军。

查尔斯·弗朗索瓦·杜穆里埃

力,也将大为不同。1792年,当法国与欧洲列强宣战的时候,她还远不具备那种出类拔萃的军事组织,这是几次革命战役的经验教会她采用的,而且一旦学会,她就再也不会忘记了。在路易十五统治的晚期,旧君主国的军队就已经堕入日渐加深的腐朽,无论在士兵的数量上,还是在装备、士气和实力上,都是如此。路易十六派去参加美洲战争的外援军团所赢得的殊荣,虽然使军队的普遍品质稍稍得以恢复,但恢复的程度却微不足道。法国禁卫军的叛乱,以及其他军队对大革命中许多过激行为的参与,把不服从和自由放纵引入了军人当中,这种现象很快就在全军队伍中传布开来。在立法议会的统治下,士兵对上司的每一项控诉,无论有多么轻佻琐碎,多么空穴来风,都会根据自由、平等的原则,被热心而诚恳地听取,被带有偏见地调查。纪律因此变得越来越宽松随意。几个旧军团被解散,借口竟然是他们被贵族化的情感所玷污,这一切,加重了军事部门的混乱和低效。在君主政体晚期,许多最有战斗力的军团,都是由外国人所组成的。这些人,要么在保卫王座、镇压起义的战斗中阵亡了,比如瑞士人;要么被遣散了,他们已经越过了国境线,加入了那些为入侵法国而集结的部队。更要命的是,贵族阶级的移居国外,使得法国军队失去了所有高级军官和下级军官中最优秀的那一部分。有许多出身名门望族的法国年轻人,他们被训练得视军令为自己唯一的遗产,在战争的暴风骤雨中,整个民族也通常把他们视为本民族天生的领路人和捍卫者。如今,有超过12000名这样的年轻人,汇集到了孔代及其他移民亲王旗帜之下,为的是打垮法国军队,捣碎法国首都。他们在法国军队中的后继者,迄今为止,既无技能,亦无经验;他们既没有自信,也没有得到手下人对自己的尊敬。

这就是旧军残破不堪的状态。但法国用以开战的那些部队,大部分是由那些生猛的叛乱者所组成,人们甚至不大指靠这些人。的确,作为革命志愿兵而应召入伍的卡马尼奥拉们,在宣战的时候欣然响应号召,纷纷从各个部门集聚到了边境。而雅各宾派那些凶猛残忍的领袖们则大声疾呼:国家到了危险的关头。他们全都充满热情和勇气,"革命的场景让他们激动兴奋,慷慨激昂的演说、歌曲、舞蹈和口号让他们热血沸腾"。① 但是,他们完全没有接受过训练,对上级的权威或组织化管理强烈地感到无法忍受。还有许多因为参与过巴黎那些最残暴的恐怖行动而声名狼藉的恶棍无赖,也混进了军营,他们在敌人面前的胡作非为与对自己长官的野蛮反抗,一样出类拔萃。瓦尔米战役期间,有一次,8个醉心于杀戮和骚乱的联盟营,加入了杜穆里埃所率领的军队,很快就威胁要把所有纪律扫地出门。他们大言不惭地说,古代的军官都是些叛逆之徒,有必要像他们在巴黎一样,把贵族从军队中清除出去。杜穆里埃把这几个营驻扎在远离其他部队的地方,将强大的骑兵部队置于他们身后,

---

① 原注:参见司各特《拿破仑传》卷1。

两门大炮分别架设在他们的两翼。然后,假装检阅他们,在队伍的前面他停下了脚步,全体参谋人员,以及一支由100名轻骑兵所组成的卫队,环绕在他的周围。他说:"伙计们,我不会叫你们公民或者士兵,瞧瞧你们面前的这门大炮以及你们身后的这队骑兵吧!你们因为犯罪而臭名昭彰,我不能容忍这里有刺客和刽子手。我知道你们当中有一些恶棍无赖,打算鼓动你们犯罪。请把他们从你们当中赶出去,或者向我告发他们,因为我会要你们为他们的行为负责。"

近代一位研究法国大革命的英国历史学家讲到过这一事件,他这样向那位法国将军大声疾呼:

啊,杜穆里埃!忍受这帮变化无常的尖叫者和叛乱者吧!他们一旦接受了军事训练并形成习惯,就会成为一支庞大的战士方阵。他们闪展腾挪,快如疾风;他们胡子拉碴,常常赤着双脚,甚至赤裸着臂膀,露出钢铁般的肌肉;他们只需要面包和火药;他们是火之子。或许是自从阿提拉时代以来人们所见到过的最机灵、最急躁、最热烈的人。①

最后,这帮卡马尼奥拉果然成了这样"一支庞大的战士方阵"。然而,法国不得不在他们的蜕变过程刚刚开始的时候依靠他们,这不能不说是一次可怕的冒险。

的确,这场战争最初的几次战事让法兰西损失惨重,丢尽老脸,甚至超过了人们预期的由于军队和政府的混乱状态可能

---

① 原注:参见托马斯·卡莱尔《法国大革命》第3卷。

会带来的后果。法国人抱着侥幸心理,希望利用奥地利政府及荷兰女王的毫无防备而占点便宜,于是通过入侵佛兰德而开启了1792年的战端。从将士花名册看,他们投入的兵力在数量上拥有压倒性的优势,这似乎预示着在那块古老的欧洲战场上,将有一次速战速决的征服。然而,奥地利人的军刀寒光一闪,奥地利人的大炮轰隆一响,就足以让法国人的如意算盘彻底落空。他们的第一支军团,共4000兵力,从里尔①越过边境,突然出现在陶奈②的一支奥地利守军的面前,奥地利人的兵力远逊于法国人。没有开一枪一炮,没有拼一刀一剑,法国人就鬼哭狼嚎、连滚带爬地逃回了里尔。在那里,他们杀害了自己的将军和几个主要指挥官,从而完成了他们不服从的经典范本。就在同一天,比隆率领的另一支部队,聚集了1万名骑兵和步兵,他们看见几个奥地利的散兵游勇在勘查他们的阵地。法国人的驻扎地既没有放一枪也没有挨一枪,只有敌人的野战炮发射了几枚炮弹,落在了他们的阵线中,这时,两个团的法国骑兵便高声嚷嚷起来:"我们被出卖了!"说着,飞马疾驰而逃,紧接着,剩下的整个大军被打得落花流水,颜面扫地。这场战争中最早的几位将军,无论是罗尚博、勒克纳还是拉法耶特,当他们把自己的军队带到敌军面前的时候,也发生过几乎同样可耻的惊慌或溃败。

期间,盟国的元首们已经逐渐在莱茵河畔集结起了一支经验丰富、训练有素的大军,准备入侵法国。这支大军,在数量、装备和军事声望方面,均可以媲美任何一支德意志曾经派

---

① 里尔,法国北部城市,靠近比利时边境。
② 陶奈,比利时西南部一座城市。

出征服法国的武装力量。他们的计划是大胆而果敢地直捣法兰西的心脏，突破阿登高地，洞穿这个国家，再经沙隆直逼巴黎。沿途的障碍似乎不值一提。法国军队的混乱和低能，因为拉法耶特①的溃逃和突然换将，而愈演愈烈。盟军打算要走的行军路线，沿途或附近所驻扎的军队，只有在色当的23000人，由拉法耶特所指挥，以及梅斯附近的两万人，其指挥官刚刚由勒克纳换成了克勒曼。只有3座堡垒，盟军必须攻克下来，或者神不知鬼不觉地溜过去，它们是：色当、隆维和凡尔登。谁都知道，这三个地方的防

拉法耶特

御设施和军需储备都不幸被拆除了，目前的防御力量严重不足。一旦这些软弱乏力的障碍被克服，一片富饶肥沃而且毫无防卫的乡村地带似乎在邀请这些入侵者"武装散步去巴黎"，谈笑之间，指日可达。

7月底，盟军部队已经完成了所有的战斗准备，从他们的宿营地分兵而出。他们从卢森堡出发，越过法国边境，向隆维挺进。8万名普鲁士人，在学校接受过训练，其中许多人还有幸亲聆过腓特烈大帝的教诲，是"七年战争"荣誉的继承人，普遍被视为欧洲最优秀的军队，他们排成一列纵队，向进攻的中心点进军。45000名奥地利人，其中绝大部分是精兵强将，并参加过最近的土耳其战争，他们为普鲁士人的两翼提供了两

---

① 拉法耶特（1757~1834），法国贵族，曾参加美国革命，同美洲殖民地人民共同抗击英军。

个强大军团的支持。还有一队强大的黑森人,以及15000名最勇敢的法国贵族子弟,他们与德意志人联合起来反对巴黎的民主政府。在这些移民军团中,许多人出身于法国贵族,这些名门之后在军中充当普通士兵,他们的祖先所赢得的骑士奖赏,数百年来名满欧洲。他们把通往巴黎的大道看作是自己用刀剑开辟出来的通途,它通向胜利,通向荣誉,通向国王的营救、家庭的团聚、遗产的恢复和秩序的重建。

盟国的元首们任命不伦瑞克公爵①为总司令,统率这支威武雄壮的大军。不伦瑞克公爵是德意志诸侯之一,一个能力不凡的政治家,在"七年战争"中,他获得了仅次于腓特烈大帝本人的军事声望。几年之前,他受命去平息荷兰发生的群众运动。他迅速而彻底地扑灭了荷兰蠢蠢欲动的革命,这似乎预示着,眼下为了同样的使命、在他的率领下进入法国的这支大军,也会同样成功。

部队庄严地前进,从容镇定,不慌不忙,似乎是要炫耀他们实力优势的自觉意识,以及彻底实现目标的坚定决心。8月20日,盟军出现在隆维城下,一阵炮弹过后,垂头丧气的守军打开了那座堡垒的大门。9月2日,更加重要的凡尔登要塞在几乎没有丝毫抵抗的情况下就举手投降。

拥有优势的不伦瑞克的大军,此时介于两支法国军队之间:克勒曼的部队在左边,另一支法军位于色当附近,拉法耶特的逃跑使得这支部队眼下群龙无首。不伦瑞克公爵现在完全有力量做到:利用压倒性的兵力优势左右开弓,相继制服这两支不

---

① 即卡尔·威廉·费迪南(1735~1806),德国政治家和军事家。

堪一击的敌军,接下来,盟军就可以所向披靡、畅通无阻地进军巴黎。但是,就在这个紧要关头,法军新任总司令杜穆里埃抵达了色当附近的营地。杜穆里埃开始了一连串的调动,终于使散落各处、毫无组织的法国军队重新联合了起来,在盟军最后的障碍眼看着就要搬走那一瞬间,及时阻挡了普鲁士纵队的前进,最后,把潮水般的侵略大军远远地赶过敌人的边境。

法国人的要塞陷落了,但其本身的自然环境,却为这块土地上那些勇敢顽强、精力充沛的守卫者提供了阻挡盟军前进的天然屏障。一条被称作"阿戈讷"的凸凹不平的山脊,从色当附近向西南延伸了大约45英里。阿戈讷地区如今虽然光秃秃、干巴巴的,但在1792年却树木繁茂,地表的凹陷处布满了溪流和沼泽。因此形成了一条12～15英里宽的天然屏障,对于一支军队来说,除非经由几条隘路,否则绝对寸步难行,这使得一支弱势军队也能轻而易举地布防和守卫。当普鲁士人还在这条森林带的东北面闲庭信步的时候,杜穆里埃就成功地领着他的人马从色当向下行进,来到阿戈讷山脊的背后,抢占了它的几处隘口。他命令克勒曼从梅斯迂回至圣曼尼荷,来自内地和北方的援军也集中到了那里,他希望在阿戈讷山脊西南的背面集结起一支强大的队伍,同时有25000人在自己的直接控制之下,他将在那些隘口前把敌人逼上绝路,或者迫使他们长时间地在这条密林山脊的一端盘绕迂回。在这期间,攻击敌人侧翼的有利时机肯定会出现。杜穆里埃加固了几个主要隘口,他得意地自夸,说这就是他为侵略者准备的温泉关①。然而,这个

---

① 温泉关,希腊东部的一个狭窄山口,公元前480年,斯巴达人在这里被波斯人击溃,史称"温泉关战役"。

比喻险些在守军的身上不幸而言中。有一个被认为不是很重要的隘口，虽然配备了人员，但人数不多，一个由克莱尔菲特率领的奥地利军团，激战之后，强行通过了这里。杜穆里埃费尽九牛二虎之力，才使自己免遭敌军纵队的包围和歼灭，这几支纵队当时正强行通过森林。眼看着计划彻底泡汤，自己不得不向内地撤退，与克勒曼之间的联系将被彻底切断，自己将被胜利的德意志人当作一名逃犯在巴黎城下追捕，即将失去让垂头丧气的部队重整旗鼓的所有机会。面对这样的前景，杜穆里埃并没有绝望，他决定，依靠自己拥有的地理条件的优势，夺路而出，与克勒曼会师，这样他就可以统帅一支令入侵者不敢小觑的强大军队，凭借这支大军，即使已经不能正面阻挡敌人的进军，他也可以拖住敌军进军巴黎的步伐。因此，杜穆里埃迅速挥师南下，这段时间，用他自己的话说："法兰西命悬一发。"之后，又费力地制止了部队的几次惊慌失措，在这样的慌乱中，看见几个普鲁士骑兵也会让他们望风而逃。最后，杜穆里埃在圣曼尼荷的一个坚固阵地上成功地建立了他的指挥部，这里，有一些沼泽以及埃纳河与奥布河①的浅水域的保护。在它的西北边，耸立着一块坚固而隆起的高地，被称为"当皮埃尔营地"，位置非常之好，可以控制从沙隆到巴黎的大路，他打算等克勒曼一到，就把他的部队驻扎到那里。

　　杜穆里埃已从阿戈讷隘口撤退、他的有些部队已惊惶逃走的消息，迅速传遍全国各地。克勒曼相信：杜穆里埃已经全军覆没。他很担心遭遇普鲁士人胜利的大部队，因此在快到圣曼

---

① 埃纳河，法国北部的河流。奥布河，法国东北部河流，从特鲁瓦西北部注入塞纳河。

克勒曼

尼荷的时候,他停止了前进。当杜穆里埃派来的信使赶到的时候,他事实上已经开始后退,信使的到来才制止了这一致命之举,接下来,他们继续向驻扎在圣曼尼荷的部队的身后和左翼迂回。克勒曼率领两万名梅斯大军,以及几千名在他们行军途中加入进来的志愿兵,在那天早晨出现在杜穆里埃的西侧。也正是在这个时候,杜穆里埃的两位参谋韦斯特曼和索文诺特飞马而来,带来了一个消息,说不伦瑞克的部队已经竭尽全力通过了阿戈讷隘口,正在月神高地展开部署,这块高地从西南向东北延伸,正对着杜穆里埃所占据的高地,也正对着克勒曼打算占据的阵地,不过距离要稍近一些。

事实上,此时的盟军,距离巴黎比法军更近一些。但正如杜穆里埃所预见的那样,不伦瑞克认为,在自己向巴黎进军的时候,把一支如此庞大的敌军部队留在自己的身后,留在他的行军队列和行动基地之间,实为心腹大患。在盟军营地里,年轻的普鲁士国王和流亡的法国亲王们,热切地主张立即进攻离他们最近的这位法国将军。克勒曼正在行进的队伍已经超过当皮埃尔营地(杜穆里埃计划让他在那里部署),并一路向前,渡过奥布河奔向瓦米尔高地,而瓦米尔高地在强度和空间上都要比他所放弃的那块高地逊色,这样一来,他就毫无必要地把自己暴露在开阔地带,也使得他距离普鲁士人的阵线更近,而在自己和杜穆里埃所指挥的军队之间,则留出了一段危险的间隔,使自己孤立无援。对于普鲁士大军而言,先一举将克勒曼击溃,然后再从容不迫地围歼杜穆里埃,似乎轻而易举。

于是,9月20日,天刚放亮,晨光熹微,盟军部队的右翼就开始前进了,为的是逼近克勒曼的身后和左翼,切断他向沙隆方向的退路。而大军的其余部分,也离开了月神高地。月神高地由一系列连绵起伏的山冈组成,它们在这里集聚成半圆形,环绕着瓦尔米高地,普鲁士人准备从这里进攻克勒曼的正前方,这里位于克勒曼和杜穆里埃之间。在低地的两侧,前方骑兵之间发生了一场意想不到的冲突,这使得克勒曼注意到了敌人的接近。杜穆里埃也并非没有意识到,这样的孤军深入给他的战友所带来的危险,他已经命令自己的军队开赴前线,准备在克勒曼遭到攻击的情况下,从他的两翼增援他。然而,这些军队行进得太缓慢了,克勒曼的军队已经在瓦尔米高地部署完毕,严阵以待。

秋天浓重的晨雾笼罩着两军之间的平原与沟壑,只剩下山尖峰顶在早晨柔和的光线中影影绰绰。大约10点钟的时候,大雾才开始慢慢散去。接下来,法国人看见,在袅袅白雾和闪烁的阳光中,浮现出数不尽的普鲁士骑兵,把他们团团围住,仿佛置身一张大网。坚固的骑兵纵队奋勇向前,仿佛万众一心,一排排竖起的大炮,奥地利轻步兵风卷残云,刚刚从他们与东方骑兵的角逐中赶来。

即便是最优秀、最勇敢的法国人,目睹这样壮观的场面,私下想必也会心存忧惧和敬畏。无论你在履行职责时有多么大胆、多么坚决,如果被号召来面对危险,而你对身边战友的坚定性却毫无把握,那肯定是一件令人忧虑、令人恐惧的事。克勒曼手下的每一位士兵,必定都还记得,在这场战争期间,一连串惊慌失措的溃退,迄今为止总是发生在法国这一边。他们想必总是惴惴不安地左顾右盼,看看是否有人开始显示出动摇迹象,盘算着还要过多久战友们的仓皇溃退会把自己可耻地裹挟而去,或者把自己孤独无助地丢下,被蜂拥而至的攻击者砍翻在地。

就在那天早晨,而且在完全相同的时刻,当盟军部队和流亡移民开始走下月神高地准备向瓦尔米发起进攻的时候,当普鲁士人的大炮和革命者们的大炮互相猛烈开火的时候,巴黎的国民大会也在开始一场辩论,讨论宣布建立法兰西共和国的提议。

旧的君主政体,在这个会议大厅里恐怕不大有机会获得支持。不过,如果它的那帮更有力的拥护者在瓦米尔大获全胜的话,那么,为了古老制度的永久复兴,为了取代大革命的改革,在法国也还是有对它有利的因素存在。仅仅在几周之前,就有许许多多的签名请愿,呈递到了国王的案头,这些请愿书来自巴黎、鲁昂,以及其他大城市的中产阶层,表达了他们对无政府主义者的恐怖,以及他们愿意支持国王的权利和臣民的自由。而且,此时此刻,一次对反对国会权威、支持国王的武装抵抗,事实上就在拉文第和布列塔尼紧锣密鼓地组织着,其重要性或许可以从下面的事实中得出评估:在稍后的那段时期,在更加不利的形势下,这些省的保皇党人对共和主义者发动了强大的反击。下面这个事实,特别能说明瓦尔米战役的重要意义:"1792年夏天,为了将国家从巴黎的政治煽动家们所强加的重轭之下拯救出来,布列塔尼的绅士们参加了一个广泛的协会。整个协会的头目是德·拉鲁尔①侯爵,此人是那帮在大革命的暴风骤雨中挺立潮头、崭露头角的著名人物之一。炽烈、冲动、热情,他最早是在美国独立战争中扬名立万的,当时,他的英勇行为赢得了共和军的赞美和钦佩,同样是这样的品质,使得他最初成了法国大革命热心的支持者。但是,当人民的暴行开始的时候,他带着同样的热情支持反革命的一方,竭尽全力唤醒布列塔尼的贵族们反对国民大会强加在他们头上的平民暴政。他把自己的计划提交给了阿尔图瓦伯爵,并组织了一个参与者极为广泛的协会,如果不是1792年9月不伦瑞克的撤退及时熄灭了整个法国西部的狂热激情的话,对国民大会而言,这个协会必定会是极其可怕的,当时,他们已经为爆发起义做好了准备。"
(埃里森语)

当时,国王的主张,并不仅仅是在那些狂热者当中找到了朋友。在9月的大屠杀中,那些不可言喻的暴行刚好发生了。这些暴行,在成千上万原先积极站在激进民主主义一边的人当中,引起了新的、强有力的反动。贵族尚没有因为长期的放逐和内战而在国民的心目中被当作彻头彻尾的异类,当时也还没有被革命原则培养起来的年轻一代。路易十六是公正而仁慈的,深知在其臣民的所有阶层当中逐步扩大政治权利的必要性。波旁家族的王位,如果在1792年得救的话,应该有机会得到稳固,这样的机会在1814年并不存在,而且,在法国似乎再也不可能找到这样的机会了。

克勒曼的手下有一个人,他亲身经历了(甚或是所有人当中最深刻地经历过)法国大革命所带来的变化,无论是好变化

---

① 德·拉鲁尔(1751~1793),布列塔尼贵族,参加过美国独立战争。

还是坏变化。他第二次被放逐时的名头是"德·诺埃里伯爵",后来则是路易·腓力,法兰西国王。在瓦尔米,他所扮演的角色是一个才华横溢的年轻军官,有着超出他那个年龄的冷静和睿智,因此深得克勒曼和杜穆里埃的信任,让他在国家军队中担任了一种重要职位。夏特尔公爵(这是他当时的头衔)指挥着法军的右翼,瓦伦斯将军指挥左翼,克勒曼本人则坐镇中路,那是法军阵地的实力和关键之所在。

路易·腓力

除了法国军队中这些著名人物之外,除了盟军阵线中的普鲁士国王、不伦瑞克公爵及其他权势人物之外,参加瓦尔米战役的还有一个人,比起那些公爵、将军和国王,他对人类心智曾经发挥过、并将继续发挥着更大的影响,他的名声传布得也更为久远。他就是德国诗人歌德,他完全是出于好奇而作为一个纯粹的旁观者,跟随盟军部队进入了法国。他给了我们一段奇特记录,描述了他在炮击时所体验到的独特感受。我们必须记住,当时在法军队伍中,有数以千计的人像歌德一样,是平生头一次感受到"大炮发烧"。这位德国诗人是这样说的:

> 我听见炮火的声音是如此猛烈,以至于我很想知道到底是怎么回事。无聊,以及每一种危险所刺激起的大胆精神,除此之外,甚至还有轻率鲁莽,都诱使我沉着自若地骑马走出了月神高地的临时外围工事。这又是我们的人所

占据的,不过它呈现出最荒凉的外表。屋顶被炮弹打成了碎片,玉米秆散落在周围,到处都是受了致命重伤者的身体,偶尔有一枚已成强弩之末的炮弹,落在屋顶的废墟之中,发出哆哆嗦嗦的声音。

相当孤独,我孑然独行,骑马来到高地的左侧,这里可以一览无余地俯瞰法国人的阵地。他们在那里安全地站成半圆形,鸦雀无声。位于阵列左翼的克勒曼,仿佛伸手可及。

我在途中偶然遇见了几个志趣相投的伙伴,他们是我熟识的几个军官,属于参谋总部和军团,发现我在这里,他们大吃了一惊。他们想亲自把我送回去,但我对他们说,我的特殊目标就在眼前了,他们也就不再作进一步的劝阻,让我自行其是,继续追寻我众所周知的奇思妙想。

此时,我真正来到了炮火纷飞的地带,炮弹从我的头顶呼啸而过。它们的声音相当奇特,仿佛是陀螺的嗡嗡声、流水的汩汩声、飞鸟的啾啾声。它们并不太危险,因为地面湿漉漉的,无论落在哪里,都会牢牢地戳在那里。因此,我这次愚蠢的实验之旅并不危险,至少不会遇上炮弹的回弹。①

与敌友双方的预期正好相反,在普鲁士大炮的火力之下,面对从月神高地呼啸而来的炮弹,法国步兵岿然不动地坚守住了他们的阵地。法国人自己的炮兵也用同样猛烈的火力予以还击,而且,对更密集的盟军队伍造成的影响也更大。看到普鲁士人的火力正在缓和,克勒曼以冲锋的序列编好了一支纵队,向下冲进了河谷,希望缴获几门离得最近的敌军大炮。一门掩

---

① 原注:参见歌德《1792 年的法兰西战争》。

蔽起来的大炮突然向法国人的纵队开火,把他们连滚带爬地赶了回去。克勒曼的战马被击中了,自己则被手下的士兵艰难地救了回去。此时,普鲁士纵队轮番上阵。法国炮兵开始动摇,丢下他们的炮位逃之夭夭,但他们的指挥官通过自己的艰苦努力,发挥自己的榜样力量,终于使他们重整旗鼓。克勒曼重新组织了步兵的阵线,自己也站到了步兵队列中,向士兵们大声呼喊,吩咐他们尽量让敌人靠近,然后挺起刺刀冲向他们。整个队伍被将军的热情所感染,他们精神振奋地高声呐喊"国家万岁"!呐喊声此起彼伏,轰隆隆越过河谷冲向敌军。面对一支看上去如此坚定、如此强大的敌军,普鲁士人打起了退堂鼓,不敢向山上冲锋。他们在洼地里停了一会儿,然后缓慢地从峡谷向自己的一侧撤退。

看到自己的人就这样稀里糊涂地被这样一支滥竽充数的敌军给打得狼狈而退,普鲁士国王勃然大怒。他亲自挑选自己的

瓦尔米战役

瓦尔米战役

精兵强将，把他们编成了一支纵队，然后，骑马从队列前面走过，声色俱厉地指责他们让自己的军旗蒙羞。接着，他身先士卒，率领他们再一次发起进攻，眼睁睁地看见自己的人马纷纷倒在法国炮兵的致命火力之下。此时，杜穆里埃派来的部队也赶到了，正与克勒曼的人马开始有效的联合作战。而克勒曼自己的人，在胜利的鼓舞之下，表现得比以前更加坚定勇猛。普鲁士人再一次撤退了，身后丢下了800名阵亡者。到黄昏的时候，法国人依然是瓦尔米高地的胜利者。

碾碎革命大军、漫步巴黎街头的全部希望，此时已经彻底化为泡影。虽然不伦瑞克在阿戈讷地区继续逗留了很长一段时间，直到物资匮乏和疾病把他曾经辉煌壮观的大军消耗得差不多的时候，才终于失魂落魄地越过了边境，回了老家。期间，法兰西觉得，自己已经有了巨人般的力量，并且能够像巨人一样运用这种力量。这年年底，整个比利时向巴黎的国民大会俯首称臣，而欧洲的国王们，在18世纪结束之后，在一个胜利的军事共和国面前，再一次瑟瑟发抖。

瓦尔米战役结束的时候，歌德在盟军营地里对他的朋友们进行了一番观察，他的记述也颇值得在这里引用。这段记述表明，诗人感觉到了这个日子的全部意义，或许在营地里数以千计的人当中，只有他一个人感觉到了。他描述了那天傍晚在普鲁士朋友们当中所观察到的惊慌失措和举止失常，他说："他们多数人都默然无语，事实上，所有人都缺乏反思和判断的能力。最后，人们要求我谈谈对这次战役的看法，因为我常常喜欢用一些短语来活跃军营的气氛，博大家一乐。这一次，我说：'从此地开始，从此时往后，一个世界历史的新纪元开始了。你们所有人都可以说：我亲眼见证了它的诞生。'"

●公元1815年

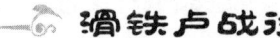

滑铁卢战役

1814年,拿破仑征服欧洲的计划彻底破产,他本人也成了阶下之囚,被流放到了厄尔巴岛。10月1日,几乎囊括所有欧洲国家的216名各国首脑或代表云集维也纳,为重建欧洲而展开了漫长的外交跋涉。与会者各自心怀鬼胎,一轮又一轮的谈判、较量、争吵,看上去无休无止。然而,正当弹冠相庆的胜利者吵得热火朝天的时候,1815年2月26日晚上7点,拿破仑领着身边仅有的1100名士兵,神不知鬼不觉地上了几条小船,向北驶去。他们幸运地躲过了监视厄尔巴岛的法国和英国军舰,经过3个昼夜的航行到达法国海岸,并于3月20日夜间进入巴黎,重新当上了法兰西皇帝。消息很快传到了维也纳,各国首脑大惊失色、面面相觑……

> 这就是全世界因你而获得的东西吗?
> 你巩固皇位的胜利,空前绝后的屠杀![1]
>
> ——拜伦

到如今,英格兰有幸享受了37年的太平岁月。英国历史上还真找不到与此类似的时期,这么长时间没有处于战争状态。不错,在这段时期,英国军队也曾为了保护和扩张英国的印度领土和英国的殖民地而浴血沙场,但这些都是发生在遥远的国度,所面对的敌人也无足轻重。危险从未靠近过英国的海岸,也没有什么至关重要的事情让大英帝国危如累卵。无论是法国、美国或俄国,我们对它们都没有敌意;当我们没有与任何兄弟国家开战的时候,我们就觉得自己实质上就处于和平状态。的确,贯穿这个漫长时期的始终,都没有出现过像此前的欧洲现代史上大量存在的那种"大战"。个别国家之间也存在可怕的冲突,专制主义和民主主义的武装支持者们之间也存在更为可怕的冲突,但是没有出现过像法国大革命、美国独立战争、七年战争和西班牙王位继承战争那样的全面战争。由此预言不会再有类似的战争撼动世界,未免言过其实。但是,欧洲所获得

---

[1] 这两行诗出自拜伦《恰尔德·哈洛尔德游记》第3章第17节,此处引用的是杨熙龄先生的译文。

的这一和平时期,其价值的确是不可估量的。即便我们仅仅把它视为一次休战,并期望看到地球上的民族重提某些哲学家所谓的"人的竞争天性"。

1815年以来,科学、商业和文化取得了如此迅猛、如此广泛的进步,历史上还找不出年头相当的一段时期堪与其媲美。当我们追踪它们的进程时(特别是在英国),我们不能不感觉到,这种令人叹为观止的发展,主要应当归功于这块土地一直处于和平状态。即使重新开始新一轮的战争,其有益的结果也绝不会被湮没。当我们对此进行反思,并把这37年与此前的那段充斥着暴行、骚乱,以及永劫不复的破坏时期进行一下对比,我们不能不怀着浓厚的兴趣看待那个黑暗恐怖时期最终的转折时刻。那场伟大的战役,结束了第一次法国革命的23年战争,制服那个凭借自己的天才和野心如此长时间地扰乱和摧毁世界的人。对于这场战役,我们不仅应该带着特殊的骄傲之情,而且也要带着特殊的感激之情,把它视为英格兰最伟大的民族胜利,因为它不仅保护了英格兰的和平,而且也保护了大部分人类种族的安宁。

1815年3月11日,欧洲的皇帝、国王、亲王、将军和政治家们正齐集维也纳,召开同盟国大会,商讨在那个不可一世的征服者垮台之后如何重建世界,他们认为,拿破仑已经永远退出了欧洲政治的大舞台。然而,就在他们还没有来得及结束他们的胜利欢宴和外交跋涉的时候,塔列朗[①]站了起来,向大

---

① 塔列朗公爵(1754~1838),法国政治家和外交家。原为拿破仑的外交大臣,1807年免职后勾结国外势力。1814年3月同盟国军队进入巴黎,塔列朗组织临时内阁,迎接路易十八回国。

家宣布：那位前皇帝从厄尔巴岛①逃了出来，再一次成了法兰西皇帝。这一事件，预示着他们所有的劳动都将化为泡影。据沃尔特·司各特爵士记载，作为一个古怪的生理学事实，这个消息最初产生的效果是：刺激得几乎每一个与会成员都捧腹大笑。不过，这是一个苦涩的玩笑，很快，他们就开始忙于忧心忡忡地讨论该用怎样的方式对付他们的头号敌人，他已经就这样开始走出蛰伏和隐匿的状态，重新获得辉煌、获得力量。

拿破仑知道，这个强大的同盟将被用来对付自己，于是便试图努力与每位同盟国君主单独商谈，以此来分裂瓦解整个同盟。据说，奥地利和俄罗斯起初倒也愿意与他暗通款曲。关于被征服领土的分割问题，各同盟国之间一直你争我夺，互相忌妒。在1813年和1814年最初几个月，他们赖以行动的那种热烈的全体一致，在展开商讨的那几个礼拜里，已经逐渐冷却。不过，代表路易十八出席此次会议的塔列朗，对拿破仑既恨之入骨又怕得要死，在他的积极努力下，才使得大会的所有成员中没有一位脱离这个反对宿敌的新同盟。尽管如此，如果拿破仑在比利时打败了普鲁士人和英国人，那么他还是极有可能会成功地与奥地利及俄罗斯展开谈判；他可能因此而获得类似于当年他从埃及返回时所获得的那种优势。那是在1799年，他诱使沙皇保罗从其他与法国敌对的联合行动中撤回了俄罗斯的军队，当时，法国似乎正处于极端危险的困境之中。但这一回，命运之神却抛弃了他，无论是在外交上，还是在战场上。

1815年3月13日，奥地利、西班牙、英格兰、葡萄牙、

---

① 厄尔巴岛，意大利的西部一座岛屿。1814年5月~1815年2月，拿破仑被放逐于此。

心怀鬼胎的各国代表齐集维也纳,讨论欧洲的重建

普鲁士、俄罗斯和瑞典7个强国的大臣签署了一份联合声明,宣布拿破仑为逃犯。英格兰、奥地利、普鲁士和俄罗斯等国立即签订了一份协议(另外几个强国很快也加入了),对这一指控穷追到底。根据这份协议,各国统治者允诺执行上述判决,发动战争,直到拿破仑被赶下法兰西的皇位、并使得他再也没有能力扰乱欧洲的和平为止。

威灵顿公爵是维也纳会议的英国代表,他立即把自己的建议落实为反法军事行动计划。很显然,比利时将是首当其冲的战场。根据盟国的普遍愿望,威灵顿公爵开始行动,去比利时集结一支大军,人马从荷兰、比利时及汉诺威的军队中抽调,因为这些军队可以用最快的速度赶到;还有英国的几个团,英国政府正在紧锣密鼓地把这些兵力从本国派出。艾克斯拉沙佩勒附近的一支强大的普鲁士军团,自从上一年的那场战役以来,一直留在那里;另外几支普鲁士军队补充了进来,使得这支军团实力大增。布吕歇尔①元帅担任这支军队的指挥官,他深受普鲁士将士的喜爱,也是法国人的死对头。这支大军被称为"下莱茵军",将作为盟国军事力量的前锋,与威灵顿的军队联合作战。期间,施瓦森伯格亲王将征募13万名奥地利人,以及其他德意志各州的军队124000人,作为"上莱茵军"。另有168000名俄国人,由巴克莱·德·托利②指挥,组成"中莱茵军",再次从俄国向莱茵河两岸进军。

在这个紧急关头,为了迅速抓住那位法兰西皇帝,各同盟国因此而作出的努力,真正堪称巨大。拿破仑的天才和活动能力,在他用以动员法国所有军事资源的敏捷和技巧中,得到了最为显著的展示。此前3年中的失败,以及波旁王朝首次复辟的几个月里所执行的和平政策,已经使得这些资源大为减少,并且混乱不堪。拿破仑于3月20日重返巴黎,到5月底,除了派遣一支军队进入拉文第以镇压该省保皇党人的武装起义之外,除了提供两支军队在马塞纳和絮歇的率领下去防守法国的南部边境之外,拿破仑还在东北部集结了一支大军,自己亲自指挥,总数在12万~13万之间,还有一个上乘的炮兵营地,在装备、纪律和效率方面,都处于最佳状态。

俄国、奥地利、巴伐利亚以及其他盟国的大队人马进军莱茵河的速度必定会很慢。不过,正当拿破仑还在组织他的军队的时候,两支最积极的盟军部队就已经进驻了比利时。一支是布吕歇尔元帅所率领的16万普鲁士人;5月底,威灵顿公爵也领着大约16万人赶到了,其中要么是英国人,要么是英国雇佣

---

① 布吕歇尔(1742~1819),普鲁士陆军元帅。
② 托利(1761~1818),俄国陆军元帅。

布吕歇尔元帅

的人。拿破仑决定,就在比利时攻击这两支敌军。人数上的悬殊的确很大,但拖延肯定只能增大敌军的数量优势。这位法兰西皇帝也考虑到,"两支敌军由两位将军指挥,他们有着不同的民族利益、不同的民族感情"。而他自己的军队,则在他一个人的指挥之下,全部都由法国军人组成,其中大部分是身经百战的老兵,将士们互相之间知根知底,对他们的统帅充满热烈的信任。如果他能够把普鲁士人和英国人分开,以便各个击破,那也就胜利在望了,不仅能制服这两支最坚定的对手,而且能制服其他正在向他的东部领土缓慢跋涉的大部队。

法国人在比利时边境所占据的3条坚固的堡垒链形成了一道强有力的屏障,在这道屏障的后面,拿破仑能够集聚他的大军,并隐蔽他们,直到他所计划的攻击线形成的最后一刻。另一方面,布吕歇尔和威灵顿却不得不沿着一段相当长的开阔地带驻扎他们的军队,这样,才能密切注视拿破仑的动向,及时发现他到底选择从哪条堡垒链的哪一点突然发起攻击。布吕歇尔领着他的部队占据着桑布尔河与默兹河的河岸,从左翼的列日,到右翼的沙勒罗瓦。威灵顿公爵则占据着布鲁塞尔,他的宿营地一部分在布鲁塞尔城的前方以及它与法国边境之间,一部分在布鲁塞尔城的最右边,一直延伸到库特赖和陶奈,而左翼则接近沙勒罗瓦并与普鲁士人的右翼相连。拿破仑的进攻,瞄准的正是沙勒罗瓦,他希望切断两支盟军之间的联系,然后再执行他最喜爱的策略:以优势兵力各个击破,尽管敌军的人数要远远多于自己。

6月初,法国第1步兵军团在迪亚隆伯爵的率领下,驻扎到了里尔城内及其周边地区,那里靠近法国的东北边境。列依伯爵率领的第2军团驻扎在瓦朗谢讷,位于第1军团的右边。旺达姆伯爵率领的第3军团驻扎在梅济耶尔。杰拉德伯爵率领的第4军团在梅斯建立了指挥部。罗博伯爵率领的第6军团驻扎在拉昂①。格鲁希元帅所率领的4支骑兵预备军团,也驻扎在边境附近,在埃纳河与桑布尔河之间。近卫军一直留在巴黎,直到6月8日才开赴比利时,于13日到达阿弗斯纳。与此同时,4支步兵军团和上面所说的骑兵预备军团,按照非常巧妙的组合序列,被迅速整合并集中到了位于桑布尔河右岸的同一地点及其周围地区。14日,拿破仑来到他的部队中间,他对指挥官们在互相整合的迅速和准确,以及对集体力量的意识上所展示的能力而感到欢欣鼓舞。虽然在谈到他的英国对手的时候,拿破仑经常口无遮拦地使用一些有失身份的言辞,但从他登上马车离开巴黎奔赴前线时所说的最后一句话中,我们或许可以判断出他在这场战役开始的时候的真实感受。他说:"我去和威灵顿一较高下。"

6月15日天刚拂晓,法国军队就开始为这场致命的战役而

---

① 原注:拉普伯爵率领的第5军团在斯特拉斯堡。

行动了。他们编成3列纵队越过边境线，直指沙勒罗瓦及其周边地区。法国人进击布鲁塞尔（拿破仑决定要占领这座城市）的队列，因此正好穿过盟军营地的中路。

　　有许多评论，都费了不少力气来猜测营地里的盟军是如何被拿破仑的迅速进军打了个措手不及。如果我们对滑铁卢战役的地形给予了足够的关注，如果我们还记得盟军的将领们正是把布鲁塞尔的防守作为头等重要的事情来考虑的，那么，我们几乎就不会妄发这样的高论了。如果拿破仑占领着布鲁塞尔（无论是通过战斗还是通过部署），比利时的大部分地区将毫无疑问地宣布支持他。如果拿破仑皇帝在战役的开始阶段就取得了这样的胜利，其结果可能就会对此后整个事情的进展产生决定性的影响。扫上一眼地图就会发现，有数不清的道路从法国东北边境不同的堡垒延伸出来，再汇集到布鲁塞尔。拿破仑可以选择其中的任意一条路线向布鲁塞尔进军。威灵顿公爵在排兵布阵上费了不少心思，以便随时可以充分地将部队集中到这些道路中的任何一条，阻挡进攻布鲁塞尔的敌军。整个大军一直保持着这样的机动性，可以向任何必要的方向移动，直到6月15日得到了敌军的确切消息，说是法国人的大队人马已经从图温附近越过了边境，他们已经击退了齐滕将军所率领的普鲁士人，正越过桑布尔河，向沙勒罗瓦进逼。

　　此时，布吕歇尔元帅迅速将他的部队集中了起来，命令他们从左侧向位于沙勒罗瓦东北方向的李格尼进发。威灵顿也集合了他的部队，从右侧进发。但即使是现在，尽管已经可以肯定法国人的大部队正在扑向沙勒罗瓦，但对于威灵顿来说，把自己的军队直接置于沙勒罗瓦与布鲁塞尔之间，仍然是不安全的，除非能够肯定不会有任何敌军从西路经过蒙斯和哈尔向布鲁塞尔进军。因此，威灵顿公爵把他的部队聚集到布鲁塞尔及其紧邻地区，准备沿正南方向向四臂村移动，与正在李格尼安营扎寨的布吕歇尔联合行动。同时也准备应对可能的变化，如果敌军打算转向盟军的右翼并通过侧翼包抄占领布鲁塞尔，则予以迎头痛击。普鲁士将军冯·马夫林男爵在此次战役期间加入了威灵顿公爵的参谋部，他的陈述，清楚地说明了威灵顿后来采取行动时所依据的理由。并不像许多作家所说的那样，威灵顿公爵上了敌人的当，被打了个措手不及。

15日下午大约3点钟的时候，齐滕将军派来的一位普鲁士军官到达布鲁塞尔，向马夫林男爵通报：法国的主力部队正在向沙勒罗瓦进发。马夫林立即把这个消息报告给了威灵顿公爵，考虑到布吕歇尔元帅在得到这个消息后肯定会把普鲁士人集中到李格尼，马夫林因此询问公爵，他眼下是否会集结部队，集合地点又会在哪里。公爵答道："如果所有人的想法都和齐滕将军一样，我当然会集中到我的左翼，并做好准备与普鲁士军协同作战。然而，如果部分敌军从蒙斯来犯，我就必须集中更多的兵力在中路。这就是我为什么必须等到蒙斯的确切消息之后才能决定集合地点的原因。但不管怎样，既然毫无疑问必须进军，尽管他们进发的确切地点并未确定，我会命令全体将士整装待发，并会派一个步兵旅立即向四臂村开拔。"

这一天的晚些时候，一封来自布吕歇尔本人的亲笔信被交给了马夫林，信中，这位普鲁士陆军元帅通知马夫林男爵，他的人马正在萨姆布勒夫和李格尼集中，责令马夫林尽快报告关于威灵顿集结部队的消息。马夫林立即向公爵作了通报。公爵

对布吕歇尔的安排深表满意,但补充说,即使到这时候,如果没有得到蒙斯的确切消息,他还是不能决定自己的集合地点。大约在午夜的时候,蒙斯方面的消息到了。公爵来到马夫林将军的住处,告诉他自己已经收到了来自蒙斯的报告,可以肯定不会有法国军队从那条路线进犯,敌军的大队人马明确地直扑沙勒罗瓦。他通知马夫林将军,他已经命令英国部队向卡特巴拉斯前进。但他同时以自己的冷静和睿智作出决定,自己不会匆匆忙忙随同部队一起出发,以免给人造成惊慌失措的印象。这天夜里,里士满公爵夫人将在布鲁塞尔举行一场社交舞会,公爵建议马夫林将军他们应该去参加几个小时的舞会,然后在早晨骑马赶上四臂村的大部队。

对于几百名参加那场舞会的人来说,敌军正在前进、战斗的时刻已经到来的消息,想必一定让他们大惊失色。但公爵和他的主要指挥官们心里一定非常清楚,这一欢乐的场面正在接近它严峻的尾声。为了尽量不引起人们太多的注意,各军团的指挥官们一个接一个地陆续离开了舞会厅,在自己部队的队列前各就各位,在这个短暂夏夜的最后几个小时里奋力前进。

6月16日,拿破仑以他卓越的技巧和活力开始了他的行动,其结果对他的作战计划非常有利。他率领3支庞大的纵队,袭击了盟军兵营的中路,一举占领了桑布尔河的通道。他以自己的左翼击败齐滕将军驻扎在图温城的军团;亲自指挥自己的中路突破了沙勒罗瓦向弗勒吕斯逼近,给后撤的普鲁士人造成相当大的损失;他的右翼纵队只遭遇了很小的抵抗,一直前进到了沙特莱大桥。

就这样,拿破仑带着他的强大军队出现在布吕歇尔所定下

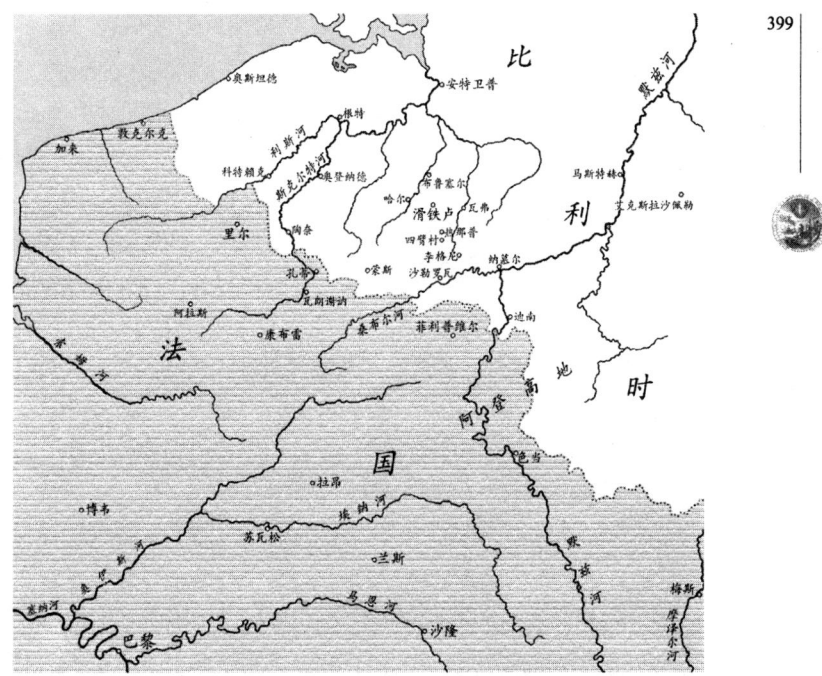

的普鲁士军队集结地的正前方，此时，集结尚未完成。法兰西皇帝计划第二天亲自率领他的右路和中路纵队攻击普鲁士人，而让他的左路纵队殿后，对付可能前来增援的英国军队，同时协助自己进攻布吕歇尔。他把左路纵队的指挥权交给了内伊[①]元帅。起初，拿破仑似乎并不打算在这场战役中起用这位著名将领。直到6月11日夜晚，内伊元帅才接到让他赶到部队的命令。他匆匆忙忙地奔赴比利时边境，在沙勒罗瓦附近见到了皇帝陛下。拿破仑立即命令他负责指挥左翼，率领左路纵队沿着那条大路向四臂村进发，这条大路从沙勒罗瓦出发，经哥斯

---

① 米歇尔·内伊（1769～1815），法国陆军元帅。

米歇尔·内伊

利、弗拉纳、四臂村、热那普和滑铁卢,到达布鲁塞尔。内伊元帅立即进入角色,在6月15日夜里10点之前,就拿下了哥斯利和弗拉纳,没费太大的力气就把驻扎在这两个村子里的那些不堪一击的比利时小分队赶跑了。到了午夜,从早晨10点以来就一直行军打仗的法国部队已经筋疲力尽,他们暂停了下来,没有进一步去攻打更重要的四臂村。事实上,6月15日整整一天,法国人以他们几乎超人的旺盛精力和积极活跃所赢得的优势,必定会付出惨重的代价,如果不是这样疲劳过度,在接下来的一天一夜里,他们必定不至于那么迟缓,那么了无生气。

15日夜里,把军队在弗拉纳安顿好之后,内伊骑马回到沙勒罗瓦,大约午夜时分,拿破仑也从中路和右路的作战前线回到了沙勒罗瓦。皇帝和元帅共进了晚餐,然后,两人认真交谈到了凌晨两点。一两个小时之后,内伊骑马回到弗拉纳,在那里尽力搜集关于前方敌军的兵员和动向的消息,同时忙于了解自己的兵员和构成。他的任命是如此突然,以至于他还摸不清手下几个分遣队的实力,甚至连几个指挥官的名字都叫不上来。他吩咐自己的副官准备一些必要的报告,并让军队集合,在用到他们之前,他要了解了解他们。

在里士满公爵夫人的舞会上,威灵顿一直待到了16日凌

里士满公爵夫人的舞会

晨大约3点钟,按照一直陪伴在他身边的马夫林男爵的说法,他"显得非常愉快"。早晨5点,威灵顿公爵和马夫林男爵骑上了战马,大约11点的时候到达四臂村阵地。当弗拉纳村前的法国人正在酣然大睡的时候,威灵顿公爵得到报告,说拿破仑亲自率领一支规模庞大的部队正威胁着布吕歇尔元帅。有人认为,很可能只有一支很小规模的分遣队驻扎在弗拉纳,为的是蒙蔽英国军队。如果情况真是那样,威灵顿肯定会竭尽全部兵力支援普鲁士人。但威灵顿建议马夫林与自己一道骑马去布吕歇尔的阵地看看,以决定在这场生死之战中自己应该采取的策略。他们策马来到李格尼,发现布吕歇尔元帅和他的参谋部正待在村子附近的一座风车那里。8万普鲁士大军的主力沿着一排高地部署,萨姆布勒夫、圣阿曼和李格尼3个村庄位于他们的前方。这些村子都由普鲁士分遣队牢牢把守着,形成布吕歇尔阵地的关键。拿破仑为进攻而编列的纵队，遥遥可见。公爵询问布吕歇尔元帅，他希望自己怎么做。而公爵本人想带着他的人马向弗拉纳和哥斯利前进，并从那里逼近拿破仑的侧翼和身后。而布吕歇尔元帅则更希望他从四臂村经那慕尔大路进军，这样可以在普鲁士大军的身后形成一支预备队。公爵回答道："好吧。如果我自己没有受到攻击的话，我会来的。"说完，他和马夫林一起策马返回了四臂村，那里，法国人的进攻此时正打得热火朝天。

内伊元帅是在下午大约两点钟的时候开始这场战斗的。此时，他手下约有16000名步兵，将近2000名骑兵，以及38门大炮。拿破仑名义上给他的兵力要超过4万人，但其中的一大半是法国第1步兵军团，由迪亚隆伯爵统帅，内伊在自己最需要的时候却不能用上这支军团，因为他们接到了前往李格尼增援皇帝陛下的命令。在四臂村战斗进行期间，克勒曼所率领的一支阵容壮观的重骑兵队，将近有5000人，再加上几个炮兵营，被补充进了内伊元帅的部队。但他有效的步兵力量绝不会超过16000人。

战斗打响的时候，公爵的大部分人马还在从布鲁塞尔及其他营地向四臂村行进的路上。此时已经就位的盟军部队，只有荷兰和比利时的一个步兵师，不足7000人，加上一个步兵营和一个骑兵炮队。由奥兰治亲王坐镇指挥。一片被称作博苏的森林沿着四臂村阵地的右翼（西侧）延伸，一座被称作杰米安考特的农庄坐落在前方稍高一些的地方，阵地的左翼（东侧），是皮尔蒙特村的围墙。奥兰治亲王负责尽力保护这些据点。而内伊元帅的中路正对杰米安考特，皮尔蒙特在东侧，并占据了博苏森林的南侧部分。他将炮兵的主要部分部署在杰米安考特高地上,在那里一直扮演着对盟军最具有破坏性的角色。当盟军方面的托马斯·皮克顿爵士所率领的第五步兵师和不伦瑞克公爵的军团出现在战场上的时候,内伊元帅的进攻已经取得了更大的优势。这两支部队到达之前,威灵顿从布吕歇尔那里回到了四臂村,他恢复了与法国人的战斗。当新的盟军部队陆续到达的时候,威灵顿让他们去遏制内伊的步兵纵队和骑兵中队所发起的猛烈攻势,法国人的勇猛和热情一直没有衰退。战斗进行当中,唯一的一支盟军骑兵赶到了四臂村,有荷兰人和比利时人,还有不伦瑞克公爵(他后来在这场战斗中阵亡了)所率领的一小股不伦瑞克骑兵。事实证明,这些人完全没法与克勒曼的胸甲骑兵和皮埃尔的枪

拿破仑·波拿巴

骑兵相抗衡,这样一来,这场战斗的全部压力都落在了英国步兵和德意志步兵的身上。他们顽强地抵抗着。尽管法国人反复发起冲锋,尽管一直暴露在法国大炮致命的火力之下(炮弹从杰米安考特高地上发射,只要法国骑兵后撤,炮火就会掩护),但他们不仅击退了攻击者,而且,皮克顿所率领的肯普旅和帕克旅实际上逼近并洞穿了攻击的敌人。他们以坚定的决心一直坚持到了这一天战斗的结束,在这块他们大胆赢得的场地上始

终打得很漂亮。然而，有些英国步兵团还没来得及形成方阵，就在混乱中遭到了法国骑兵的攻击，损失惨重。第92团几乎被法国人的胸甲骑兵摧毁殆尽。第8胸甲骑兵团一位名叫拉米的列兵夺得了一面英国军旗，把它交给了内伊元帅。这是他们唯一的战利品。大约6点半的时候，英国皇家近卫军的赶到，使得威灵顿公爵能够收复博苏森林，那里，法国人几乎已经大获全胜，一旦他们完全占领了那里，内伊元帅就能够对盟军的侧翼和身后实施毁灭

威灵顿公爵

性的打击。不但英军右翼的博苏森林收复了，左翼皮尔蒙特村的围墙也保住了。当夜幕降临的时候，所有攻击点上的法国人都被赶回了弗拉纳。但他们依然控制着威灵顿公爵中路正前方的杰米安考特农庄。对于布吕歇尔元帅与拿破仑之间那场同时进行的战斗，其结果如何，威灵顿和马夫林一无所知。整个下午和傍晚，在四臂村自始至终可以清楚地听见那里传来的连续不断的炮声。公爵对马夫林说，两边的盟军部队明天一定要向敌军发起进攻，因此，最好是立即拿下杰米安考特农庄，而不是等到明天早晨。马夫林同意公爵的观点，于是，英国人立刻向杰米安考特发起了进攻，并以很少的伤亡夺下了那座农庄。

与此同时，法国人和普鲁士人正在李格尼、萨姆布勒夫和

圣阿曼3个村子及其周边地区打得热火朝天，从下午3点一直打到晚上9点，其残酷的程度，现代战争中前所未见。战斗开始的时候，布吕歇尔元帅在战场上有83417人和224门大炮。比洛的军团有25000人，没有参加这场战斗。不过布吕歇尔元帅希望在战斗结束之前能够得到比洛或者英军的增援。但是，由于命令传送的错误，比洛此时还在他身后很远的地方。而威灵顿公爵，正如我们已经看到的，此时正和内伊元帅打得不可开交。其实，布吕歇尔早些时候已经收到了马夫林男爵的通知：公爵无法去增援他，但按照马夫林的说法，威灵顿答应要让普鲁士人的兵力超过敌军的4万人，否则布吕歇尔的右翼将会被碾碎。因为，不仅四臂村的战斗拖住了参加战斗的法国军队，而且，迪亚隆还接到了内伊元帅要他加入这场战斗的命令，这阻碍了迪亚隆的军队为拿破仑提供有效的援助。的确，迪亚隆的整个军团，由于内伊和皇帝的指示彼此冲突，因此16日这天一直在四臂村和李格尼之间进退维谷，无论哪场战斗，他们都未放一枪一炮。

事实上，布吕歇尔的兵力，比起攻击他的法国军队，在人数上还要超出12000人。战斗刚开始的时候，数量上的差距甚至比这还要大，因为罗博的军团直到晚上8点才从沙勒罗瓦赶到。在经过5个半小时胜负难分的恶战之后，拿破仑终于成功地撕开了普鲁士人在李格尼的中路防线，把顽强的对手逼出了战场。这样的结果，应该归功于拿破仑的非凡技巧，而不能归咎于普鲁士军队的缺乏斗志和坚定。尽管被打败了，但他们的纪律、勇气和希望却丝毫未减。16日夜间，普鲁士人开始撤退，到了17日的早些时候，他们的队列依然保持着完美的整齐和坚定。这次撤退,没有撤向马斯特里赫特(他们主要的军械库建在那里),而是撤向了瓦弗,以便能够保持与威灵顿的联络,继续执行最初的作战计划。

派去向威灵顿通报撤退消息的信使,在路上被打死了。直到17日早晨,四臂村的盟军才知道了李格尼战役的结果。威灵顿公爵准备在拂晓时分向敌军发起强大攻势,到这时候,他的整个军队已经全部集结完毕。然而,得知布吕歇尔被击败的消息后,显然必须采取不同的策略。这时候,拿破仑的主力部队显然会掉头来收拾威灵顿,撤退不可避免。公爵已经探知:普鲁士军队撤到了瓦弗,法国人并没有紧追不放,比洛的军团并没有参加李格尼的战斗。于是决定,把自己的军队向布鲁塞尔的方向后撤(他依然打算保住那座城市),然后在能够和瓦弗保持在一条线上的某个地点停下来,恢复与布吕歇尔元帅的联系。大约9点钟的时候,来自布吕歇尔军中的一名军官到了公爵的驻地,从他那里公爵得知布吕歇尔依然保持着有生力量,昨天的战斗并没有使自己的盟友气馁。威灵顿捎信给普鲁士元帅,他将在圣约翰山停下来,如果布吕歇尔保证能够带领一支25000人的大军来增援自己,他将与法国人打一场全面战役。布吕歇尔欣然答应了他这个提议。在让自己的人马进行了足够时间的休息和恢复体力之后,威灵顿撤过了卡特巴拉斯到布鲁塞尔之间的大约一半距离。他遭到了法国主力部队的追击,但并没有受到太多的干扰,这时候是17日大约正午时分,法国主力正从李格尼横向移动,与内伊元帅的部队会师,英国人撤退后,内伊的部队已经通过了四臂村。欧克斯布里奇伯爵率领英国骑兵掩护公爵的大部队撤退。此时,雷电大作,风雨交加,阻止了法国骑兵中队的行动。公爵依然预料法国人会极力转到自己的右边,由那条通向蒙斯和哈尔的大路进军布鲁塞尔。为了阻挡这一预期的策动,他让荷兰的弗雷德里克亲王率领18000人驻扎在哈尔,并命令他:如果遭到进攻,要尽可能顶住。公爵率领其余的部队在圣约翰山的一个阵地停了下来。这个地方,后来成了举世闻名的战场,它的名字,来自邻近的一个村庄:滑铁卢。

此时,威灵顿距离瓦弗大约12英里,普鲁士大军如今已经在瓦弗经过了彻底重组并集结完毕,而比洛的部队的加入更使他们实力大增。布吕歇尔捎信给公爵,这天早晨,他正在前来帮助圣约翰山的英国人,他带来的不是一个军团,而是整个大军。

在滑铁卢,威灵顿公爵手下的兵力包括:49608名步兵,12402名骑兵,5645名炮兵和156门大炮,其中,英国人几乎不到24000人。如果按照拿破仑自己对这两支大军的相对价值

拿破仑在阵前

的评估，这应该是一个严峻的局面。用拿破仑自己的话说："一个法国士兵不会强过一个英国士兵，但是他不会害怕与两个荷兰人、普鲁士人或联盟士兵正面相对。"公爵手下还有6000名老德意志军团，这些人全都身经百战，品质卓越。其余的部队中，汉诺威人和不伦瑞克人证明了他们自己值得信任、值得赞扬。但拿骚人、荷兰人与比利时人，则几乎不值一提。

拿破仑在滑铁卢的部队包括48950名步兵，15765名骑兵，7232名炮兵，总数71947人，以及246门大炮。他们全都是法兰西国家军队的精华。没有哪一支大军，比1815年6月18日早晨在滑铁卢严阵以待的这支大军更英勇无畏、更纪律严明、更领导有方。

那些没有见过滑铁卢战场的人，要想对场地环境有一个一般性的正确概念，或许可以在自己的脑海里描绘这样一条2~3英里长的峡谷，不同的地点宽度各不相同，但通常不会超过半英里。峡谷的两边，各有一条大致平行的低矮的丘陵带蜿蜒伸展。每一条丘陵带伸向峡谷的斜坡，都很平缓，但并不均衡，场地的起伏很频繁，而且幅度相当大。英国军队驻扎在北边，法国军队则占据着南边的山脊。双方的炮兵整天都在各自的高地上向对方开炮，骑兵和步兵的冲锋必须穿过那条峡谷。圣约翰山庄位于北侧丘陵带中段的后面，拉贝尔—阿莱恩斯村则紧挨着南侧山脊中段的后面。从沙勒罗瓦通往布鲁塞尔的大路从这两个村庄穿村而过，因此把英法双方的阵地都切成了两半。这条大路，正是拿破仑计划进军布鲁塞尔的路线。

两军阵地还有一些局部细节也必须记住。英军阵地的强势不仅仅在于占有那条隆起的山脊。一个名叫默克布雷恩的村庄和溪谷,在威灵顿公爵的最右端,确保他的这一翼不会被敌人迂回。而在他的最左端,是两个分别叫作拉海和佩皮洛特的小村庄,给了他类似的保护,虽然稍微薄弱一些。在整个英军阵地的后面,是辽阔的斯沃尼森林。因为法国人没有做任何努力试图包抄英国人的两翼,所以这一天的战斗是直截了当的。在英军右翼的前方,矗立着一座被称作果蒙特的老式佛兰德庄园,及其外围建筑和一座花园,一片大约两英亩①的山毛榉林,环绕着庄园。这里被盟军部队牢牢守卫着,占据了这些地方,敌人要想强行逼近英军右翼就很困难了。几乎紧挨着英军中路的正前方(不像果蒙特离斜坡那么远),另有一座大小相当的庄园,被称为圣拉海(不要与英军阵线最左端的拉海村搞混了),这里也是被英国军队所控制的,后来发现,对这座庄园的占据,具有非常重要的意义。

至于法国人的阵地,应该注意的主要特征是一个名叫普兰奇诺伊的村庄,它位于法军右翼(也就是东侧)的身后,后来证明,这里对帮助他们阻止普鲁士人的前进至关重要。

正如上面已经提到的,18日早晨,普鲁士人还在滑铁卢战场以东约12英里的瓦弗。比洛所率领的部队的加入,大大弥补了他们在李格尼所遭受的损失。他们留下齐尔曼率领17000人坚守瓦弗,尽最大可能抵挡法军对瓦弗的进攻。比洛和布吕歇尔则率领余下的普鲁士人经圣朗贝尔向滑铁卢进发。预计他们将在下午3点的时候到达滑铁卢。但是,他们不得不穿越的那一地段的自然条件,却使得这个预计大错特错。瓢泼大雨倾盆

---

① 1英亩=4046.86平方米。

而下,使得他们12英里的行军拖延了很长时间。大雨不间断地下着,大部分地段的通路都成了沼泽,必须从这里经过的不仅仅是步兵纵队,还有骑兵和炮兵。在进入圣朗贝尔隘路的时候,普鲁士人的精神几乎要崩溃了。为了努力从泥潭中救出大炮并拖着它们前进,士兵们被弄得筋疲力尽,人们开始低声抱怨。布吕歇尔来到这里的时候,听见队伍里有人大喊:"我们没法前进了。"对此,老元帅的回答是:"你们必须前进。"普鲁士人重又缓慢地前进,虽然痛苦不堪,疲累不堪,但他们还是前进了。

17日那个雷雨交加的夜晚,英、法两国的军队都睡在那片开阔的战场上。18日天刚拂晓,滑铁卢依然大雨滂沱。两支大军从他们阴郁沉闷的宿营地里起床了,在各自占据的高地上集合编队。接近9点的时候,雨渐渐小了,双方军队都能清楚地看见峡谷对面敌军的阵地和队列。

威灵顿公爵将他的队伍编成了两个阵列,主力阵列驻扎在那条山脊的顶峰上,另一支则在他的阵地的后方沿峡谷的斜坡排开。从东边开始,在主力阵线的最左边,是维维安和范德勒两个轻骑兵旅,和冯·芬克率领的汉诺威第5步兵旅。接着是伯斯德的汉诺威第4步兵旅。由这些部队抽调的小分队占据着佩皮洛特和拉海两个小村,位于公爵阵地左前方的山谷下。伯斯德步兵旅的右边,拜兰德的荷兰步兵旅和比利时步兵团部署在高地的外坡上。在他们的身后,是帕克率领的英国第9步兵旅。在他们的右边更靠前一些地方,驻扎着肯普率领的英国第8步兵旅。这些部队,紧挨着沙勒罗瓦大路和中路阵地的正中间。两个英国步兵旅,加上汉诺威第5步兵旅,整编为第5师,由托马斯·皮克顿爵士指挥。紧挨着他们的右边、沙勒罗瓦大路的西侧，是阿尔滕将军率领的第3师。重要据点圣拉海庄园，我们应该还记得它就位于威灵顿公爵的中路前方，紧邻沙勒罗瓦大路，也由这个师的兵力守卫。再往西，是哈克特率领的英国第5步兵旅，他们的后面，是克鲁斯率领的拿骚步兵旅。哈克特的右边，驻扎着英国皇家近卫军的两个步兵旅，分别由梅特兰和宾指挥。中路部分由库克将军指挥。果蒙特庄园的建筑和花园，主要部署着宾旅的分遣队，以勇敢的汉诺威步枪手和一个拿骚步兵营为后援。在库克身后、默克布雷恩村以西的一块高地上，是克林顿的第2步兵师，包括亚当斯的3个轻骑兵旅，杜·普拉特的德意志皇家军团的第1步兵旅，和哈克特上校率领的汉诺威第3步兵旅。

威灵顿公爵以骑兵编成他的第二阵线。这条阵线只是在第一阵线右翼和中路的后面展开。最大的一部分部署在中路各步兵旅的后面，分布在沙勒罗瓦大路的两侧。萨默塞特爵士的皇家骑兵旅紧挨着大路的右侧，庞森比的骑兵旅则在左侧。他们的后面，是荷兰和比利时的两个骑兵旅。德意志皇家军团第3骑兵旅在萨默塞特旅的右边。再往右，梅特兰步兵旅的后面，是多恩伯格的第3骑兵旅，包括英国第23龙骑兵团和德意志皇家龙骑兵团。右侧最后一支骑兵是格兰特的骑兵旅，位于英国皇家近卫军步兵的后面。不伦瑞克的军团（包括步兵和骑兵），以及英国第10步兵旅，作为预备队，位于整个阵地中路和右翼的后边。炮兵沿着整个阵线的前沿，每隔一段距离分布。除了上面提到的将领以外，还有希尔爵士、欧克斯布里奇（他是骑兵总指挥）、奥兰治亲王和沙塞将军，在威灵顿公爵手下听候

调遣。

对面高地上的法国军队大致上也部署成了两条阵线,以近卫军(骑兵和步兵)部署在中路的身后,作为预备队。

法军的第一条阵线由迪亚隆和列依伯爵所指挥的两个军团组成。迪亚隆军团在右翼,也就是沙勒罗瓦大路的东边,包括4个步兵师,分别由杜雷特、马孔内特、阿历克斯和唐泽勒4位将军率领,和亚奇诺将军率领的一个轻骑兵师。列依伯爵的军团形成阵线的左翼(西翼),包括由巴切卢、富瓦和杰罗姆·波拿巴所率领的3个步兵师,以及皮埃尔所率领的骑兵师。第二阵线的右翼由米约所率领的军团组成,包括两个重骑兵师;左翼则由克勒曼的骑兵军团所组成,也有两个师。因此,组成第一阵线的每一个步兵军团都有一个骑兵军团在身后,不过第二阵线还包括罗博的步兵军团,以及多蒙特和苏伯维尔的两个轻骑兵师,这3支部队部署在拉贝尔—阿莱恩斯村的两边,形成第二阵线的中路。第三阵线,或者叫后备阵线,其中路由近卫军的步兵团组成。两个掷弹兵团和两个轻装步骑兵团,组成老近卫军的步兵,由费里埃将军统帅;中近卫军的构成与此相同,由莫朗伯爵率领;杜赫斯姆率领的两个猎步兵团和两个狙击兵团,组成青年近卫军。近卫军的轻装步骑兵和枪骑兵在步兵的右边,由勒菲弗·德斯诺特率领;近卫军的掷弹兵和龙骑兵在左边,由盖奥特率领。所有的法国军团,除骑兵团和步兵团之外,还包括马炮兵。拿破仑大炮的数量优势,在整个战斗中自始至终都至关重要。

除了上面提到的这些主要将领之外,还有内伊和苏尔特也在场,在这场战役中担任拿破仑的副手。

头天夜里,威灵顿公爵让各个旅团在阵地上各就各位。然后,他稍稍睡了几个钟头,18日凌晨起床的时候,外面依然是黑沉沉,他坐下来,写了几封信,分别给安特卫普总督、英国派驻布鲁塞尔的大使,以及其他名流政要,信中他表示了自己的信心:一切都会很顺利。但是,"万一出现意外,也要防止遭受惨重的损失"。他发布了一系列命令:如果战斗朝着不利于盟军的方向发展,大军的后方应该做些什么。在离开滑铁卢村之前,他又亲自视察了军需储备的发放,以及为接受伤员、准备临时医院所做的安排。然后,威灵顿公爵骑上了一匹自己最喜爱的战马,这是一匹纯种栗色小马,名叫"哥本哈根"。他在自己的参谋团队和普鲁士将军马夫林的陪同下,策马来到部队所驻扎的那条山脊上,细心地检查阵地的每一个细节。果蒙特庄园是他特别关注的一个目标。

然后,公爵飞马回到了他的阵地中路右侧的高地上,在那里停了下来,注视着对面高地上的敌军,愉快而平静地与参谋们交谈,这一直是他在战斗时刻的主要特点。

并非所有勇士都有这样的天赋。在战斗开始之前的这段平静时刻,许多人想必向峡谷的对面投去了焦虑兴奋的一瞥。的确,这是暴风雨来临之前的一段可怕的平静时刻。当无数全副武装的

威灵顿公爵

战士站在那里注视着他们全副武装的敌人,审视着他们的人数、他们的队形、他们可能具备的抵抗力量和毁灭力量时,时刻怀着忐忑不安的心情倾听着预期中的死神的召唤。在胜利和荣耀的幻影塞满每个士兵高度紧张的头脑的同时,也必定混合着对故土家园的回忆,自己的阵亡可能很快就会让那里变得荒芜、凄凉;也必定有畏惧退缩的本能时时提醒他不寒而栗地想到:片刻之间,他可能会在痛苦中挣扎翻滚,或者会躺在面前这一大堆被踩躏、被压碎的泥土之中,眼下,那堆泥土之上,还覆盖着青青绿草,荡漾着清新的芬芳。

终于,大约在11点半的时候,拿破仑命令他的弟弟杰罗姆亲王率领一支强大的部队从他的左翼向果蒙特庄园发起了进攻。战斗开始了。法国人一支纵队接一支纵队从南面高地的西翼俯冲下来,激烈勇猛地攻击果蒙特庄园,但遭到了最坚定勇敢的抵抗。法国人占领了那片环绕庄园的山毛榉树林,但一支英国皇家近卫军整整一天都控制着庄园本身。宾的整个旅被匹配到了这个争夺最激烈的据点。在炮火纷飞中间,在建筑物燃烧的碎片中间,这场顽强的争夺战在继续着。英国人依然坚守着果蒙特庄园,尽管法国人不时地从他们的左翼大军中调来强大兵力,数量大得足以包围并淹没那座庄园。与此同时,其他人则奋力向斜坡推进,攻击英军右翼。

连续不断的炮火,最初由于进攻果蒙特庄园的缘故,而在英军右翼与法军左翼之间开始,但很快就蔓延到了两军全线。大约1点钟的时候,拿破仑指示内伊元帅对盟军的中路和左翼发动了一次强大的攻势。为了这个目的,4列步兵纵队被集结起来了,总数大约18000人,克勒曼率领一支强大的骑兵师为其后援。74门大炮被调来了,准备部署在两条主要丘陵带之间的一条稍稍隆起的山脊上,这样就能以大炮的火力隔着约700码的距离压住威灵顿公爵的阵线。通过这些强大力量的联合攻击,拿破仑希望强行通过英军阵地的左中路,拿下圣拉海庄园,然后继续向前推进,同时占领圣约翰山庄园。然后,他就可以切断威灵顿的大部队向布鲁塞尔撤退的路线,同时完全切断他们与普鲁士大军之间的联系。

为这场伟大而决定性的行动而编组的这几支纵队,雄赳赳气昂昂地从法军一侧的高地上下来了,他们到达了那条较低一些的小山脊,此时,支援他们的炮兵已经在这里部署完毕。当几支纵队从这排小山丘上下去的时候,74门大炮所发射的炮弹从他们的头顶呼啸而过,对驻守在沙勒罗瓦大路左侧高地上的盟军部队构成了非常可怕的威慑。一支法军纵队沿东侧前进,进攻盟军的最左端;其他3支纵队继续迅速地向盟军阵地的中左部位进逼。盟军前线的这一部分是拜兰德的荷兰和比利时旅。当法军纵队逼近荷兰人和比利时人据守的南坡、行进中的散兵开始开火的时候,拜兰德的整个旅在惊慌失措中可耻地掉头便逃。幸好部署在他们后面的那些人更值得尊敬。

盟军第二阵线的这一部分,是由帕克和肯普的两个英国步兵旅所据守的,这两支部队在四臂村遭受了重创。不过皮克顿是这里的师长,此人在坚定勇敢、严厉火暴上甚至连内伊本人也望尘莫及。皮克顿让他的两个旅并排前进,因此只有很薄弱的两排纵深。两个旅加在一起也不足3000人。皮克顿身先士卒地领着这班人马,迎向3支刚刚打了胜仗的法国纵队,敌人的兵力至少超过自己4倍,再加上刚刚不费吹灰之力就把荷兰人

拿破仑在阵前

和比利时人打得落花流水,因此士气大振,如今正信心百倍地向高地逼近。英国步兵岿然不动,法国人停了下来,开始向两边散开。皮克顿抓住了这个决定性的瞬间。他用洪亮的声音冲着肯普旅大喊:"射击,然后冲锋!"隔着一段不足 30 码的距离,雨点般的子弹射向了最近的法国纵队,然后,英国人一阵猛烈的呐喊,端着刺刀冲了过去。皮克顿在向前冲锋的时候被子弹打中了,不幸阵亡,但他的人却继续端着刺刀向前猛冲。法国人连滚带爬地向后撤退。帕克的步兵旅阻挡了另外两支法国纵队,英国骑兵旋风般地席卷而来,把法国人踉踉跄跄地赶下了山顶,整营整营把他们砍倒在地。庞森比的重骑兵旅漂亮地完成了这项工作。在冲向法国人的残兵败将的时候,他们俘获了两面鹰旗和 2000 名炮兵。他们依然向前疾驰,砍翻了内伊元帅那 74 门大炮的炮兵,然后割断了拉运大炮的绳索,切断了拉炮马匹的喉咙,使这些大炮完全成了一堆废铁。他们就这样远离了英军阵地,而且被胜利冲昏了头脑,结果遭到法国枪骑兵的突袭,损失惨重地被赶了回来,直到范德勒的轻骑兵赶来支援他们,在他们转身的时候击退了法国枪骑兵。

在这次极为重要的进攻中,法国骑兵在沿着沙勒罗瓦大路的东侧奋力向前支援法国步兵的时候,也遭遇了和步兵同样的失败。萨默塞特的英国皇家骑兵旅,从皮克顿师的右侧,向法国骑兵发起了攻击,与此同时,英国联合重骑兵旅也从左侧向法国步兵纵队发起了冲锋。

萨默塞特的骑兵旅由皇家近卫骑兵、皇家蓝骑兵和皇家龙骑兵组成,克勒曼率领的法国骑兵主要由胸甲骑兵所组成。这支铁甲法国骑兵踩翻了圣拉海庄园附近的几支德意志人的步兵连,胜利使他们热血沸腾,他们猛扑向英军阵地所在的山脊。欧克斯布里奇伯爵亲自率领着英国皇家骑兵旅,策马迎了上去。眨眼间,两队不共戴天的威武勇士,骑在他们威武的战马上,猛烈地厮杀在一起。一场血腥残忍的肉搏战随之而来,搏杀中,盎格鲁—撒克逊人的身体优势,加上同等技巧的引导,同等勇气的激励,表现出了明显的优势。精锐的法国骑兵开始掉头而去,英国皇家近卫骑兵策马紧追不舍。他们像联合骑兵旅一样,跑得太远了,追得太猛了。在他们雄壮的冲锋和冒险的追击之后,在他们回到英国阵地之前,英国皇家骑兵遭受了惨重的损失。

拿破仑企图突破英军中左路的重大努力,就这样彻底失败了。他的右翼由于伤亡惨重而受到严重削弱。果蒙特庄园依然在继续攻打,依然遭到了成功的抵抗。此时,一支大军开始出

现在拿破仑右边地平线上，尽管他极力说服身边的人，说那是前来增援的格鲁希①的人马，但他的心里实在再清楚不过了：那是普鲁士人。

事实上，格鲁希此时正在瓦弗以他的全部兵力与齐尔曼的一个普鲁士军团打得不亦乐乎，而另外3支普鲁士军团正在向滑铁卢进发，除了路面的困难，没有遇到任何抵抗。17日那天，格鲁希相信（并使得拿破仑也相信），普鲁士人正在由远离滑铁卢的行军路线向那慕尔和马斯特赫撤退。只是到了18日，拿破仑才知道普鲁士人在瓦弗，并因此担心自己右翼的安全。因此，拿破仑给格鲁希发出命令：立即与普鲁士人交战，拖住他们，尽量向法军主力部队靠拢，以便保持和皇帝的联系。格鲁希却完全忽视了这一指示的后半部分，在攻击瓦弗的普鲁士人的时候，把自己的部队越来越向右展开，也就是说，离拿破仑越来越远。因此，他对布吕歇尔和比洛已经从侧翼向滑铁卢进发竟毫不知情，直到18日傍晚6点钟的时候，他才收到苏尔特根据拿破仑的命令于1点钟的时候从滑铁卢战场上送来的短信，通知他：比洛已经过了圣朗贝尔高地，正向皇帝的右翼进发，并指示格鲁希立即向法国主力部队靠拢，争取在半道上摧毁比洛。然而，格鲁希已经来不及服从这个命令了。值得注

格鲁希

---

① 伊曼纽尔·德·格鲁希（1766~1847），法国战功卓著的元帅。

意的是，早在18日中午的时候，他和他的随从就已经听见了普兰奇诺伊和圣约翰山的方向传来了连续不断的炮火声。和他在一起的杰拉德将军恳求他向开炮的方向进军，与拿破仑联合行动，很显然皇帝陛下已经与英国人开战了。格鲁希拒绝这样做，甚至拒绝分一部分兵力向那个方向去。他说，他得到的命令就是要在瓦弗与普鲁士人战斗。因此，正当布吕歇尔和比洛进攻拿破仑的时候，他已经挥师瓦弗，这一天剩下的时间里，一直和齐尔曼打得热火朝天。

拿破仑怀着痛苦不堪的失望之情，眼睁睁地看着进攻英军中左路的法国大军节节败退——步兵、骑兵和炮兵，看着果蒙特庄园守军的顽强抵抗使得法军左翼的所有努力都化为泡影。此时，他吩咐沿着这条高地的炮兵必须予以加强火力，一时间，连续不断的最具破坏性的炮火呼啸着越过了峡谷，飞向英军阵地上战斗已经停止的部分。但是，法国炮兵的火力再猛烈也无法打破英国人的阵线。必须采取更严密、更简捷的措施了。

此时，大约是下午3点半。虽然威灵顿的部队在连续不断的炮火中、在上一场最激烈的遭遇战中遭受了重创，但英军阵地没有一处被突破。拿破仑因此决定，试试用自己最精锐的骑兵突袭英军的中路和右翼，看看能产生什么样的效果。与此同时，新的部队被派去攻打圣拉海和果蒙特，这两个地方是皇帝陛下一直念念不忘的目标。因此，法国胸甲骑兵一个中队接一个中队地攀上了英军右翼前面的斜坡，以不屈不挠的精神勇气冒着英国炮火奋力向前。英国炮兵被从他们的炮位上赶走了，法国骑兵因为胜利在望而欢声雷动。但威灵顿公爵已经把他的步兵编成了方阵，面对难以穿透的刺刀围墙，法国骑兵的冲锋

无功而返,而来自方阵队列内部的火力,对法军骑兵中队构成了可怕的威胁。一次又一次,他们奋力向前,而结果总是一样。并且,当他们每一次从攻击中后撤的时候,英国炮兵就会从方阵中央蜂拥而出(方阵是他们的庇护所),把他们的炮口对准正在撤退的法国骑兵。在这些对英军右翼发起的徒劳无功的冲锋中,拿破仑最精锐的胸甲骑兵几乎被摧毁殆尽。不过在战场的另外部分,幸运女神暂时对他还算青睐。两支来自唐泽勒师的法国步兵纵队在6点到7点之间拿下了圣拉海庄园,这给眼下再组织一次对盟军中路的强大攻势提供了手段。

没有时间可浪费的了。布吕歇尔与比洛开始逼近法军右翼。早在5点钟的时候,拿破仑就被迫抽调罗博的步兵和多蒙特的骑兵去阻挡这些新来的敌人。他们暂时成功地做到了这一点,但数量庞大的普鲁士大军进入了战场,他们迂回到了罗博的右翼,派了一支强大的兵力去夺取普兰奇诺伊村,我们应该还记得,这个村子就位于法军右翼的身后。

盟军的计划不仅仅是要阻止拿破仑进军布鲁塞尔,并且要切断他的退路,最终将他彻底歼灭。因此,保卫普兰奇诺伊村,对法国人的安全来说就成了重中之重了。拿破仑不得不派出他的青年近卫军据守这个村子,他们因此也就拿出了自己最大的勇气,顽强地抵抗着普鲁士人的进攻。普鲁士人3次夺路进入了普兰奇诺伊村,但同样都被法国人赶了出来。双方都带着强烈的绝望继续着这场争夺战。此时,另外几支普鲁士军队正出现在靠近英军左翼的战场上,这些也是拿破仑必须牵制的,为此他又抽调了一些部队去阻挡。就这样,眼下拿破仑的大部分军队就被抛向后边,其阵线与那些依然在进攻英军阵地的法国部队构成直角。但这一部分如今在数量上比不上威灵顿公爵的部队。这之后,拿破仑始终就以这样的劣势兵力进攻英军阵地,除了攻克圣拉海庄园之外,再也没有占到别的便宜。的确,由于绝大部分荷兰人和比利时人的渎职,公爵如今不得不全部依靠英国和德意志士兵,而这两支队伍却势单力薄。但剩下的人依然英勇地坚守在阵地上,以坚定的阵线对抗着敌人的每一次进犯。

这场战役期间,拿破仑本人驻扎在拉贝尔—阿莱恩斯村附近的一座小山丘上。他坐在一张大桌旁,桌子是从附近的庄园里弄来的,桌子上摊开着地图和作战计划。从那里,他用自己的望远镜观察着战场上不同的地点。苏尔特紧挨在他的左手边,等候他的命令,他的参谋团队则骑在马上,在他身后几步远的地方。他在这里一直待到了天快黑的时候,始终保持着至少是表面上的平静,除了几次不小心流露出了愤怒的表情,那是在内伊元帅攻击英军中左翼被击退的时候。但此时,战斗的转折性时刻显然正在接近,他骑上了一匹白色的波斯战马,他习惯在战斗中骑这匹战马,为的是让军队很容易认出自己。他依然有撤退的手段。他的老近卫军至今没有参加战斗。在这支部队的掩护下,他可以撤回他的残兵败将,向法国边境退却。但这只会给英国人和普鲁士人完成会师的机会。他知道,即使自己能够成功地避免遭遇英普联军并向巴黎撤退的话,其他盟国部队也正在迅速赶来增援他们,进军巴黎。打赢滑铁卢这一仗,是他避免彻底毁灭的唯一选择。他决定,甩出近卫军这张王牌,以一次更果断的行动赢得这场胜利。

7点~8点之间,在拉贝尔—阿莱恩斯村附近的斜坡上,老近卫军的步兵被编为两列纵队。内伊元帅被任命为他们的指挥官。拿破仑亲自骑马来到一处老兵们的必经之地,当他们接近的时候,拿破仑举起手臂,指向盟军的阵地,仿佛告诉他们:路在那里。老兵们报以高声的呐喊:"皇帝万岁!"冲下山坡,冲进"布满死亡阴影的峡谷"。与此同时,炮兵以加倍的火力轰向英军阵地,炮弹从他们的头顶呼啸而过。老近卫军纵队的进军路线对准了果蒙特和圣拉海之间,直接向英军中右翼进逼。与此同时,唐泽勒所率领的法军占据着圣拉海庄园,他们对准英军中路偏左的地方发起了猛烈的攻击。比起老近卫军的著名进攻来,这一部分的战斗似乎不那么引人注目。但对于盟军部队来说,这却是一个最危险的紧急关头。如果青年近卫军到这里增援唐泽勒,而不是在普兰奇诺伊与普鲁士人打得热火朝天,那么战场上这一部分的结果对盟军来说将会非常严重。部署在圣拉海庄园隐蔽处、负责保护附近战场的法国狙击兵,打掉了不少附近的英国炮兵,法国人利用英国大炮被废的机会,把一些野战炮调到了圣拉海,隔着不到100步的距离,开始向英国步兵连续发射葡萄弹。这里的盟军部队由几支德意志人的旅所组成,他们编成了方阵,因为他们相信:如果他们离开编队序列的话,唐泽勒在圣拉海的后面准备的骑兵就会向他们发起冲锋。在这种情况下,一段时间德意志人依然保持着他们的英勇顽强,尽管葡萄弹将他们的队列撕开了几个口子,尽管一个方阵的一侧被法国炮手倾泻而出的弹雨打得七零八落。奥兰治亲王领着一些拿骚步兵竭力想前来支援德意志人,结果白费力气。这些拿骚人不愿意或者不能够面对法国人。不伦瑞克人的几个步兵营被威灵顿公爵作为一支援军调往前线,一开始就望风而逃,直到公爵亲自把他们重新集结起来,领着他们继续前进。就这样阻挡了唐泽勒的进一步前进,随后,公爵策马向右飞奔而去,冲到了队伍的前头,这支队伍正暴露在法国近卫军的攻击之下。他保住了中路的一部分,没有被敌人击溃。但法国人占领并守住了那块阵地,盟军阵线在圣拉海的前方所遭受的压力非常严峻,直到英军中右翼取得了对近卫军纵队的决定性胜利,这里的压力才得以缓解。

拿破仑第一支近卫军纵队所攻击的阵地,驻守山顶的英国军队是梅特兰的皇家近卫军旅,亚当斯旅在他们的右边。梅特兰的人静卧不动,为的是尽可能避免法国炮兵破坏性的轰击,来自对面高地上的密集炮火一直没有间断过,直到法国近卫军第一纵队冲上了英军阵地的山坡,再放炮就会伤及自己的战友,法军的炮火才停了下来。这期间,英国的炮兵也没闲着,他们正对着依然在行进的威武雄壮的老兵队列猛烈开炮。几位法国高级军官走在队列的前面,内伊元帅的战马中弹倒下了,他手持宝剑,继续徒步走在队列前面。此时,法军纵队的前列已经到了英军阵地所在的山脊。他们大吃了一惊,面前没有见到军队。透过弥漫的硝烟,他们所有人能看清楚的是一小队骑在马上的指挥官。他们当中有一位就是威灵顿公爵本人。法国人继续前进,到了离英国近卫军埋伏的地方只有大约50码的距离,这时,人们听见那群英国指挥官中响起了一个人的声音,仿佛是对他面前的地面大喊:"起来,近卫军勇士们,向他们开火!"这是威灵顿公爵在下达命令。话音刚落,仿佛是奇迹一般,在他们的面前,以最紧凑的队形、最完美的秩序,升起了一排4列纵深的英国皇家近卫军阵列。瞬间,他们将雨点般的子弹向

威灵顿视察英国军队

法国纵队的前排倾洒了过去,不下3000名法国精锐老兵应声倒地。法国指挥官向前猛冲,他们的前排努力把纵队展开成更宽范围的阵列,以便能够回击英国人的火力。但梅特兰继续保持着强大的火力,一波接一波的弹雨以可怕的速度倾泻而出。企图散开的法国纵队一排一排倒下。转瞬间,紧凑的法国纵队在展开的过程中乱作一团,完全成了一群乌合之众,连滚带爬地滚下了山,梅特兰追击了一会儿,及时地回到了他们的阵地,参加了对第二支法国近卫军纵队的击退战。

这支纵队也是在强大炮火的掩护下斗志昂扬、步伐坚定地向前推进。过了果蒙特庄园的西侧围墙之后,当他们登上英军阵地前面的斜坡时,略微向右偏离了一些,这样就几乎接近了第一支纵队被击退的同一块场地。这使得亚当斯的几个英国步兵团能够形成一条与法国纵队左翼平行的防线。这样一来,当法国纵队的前排遭受英国炮兵的炮击和梅特兰近卫兵的步枪射击的时候,他们的左翼同时就能够受到4列纵深的英国步兵防线的毁灭性打击,而且是沿着全线展开的。在这样的阵势下,法国老兵们所有的勇猛和技巧全都无济于事。第二支法国纵队,重蹈了前任的覆辙，也被击溃了。起初，他们沿着英国阵线前向圣拉海庄园背后的方向溃逃，因此与唐泽勒率领的法国步兵混在了一起，他们正遭到联军的可怕攻击。看到老近卫军的溃逃，唐泽勒的部队迄今为止所表现出来的战斗激情不免为之大挫。他们也开始动摇了。亚当斯的得胜之旅正在紧追溃逃的法国近卫军，至此，便把盟军中路的攻击者收拾得干干净净。

但要说战斗已经胜利还为时尚早。拿破仑在拉贝尔—阿莱恩斯村附近还有几个预备营。他迅速将第一支近卫军纵队的残兵败将重新集结起来，再从这天早些时候遭受重创的五花八门的骑兵军团的残兵败将当中聚集起了一支骑兵部队。而威灵顿公爵则立即作出了一个大胆的决定：这一回他要主动出击了。法军残部虽然在被英国皇家近卫军击退之后有些垂头丧气，但他们依然强大，公爵决心赶在拿破仑和内伊重整旗鼓、再次发起更猛烈的冲锋之前，带领自己的部队主动发起进攻。此时，普鲁士人的到来，完全保护了公爵的左翼，他从左翼抽调了一些预备骑兵，手头还有维维安率领的一个尚未投入战斗却早已准备就绪的轻骑兵旅。没有片刻的犹疑，威灵顿公爵领着这些部队，向拉贝尔—阿莱恩斯村附近的法国骑兵发起了攻击。这次袭击就像他的大胆一样成功。此时，没有敌军骑兵来阻挡英国步兵前进的步伐了。公爵下达了盼望已久的命令：全线出击。

这时候已经过了 8 点，在这致命的近 9 个小时里，英国和德意志军团经受住了敌军炮兵的轰击、骑兵的冲锋以及步兵的紧凑纵队或散兵游勇所发起的五花八门的袭击。此时，当他们一路欢呼着冲向乱作一团的法国人的时候，金黄的落日，冲破了几乎一整天都笼罩在天空的乌云。当他们像潮水一样冲下峡

谷、冲上敌方高地的时候，晚霞辉映着他们闪闪发光的刺刀。

的确，几乎整个法国大军此时已经陷入了无可挽回的混乱。普鲁士人已经越来越迅速地逼近了他们的右翼。据守在普兰奇诺伊村英勇抵抗的青年近卫军，到最后被迫撤退。一些老近卫军团费了九牛二虎之力想编列成方阵，以阻挡潮水般的敌军，结果白费力气。他们被风卷残云般地席卷而去，在飞奔者的汹涌大浪中粉身碎骨。拿破仑本人也置身于其中一个方阵中，苏尔特元帅、贝特朗、德鲁奥、德·弗拉奥和古尔戈等几位将军，伴随在他身边。皇帝念叨着战场上那些奄奄一息的伤兵，但苏尔特抓住了他的马缰绳，把他的战马拽了回来，喊道："阁下，敌人已经够幸运的了，不是么？"费了九牛二虎之力，经过身边这帮富有献身精神的指挥官的不懈努力，拿破仑才摆脱了围聚在身边的逃亡者，逃出了战斗的现场，这场战斗让他和法兰西永劫不复。

期间，威灵顿公爵依然骑着战马，与他的胜利大军的前锋一起奋勇向前，直至来到罗索梅村附近的高地上，才勒马驻足。天色已经完全黑了，一弯新月升了上来，月光似水，再加上建筑物熊熊燃烧的火光，将溃逃的法国人和紧追不舍的普鲁士人照得一清二楚。面对这样的场面，公爵很有把握地宣称：他已经胜券在握。然后，他沿着沙勒罗瓦大路，策马回了滑铁卢。在拉贝尔—阿莱恩斯村附近，他遇上了布吕歇尔元帅。两位盟军首领互致了热烈的祝贺。

根据安排，普鲁士人将继续穷追猛打，不给法国人任何重整旗鼓的机会。因此筋疲力尽的英国军队不用再向法军高地进军了。而普鲁士人则一整夜都在残忍地追杀法国逃兵。法国人丢下了大炮、辎重车辆和所有的军需品,数以千计的法国步兵为了轻装逃跑而丢下了他们的武器。数英里的地面上一片狼藉。没有后卫,甚至也没打算装出有秩序的样子。在热那普村和热那普大桥上,法国人作了一次抵抗的尝试,这里是法国大军必经的第一个狭窄通道。位置非常有利,如果指挥得当,几个坚定果敢的营就可以把追赶者逼上绝境。但是,如今这支被彻底打垮的大军弥漫着普遍的绝望和惊慌。普鲁士人第一阵鼓声和号角,就足以让他们闻风丧胆,掉头而逃,热那普被放弃了。普鲁士人在格奈泽瑙将军的率领下,依然穷追不舍,依然滥砍滥杀。甚至当筋疲力尽的普鲁士步兵停住了脚步,放弃追击的时候,格奈泽瑙依然领着骑兵继续追击。通过一个别具匠心的花招,让法国人相信普鲁士步兵依然在追击他们,在每一处他们打算停下来休息的地方把他们吓得魂飞魄散。格奈泽瑙让一名鼓手骑上一匹缴获来的战马,跟随骑兵一起追赶,只要遇上大队的法军,就擂响战鼓。法国人就这样亡命奔逃,普鲁士人追过了四臂村,甚至追过了弗拉纳高地。当格奈泽瑙终于勒住缰绳,带着所剩无几的几个坚定猎手,在离弗拉纳高地不远的地方停住脚步的时候,法国人已经七零八落,仓皇穿过哥斯利、马希安内和沙勒罗瓦,正努力收复桑布尔河左岸。就在100个小时之前,他们是那么雄赳赳气昂昂地跨过这条河流。

　　法国军事力量在滑铁卢的倾覆是如此彻底,以至于后来爆发的一些短暂的战事对整个大局没有什么影响。拉马丁所言不虚:"这场战斗没有给未来留下任何悬而未决的事情,因为胜负已判。整个战争,始于一战,也终于一战。"拿破仑本人也毫不犹豫而且充分彻底地承认,这一次打击对法兰西帝国来说是致命的。从战场上逃跑以后,他首先在沙勒罗瓦停了下来,还没等他休息到一个小时,紧追不舍的普鲁士人就把他从那里赶走了。费力地摆脱掉自己的残兵败将之后,他到达了腓力维尔,他在那里逗留了几个小时,向处在各自不同的困境中的法国将军们下达命令,让他们带着自己部队到巴黎集合。他命令苏尔特元帅将他自己的溃兵逃将集结起来,再带他们去拉昂。然后,他匆匆奔赴巴黎,赶在他被打败的消息到达之前回到了首都。但严酷的事实真相很快就传播开了。6月22日,在贵族与平民代表会议的要求下,拿破仑第二次也是最后一次宣布退位。6月29日,他离开了巴黎,前往罗什福尔,希望从那里逃到美国去。但那里的海岸已经受到严密的监视,7月15日,这位前皇帝在英国军舰"贝勒罗封"号上投降。

这期间,盟军部队坚定不移地向巴黎推进,赶走了格鲁希

法国军队已经溃不成军

的军团以及苏尔特在拉昂重新集结起的微弱兵力。凯布雷、佩罗讷以及其他要塞很快就被攻克了。6月29日,这帮入侵者已经兵临巴黎城下。巴黎的临时政府与盟军首领们展开了谈判。布吕歇尔怀着对法国的深仇大恨,非常希望能够拒绝一切终止敌对状态的建议,直捣巴黎城。不过,威灵顿公爵更明智、更冷静的精神战胜了他的同僚。停战请求获得批准。7月3日,巴黎有条件投降,从而结束了这场由滑铁卢战役开始的战争。

英雄末路

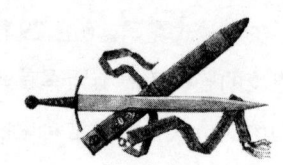

译后记

我们也许应该庆幸,在当今的时代,战争和暴力,作为人与人之间一种最野蛮的对话方式,在文明世界已经被越来越多的人们所憎恶和唾弃。即便是那些将诉诸武力视为在解决国际争端中不得已而偶尔为之的一种必要手段的政治家,也都倾向于认为这是一种令人遗憾的手段。然而毋庸讳言,如果将人类文明史比作一幅漫长画卷的话,那么,随着这幅画卷的徐徐展开,扑面而来的,必是漫地的战火硝烟,震天的厮杀呐喊,金戈铁马,鼙鼓铜琶,千载之下,犹隐约可闻。可以说,战争与整个人类历史是相伴而生的。不可否认,战争在给人类社会带来巨大破坏和劫难的同时,也是不同民族间促进文化交流、实现民族融合的一种重要对话手段,尽管其本意也许并不在此。因此,军事史能够成为史学的一个重要分支,也就没什么可奇怪的了。西方史学的开山之作、希罗多德的《历史》,就是一部"希腊—波斯战争史",这就更不用说修昔底德的《伯罗奔尼撒战争史》了。

爱德华·克里西的这本书,已经成了西方军事史学的经典。此书初版于1851年,出版后深受读者欢迎,成为维多利亚时代最畅销的著作之一,据说,当时只有达尔文的《物种起源》和斯迈尔斯的励志经典《自助》与之差堪比肩。有人统计,自1851~1894年,43年间此书一共再版了38次,其受欢迎的程度,由此可见一斑。作者在本书中首次提出的"决定性战役"(Decisive Battle)的概念,后来变得非常流行,并引起许多历史学家的效仿。粗略统计一下,这些书包括:美国历史学家克拉伦斯·沃顿(Clarence Wharton)1930年出版的《第十六场决定性战役》,他把德州独立战争的最后决战补充进了克里西的清单中;1954~1956年,英国历史学家J.F.C.富勒(J.F.C.Fuller)出版了他的军事史巨著、三卷本的《西方世界的决定性战役及其对历史的影响》,补充了1920年的华沙战役;1964年,美国历史学家约瑟夫·B.米切尔(JosephB. Mitchell)以克里西的著作为基础进行了增补,出版了《世界的二十场决定性战役》,补充了维克斯堡战役(1863)、萨多瓦战役(1866)、第一次马恩河战役(1914)、中途岛战役(1942)和斯大林格勒战役(1942~1943);1976年,诺贝尔·弗兰克兰(NobleFrankland)和克里斯多佛·道林(Christopher Dowling)出版了《二十世纪的决定性战役》。一部著作在后世引起了这么多的"效颦"或"续貂"之作,在出版史上大约也是不多见的吧,从中,或许能看出克里西这本书的影响究竟有多大。

克里西在选择这15场战役时,既不是根据双方投入的兵力规模,也没有依据伤亡人数的多寡,而是选择那些在他看来对此后的历史产生了决定性影响的战役。换句话说,如果这场

战役获胜的是另一方的话,此后的历史图景将大为不同。然而,历史从来都拒绝假设,正如历史哲学家克罗齐所说的:"历史中没有'假设'的容身之地,为了将它排除在外,我们必须确认并不断重申历史的必然性。"因此,后世史家也有不少人对克里西的观点提出质疑:克里西将人类历史的进程系于某场"决定性战役"的胜负成败,是否失之片面?人类历史是一个漫长的演化过程,决定其进程的,是更深层次的制度和文化力量,而不是那些可能影响某场战役胜负的、变化无常的因素(诸如将领的才能、军队的纪律,以及士兵的勇气之类)。比如,影响深远的法国年鉴学派就认为:历史中真正的决定性因素,是一些长期而深层的客观现象:地理气候、经济制度、社会结构和人口构成,加上根深蒂固的宗教观念、意识形态和风俗习惯,所有这些因素都远不是个人能力所能控制的。在布罗代尔看来,即使是诸如军事冲突这样的戏剧性事件,其对于长期的结果,也影响甚微。不过,要讨论这样的理论问题,恐怕就不是我这样的门外汉所可置喙的了。

除此之外,克里西笔下的"决定性战役"大多是以欧洲为中心的,一系列的事件,基本上都与决定欧洲(尤其是英国)的政治疆界有关,唯一远离欧洲边境的战役,发生在美国独立战争期间,说到底也还是与欧洲(英国)有关。在今天看来,这种狂妄自大的欧洲中心主义无疑是不合时宜的,也是一种"政治不正确"。不过,后世读史者,对于历史,自然应该有寅恪先生所说的"同情之了解";而对于历史学家,又何尝不该如此呢?维多利亚时代,大英帝国如日中天,有幸躬逢其盛的人,胸中的万丈豪情,难免要滋生出骄矜之气,这是那个时代的通病，大约也是人情所不免吧。

　　书中的注释，除标明"原注"者外，其余均为译者所加，不当甚或错谬之处，想必难免，还望读者诸君不吝教正。

秦传安
北京花家地

人名地名索引

A

Abdulrahman 阿卜德拉赫曼
Acarnania 阿卡纳尼亚
Achaemenid 阿契美尼德
Achilles 阿喀琉斯
Acidinus 阿西迪努斯
Ackland 阿克兰
Adams 亚当斯
Adela 阿德拉
Adolphus, Gustavus 古斯塔夫·阿道夫
Aegilia 阿基里亚
Aeschylus 埃斯库罗斯
Aetius 埃提乌斯
Aetolia 埃托利亚
Agathocles 阿加索克利斯
Agathon 阿迦同
Agesilaus 阿格西劳斯
Agria 阿克瑞亚
Aisne 埃纳河
Aix—la—Chapelle 艾克斯拉沙佩勒
Alaric 阿拉里克
Albany 奥尔巴尼
Alberoni 阿尔贝隆尼
Albione 阿比奥尼
Alcibiades 亚西比德

Alcisthenes 亚西斯提尼
Alleyn 阿莱恩
Alemanni 阿勒曼尼人
Alesia 阿莱西亚
Alexander, the Great 亚历山大大帝
Alix 阿历克斯
Alps 阿尔卑斯山
Alsace 阿尔萨斯
Alten 阿尔滕
Amynias 阿米尼阿斯
Ancona 安科纳
Andromachus 安德罗马彻斯
Anjou 安茹
Antioch 安条克
Apulia 阿普利亚
Apulis 阿普里斯
Aquitaine 阿基坦
Arbela 阿尔比勒
Ardennes 阿登高地
Altas 阿勒特斯
Argonide 阿戈纳
Ariminum 亚里米伦
Aristides 阿里斯提德
Aristobulus 阿里斯托布鲁斯
Aristogeiton 阿里斯托革顿
Ariston 阿里斯顿

Armenia 亚美尼亚
Arminius 阿米尼乌斯
Arpad 阿帕德
Arras 阿拉斯
Arrian 阿利安
Arsacidae 阿萨奇德（王朝）
Artaphernes 阿尔塔费尼斯
Artemisium 阿提密喜安战役
Arverni 阿维尔尼
Assaye 阿瑟耶
Athens 雅典
Athos 阿陀斯山
Attalus 阿塔罗斯
Attica 阿提卡
Attila 阿提拉
Augsburg 奥格斯堡
Augustus 奥古斯都
Aulis 奥利斯
Austrasia 奥斯达拉西亚
Auvergne 奥弗涅
Avesnes 阿韦讷
Avienus, Festus 弗斯图斯·阿维努斯

B

Bachelu 巴赫鲁
Bactria 巴克特里亚（中亚古地名）
Baden 巴登
Balcarres 贝卡里斯
Balearic 巴利阿里群岛
Barathrum 巴拉斯拉姆
Battle Abbey 记功寺
Bavaria 巴伐利亚
Bayeux 贝叶
Beauvais 博韦
Bedburg 贝德堡
Bedford 贝德福德
Behistun 贝希斯敦

Bellona 贝娄娜
Balochistan 俾路支斯坦
Bennington 贝宁顿
Beresina 贝雷西纳河
Bertrand 贝特兰德
Berwick 贝里克
Besancon 贝桑松
Bessus 贝苏斯
Biberach 比伯拉赫
Biron 比隆
Bleda 比勒达
Blenheim 布伦海姆
Blucher 布吕歇尔
Boeckh, Augustus 奥古斯塔斯·伯克
Boeotia 维奥蒂亚
Bohemia 波希米亚
Bolingbroke 博林布鲁克
Bokhara 布哈拉
Bordeaux 波尔多
Borisov 鲍里索夫
Borysthenes 波伊塞内斯河
Botta, Charles 查尔斯·博塔
Boulogne 布洛涅
Brabant 布拉班特
Brasidas 布拉西达斯
Bremen 不来梅
Breyman 伯雷曼
Brison 布里森
Brittany 布列塔尼
Broubach 布鲁巴奇
Brooke 布鲁克
Brudenell 布鲁德内尔
Brunswick 不伦瑞克
Bruttium 布鲁提乌姆
Bulow 比洛
Burgoyne 伯戈因
Burke, Edmund 埃德蒙·伯克
Bylandt 拜兰德

C

Byng 宾

Cadiz 加的斯
Cadusia 卡丘西亚
Callimachus 卡利马库斯
Cambyses 冈比西斯
Camillus 卡米卢斯
Campania 坎帕尼亚
Cannae 坎尼
Canusium 卡努西翁
Capitoline 卡皮托利尼
Cappadocia 卡帕多西亚
Capua 卡普阿
Caractacus 卡拉塔库斯
Carelia 卡列利亚
Caria 卡里亚
Carmagnole 卡马尼奥拉
Carthage 迦太基
Carystus 卡利斯图
Cassius, Dion 迪翁·卡修斯
Castilia 卡斯蒂利亚
Catalaunici 迦泰劳尼斯
Cebriones 塞巴里奥斯
Cevennes 塞文山脉
Chaldee 迦勒底
Chalons 沙隆
Chambly 尚布利
Champlain 尚普兰湖
Charleroi 沙勒罗瓦
Chassé 沙塞
Chatelet 沙特莱
Chatham 查塔姆
Cher 谢尔河
Chersonese 切尔松尼斯
Cherusci 切鲁西
Chillianwallah 基连沃哈

Chinon 希侬
Christina 克里斯蒂娜
Cid 熙德
Cilicia 西里西亚
Cimon 西门
Cithaeron 西塞隆山
Claine 卡莱恩河
Clairfayt 克莱尔菲特
Cleander 克林德
Cleisthenes 克利斯梯尼
Cleitus 克莱特
Cleon 克里昂
Clinton, Henry Fynes 亨利·费恩斯·克林顿
Coblentz 科布伦茨
Coelosyria 科罗西亚
Coenus 克努斯
Coeranus 克拉努斯
Colbert, Jean Baptiste 让·巴蒂斯特·柯贝尔
Compeigne 贡比涅
Conde 孔代
Cooke 库克
Corinth 科林斯
Cornwall 康沃尔
Corunna 科伦那
Courtrai 库特赖（即Kortrijk）
Crassus 克拉苏
Craterus 克拉特罗斯
Creuse 克勒兹河
Crispinus 克里斯宾努斯
Crotoy 克罗托伊
Curtius 库尔提乌斯
Cutts 卡茨
Cyclades 基克拉泽斯
Cynaegeirus 塞内格鲁斯
Cynoscephalae 库诺斯克法莱
Cyrene 昔兰尼

Cyrus 居鲁士

D

d'Arc, Jacques 雅克·达克
d'Artois 阿尔图瓦
d'Erlon 迪亚隆
Dalmatia 达尔马提亚
Darius 大流士
Datis 达提斯
De Flahaut 德·弗拉奥
Dearborn 迪尔伯恩
Demetrias 德米特里亚
Demosthenes 狄摩西尼
Desna 得斯纳河
Desnouettes, Lefebvre 勒菲弗·德斯诺特
Deventer 代芬特尔
DeWitt 德威特
Dillingen 迪林根
Dionysius 狄奥尼修斯
Dive 戴夫河
Drake, Francis 弗朗西斯·德雷克
Drouot 德鲁奥
Domremy 多雷米
Domont 多蒙特
Donauwert 多瑙沃特
Donzelot 唐泽勒
Dornberg 多恩伯格
Du Plat 杜·普拉特
Duhesme 杜赫斯姆
Dumouriez, Charles Francois 查尔斯·弗朗索瓦·杜穆里埃
Dunkerque 敦克尔克
Dunois 杜诺瓦
Durette 杜雷特

E

Ecbatana 埃克巴坦那
Elba 厄尔巴岛
Emathia 厄马西亚
Ems 埃姆斯河
Epaminondas 伊巴密浓达
Ephesus 以弗所
Epiphanes, Antiochus 安条克·伊皮法尼斯
Epizelus 伊庇泽鲁斯
Epipolae 埃皮波莱
Eretria 埃雷特里亚
Eriguius 埃利古斯
Esopus 伊索普斯
Etruria 伊特鲁里亚
Euboea 埃维亚岛
Eudes 欧德
Euphrates 幼发拉底河
Eurymedon 欧律墨冬
Eurystheus 欧律斯透斯

F

Fabius 费比乌斯
Falaise 法莱斯
Fastolfe, John 约翰·法斯托弗
Fenner 芬纳
Flaminia 弗拉米尼亚
Flanders 佛兰德
Flavius 弗拉维乌斯
Fleurus 弗勒吕斯
Flodden 佛洛顿山
Florus 弗罗卢斯
Fouché, Joseph 约瑟夫·富歇
Foy, Maximilien 马克西米利恩·富瓦

Franche—Comte 弗朗什—孔泰
Franconia 弗兰康尼亚
Fraser 弗雷泽
Frasne 弗拉纳
Frederic, the Great 腓特烈大帝
Friant 费里埃
Frobisher, Martin 马丁·弗罗比歇

G

Galicia 加利西亚
Gaugamela 高加米拉
Gedrosia 格德罗西亚
Gelon 革隆
Gemiancourt 杰米安考特
Genappe 热那普
Gerard 杰拉德
Gibbon, Edward 爱德华·吉本
Gibraltar 直布罗陀
Gladsdale 格拉兹达勒
Gneisenau 格奈泽瑙
Gongylus 贡基卢斯
Gosselies 哥斯利
Gourgaud 古尔戈
Gracchi, the 格拉古兄弟
Granicus 格拉尼卡斯
Graucias 格劳希亚斯
Gravelines 格拉沃利讷
Grodno 格罗德诺
Grote, George 乔治·格罗特
Grotefend, George Friedrich 乔治·弗雷德里希·戈罗特芬德
Grouchy 格鲁希
Guipuzcoa 吉普斯夸
Guizot 基佐
Gusman, Alonzo Perez de 阿朗佐·皮瑞兹·德·古斯曼
Guyot 盖奥特

Gylippus 吉利普斯

H

Hadrian 哈德良
Hal 哈尔
Halkett 哈克特
Hallam, Henry 亨利·哈勒姆
Hamilcar 哈米尔卡
Hannibal 汉尼拔
Hanno 汉诺
Harald, Hardrada 哈德拉达·哈拉德
Hardecanute 哈迪克努特
Harmodius 哈莫狄奥斯
Harold 哈罗德
Hasdrubal 哈斯德鲁拔
Hawkins, John 约翰·霍金斯
Hebrides 赫布里底
Hector 赫克托耳
Heeren, Arnold Hermann Ludwig 阿诺德·赫曼·路德维格·海尔恩
Hegelochus 赫格洛库斯
Heinsius 海因修斯
Hellespont 达达尼尔海峡（古称赫勒斯滂）
Henesborough 汉内斯堡
Heracleides 赫拉克利德斯
Hercules 赫拉克勒斯
Hereward 赫里沃德
Herodotus 希罗多德
Hesse 黑森
Hiberni 希伯尼
Hildebrand 希尔德布兰德
Himilco 希米尔科
Hippias 希庇亚斯
Hippo 希波
Hispaniola 伊斯帕尼奥拉岛
Hochstadt 赫希施塔特

人名地名索引

Hoe 霍伊
Holstein—Beck 荷尔斯泰因—贝克
Hompesch 霍姆伯希
Honoria 霍诺莉娅
Hotham 霍瑟姆
Hougoumont 果蒙特
Howe, William 威廉·豪
Hubbardton 哈伯顿
Humber 亨伯河
Huys 赫伊斯
Hybla 海伯拉
Hydarnes 海达尼斯
Hydaspes 希达斯皮斯
Hyrcania 希尔卡尼亚
Hystaspes 希斯塔斯普

I

Iaxertes 埃克塞特斯
Illyria 伊利里亚
Imbros 伊姆布罗斯
Indre 安德尔河
Ingria 英格里亚
Inn 因河
Innocent III 英诺森三世
Insubria 英萨布里亚
Iphicrates 伊菲克拉特斯
Issus 伊苏斯

J

Jamestown 詹姆斯敦
Jaquinot 亚奇诺
Jargeau 扎若
Jomini, Antoine 安东尼·约米尼
Jourdain 儒尔当
Jura 汝拉
Justin 查士丁

K

Kellerman 克勒曼
Kempt 肯普
Keramania 克拉曼尼亚
Khiva 希瓦
Khorassan 呼罗珊
Kleber, Jean Baptiste 让·巴蒂斯特·克莱贝尔
Kosciusko 科西阿斯科斯
Kruse 克鲁斯
Kupen 库本
Kurdistan 库尔德斯坦

L

La Belle Alliance 拉贝尔—阿莱恩斯
La Fayette 拉法耶特
La Haye 拉海
La Haye Sainte 圣拉海
La Hire 拉伊尔
La Vendee 拉文第
Lamachus 拉马卡斯
Lamartine 拉马丁
Landau 兰道
Laon 拉昂
Lasalle 拉萨尔
Lassen, Christian 克里斯蒂安·拉森
Latimer 拉蒂默
Latium 拉丁姆
Layard, Austen Henry 奥斯汀·亨利·莱亚德
Leclerc 勒克莱尔
Leicester 莱斯特
Lemnos 利姆诺斯
Leonard 伦纳德
Lepanto 勒班陀

Leptis 莱普提斯
Leuctra 留克特拉
Lewenhaupt 勒文豪普特
Licinius 李锡尼
Liege 列日
Ligny 李格尼
Liguria 利古里亚
Lille 里尔
Lippe 利珀
Livius, Marcus 马库斯·李维乌斯
Livonia 利沃尼亚
Livy 李维
Lobau 罗博
Loire 卢瓦尔河
Lombardy 伦巴第
Longwy 隆维
Lossing 罗辛
Louvois 卢瓦
Lucania 卢卡尼亚
Luckner 勒克纳
Luneburg 卢嫩堡
Lutzingen 鲁特青根
Lycus 莱卡斯河
Lytton, Edward Bulwer 爱德华·布尔沃·李顿

M

Maastricht 马斯特里赫特
Macaria 玛卡莉亚
Maestricht 马斯特赫
Mago 马戈
Mahon 马洪
Maitland 梅特兰
Mannheim 曼海姆
Mantineia 曼提尼亚
Marathon 马拉松
Marcellus 马塞卢斯
Marcion 马吉安
Marcognet 马孔内特
Mardia 马迪亚
Mardonius 马多尼奥斯
Marsin 马辛
Massena 马塞纳
Matilda 玛蒂尔达
Magnus 马格努斯
Marchiennes 马希安内
Marius, Gaius 盖乌斯·马略
Marlborough 马尔伯勒
Marne River 马恩河
Martel, Charles 查理·马特
Maximilian 马克西米连
Mazaeus 马扎依
Mazarin 马萨林
Mazeppa 马泽帕
Media 米底
Meeanee 米安尼
Meinport 梅因波特
Meleager 墨勒阿革洛斯
Memnon 门农
Menidas 门尼达斯
Mentz 门兹
Merk Braine 默克·布雷恩
Mesopotamia 美索不达米亚
Messalia 梅萨利亚
Messenia 麦西尼亚
Metaurus 梅陶罗
Metiochusm 米提奥恰斯
Metz 梅斯
Meuse 默兹河
Mezieres 梅济耶尔
Michelet, Jules 儒勒·米什莱
Milhaud 米约
Miltiades 米太亚德
Minsk 明斯克
Mitford, William 威廉·米特福特

Mithridate 米特拉达梯
Mohawk 莫霍克河
Mohilov 莫希罗夫
Moluccas 摩鹿加群岛
Mons 蒙斯
Montcalm 蒙卡尔姆
Montholon, Count 蒙托隆伯爵
Morand 莫朗
Moreau 莫罗
Moselle 摩泽尔河
Muffling 马夫林
Murat, Joachim 乔阿契姆·缪拉
Myttinus 米提努斯

N

Nabuchodonosor 尼布甲尼撒
Namur 那慕尔
Nantes 南特
Narbonne 纳博讷
Narnia 那尼亚
Nasamon 纳萨蒙
Nassau 拿骚
Naupactus 诺帕克托斯
Nearchus 奈何尔科斯
Nebel 内贝尔河
Neckar 内卡河
Nero, Caius Claudius 凯乌斯·克劳迪亚斯·尼罗
Neufchateau 纳弗沙托
Ney 内伊
Nicanor 尼加诺
Nicias 尼西亚斯
Niebuhr, Barthold George 巴托尔德·乔治·尼布尔
Nimeguen 奈梅亨
Northumbria 诺森布里亚
Numantia 努曼提亚

Numidia 努米底亚
Nystadt 尼斯塔特

O

Oberglau 上格劳村
Oder 奥德河
Odoacer 奥多亚塞
Odrysia 奥德里西亚
Oquendo, Miguel 米格尔·奥昆多
Ostend 奥斯坦德
Oxus 奥克苏斯河（今阿姆河）

P

Pack 帕克
Paderborn 帕德博恩
Palgrave, Francis Turner 弗朗西斯·特纳·帕尔格雷夫
Panenus 潘努斯
Pannonia 潘诺尼亚
Papelotte 佩皮洛特
Parmenio 帕尔梅尼奥
Paros 帕罗斯
Parthia 帕提亚
Pasargada 帕萨尔加德
Passau 帕绍
Patay 帕泰
Patroclus 普特洛克勒斯
Paulus, Aemilius 埃米利乌斯·保罗斯
Pausanias 保萨尼阿斯
Peloponnese 伯罗奔尼撒
Pelusium 培琉喜阿姆
Peneus 珀涅乌斯河
Perdiccas 佩尔狄卡斯
Pericles 伯里克利
Persepolis 波斯波利斯
Petersham 彼得沙姆

Pevensey 佩文西
Pharsalia 法萨里亚
Phidias 菲迪亚斯
Philippeville 菲利普维尔
Philipsburg 菲利普堡
Philotas 费洛塔斯
Phrygia 弗里吉亚
Picardy 皮卡第
Picenum 皮塞纳姆
Picton, Thomas 托马斯·皮克顿
Pierremont 皮尔蒙特
Piraeus 比雷埃夫斯
Pire 皮埃尔
Pisistratus 庇西特拉图
Pius V 庇护五世
Placentia 普拉森提亚
Planchenoit 普兰奇诺伊
Plassy 珀拉西
Plataea 普拉提亚
Plautus 普劳图斯
Plutarch 普卢塔克
Plymouth 普利茅斯
Po 波河
Poitiers 波瓦第尔
Polybius 波利比奥斯
Polyperchon 波利珀芜
Pomerania 波美拉尼亚
Ponsonby 庞森比
Pontus 本都
Porcina 波辛那
Porcius 波尔契乌斯
Poros 波罗斯
Portius 波提乌斯
Prudentius 普鲁登蒂乌斯
Ptolemy 托勒密
Pultowa 波尔塔瓦
Punjaub 旁遮普
Pydna 彼得那

Pylos 皮洛斯
Pyrenees 比利牛斯山脉
Pyrmont 皮尔蒙特

Q

Quatre Bras 四臂村

R

Raleigh, Walter 沃尔特·罗利
Ranke, Leopold von 利奥波德·冯·兰克
Rapin 拉宾
Rawlinson, Henry Creswicke 亨利·克雷齐克·罗林森
Recalde, Juan de Martinez 胡安·德·马丁内兹·里卡尔德
Reidesel 雷德谢尔
Reille 列依
Remus 瑞摩斯
Rhamnus 瑞穆内斯
Rheims 兰斯
Rhone 隆河
Richelieu 黎塞留
Ridley, Nicholas 尼古拉斯·里德利
Riga 里加
Rimini 里米尼
Rochambeau 罗尚博
Rochefort 罗什福尔
Rollo 罗洛
Romulus 罗穆卢斯
Rossomme 罗索梅
Rothweil 罗斯威尔
Rouen 鲁昂
Rugen 吕根岛
Runnymede 兰尼米德

S

Sacesinae 萨克辛那
Saint Jean d'Acre 阿克城
Salamis 萨拉米斯
Salisbury 索尔兹伯里
Salmanasar 撒曼以色
Sambre 桑布尔河
Samnium 萨谟奈
Samos 萨摩斯岛
Sangipan 桑吉潘
Santa Cruz 圣克鲁兹
Saracen 撒拉逊
Saratoga 萨拉托加
Sardinia 撒丁岛
Sardis 萨迪斯
Sarmatic 撒马提克
Savoy 萨伏伊
Scheldt 斯凯尔特河
Schlegel 施莱格尔
Schullenberg 舒伦堡
Scipio 西庇阿
Scythia 锡西厄
Sedan 色当
Segestes 塞格斯特
Seleucid 塞琉古
Sena 塞纳
Senlac 森拉克
Seymour, Henry 亨利·西摩尔
Siculus, Diodorus 狄奥多罗斯·西古琉斯
Sidon 西顿
Sierra Leone 塞拉利昂
Sigismund III 西格蒙德三世
Simmias 西米亚斯
Sismondi 西斯蒙迪
Sitalces 西特拉斯
Sixtus V 西斯笃五世
Skenesborough 塞更斯堡
Smolensk 斯摩棱斯克
Smyrna 士麦那
Soignies 斯沃尼
Soissons 苏瓦松
Somerset 萨默塞特
Sonderheim 桑德海姆
Sopolis 索帕里斯
Sorel 索列尔
Soult 苏尔特
Sparta 斯巴达
Sphacteria 斯伐卡特利亚
St. Lambert 圣朗贝尔
St. Leger 圣莱杰
St. Menehould 圣曼尼荷
St. Valery 圣瓦勒里
Stanislaus 斯坦尼斯劳斯
Stanley, William 威廉·斯坦利
Statira 斯塔蒂拉
Stesagoras 斯特萨哥拉斯
Stesilaus 斯特西罗斯
Stillwater 斯蒂尔沃特
Stollhoffen 斯托尔霍芬
Strasburg 斯特拉斯堡
Subervie 苏伯维尔
Suchet 絮歇
Suetonius 苏埃托尼乌斯
Suffolk 萨福克
Sully 苏利
Sunda 巽他
Superior 苏必利尔湖
Surrey 萨里
Susa 苏萨
Sussex 苏塞克斯
Swartzenburg 施瓦森伯格（通常作 Schwarzenberg）
Syracuse 叙拉古

T

Tacitus 塔西佗
Tagus 塔霍河
Tallard 塔拉尔德
Tapuria 塔普里亚
Tarentum 塔兰图姆
Tarsus 塔尔苏斯
Tenedos 特内多斯
Teutoberger 条顿堡（通常作 Teutoburg）
Thapsacus 底比斯
Thapsus 塔普苏斯
Themistocles 地米斯托克利
Theodoric 狄奥多里克
Theodosius 狄奥多西
Thermopylae 温泉关
Theseus 忒修斯
Thessaly 塞萨利
Thielman 齐尔曼
Thierry, Augustin 奥古斯汀·梯叶里
Thirlwall, Bishop 毕晓普·瑟尔沃
Thorismund 托里斯蒙德
Thoulouse 图卢兹
Thrace 色雷斯
Thrasymene 特拉西曼
Thucydides 修昔底德
Thusnelda 图斯内尔达
Tiberius 台比留
Ticonderoga 泰孔德罗加
Tigris 底格里斯河
Timbuctoo 廷巴克图
Timoleon 提莫莱昂
Tocqueville, Alexis de 亚历克西·德·托克维尔
Tolly, Barclay de 巴克莱·德·托利
Tongres 同格尔
Tostig 托斯蒂格
Toulouse 图卢兹

Tours 图尔
Traerbach 特拉尔伯奇
Trebia 特拉比亚
Treves 特利尔
Trip 特里普
Tripoli 的黎波里
Troyes 特鲁瓦
Turenne 蒂雷纳
Tyne 泰恩河
Tyre 推罗
Tyrol 蒂罗尔

U

Ulm 乌尔姆
Umbria 翁布里亚
Unterglau 下格劳村
Upper Asia 上亚细亚
Ushant 韦桑岛
Utica 尤蒂卡
Uxbridge 欧克斯布里奇
Uxia 尤克西亚

V

Valence 瓦伦斯
Valenciennes 瓦朗谢讷
Valentinian III 瓦伦提尼安三世
Valmy 瓦尔米
Valteline 沃特莱恩
Vandamme 旺达姆
Vandeleur 范德勒
Vane, Harry 亨利·范内
Varro, Terentius 泰伦提乌斯·瓦罗
Varus, Quintilius 昆蒂利乌斯·瓦鲁斯
Vauban 沃邦
Vaucouleurs 沃古勒尔

Vaux, William Sandys Wright 威廉·桑迪·赖特·沃克斯
Venusia 维努西亚
Vercingetorix 维钦托利
Verdun 凡尔登
Vespasian 维斯帕西安
Vienne 维埃纳河
Villars 维拉尔
Villeneuve 维伦纽夫
Villeroy 维勒罗伊
Vincke 芬克
Virgil 维吉尔
Vistula 维斯图拉河
Vitellius 维特利乌斯
Vivian 维维安
Volsci 沃尔西
Voltaire 伏尔泰
Vorskla 沃尔斯克拉河

W

Wace, Robert 罗伯特·瓦斯
Wallachia 瓦拉几亚
Wavre 瓦弗
Wellington, Arthur Wellesley 亚瑟·韦尔兹利·威灵顿
Weser 威悉河
Wesseling 韦塞林
Wilkinson 威尔金森
Wratislaw 乌拉迪斯劳

X

Xanthippus 桑西普斯
Xenophon 色诺芬
Xerxes 薛西斯

Z

Zealand 西兰岛
Ziethen 齐滕
Zutphen 祖特芬

"摆渡书虫"书目

书名	作者	定价
决斗	(英)约翰·基甸·米林根	38元
从马拉松到滑铁卢——15场世界经典战役	(英)爱德华·克雷西	38元
图腾与禁忌	(奥)弗洛伊德	36元
隐修者	(澳)巴里·斯通	36元